AF559822

गढ़ा का गोंड राज्य

वन्या

गढ़ा का गोंड राज्य

डॉ. सुरेश मिश्र

राजकमल प्रकाशन

ISBN : 978-81-267-1549-7

मूल्य : ₹995

पहला संस्करण : 2008
पहली आवृत्ति : 2023

प्रकाशक : राजकमल प्रकाशन प्रा.लि.
1-बी, नेताजी सुभाष मार्ग, दरियागंज
नई दिल्ली-110 002

शाखाएँ : अशोक राजपथ, साइंस कॉलेज के सामने, पटना-800 006
पहली मंजिल, दरबारी बिल्डिंग, महात्मा गांधी मार्ग, प्रयागराज-211 001

वेबसाइट : www.rajkamalprakashan.com
ई-मेल : info@rajkamalprakashan.com

मुद्रक : बी.के. ऑफसेट
नवीन शाहदरा, दिल्ली-110 032

GARHA KA GOND RAJYA
by Dr. Suresh Mishra

पूज्य पिता

स्व. पं. मोतीलाल मिश्र

और पूज्य माता

स्व. श्रीमती रामप्यारी

की पावन स्मृति को सादर समर्पित

उर्वरा सर्वतो भूमिः मध्यतो नर्मदा नदी ।
विज्ञा दुर्गावती राज्ञी गढ़ा राज्ये त्रयो गुणाः ।।

'गढ़ेशनृपवर्णनसंग्रहश्लोकाः' **(केशव दीक्षित)**

पहले संस्करण का आमुख

भारत के हृदय में स्थित विन्ध्याचल तथा सतपुड़ा की उपत्यकाएँ सघन वनों और पर्वत-श्रेणियों के कारण प्राचीनकाल से ही दुर्गम रही हैं और भारत के इतिहास में इस क्षेत्र का उपयुक्त ऐतिहासिक विवरण मुश्किल से मिलता है। यह दुर्गम क्षेत्र प्राचीन और मध्ययुग में उत्तर और दक्षिण भारत के मध्य एक दीवार के रूप में रहा और इसकी भौगोलिक स्थिति के कारण इस पर उत्तर और दक्षिण भारत की राजनीति का कम ही प्रभाव पड़ा। यदि कभी यहाँ उत्तर और दक्षिण भारत के साम्राज्यों का आधिपत्य रहा भी तो वह अधिक प्रभावी न रहा।

प्राचीनकाल में यहाँ मौर्यों, सातवाहनों, बोधि, गुप्तों, वाकाटकों और हर्ष का आधिपत्य रहा। एक लम्बे अन्तराल के बाद कलचुरियों के समय इस क्षेत्र को पुनः कुशल और सुदृढ़ शासन मिला, जिससे इस क्षेत्र में राजनीतिक स्थिरता आई और यहाँ शान्ति, सुव्यवस्था और उन्नति का मार्ग प्रशस्त हुआ। कलचुरियों के पतन के बाद दो शताब्दियों तक यहाँ राजनीतिक रूप से कोई केन्द्रीय सत्ता नहीं रही। दो शताब्दियों के इस अन्धकारमय युग के बाद पन्द्रहवीं सदी के प्रारम्भ में इस क्षेत्र में गोंड राजाओं के अन्तर्गत पुनः एक सुदृढ़ राज्य निर्मित हुआ, जो क्रमशः गढ़ा, गढ़ा-कटंगा और गढ़ा-मण्डला के नाम से विख्यात हुआ। गोंड सत्ता ने यद्यपि सोलहवीं सदी में मुगल आधिपत्य स्वीकार कर लिया, तथापि वह न्यूनाधिक विस्तार के साथ अठारहवीं सदी तक जीवित रही। यह राज्य लगभग दो सौ पचहत्तर वर्षों तक विद्यमान रहा, वह स्वयं में एक महत्त्वपूर्ण ऐतिहासिक घटना है।

गढ़ा के गोंड राज्य का सुव्यवस्थित विवरण सर्वप्रथम कर्नल स्लीमेन ने जर्नल ऑफ एशियाटिक सोसायटी ऑफ बंगाल, 1837 के अपने एक लेख में दिया और मण्डला के श्री गणेश दत्त पाठक ने भी 1905 में इस राज्य के बारे में एक पुस्तिका लिखी जो स्थानीय कागजातों पर आधारित थी। किन्तु इन दोनों विद्वानों के विवरण अत्यन्त संक्षिप्त हैं और इनकी सबसे बड़ी कमी यह है कि इन दोनों ने अपने विवरण के मूल स्रोतों का यथास्थान उल्लेख नहीं किया है। 1923 में प्रकाशित सी. यू. विल्स की पुस्तक 'द राजगोंड महाराजाज़ ऑफ द सतपुड़ा हिल्स' अन्य कृतियों की अपेक्षा संतोषजनक तो है पर यह भी मुख्यतः फारसी स्रोतों और स्लीमेन के उपर्युक्त लेख पर आधारित है। मण्डला के ही श्री रामभरोस अग्रवाल ने 1961 में 'गढ़ा मण्डला के गोंड राजा' नामक

पुस्तक लिखी, किन्तु यह पुस्तक ऐतिहासिक शोध से दूर है। विभिन्न जिला गजेटियर और विभिन्न जिलों में संबंधित डा. हीरालाल की पुस्तिकाएँ भी इस राज्य के इतिहास पर अत्यन्त प्रकाश डालती है। पुराने मध्यप्रदेश (1956 के पूर्व) का इतिहास लिखने वाले विद्वानों यथा - प्रयागदत्त शुक्ल, नटेश अय्यर, जे. एन. सील, डॉ. हीरालाल और यादव माधव काले ने भी गढ़ा-राज्य के गोंड राजाओं के इतिहास पर प्रकाश डालने का प्रयास किया है पर उनकी कृतियाँ पूर्व प्रकाशित कृतियों और जनश्रुतियों पर आधारित हैं।

इस कृति में गढ़ा-राज्य के उत्थान और पतन का वर्णन करने हेतु नवीनतम सामग्री का प्रयोग किया गया है। इस सामग्री में समकालीन और लगभग समकालीन संस्कृत रचनाओं और मराठी पत्रों का स्थान महत्त्वपूर्ण है। पेशवा के नागपुर स्थित प्रतिनिधि द्वारा पूना दरबार को दिये गये मराठी पत्र गढ़ा-राज्य पर मराठों के आक्रमण का विस्तृत वर्णन देते हैं। इनके अतिरिक्त गोंड शासकों के कुछ दुर्लभ दस्तावेजों ने भी जानकारी में कुछ वृद्धि की है और फारसी तथा हिन्दी के स्रोतों का भी यथायोग्य प्रयोग किया गया है। इतना होने पर भी संग्रामशाह के पहले के गोंड शासक और परवर्ती महत्त्वपूर्ण शासक हृदयशाह के इतिहास के सम्बन्ध में अधिक जानकारी नहीं जुट पाई है।

चूँकि मूल हिन्दी, संस्कृत स्रोतों और मूल सनदों में इसे गढ़ा राज्य कहा गया है अतः इस कृति में इसे गढ़ा राज्य ही कहा गया है।

मैं इस कृति की पूर्णता का दावा तो नहीं करता पर यदि यह गढ़ा-राज्य के गोंड शासकों के इतिहास के जिज्ञासुओं को थोड़ी भी उपयोगी लगती है, तो मैं अपना परिश्रम सफल मानूँगा।

इस कृति के प्रारम्भिक चरण में सीतामऊ के महाराजकुमार डा. रघुवीर सिंह जी ने अत्यन्त उदारतापूर्वक मुझे अपने पुस्तकालय का उपयोग करने दिया और मुझे अमूल्य सुझाव दिए, इसके लिए मैं उनका ऋणी हूँ। आदरणीय श्री कृष्ण दत्त वाजपेयी ने मुझे जो मार्गदर्शन दिया उसके लिए मैं उनका कृतज्ञ हूँ। दिवारा (मण्डला) के स्व. पं. नर्मदा प्रसाद ज्योतिषी ने मुझे अपने पास की मूल सामग्री देकर और महाराजपुर (मण्डला) के स्व. पं. कोविदाचरण द्विवेदी (बड़गैया जी) ने संस्कृत सामग्री का अनुवाद करके मुझे उपकृत किया इसके लिए मैं उनका आभारी हूँ।

—डॉ. सुरेश मिश्र

ब्लॉक ऑफिस के पास,
मण्डला, म. प्र. 481 661

इस संस्करण का आमुख

इस पुस्तक का पहला संस्करण 1986 में रानी दुर्गावती विश्वविद्यालय द्वारा प्रकाशित किया गया था। पहला संस्करण कुछ साल पहले समाप्त हो गया और इस पुस्तक की माँग लगातार होने के कारण इसका दूसरा संस्करण प्रकाशित किया जा रहा है। इस संस्करण में पुस्तक में कुछ नयी जानकारी का समावेश किया गया है और चार नये अध्याय जोड़े गए हैं जो समग्र अध्ययन को ज्यादा सार्थक बनाते हैं। कुछ नये परिशिष्ट भी जोड़ दिये गए हैं जिससे मूल स्रोतों की जानकारी भी पाठक हो सके। पाद-टिप्पणियों की संख्या कम कर दी गयी है और पाद-टिप्पणियों की सामग्री मुख्य पाठ में शामिल कर दी गयी है जिससे पुस्तक आम पाठक के लिए भी सुबोध बन सके।

मेरे मित्र श्री सी. एन. सुब्रह्मण्यम ने इस संस्करण के लिये समय-समय पर अमूल्य सुझाव दिये हैं जिससे यह संस्करण ज्यादा उपयोगी हो गया है। उन्होंने मेरे आग्रह पर पुस्तक के विषय पर एक विश्लेषणात्मक आलेख लिखा और उसे इस पुस्तक में शामिल करने की अनुमति दी है। इसके लिये मैं उनका बहुत कृतज्ञ हूँ।

आशा करता हूँ कि यह पुस्तक पिछड़े कहे जाने वाले गोंड आदिवासियों के गौरवपूर्ण अतीत को उजागर करके उनके प्रति हमारे नजरिये में कुछ बदलाव लाने में सहायक होगी और साथ ही भूमिपुत्र गोंडों में नया आत्मविश्वास पैदा करेगी।

अन्त में एक बात और। सेवानिवृत्ति के बाद इस किताब को अन्तिम रूप देने और अन्य किताबें लिखने में मेरा लगातार काफी समय लगता रहा। इस दौरान मैं अपनी पत्नी शीला का अकेलापन बढ़ाने का दोषी रहा। इसके लिये मैं उनका अपराधी हूँ। शीला बिना किसी शिकायत के घर की तथा बेटियों के बढ़ते परिवारों की जिम्मेदारियाँ सँभालती रहीं और मेरा काम रुकने नहीं दिया। इसके लिये उनके प्रति आभार।

—डॉ. सुरेश मिश्र

9 नवम्बर, 2007
13 वर्द्धमान परिसर, चूनाभट्टी,
कोलार रोड, भोपाल

संक्षिप्त नाम

आ. स. रि.	आर्किलॉजिकल सर्वे ऑफ इण्डिया रिपोर्ट्स
इ. ए.	इण्डियन एण्टिक्वेरी
इम्पी. गै.	इम्पीरियल गैजेटियर ऑफ इण्डिया
इलि. डाउ.	ए हिस्ट्री ऑफ इण्डिया एज़ टोल्ड बाई इट्स ओन हिस्टोरियन्स, 8 जिल्दें, 1964
इ. हि. क्वा.	इण्डियन हिस्टारिकल क्वाटर्ली
एपि. इण्डि.	एपिग्राफिया इण्डिका
ए. रि. आर्क. सर्वे.	एन्युअल रिपोर्ट ऑफ द आर्किलॉजिकल सर्वे ऑफ इण्डिया
ए. इ.	एंश्येन्ट इण्डिया
कनिंघम	आर्किलॉजिकल सर्वे ऑफ इण्डिया रिपोर्ट्स, सत्रह, 1881-82, पृष्ठ 47-54
गढ़ेश	गढ़ेशनृपवर्णनम्, जी. वी. भावे., नागपुर यूनिवर्सिटी जर्नल, क्र. 6, 1940, पृ. 181-201
ज. अ. ओ. सो.	जर्नल ऑफ अमेरिकन ओरियण्टल सोसायटी
ज. ए. सो. बं.	जर्नल ऑफ एशियाटिक सोसायटी ऑफ बंगाल
ए. भं. ओ. रि. इं.	एनल्स ऑफ द भण्डारकर ओरियण्टल रिसर्च इन्स्टीट्यूट
ज. रा. ए. सो. बं.	जर्नल ऑफ रायल एशियाटिक सोसायटी ऑफ बंगाल
पाठक	गढ़ा-मण्डला का पुरातन इतिहास, 1905
प्रो. इ. हि. कां.	प्रोसीडिंग्ज़ ऑफ इण्डियन हिस्ट्री कांग्रेस
फरिश्ता	तारीख-ए-फरिश्ता, अंग्रेजी अनुवाद, ब्रिग्स
बदायूनी	मुन्तखब-उत-तवारीख, अंग्रेजी अनुवाद, डब्ल्यु. जिल्द दो, अंग्रेजी अनुवाद एच. लो
मे. आ. स. इ.	मेमॉएर्स ऑफ आर्किलॉजिकल सर्वे ऑफ इण्डिया
विल्स	द राजगोंड महाराजाज़ ऑफ द सतपुड़ा हिल्स, नागपुर, 1923
राजवाड़े	मराठ्यांचा इतिहासाची साधनें, पत्रें, यादी वगेरे, 1909.
लिस्ट	द डिस्क्रिप्टिव्ह लिस्ट ऑफ द इन्सिक्रिप्शंस इन द सी. पी. एण्ड बरार-हीरालाल, 1932

वार्ड	रिपोर्ट आन द लेंड रेवेन्यू सेटलमेंट ऑफ द मण्डला डिस्ट्रिक्ट, 1868-69, पृ. 13-19
सरकार	हिस्ट्री ऑफ औरंगजेब, जिल्द चार, पाँच, 1924
स्लीमेन	जर्नल ऑफ एशियाटिक सोसायटी ऑफ बंगाल, 68, 1837, पृ. 621-47
शेजवलकर	नागपुर अफेयर्स, जिल्द 1 (1954) और जिल्द 2 (1959), पुणे.
श्लोकाः	गढ़ेशनृपवर्णनसंग्रहश्लोकाः, जी. व्ही. भावे, एनल्स ऑफ भण्डारकर ओरियण्टल रिसर्च इन्स्टीट्यूट, 28, 1947, पृ. 247-280
हॉल	जर्नल ऑफ अमेरिकन ओरियण्टल सोसायटी, सात, 1860, पृ. 1-18

अनुक्रम

आधारभूमि

प्रदेश

गढ़ा राज्य जिस क्षेत्र में फैला था वह आज भी प्राकृतिक रूप से विविधतापूर्ण और समृद्ध है। यदि यहाँ उपजाऊ मैदानी क्षेत्र हैं तो विन्ध्याचल और सतपुड़ा की पर्वत श्रेणियाँ और उनके अंचल में घने वन हैं। नर्मदा और उसकी सहायक नदियों के अलावा अन्य नदियाँ इसे भरपूर जल प्रदान करती हैं। भारत के मध्य में एक विस्तृत क्षेत्र में फैले इस राज्य की भौगोलिक स्थिति ने उसके इतिहास को कई प्रकार से प्रभावित किया। पौने दो सौ साल तक अस्तित्व में रहने वाले इस राज्य के लिए यहाँ की भौगोलिक स्थिति ने कुछ समस्याएँ पैदा कीं तो कुछ वरदान भी दिए। इन सब बातों को समझने के लिए उसके भूगोल के बारे में जानना उपयोगी होगा। जिस इलाके में गढ़ा राज्य फैला हुआ था उसे नीचे लिखे भौगोलिक क्षेत्रों में रखा जा सकता है–

- मालवा का पठारी क्षेत्र
- विन्ध्य पठारी क्षेत्र
- नर्मदा-सोन घाटी
- सतपुड़ा क्षेत्र
- मेकल का पठार
- बघेलखण्ड का पठार
- नागपुर का मैदान
- छत्तीसगढ़ क्षेत्र

मालवा का पठारी क्षेत्र–गढ़ा राज्य का उत्तर-पश्चिमी सीमान्त हिस्सा, जहाँ आज भोपाल, रायसेन, विदिशा और सागर जिले हैं, मालवा के पठारी क्षेत्र के पूर्वी भाग में स्थिति था। नर्मदा के उत्तर के इस हिस्से में विन्ध्य पर्वत कगार के समान खड़ा है और वहाँ से उत्तर की ओर हल्का ढलवाँ मालवा पठार है जो औसतन 450 मीटर ऊँचा है। मालवा के इस पठार के पूर्वी हिस्से में विदिशा और सागर के पठार हैं। विंध्याचल की श्रेणियाँ नर्मदा तथा गंगा के बेसिन की जल विभाजक हैं और यहाँ से पार्वती, बेतवा और धसान नदियाँ निकलती हैं। दक्कन ट्रैप से बनी काली मिट्टी के इस क्षेत्र की मिट्टी बहुत उपजाऊ है। इस इलाके में सालाना वर्षा का औसत 125 सेंटीमीटर के

करीब हैं। अधिकतम दैनिक तापमान 40 डिग्री से 42.5 डिग्री सेन्टीग्रेड के मध्य रहता है और जनवरी का न्यूनतम दैनिक तापमान 10 डिग्री सेन्टीग्रेड के लगभग रहता है। यहाँ वनों की एक पट्टी पश्चिम से पूर्व तक फैली है जिनमें सागौन, बाँस और मिश्रित प्रजाति के वृक्ष पाए जाते हैं। वर्तमान में इस इलाके की 30 से 55 प्रतिशत भूमि में गेहूँ पैदा किया जाता है।[1]

इस क्षेत्र में विदिशा और सागर का इलाका सदियों से उपजाऊ रहा है और प्राचीनकाल से ही यह उत्तर भारत के इतिहास की मुख्य धारा का हिस्सा रहा है। प्राचीन काल के इतिहास के प्रसिद्ध स्थल एरण और साँची इसी इलाके में आते हैं। इस क्षेत्र का ज्यादातर हिस्सा खेती के अन्तर्गत रहा है और वर्तमान में यहाँ की मुख्य फसलें गेहूँ और चना हैं। इसके अलावा मक्का और तुअर भी हैं। बेतवा नदी के पश्चिम का इलाका कुछ समय तक तो गढ़ा राज्य के अन्तर्गत रहा लेकिन विन्ध्याचल के पार के इस इलाके को ज्यादा समय तक गढ़ा राज्य अपने पास नहीं रख सका।

विन्ध्य पठारी क्षेत्र–गढ़ा राज्य के उत्तर-पूर्व का हिस्सा, जहाँ आज कटनी और दमोह जिले हैं, विन्ध्य पठारी क्षेत्र में आता था। विन्ध्य पर्वत की श्रेणियाँ यहाँ भाण्डेर तथा कैमूर कगार के नाम से पुकारी जाती हैं। इनकी औसत ऊँचाई 450 मीटर के लगभग है और ये नर्मदा तथा गंगा के जलविभाजक हैं। केन नदी की प्रमुख सहायक नदियाँ सोनार, ब्यारमा तथा टोंस इस प्रदेश से होकर बहती हैं। विन्ध्य-पठारी प्रदेश की पूर्वी तथा दक्षिणी सीमा पर वर्षा का सालाना औसत 125 से. मी. के लगभग है। समतल पठारों पर वर्तमान में निरा बोया गया क्षेत्र 40 से 56 प्रतिशत तक है जबकि पहाड़ी तथा ढलवाँ प्रदेश में यह औसत 25 प्रतिशत तक गिर जाता है। गेहूँ और चना यहाँ की प्रमुख फसलें हैं। पूर्व की तरफ जहाँ वर्षा ज्यादा होती है, चावल पैदा किया जाता है। अन्य फसलें हैं तुअर और ज्वार। इस इलाके की 15 से 25 प्रतिशत भूमि वनों से ढँकी है और उनमें बांस की बहुलता है।[2]

यह उल्लेखनीय है कि इस इलाके में विन्ध्य पर्वत की एक ऊँची चोटी पर गढ़ा राज्य का महत्त्वपूर्ण किला सिंगौरगढ़ था जो कुछ समय तक गढ़ा राज्य की राजधानी भी रहा था। दमोह के आसपास का उपजाऊ इलाका इसके खेतिहर हिन्टरलैंड का काम करता था और विन्ध्य का पर्वतीय और वन्य प्रदेश इसके लिए एक सुरक्षा कवच था। गंगा और जमुना के मैदान से यह इलाका जुड़ा हुआ था जिसके कारण आगे चलकर मुगल सेनाएँ कड़ा-मानिकपुर से यहाँ सरलता से आ सकीं।

नर्मदा-सोन घाटी–गढ़ा राज्य का केन्द्रीय भाग, जिसमें वर्तमान जबलपुर, नरसिंहपुर, होशंगाबाद और हरदा जिले हैं, नर्मदा-सोन घाटी के क्षेत्र में आता था। पश्चिम से उत्तर-पूर्व की ओर फैली नर्मदा-सोन की सँकरी उपजाऊ घाटियाँ हैं। इन घाटियों के उत्तर में विन्ध्याचल, भाण्डेर तथा कैमूर एवं दक्षिण में सतपुड़ा, मेकल के ऊँचे भाग हैं। इन घाटियों की चौड़ाई सभी भागों में समान नहीं है और यह 20 किलोमीटर से लेकर 120 किलोमीटर तक चौड़ी है।[3]

नर्मदा की घाटी में अधिकतम औसत दैनिक तापमान मई में रहता है तथा न्यूनतम दिसम्बर में पहुँच जाता है। वर्षा का वार्षिक औसत 142 से. मी. से लेकर 125 से. मी. तक है। काली तथा गहरी मिट्टी वाले इस क्षेत्र में खेती योग्य भूमि ज्यादा है और निरा बोया गया क्षेत्र वर्तमान में 50 प्रतिशत या उससे भी ज्यादा है। नर्मदा की घाटी गेहूँ-उत्पादन का एक प्रमुख क्षेत्र है।[4] इसके अलावा यहाँ चना और तुअर भी काफी तादाद में होता है।

गढ़ा राज्य की दो राजधानियाँ अलग-अलग समयों पर इसी क्षेत्र में रही हैं–गढ़ा और चौरागढ़। जहाँ गढ़ा नर्मदा के उत्तरी तट पर अपेक्षाकृत मैदानी भाग में स्थित था, वहाँ चौरागढ़ नर्मदा नदी के दक्षिण में सतपुड़ा की एक ऊँची पर्वत श्रेणी पर स्थित था। दोनों में एक बात यह समान थी कि दोनों के आसपास का इलाका उपजाऊ था जो इनके लिए पोषक हिन्टरलैंड का काम करता था। गढ़ा राज्य का इतिहास बताता है कि चौरागढ़ के किले में गढ़ा राज्य का राजकोष रखा जाता था और यह किला संकट के समय गढ़ा राज्य के लिए एक आश्रय स्थल के रूप में भी काम करता रहा।

सतपुड़ा क्षेत्र–गढ़ा राज्य के दक्षिण-पश्चिमी हिस्सा जिसमें वर्तमान बैतूल, छिंदवाड़ा और सिवनी जिले हैं, सतपुड़ा क्षेत्र में आता था। नर्मदा नदी के दक्षिण में सतपुड़ा पर्वत श्रेणी पूर्व से पश्चिम तक समानांतर रूप में फैली है। इसका अधिकांश भाग पहाड़ों और सघन जंगलों से ढँका है। कहीं-कहीं कुछ संकरी उपजाऊ घाटियाँ छूट गई हैं। समुद्र सतह से इसकी ऊँचाई 600 मीटर से लेकर 1200 मीटर तक है।[5] सतपुड़ा अपने दक्षिण और उत्तर के मैदानों के लिए जल विभाजक का काम करता है। उत्तर को बहने वाली नदियाँ नर्मदा में जाकर मिलती हैं और दक्षिण को बहने वाली बैनगंगा, वर्धा, पेंच और कन्हान नदियों का पानी गोदावरी नदी में जाता है। पश्चिम की ओर ताप्ती नदी और पूर्व की ओर महानदी और सोन बहती हैं। सतपुड़ा के इस प्रदेश को लॉयड ऐसे महान ''विभाजक'' (दि ग्रेट डिवाइड) की संज्ञा देते हैं, जो उत्तर के मैदानों और दक्षिण की उच्चसमभूमि के बीच का प्राकृतिक विभाजक है और इंडो-आर्यों तथा द्रविड़ों के बीच का ऐतिहासिक विभाजक हैं।[6] इस अंचल में औसत वार्षिक वर्षा लगभग 125 से. मी. होती है। सतपुड़ा क्षेत्र में अच्छे और घने वन हैं जिनमें सागौन की बहुतायत है। वर्तमान में वनों की सघनता का अनुमान इससे लगाया जा सकता है कि इस क्षेत्र में पेंच नेशनल पार्क है।

कृषि के हिसाब से वर्तमान में सतपुड़ा का क्षेत्र विविधता पूर्ण है। बैतूल क्षेत्र की मुख्य फसलें जुआर और गेहूँ है, सिवनी क्षेत्र की गेहूँ और चना तथा छिंदवाड़ा क्षेत्र की मुख्य फसल मक्का और ज्वार है। इन इलाकों में गेहूँ कम बोया जाता है। पहाड़ी और अनुपजाऊ क्षेत्रों में कोदों, कुटकी और सरसों की फसल भी ली जाती है।

कन्हान, पेंच और बैनगंगा नदियों की घाटी में गढ़ा राज्य का एक प्रमुख हिस्सा देवगढ़ विकसित हुआ जो गढ़ा राज्य के कमजोर हो जाने के बाद देवगढ़ के स्वतंत्र राज्य

के रूप में उभरा। इस इलाके का उपयोग मराठों ने बुन्देलखण्ड जाने के लिए सफलतापूर्वक किया। स्मरणीय है कि बाजीराव पेशवा छत्रसाल की सहायता के लिए इसी इलाके से होकर बुन्देलखण्ड गया था।

मेकल का पठार–गढ़ा राज्य का दक्षिणी भाग जिसमें वर्तमान बालाघाट, मण्डला और डिण्डौरी जिले हैं, मेकल के पठार में स्थित था। मेकल का पठार छत्तीसगढ़ के मैदान और सतपुड़ा-नर्मदा की घाटी के बीच स्थित है। यहाँ अधिकतम ऊँचाई 1000 मी. के लगभग है और यह भारत का अत्यधिक महत्त्वपूर्ण जलद्विभाजक है। यहाँ से पूर्व की ओर महानदी की सहायक नदियाँ, उत्तर में जोहिला (सोन की सहायक नदी) तथा पश्चिम की ओर नर्मदा बहती है। इस प्रदेश के पूर्वी भाग में वर्षा का वार्षिक औसत 125 से. मी. से अधिक है। जहाँ तक तापमान का प्रश्न है, मई का औसत दैनिक तापमान करीब 37 डिग्री सेन्टीग्रेड रहता है जो जनवरी में 10-12 डिग्री तक गिर जाता है।[7]

इस इलाके में सागौन और साल के श्रेष्ठ वन हैं और बाँस तथा मिश्रित प्रजाति के वन भी हैं। मध्यकाल में तो यह हाथियों के प्रदाय का प्रमुख क्षेत्र था। आज भी इस इलाके में दो विख्यात नेशनल पार्क हैं–सतपुड़ा और कान्हा। वनों के बीच में जहाँ भी समतल भूमि पठारों पर अथवा घाटियों में पाई जाती है, वहाँ कृषि होती है। चावल इस इलाके की प्रमुख खाद्य फसल है पर मण्डला और डिण्डोरी के इलाके में गेहूँ भी पर्याप्त तादाद में पैदा किया जाता है। इनके अतिरिक्त चना, मक्का तथा तिलहन भी होता है। पहाड़ी और कम बारिश वाले इलाकों में कोदों, कुटकी, अलसी और सरसों की फसल ली जाती है।

मेकल के पठार में ही गढ़ा राज्य की दो राजधानियाँ समय-समय पर रहीं–रामनगर और मण्डला। चौरागढ़ जब 1634 ईस्वी में बुन्देलों के अधिकार में चला गया तब रामनगर को इसलिए राजधानी चुना गया क्योंकि वह दुर्गम इलाके में था। पर पर्याप्त और अनुकूल हिन्टरलैंड न होने के कारण और दुर्गमता के कारण रामनगर आधी सदी से ज्यादा राजधानी नहीं रह सका और 1700 ईस्वी में मण्डला को राजधानी बनाया गया था जिसे दुर्गमता का लाभ तो था, साथ ही उसके आसपास का इलाका उपजाऊ होने से हिन्टरलैंड का लाभ भी उसे था।

बघेलखण्ड का पठार–गढ़ा राज्य के उत्तर-पूर्व का छोटा-सा हिस्सा जिसमें वर्तमान कटनी जिला आता है, मेकल के पठार के उत्तर में स्थित बघेलखण्ड के पठारी प्रदेश में आता था। यह क्षेत्र सोन नदी और मेकल श्रेणियों के बीच में है और इसका करीब 20 प्रतिशत हिस्सा वनों से ढँका है। इस इलाके में चूने की खदानें बड़ी तादाद में पाई जाती हैं। मुख्य फसल गेहूँ और चना है पर मक्का, ज्वार और तुअर भी होती है।

नागपुर का मैदान–इसमें गढ़ा राज्य का दक्षिणी हिस्सा था, जिसमें वर्तमान में महाराष्ट्र के नागपुर और भण्डारा जिलों के उत्तरी हिस्से हैं। यह इलाका कन्हान और

बैनगंगा की घाटी में आता है और काफी उपजाऊ है। कन्हान बैनगंगा की सहायक नदी है और बैनगंगा गोदावरी में मिलती है। कन्हान की घाटी में अपेक्षाकृत कम बारिश होती है और वहाँ कपास और मूंगफली की फसल ली जाती है। बैनगंगा नदी के आसपास के क्षेत्र में बारिश अपेक्षाकृत ज्यादा होती है और यहाँ की मुख्य फसल चावल है। गढ़ा राज्य के पतन के दिनों में इस उपजाऊ इलाके को आधार बनाकर ही नागपुर के भोंसले शासक गढ़ा-मण्डला पर धावा करते रहे और गढ़ा राज्य पर आधिपत्य बनाने की कोशिश करते रहे। गढ़ा होकर बुन्देलखण्ड की ओर जाने के लिए इस क्षेत्र से डोंगरताल, छपारा होकर मार्ग जाता था जो अठारहवीं सदी के उत्तरार्द्ध में काफी महत्त्वपूर्ण था। गढ़ा राज्य की समाप्ति के साल बाद ही दो लेकी और ब्लण्ट नामक अंग्रेज अधिकारियों ने इसी मार्ग से यात्रा की थी।

छत्तीसगढ़ क्षेत्र–गढ़ा राज्य का पूर्वी हिस्सा जिसमें वर्तमान छत्तीसगढ़ राज्य का राजनांदगाँव जिला, कवर्धा जिला और बिलासपुर जिले का उत्तरी-पश्चिमी भाग है, भौगोलिक रूप से छत्तीसगढ़ क्षेत्र में आता था। मेकल पर्वत श्रेणियों की वृष्टिछाया में होने के कारण इस इलाके में वर्षा का सालाना औसत 112 सेंटीमीटर के लगभग है। इस क्षेत्र की प्रमुख नदियाँ शिवनाथ और मनियारी हैं। शिवनाथ उत्तर की ओर बहकर दाएँ मुड़कर महानदी से मिल जाती है और मनियारी नदी मेकल पर्वतश्रेणियों से निकलकर शिवनाथ नदी में मिलती है। इस क्षेत्र में वन क्षेत्र ज्यादा हैं और जमीन उपजाऊ नहीं है इसलिए वहाँ कोदों कुटकी और मक्का की फसल ली जाती है, लेकिन शेष मैदानी हिस्से में चावल मुख्य फसल है।

मध्यकालीन भौगोलिक विवरण

ऊपर गढ़ा-मण्डला क्षेत्र की भौगोलिक स्थिति और आबहवा, उपजों तथा वनों की मौजूदा स्थिति का विवरण दिया गया है। अब जरा हम देखें कि मध्यकाल के ऐतिहासिक स्रोतों से इस इलाके के बारे में क्या सूचना मिलती है जिससे हम यह अनुमान लगा सकें कि वहाँ ऐसे किस प्रकार के संसाधन उपलब्ध थे जो किसी राज्य के बने रहने के लिए जरूरी थे। किस किस्म की आबादी यहाँ थी। यह भी देखना होगा कि इस भौगोलिक स्थिति ने इस इलाके को क्या संभावनाएँ दीं और क्या सीमाएँ पैदा कीं।

सबसे पहले इस बात की ओर हमारा ध्यान जाता है कि इस इलाके के बड़े हिस्से में इतने घने वन थे कि यहाँ कई जगह हाथी पाये जाते थे। आइन-ए-अकबरी में इस बात का एकाधिक जगह उल्लेख है। सूबा बरार के अन्तर्गत खेरला के किले का वर्णन करते हुए अबुल फ़ज़्ल लिखता है–"इसके पूर्व में जाटबा नामक जमींदार रहता है जिसके पास 2000 घुड़सवार, 50 हजार पैदल सैनिक और 100 से ज्यादा हाथी हैं...यहाँ के सभी निवासी गोंड हैं। इस इलाके में हाथी पाये जाते हैं।"[8] इसी

प्रकार शाही हाथी खाने का विवरण देते हुए अबुल फ़ज़्ल लिखता है "हाथी नरवर से लेकर बरार तक के जंगलों में, मालवा सूबे में हण्डिया, उछोड़, चन्देरी, सतवास, बीजागढ़, रायसेन, होशंगाबाद, गढ़ा और हरयागढ़ में हाथी पाये जाते है।"[9] इसी प्रकार वह कहता है कि गढ़ा के इलाके में बहुत वन हैं और वहाँ ढेर सारे जंगली हाथी हैं।[10] आज भी विन्ध्य सतपुड़ा के वन्य प्रदेशों में वन्य जीव काफी तादाद में मिलते हैं और इस इलाके में आज भी तीन राष्ट्रीय वनोद्यान–कान्हा, पेंच और सतपुड़ा हैं और आठ अभयारण्य–बोरी, फेन, नौरादेही, पंचमढ़ी, पेंच, रातापानी, सिंघोरी और दुर्गावती हैं। चार सौ साल के बाद भी इस क्षेत्र का वनों और वन्यजीवों से सम्पन्न होना यह अनुमान लगाने के लिए काफी है कि अबुल फ़ज़्ल का कथन सही है और सतपुड़ा और विन्ध्य के क्षेत्र में ही नहीं मालवा जैसे मैदानी क्षेत्र में भी पर्याप्त जंगल और वन्यजीव थे।

वनों के कारण वनोपजें यहाँ की ग्रामीण आबादी का महत्त्वपूर्ण आर्थिक आधार रही होंगी। गोंडों की लोककथाओं और लोकगायकी में कहा गया है कि बादशाह को महुआ की शराब और चार चिरोंजी जंगली चावल, सिंघाड़े के बीज (सिंघाड़ा तालाबों में पैदा होता है) और शहद के रूप में कर चुकाया जाता था।[11]

गढ़ा राज्य के इलाके का काफी हिस्सा वनाच्छादित होने पर भी बाकी हिस्सा काफी उपजाऊ था और राज्य निर्माण के लिए और उसे टिकाए रखने का एक महत्त्वपूर्ण आर्थिक आधार था। इस इलाके की सम्पन्नता और उपजाऊपन के प्रमाण के रूप में अबुल फ़ज़्ल के कथन का उल्लेख किया जा सकता है। वह लिखता है– "यहाँ के किसान मोहर और हाथी के रूप में अपना लगान चुकाते थे। यहाँ इतना अनाज होता है कि वह गुजरात और दक्कन को प्रदाय करने के लिए काफी था।"[12] इससे स्पष्ट है कि गढ़ा-मण्डला के इलाके में अच्छी खेती थी और यह सम्पन्न इलाका था। उस समय गेहूँ, चावल और दालें मुख्य फसलें हुआ करती थीं।

यह बात उल्लेखनीय है कि गढ़ा राज्य की जो भी राजधानियाँ समय-समय पर रहीं उनके पृष्ठप्रदेश (हिन्टरलैंड) खेती के मामले में सम्पन्न थे जिससे इन राजधानियों को प्राणवायु मिलती रही। पहली राजधानी गढ़ा, दूसरी राजधानी सिंगौरगढ़, तीसरी राजधानी चौरागढ़, चौथी राजधानी रामनगर और अन्तिम राजधानी मण्डला की जरूरतों को पूरा करने के लिए पर्याप्त खेतिहर पृष्ठप्रदेश था।

यहाँ एक बात का उल्लेख और किया जा सकता है कि गढ़ा राज्य का इलाका विन्ध्याचल और सतपुड़ा के पर्वतीय अंचल के कारण और सघन वनों के कारण दुर्गम था। उत्तर से यहाँ आने के लिए दमोह के रास्ते का और नर्मदा पार करने के लिए संभवतः गढ़ा के पास स्थिति तिलवारा घाट का और नरसिंहपुर जिले में स्थित बरमानघाट का उपयोग किया जाता था। जब 1634 में शाहजहाँ के समय जुझारसिंह बुन्देला ने और फिर 1651 में उसके भाई पहाड़सिंह बुन्देला ने गढ़ा राज्य की राजधानी चौरागढ़ पर आक्रमण किया तो फिर उस समय के राजा हृदयशाह को और भी ज्यादा

दुर्गम इलाके में जाने के लिए बाध्य होना पड़ा और फिर उसने और पूर्व की तरफ जाकर रामनगर में राजधानी बनायी।

निवासी

यह उल्लेखनीय है कि गढ़ा राज्य पर मुगल बादशाह का अधिकार होने के बाद उसे मालवा सूबे के अन्तर्गत एक सरकार के रूप में रख दिया गया। आइन-ए-अकबरी[13] में गढ़ा सरकार के वर्णन में अबुल फज्ल 57 महालों में से सिर्फ एक महाल का जमींदार गोंड ब्राह्मण बताता है, बाकी 56 महालों के जमींदार गोंड बताता है। इस इलाके का विवरण देते हुए अबुल फज्ल अकबरनामा[14] में लिखता है–"इस इलाके में गोंड रहते हैं। उनकी तादाद बहुत ज्यादा है और वे ज्यादातर जंगली इलाकों में रहते हैं। वहाँ रहते हुए वे खाने-पीने और सन्तान पैदा करने में लगे रहते हैं। वे निम्न कोटि के लोग हैं और हिन्दुस्तान के लोग उनसे नफरत करते हैं और उन्हें अपने धर्म और कानून के बाहर समझते हैं।" इससे प्रतीत होता है कि गढ़ा राज्य जिस इलाके में फैला था वहाँ गोंडों की आबादी थी और अन्य वर्गों की आबादी नाममात्र की थी, जिनकी चर्चा आगे की जाएगी।

चूँकि गढ़ा राज्य की ज्यादातर आबादी गोंडों की थी इसलिए पहले गोंड समाज के बारे में विस्तार से लिखना उपयोगी होगा। इससे यह भी पता चलेगा कि राजसत्ता प्राप्त करने के पहले और बाद में गोंडों के कबीलाई समाज का रूप क्या था। गोंडों के विवरण के बाद उन जातिवर्गों के बारे में लिखा जाएगा जो कालान्तर में क्रमशः गढ़ा राज्य में आकर बसते गए। नीचे गोंडों का जो विवरण दिया जा रहा है वह आज के गोंड समाज के बारे में है और यह माना जा सकता है कि गढ़ा राज्य के समय भी गोंडों के समाज में खास परिवर्तन नहीं हुआ होगा क्योंकि जनजातियों पर बाहरी समाज का असर बहुत धीरे-धीरे और बहुत कम होता है।

गोंड : मूल स्थान

स्टीफेन हिस्लॉप[15] गोंडों को आंध्र प्रदेश में रहने वाले खौंड लोगों के समकक्ष बताते हुए कहते हैं कि गोंड शब्द 'कोंड' का ही एक रूप है क्योंकि 'क' और 'ग' बदल सकते हैं। जैसे 'घोटुलघर' 'कोटलघर' से। कोंड से हिस्लाप का तात्पर्य गोंडों से ही है क्योंकि वे गोंड के लिए कोंड शब्द ही प्रयुक्त करते हैं। वे आगे कहते हैं कि भगवान के लिए 'पेन' शब्द इस्तेमाल गोंड और खौंड दोनों करते हैं। ग्रियर्सन[16] का भी विचार है कि खोंड 'क' का सम्बन्ध गोंड 'कुई' से हो सकता है और इसी बात को आगे बढ़ाते हुए वे कहते हैं कि तेलुगु भाषी लोग खोंड को गोंड या कोंड भी कहते हैं। भाषा सम्बन्धी परीक्षण से भी मालूम पड़ता है कि गोंड और खोंड भाषाएँ क्रमशः तमिल तथा तेलुगु के अधिक

निकट हैं। इससे यह निष्कर्ष निकलता है कि गोंड तथा खौंड मूलतः एक ही कबीले के रहे होंगे और बाद में अपना मूल स्थान छोड़कर उत्तर की ओर जाने पर उनके नाम तथा भाषाओं में भेद हो गया। इसमें सन्देह नहीं कि गोंड उसी परिवार की द्राविड़ी भाषा बोलते हैं जिस परिवार की तमिल, कन्नड़ और तेलुगु हैं।[17] इससे प्रकट होता कि गोंड पहले तमिल तथा कन्नड़ भाषियों के पड़ोस में रहते थे। इरावती कर्वे का भी कथन है कि कन्नड़ियों तथा गोंडों की लोक कथाओं में जो समानता है उससे कन्नड़ियों से उनका सम्पर्क सिद्ध होता है।[18]

उपर्युक्त विवरणों से यह निष्कर्ष निकलता है कि गोंड मूलतः दक्षिण भारत के ही निवासी थे। इस निष्कर्ष को गोंडों के इतिहास तथा परम्परा से भी समर्थन मिलता है। गढ़ा राज्य का संस्थापक यादवराय के गोदावरी नदी के तट से उत्तर आने की सशक्त परम्परा गोंडों में विद्यमान है। फिर गोंडों के महानतम शासक संग्रामशाह के सिक्कों में तेलुगु लिपि का अंकन तेलुगु भाषियों से उसके तत्कालीन सम्पर्क को प्रकट करता है। रसेल तथा हीरालाल[19] तो दक्षिण से उत्तर को हुए गोंडों के प्रवास का मार्ग तक बताते हैं। उनके अनुसार वे गोदावरी नदी से चांदा, इंद्रावती, छत्तीसगढ़ तथा बैनगंगा नदी से होकर सतपुड़ा क्षेत्र में आए। तेलुगु लोगों से उनका सम्पर्क होने पर उन्होंने इन्हें गोंड नाम दिया होगा और यह नाम वे अपने साथ ले आए।

इन सारे मतों के विरुद्ध हेमेन्डॉर्फ[20] एक नई बात कहते हैं। वे कहते हैं कि गोंडों की भाषा द्राविड़ परिवार की है, इसका मतलब यह नहीं कि वे दक्षिण से आए। गोंडों की कोई आदिम भाषा थी, उसे छोड़कर उन्होंने अपने पड़ोसियों की शासक वर्ग की द्राविड़ी भाषा अपना ली। हेमेन्डॉर्फ ने किस आधार पर ये निष्कर्ष निकाले हैं यह उन्होंने स्पष्ट नहीं किया है।

ऊपर के तर्क-वितर्कों के बीच अजयमित्र शास्त्री के इस कथन पर ध्यान देना होगा कि गोंड 7वीं शताब्दी में छत्तीसगढ़ के रायपुर, बिलासपुर के इलाके में इतनी ज्यादा तादाद में थे कि उस इलाके को उस समय गोंडकभुक्ति कहा जाता था। इसके लिए वे पाण्डुवंशी राजा महाशिव तीवरदेव के तिरुअनन्तपुरम ताम्रपत्र का प्रमाण देते हैं जिसमें गोंडकभुक्ति के एक गाँव कुट्टारक का आधा हिस्सा ब्राह्मणों को दान में दिए जाने का उल्लेख है। तीवरदेव का शासन 660-680 ईस्वी के दौरान दक्षिण कोसल पर था।[21]

गोंड : राजगोंड

गढ़ा के शासकों को राजगोंड भी कहा जाता है किन्तु राजगोंड वस्तुतः गोंडों की ही एक कुलीन शाखा है। यह गोंडों की जातियों या वर्गों के वर्गीकरण से स्पष्ट है। स्टीफेन हिस्लॉप[22] इनके साढ़े बारह भेद बताते हैं–राजगोंड, रघुवाल, ददवे, कटुल्या (सम्भवतः खटुलहा), पाडाल, ओझयाल, थोत्याल, कोइला-भुटाल, कोइकपाल, कोलाम, माट्याल

और पाडाल। स्टीफेन फुश[23] इन्हें चार भागों में विभाजित करते हैं–देवगोंड़, सूर्यवंशी, राजगोंड, देवगढ़िया गोंड और रावणवंशी गोंड। इम्पीरियल गैजेटियर[24] में इन्हें दो शाखाओं में विभाजित किया गया है–राजगोंड अर्थात् कुलीन वर्ग और धुर (धूल) गोंड या सर्वसाधारण गोंड। वर्गीकरण के बारे में चाहे मतभेद हों, पर सभी विद्वान इस बात पर एकमत हैं कि राजगोंड गोंडों की ही एक शाखा है और यह शाखा अन्य शाखाओं की अपेक्षा कुलीन और श्रेष्ठ है।

अब प्रश्न यह है कि राजगोंड अन्य गोंडों से भिन्न और श्रेष्ठ क्यों समझे जाते हैं। तथा उनका मूल क्या है? इस सम्बन्ध में पहला मत यह है कि राजगोंड राजपूतों और गोंडों के मध्य हुए विवाह सम्बन्धों से उत्पन्न हुए। फोरसीथ और कुछ अन्य विद्वानों ने ऐसा मत प्रकट किया है।[25] दूसरे मत के अनुसार राजगोंड मूलतः गोंड ही हैं, किन्तु कुछ ऐतिहासिक या सामाजिक कारणों से वे राजगोंड कहलाये। हिस्लाप[26] के अनुसार शाही सत्ता प्राप्त करने के कारण उस वंश को राजगोंड कहा जाने लगा।

उपर्युक्त दो तर्कों के अतिरिक्त ग्रियर्सन[27] का एक तीसरा तर्क है जो सामाजिक से अधिक ऐतिहासिक पृष्ठभूमि लिए है। उनका कहना है कि भारत के आदिम कबीलों में प्रचलित प्रवृत्ति के परिणामस्वरूप कालांतर में जो गोंड अपने पड़ोसी हिन्दुओं के समाज का अंग बनने के लिए क्रमशः हिन्दू अथवा आचार-विचार मानने लगे वे राजगोंड कहे जाने लगे।

समग्र स्थिति का विश्लेषण करने से ऐसा अनुमान होता है कि गोंडों की जिस शाखा ने अपने बाहुबल और चातुर्य से शासन शक्ति प्राप्त कर ली उस शाखा ने सर्वसाधारण से भिन्न बताने के लिए स्वयं को राजगोंड कहना प्रारम्भ किया। कालांतर में जब श्रेष्ठतर हिन्दू संस्कृति से इनका सम्पर्क होने लगा तो ये उससे आकर्षित हुए बिना न रहे। राजकार्य में इन्हें अधिकाधिक सवर्ण हिन्दुओं की सहायता लेनी पड़ी। ये शासक कुछ तो अपने अधिकारियों के प्रभाव में आकर और कुछ अपनी सामाजिक स्थिति को ऊँचा उठाने हेतु धीरे-धीरे हिन्दुओं के आचार-विचार मानने लगे। इसी क्रम में वे हिन्दू देवी-देवताओं की पूजा तथा हिन्दू धार्मिक क्रियाओं और संस्कारों का भी पालन करने लगे।

ब्राह्मणों के सहयोग से इन शासकों को ऐसी वंशावलियाँ तैयार करने में अधिक कठिनाई न हुई, जिनमें इन शासकों को प्राचीन होने के साथ राजपूत मूल का भी बताया गया। गोंड शासकों ने अपनी सामाजिक प्रतिष्ठा की इस उन्नति को सहर्ष स्वीकार कर लिया। जिन गोंडों ने अच्छे पद या अधिकार पा लिए या किसी भू-खण्ड के स्वामी हो गए उनमें राजपूतों से सम्बन्ध का दावा करने की प्रवृत्ति भी आ गई। इस प्रकार चाहे रक्त का सम्मिश्रण अधिक न हो पाया हो, किन्तु गोंड हिन्दू पौराणिक संस्कृति को अधिकाधिक अपनाने से बच नहीं सके और कालांतर में वे राजपूत या क्षत्रिय कहलाने में गर्व का अनुभव करने लगे।

क्षत्रिय शासकों की भाँति गढ़ा के शासकों ने भी ब्राह्मणों को ज्योतिषी और पुरोहित के उच्च पदों पर रखा, उन्हें दान-दक्षिणा दी और पौराणिक हिन्दू कर्मकाण्ड का पालन किया। गढ़ा के शासकों द्वारा जारी की गई जो सनदें प्राप्त हुई हैं, उनमें 'श्रीराम' तथा 'भद्रकाली' के प्रति श्रद्धा व्यक्त की गई है। रामनगर में राजा हृदयशाह की पत्नी ने जो मन्दिर बनवाया उसमें गणेश, विष्णु, शम्भु, दुर्गा और सूर्य की मूर्तियाँ स्थापित की गईं।

सत्रहवीं सदी तक गढ़ा के ये गोंड शासक क्षत्रिय जैसे ही माने जाने लगे और जैसा कि हम लिख चुके हैं, प्रशस्तिकारों ने उन्हें ऐसा लिखना भी तब प्रारम्भ कर दिया। ऐसा न होता तो सम्भवतः कुलीन ब्राह्मण कभी इनका पौरोहित्य स्वीकार न करते और न उनसे दान-दक्षिणा लेते।

गोंड : समाज और संस्कृति

गोंडों की प्रादेशिक प्रणाली गढ़ के नाम से जानी जाती है। गढ़ असल में एक प्रादेशिक इकाई है जो आज की तहसील के समकक्ष मानी जा सकती है। गोंड कुनबे या परिवार जिस गढ़ के क्षेत्र में रहते थे उस गढ़ के नाम को वे अपना गढ़ मानते हैं। अपना प्रदेश छोड़कर अन्य जगह बस जाने पर भी उन्होंने अपने गढ़ के नाम को कायम रखा। कुनबे के किसी सदस्य की मृत्यु होने पर वे अपने गढ़ को याद करते हैं क्योंकि यह काम उन्हें अपने खानदानी गृहग्राम में करना पड़ता था। कहीं और बस जाने पर पुराने गढ़ के स्थान पर नये गढ़ का नाम भी अपनाया जा सकता है। कई गढ़ों के नाम तो पहचाने जा सकते हैं पर कई नाम नहीं पहचाने जा सकते। गढ़ के अलावा गोंडों के गोत्र भी होते हैं और गोत्रों के नाम पेड़ों, जानवरों आदि के नाम पर भी हो सकते हैं। सामान्यतः उस गोत्र के सदस्य अपने टोटम के जानवर को नहीं मारते पर इस नियम का हमेशा पालन नहीं किया जाता।[28]

गोंडों में एक ही गोत्र में विवाह नहीं होता और न एक जैसे देवताओं की पूजा करने वाले सदस्य आपस में विवाह करते हैं। भाईबन्द गोत्रों के बीच विवाह निषिद्ध हैं। मामा, बुआ के बच्चों के बीच विवाह खास तौर से अच्छा माना जाता है। पहले, शायद, भाई की बेटी से बहिन के बेटे का विवाह ज्यादा प्रचलित था। यह मातृप्रधान समाज का अवशेष माना जाता है जिसमें किसी व्यक्ति की बहन का बेटा उस व्यक्ति का उत्तराधिकारी होता था। लेकिन इस कारण को अब सामान्यतः भुला दिया गया है और अब भाई के बेटे का विवाह बहिन की बेटी से करने का भी रिवाज हो गया है। इसका कारण यह माना जाता है कि उस व्यक्ति ने अपने परिवार की बेटी उसके पति के परिवार को दी है, इसलिए उन्हें भी एक लड़की वापिस देना चाहिए। ऐसे विवाह को दूध लौटाना कहा जाता है।[29]

गोंडों पर आजीवन काम करने वाले शेख गुलाब ने गोंडों के समाज और

संस्कृति के बारे में विस्तार से लिखा है। आगे का विवरण उनकी किताब से ही लिया गया है[30]—

गोंड समाज पितृ सत्तात्मक है। पुरुष परिवार का मुखिया होता है फिर भी सयानी महिलाओं से हर कार्य में सलाह ली जाती है। गोंड गाँवों में संयुक्त परिवार बहुत कम देखने को मिलते हैं। विवाह के बाद लड़का या लड़की कुछ ही दिन अपने माता-पिता के साथ रहते हैं और अपना परिवार अलग कर लेते हैं। आदिवासियों में महिलाओं का स्थान केवल घर के भीतर ही नहीं है, वे घर के बाहर भी पुरुषों के कन्धे से कन्धा मिलाकर जीवन तथा जीविकोपार्जन का हर कार्य करती हैं। वे सच्चे अर्थ में पुरुष की अर्द्धांगिनी होती हैं।

लड़का-लड़की की मर्जी के बजाय माता-पिता की रजामन्दी सर्वोपरि होती है। विवाह पूर्व लड़के-लड़की मिलते हैं पर उनके शारीरिक सम्बन्ध नहीं होते। गोंडों में लड़के-लड़की के चुनाव में सौन्दर्य की अपेक्षा परिश्रम, कार्य-कुशलता और शारीरिक पुष्टता देखी जाती है। इन सब चीजों को परखने के लिए लड़की वाले लड़के के यहाँ जाते हैं। राजगोंडों में तो हिन्दू पद्धति से विवाह होता है पर गोंडों में दोषी, बैगा या गुनिया यह कार्य करते हैं। विवाह की तिथि से पहले वर पक्ष वाले खर्च चुकाने के लिए कन्या पक्ष वालों के यहाँ आते हैं।

गोंड लोग मण्डप में तीन तरह से विवाह करते हैं। इसे मंडवातरी (मंडवा के नीचे) विवाह भी कहते हैं। पहला पठौनी विवाह, दूसरा चढ़ विवाह और तीसरा लमसना। गोंडों में सर्वाधिक प्रचलित चढ़ विवाह है। पठौनी विवाह में लड़की की बारात लड़के के यहाँ जाती है और दूल्हे को विदा करके अपने घर लाती है। पर पठौनी विवाह प्रथा अब देखने को नहीं मिलती। चढ़ विवाह में दूल्हा बारात लेकर जाता है। लमसना को घर जमाई भी कहते हैं। इसमें लड़का विवाह के पूर्व ही ससुराल में रहता है। घर, जंगल, खेत, का काम करता है, सास-ससुर की सेवा करता है। यह स्थिति तीन वर्ष तक रहती है। लमसना की अवधि समाप्त होने व दामाद के खरे उतरने पर लड़की का पिता स्वयं सब खर्च उठाकर अपनी बेटी का विवाह लमसना के साथ कर देता है। विवाह होने के बाद उन्हें गाँव में एक अलग घर और कुछ जमीन, हल, बैल आदि देकर स्वतंत्र जीवन-यापन की सुविधा दे दी जाती है। इस परम्परागत विवाहों के अतिरिक्त गोंडों में कुछ और भी विवाह प्रचलित हैं, ये हैं—भगेली विवाह और बलात् विवाह।

गोंडों में विधवा विवाह प्रचलित है और विधवा भाभी से विवाह करने का देवर का पहला अधिकार होता है। यदि सगा देवर नहीं होता या देवर चूड़ी पहनाने के लिए राजी नहीं होता तो पंच लोग किसी भी दूसरे के नाम से चूड़ी पहना देते हैं। विधवा का कोई सहारा ढूँढ देना पंच लोग अपना कर्त्तव्य समझते हैं। यदि विधवा देवर के अलावा किसी और की पत्नी बन जाती है तो पूर्व पति के घर से उसका नाता टूट जाता है। इसी तरह रखैली विवाह और अन्तर्जातीय विवाह पर भी कोई प्रतिबन्ध नहीं है।

एक पति एक से अधिक पत्नियाँ रख सकता है।

गोंडों में अग्निदाह और दफनाने की प्रथा है। स्वाभाविक मौत से मरे व्यक्ति को अग्निदाह किया जाता है और प्लेग, हैजा तथा सर्पदंश वाले मृतक को दफनाते हैं। बच्चों को भी दफनाया जाता है। मृतक संस्कार के दस दिन बाद दशमानी या दशगात्र प्रथा गोंडों का महत्त्वपूर्ण क्रियाकर्म है।

गोंड उमंग से अपने त्योहार मनाते हैं। गोंड समाज में सात पर्व-त्योहार आदिम परम्परा के अनुसार मानते चले आ रहे हैं जो इस प्रकार हैं–बिदरी पूजा में बादल के साथ धरती और अन्न की भी पूजा की जाती है। बिदरी पूजा ज्येष्ठ मास की किसी भी तिथि में की जाती है। बक बंधी का त्योहार आषाढ़ मास की पूर्णिमा यानी गुरु-पूर्णिमा को मनाया जाता है। इसमें बैगा पलाश के पौधे की जड़ से रेसे निकालकर उन्हें हल्दी में रंग लेता है। मंत्र बोलते हुए घर के प्रत्येक युवक की दायीं कलाई में ये रेशे बाँध देता है। घर और खेत में इन रेशों को गाड़ता है। दरअसल यह प्रकृतिजन्य रक्षा बंधन है। हरढिली का पर्व श्रावण मास की अमावस्या को मनाया जाता है। यह उत्सव वास्तव में खरीफ फसल की बोनी के समापन का है। बैलों को हलों से ढील देने या मुक्त करने के कारण इसका नाम हरढिली पड़ा। नवाखानी त्योहार गोंडों में फसल और पितृ-पूजा का त्योहार है। जवारा एक धार्मिक पर्व है। यह वर्ष में दो बार मनाया जाता है। एक कुँवार के महीने में दूसरा चैत्र के महीने में। जवारा आदिवासियों की शक्ति पूजा है, देवी पूजा है। दीवाली का त्योहार कुँवार मास की अमावस्या से प्रारम्भ होकर कार्तिक पूर्णिमा तक पन्द्रह दिन मनाया जाता है। मड़ई का उत्सव दीपावली की प्रतिपदा से कार्तिक पूर्णिमा तक पन्द्रह दिन बड़ी धूम-धाम से मनाया जाता है। मड़ई एक धार्मिक उत्सव है। छेरता बच्चों का त्योहार है और यह पौष मास की पूर्णिमा को मनाया जाता है।

गोंडों के कई देवी-देवता हैं जिन पर वे अटूट आस्था रखते हैं। जिनमें बड़ादेव सबसे बड़ा और व्यापक देवता है। गोंड अपने जीवन में भय, बीमारियों और दैवी आपदाओं से बचने के लिए कई मनगढ़न्त देवी-देवताओं की उपासना करता है। गोंड समाज टोने-टोटके, जादू, झाड़-फूँक में ज्यादा विश्वास करते हैं।

गोंडो के घर प्रायः मिट्टी-घास-फूस से बने होते हैं। एक झोपड़ी या मकान बनाने के लिए मिट्टी, पुआल, लकड़ी, बांस, खाई, खपरैल व छींद जुटा लिया जाता है। मिट्टी को मजबूत बनाने के लिए कोदों का पैरा या भूसा मिलाकर गूंथ लिया जाता है।

सामान्यतः गोंड अपने खेतों में दो फसलें लेता है सियारी और उन्हारी। सियारी धान, कोदों, कुटकी, तिलहन, रमतिला, चावल, मक्का, तिली आदि की फसल है। रबी में गेहूँ, चना, राई, मसूर, अलसी आदि होते हैं। इतनी उपज लेने के बाद भी एक गोंड परिवार का साल भर गुजारा मुश्किल से होता है। उसे अन्य मजदूरी करनी पड़ती है। गोंडों के पास भूमि और बैल न होने पर वे दूसरे के खेत पर काम करते हैं। खेती ही उनकी जीविका का प्रमुख साधन है। गोंडों की आमदनी का दूसरा जरिया वनोपज को

इकट्ठा करना और बेचना है। गोंड जहाँ रहते हैं उनके आस-पास विशाल प्राकृतिक सम्पदा बिखरी रहती है। खेती में स्त्रियाँ जितनी मेहनत करती हैं उससे कहीं अधिक मेहनत वे वनोपज इकट्ठा करने में करती हैं।

चावल की पेज (पीने योग्य बिलकुल पतली खिचड़ी) गोंडों के भोजन का प्रमुख अंग है और कोदों तथा कुटकी भी उनके भोजन के हिस्से होते हैं। उनका सर्वाधिक प्रिय पेय दारू (शराब) है, जिसे बच्चे, बूढ़े, युवक और महिलाएँ सभी पीते हैं। दारू गोंडों का संस्कार बन गई है। सगाई, विवाह और देवी-देवता की पूजा में दारू देना परम्परा बन गई है। महुआ गोंडों का महत्त्वपूर्ण भोजन भी है। गोंड कई प्रकार की सब्जियों तथा कन्द का प्रयोग करते हैं। गोंड मांसाहारी होते हैं और प्रायः सभी पशु-पक्षियों का मांस खाते हैं।

गोंड पुरुष घुटने तक की धोती बंडी कन्धे पर पिछौरा सिर पर मुरेठा बाँधते हैं। गोंड कलाई में चाँदी का चूड़ा गले में मोहर तथा कान में बूंदा अवश्य पहनना चाहते हैं। गोंड स्त्रियाँ छह से आठ गजी साड़ी घुटने तक काँछ लगाकर पहनती हैं। गोंड स्त्रियों को गहनों से अधिक लगाव होता है। हाथ में चूड़ी पहनना सौभाग्य का प्रतीक माना जाता है। गोंड स्त्रियों में शरीर गुदाने की प्रथा सबसे अधिक है। गोदना गुदवाने के पीछे यही भावना है कि ये स्त्री के सच्चे जेवरों की निशानी है, जो मरते समय भी उसके साथ जाती है और देवता इससे प्रसन्न रहते हैं। गोंड स्त्रियों की धारणा है कि गोदने शरीर को सुन्दर और स्वस्थ बनाते हैं। गुदनों में कई रूपाकारों का समावेश होता है। बाँह, छाती, मस्तक, पोंहचा आदि पर अलग-अलग तरह के परम्परागत गुदने होते हैं, जिन्हें उन्हीं जगहों पर गुदवाना अनिवार्य है।

गोंडों के जीवन में नृत्य और गीतों का महत्त्वपूर्ण स्थान है। उनके प्रमुख नृत्य हैं—करमा और सैला। वर्षा ऋतु को छोड़कर सभी ऋतुओं में करमा नृत्य होता है। माँदर की थाप के साथ टिमकी और थाली की टकार सुनते ही गाँव के युवक-युवतियाँ नाचने के लिए अपने घरों से निकल आते हैं और करमा नृत्य शुरू हो जाता है। सैला नृत्य केवल पुरुषों द्वारा किया जाता है।

गोंडों के घर जितने साफ सुथरे होते हैं, उतने ही कलात्मक ढंग से बनाये जाते हैं। गृह निर्माण कला में गोंड महिलाएँ बहुत कुशल हैं। मिट्टी की दीवारें सीधी और चिकनी होती हैं। दीवारें स्वच्छ रहें इसके लिए छुही मिट्टी का प्रयोग करते हैं। दीवार पर भित्ति अलंकरण बनाना गोंड महिलाओं का प्रिय शौक है। गोंड अपने घरों को सजाने के लिए दीवारों पर चिड़ियों, घोड़ों, हाथियों, मयूरों, बैलों और मनुष्यों के चित्र बनाते हैं।

गोंड जिस बोली या भाषा का प्रयोग दैनिक जीवन में करते हैं, वह गोंडी कहलाती है। छिंदवाड़ा, सिवनी, बैतूल, होशंगाबाद, पूर्व निमाड़ और बालाघाट जिलों के गोंड लगभग शुद्ध गोंडी बोलते हैं, परन्तु मण्डला-शहडोल रीवा जिलों में गोंडी का वह रूप नहीं दिखाई देता। मण्डला जिले की गोंडी शत-प्रतिशत रूप से छत्तीसगढ़ी से प्रभावित हैं। बल्कि यह कहना अत्युक्ति नहीं होगा कि मण्डला के गोंड छत्तीसगढ़ी बोलते हैं।

गोंडों में आज भी लोकगाथाओं का रिवाज है और उनकी गाथाओं को परधान लोग गाते हैं, जो गोंडों की ही एक शाखा हैं। लेकिन परधानों द्वारा गाई जाने वाली कथाओं के परम्परागत श्रोता गोंड हैं। यह एक आनुष्ठानिक कर्म है।

अन्य समुदाय

यहाँ एक बात की ओर संकेत करना उपयोगी होगा। आम तौर पर जनजातीय समाज में गाँवों की आबादी केवल जनजातीय ही होती है और समुदाय के उपयोग के सभी काम जनजातीय कारीगर और कामगार सम्पन्न करते हैं। लेकिन गोंडों के गाँव इससे भिन्न हैं। उनमें गोंडों के अलावा गोंडेतर वर्ग के लोग भी रहते आए हैं और इस प्रकार ये मिश्रित आबादी वाले गाँव कहे जा सकते हैं। गोंडों की आबादी के अलावा वे लोग भी गाँवों की आबादी का हिस्सा थे जो उस समय के ग्रामीण समाज की अर्थव्यवस्था का हिस्सा थे। इनमें विभिन्न किस्म के कारीगर और वे जातियाँ आती थीं जिनके बिना ग्रामीण समाज का काम नहीं चलता था। इनमें दलित जातियाँ भी थीं। इस वर्ग के अलावा नदियों, नालों और सरोवरों से रोजी-रोटी कमाने वाली जातियाँ थीं और वे लोग भी थे जिनके पास खेती के लिए जमीन नहीं थी और दूसरों के खेतों में काम करते थे।

गढ़ा राज्य की स्थापना होने के बाद गढ़ा राज्य की आबादी के ढाँचे में क्रमशः बदलाव आने लगा। हमें उल्लेख मिलता है कि संग्रामशाह के समय मिथिला से ब्राह्मणों को बुलाकर बसाया गया। संग्रामशाह की पुत्रवधू की सेना और प्रशासन में कायस्थों, राजपूतों और मुस्लिमों का उल्लेख यह प्रकट करता है कि क्रमशः गढ़ा राज्य में इन जातियों के लोग भी आकर बसने लगे। मैथिलों का आगमन इतनी तादाद में हुआ कि आज भी गढ़ा राज्य के प्रमुख शहरों में मैथिल ब्राह्मणों की पर्याप्त संख्या है। मैथिल विद्वानों के अलावा अन्य ब्राह्मणों को भी गढ़ा राज्य के विभिन्न क्षेत्रों में गाँव और जमीनें दी गईं और क्रमशः ब्राह्मणों की आबादी गढ़ा राज्य में बढ़ने लगी। आज भी कितने ही गाँव ब्राह्मणों से भरे पड़े हैं। रानी दुर्गावती के समय वल्लभ सम्प्रदाय के संत विट्ठलनाथ जब गढ़ा आए थे तब उनके साथ आए तैलंग ब्राह्मण गढ़ा में बस गए थे।

ब्राह्मणों के अलावा खेती में कुशल जातियों को भी बाहर से बुलाकर बसाया गया। हृदयशाह के समय खेती में कुशल जातियों को बाहर से बुलाकर बसाये जाने का उल्लेख है, जैसे, लोधी, कुर्मी और पान उगाने वाले पंसारी। यह प्रक्रिया हृदयशाह के पहले भी कमोबेश रूप में जारी रही होगी। तभी गढ़ा राज्य कृषि की पैदावार में इतना सम्पन्न हुआ कि अबुल फज्ल को कहना पड़ा कि गढ़ा राज्य गुजरात और दक्खिन को अनाज पूरा करने में सक्षम था।

जब खेती की पैदावार अच्छी थी तो व्यापार भी अच्छा रहा होगा और व्यापारी

कौमों का आगमन भी स्वाभाविक रूप से गढ़ा राज्य में हुआ होगा। आज गढ़ा राज्य के इलाके में जो मुख्य व्यापारी कौमें हैं, उनके नाम इस प्रकार हैं—जैन, अग्रवाल, साहू और कलार। इन वर्गों के मौजूदा परिवारों से पता चलता है कि ये लोग गोंडों के राज्य के समय यहाँ आए थे। इन तथ्यों के प्रकाश में यदि गढ़ा राज्य के निवासियों के बारे में विचार किया जाए तो कहना होगा कि गढ़ा राज्य में मुख्य आबादी तो गोंडों और उनके सहयोगी वर्गों की थी पर उनके अलावा गढ़ा राज्य में जो मुख्य जातियाँ रही होंगी वे थीं—लोधी, कुरमी, पंसारी, ब्राह्मण, जैन, अग्रवाल, साहू और कलार। आज भी गढ़ा-मण्डला क्षेत्र के गाँवों, कस्बों और शहरों में इन वर्गों के लोग अपनी पुरानी विरासत के साथ मौजूद हैं।

लोधी कुशल कृषक माने जाते हैं। ये उत्तरप्रदेश से आकर कुछ पीढ़ियों तक बुन्देलखण्ड में रहे और फिर गढ़ा राज्य के विभिन्न भागों में फैल गए। लोधी एक ऐसी जाति का अच्छा उदाहरण है जिनकी सामाजिक प्रतिष्ठा एक नए इलाके में आने से बढ़ी। खेतिहर जातियों में उनका दर्जा सबसे ऊँचा माना जाता था और वे सिर्फ ब्राह्मणों, राजपूतों और बनियों से ही कमतर माने जाते थे। चूँकि लोधी भूमि के मालिक हो गए उन्हें ठाकुर के सम्मानजनक संबोधन से संबोधित किया जाता था। सागर और दमोह जिलों के कई लोधी भूमिस्वामी मुस्लिम शासन के समय अर्द्ध स्वतंत्र हैसियत रखते थे। और बाद में उन्होंने पन्ना के राजा को अपना अधिपति मान लिया, जिसने कुछ परिवारों को राजा और दीवान की पदवी दी। ये कुछ इलाका और कुछ सैनिक भी रखते थे और जब वे अपने अधिपतियों से मिलने जाते थे तो ये सैनिक उनके साथ चलते थे। लोधियों के बारे में सर आर. क्रेडॉक इस प्रकार लिखता है—"ये दृढ़ चरित्र के लोग हैं, लेकिन उनके पारिवारिक झगड़ों और विवादप्रियता ने उनकी समृद्धि को बहुत नुकसान पहुंचाया है। लोधियों के गाँवों के समूह में बहुत झगड़े होते हैं और नजदीकी रिश्तेदारों में भी दुश्मनी होती है।...लोधियों के गाँवों में किसानी अत्याचार बहुत सामान्य बात है।"[31] रसेल और हीरालाल लिखते हैं कि सामान्यतः सामाजिक स्थिति में लोधियों को सामान्य खेतिहर जातियों, जैसे कुर्मियों के समान पर उनसे कुछ ऊँचे दर्जे पर रखा जा सकता है। यह श्रेष्ठता उनके मूल के कारण नहीं है...बल्कि इस कारण है कि सेन्ट्रल प्राविन्सेज में वे बड़े भूमिपति हो गए हैं और पहले के जमाने में उनके अगुआ अर्द्ध प्रभुता की शक्ति रखते थे। कई लोधी देखने में आकर्षक होते हैं और अभी भी उन्हें देखकर लगता है कि वे सैनिक रहे होंगे...वे सामान्यतः कृषक होते हैं लेकिन उनमें से ज्यादातर ज्यादा समृद्ध नहीं हैं क्योंकि वे विवाह और दूसरे उत्सवों में प्रदर्शन और अपव्ययता प्रदर्शित करते हैं।[32] यह उल्लेखनीय है कि 1842 के बुन्देला विद्रोह में और 1857 के महान विद्रोह में लोधियों ने बहुत सक्रियता से भाग लिया था।

कुर्मी भी काफी संख्या में गढ़ा राज्य में आकर बसे। आज भी ये ज्यादातर खेती करते हैं। ये बहुत अच्छे कृषक माने जाते रहे हैं। वे अपनी भूमि को प्यार करते थे और भूमि से उनका नाता तोड़ने का मतलब था जीवन की मुख्य धारा से उन्हें दूर करना।

अपनी भूमि के कारण वे खुद को स्वतंत्र और बंधनमुक्त समझते थे। वे उद्यमी और मेहनती हैं। कुछ जिलों में उनके द्वारा तैयार की गई जमीन प्रकट करती है कि वे कितने मेहनती और लगनशील हैं और मेहनत में वे कमी नहीं करते क्योंकि वे उनकी अपनी जमीन है। उनकी पत्नी भी परिश्रम में उनके पीछे नहीं रहतीं।[33]

वैश्य समुदाय के लोग ग्रामीण और शहरी क्षेत्रों में आज भी काफी संख्या में दूर-दूर तक बसे हैं। हिन्दुओं की एक अन्य महत्त्वपूर्ण जाति कायस्थों की है जो नौकरी, कारोबार, व्यापार और खेती में लगे हुए हैं। कारीगर जातियों में सुनारों की ऊँची सामाजिक प्रतिष्ठा है और वे सामान्यतः सम्पन्न हैं। अन्य कारीगर जातियों में तेली, कुम्हार और लुहार हैं। अन्य महत्त्वपूर्ण जाति काछी है जो पारंपरिक रूप से बागवानी के विशेषज्ञ थे लेकिन अब वे भी खेती करने लगे हैं। ये शहरों तथा नगरों से लगे हुए गाँवों में बसे हुए हैं। अन्य जातियों में अहीर और ढीमर हैं। जबकि अहीर मुख्यतः पशुपालन में लगे हैं, ढीमर मछली मारते हैं और कछार लगाते हैं।

संदर्भ

1. प्रमिला कुमार, मध्यप्रदेश एक भौगोलिक अध्ययन, 1999, पृ. 151-52
2. वही, पृ. 155
3. वही, पृ. 158-59
4. वही, पृष्ठ 159
5. एल. डब्ल्यू. लायड, दि कान्टिनेंट ऑफ एशिया, पृष्ठ 456
6. वही, पृष्ठ 438
7. वही, पृ. 163-64
8. अबुल फज़्ल, आइन-ए-अकबरी, जिल्द दो, (ब्लाकमैन), पृ. 237
9. वही, जिल्द एक, पृ. 129
10. आइन-ए-अकबरी, जिल्द दो,, पृष्ठ 207
11. एलविन, फोक टेल्स ऑफ महाकोशल, पृष्ठ 102 और 106 और शेख गुलाब, गोंडवानी, पृष्ठ 50
12. आइन-ए-अकबरी, जिल्द दो, अनु. जैरेट, पृष्ठ 207
13. वही, जिल्द दो, पृष्ठ 210-11 में इन महालों के विवरण में जाति के कालम से लगता है कि यह वहाँ के निवासियों की जाति है पर इरफान हबीब के अनुसार यह अनुवाद ठीक नहीं है। वे कहते हैं कि इस कालम में उल्लिखित जाति निवासियों की न होकर वहाँ के जमींदारों की जाति थी। इरफान हबीब, एग्रेरियन सिस्टम ऑफ मुगल इण्डिया, 1999, पृष्ठ 170-71
14. अकबरनामा, जिल्द दो, पृष्ठ 323
15. हिस्लॉप पेपर्स, पृष्ठ 13, 15
16. ग्रियर्सन (1906), चार, पृष्ठ 485
17. राबर्ट काल्डेवेल, ए कम्पेरेटिव ग्रामर ऑफ दी द्राविडियन और साउथ इंडियन फेमिली ऑफ लेंग्वेजेज (1961), पृष्ठ 626
18. किनशिप आर्गनाइजेशन इन इण्डिया (1953), पृष्ठ 21
19. ट्राइब्स एण्ड कास्ट्स ऑफ सेन्ट्रल प्राविन्सेज ऑफ इण्डिया (1916), तीन, पृष्ठ 43

20. हेमेन्डार्फ, दि राजगोंड्स ऑफ आदिलाबाद (1948), एक पृष्ठ, 2-3
21. अजयमित्र शास्त्री, गोंडकभुक्ति इन तिवरदेवाज़ तिरुअनन्तपुरम चार्टर, स्टडीज़ इन इण्डियन प्लेस नेम्स, उन्नीस, पृष्ठ 6-10
22. हिस्लाप पेपर्स, पृष्ठ 4
23. दि गोंड एण्ड भूमियाज ऑफ ईस्टर्न मण्डला, पृष्ठ 195-96
24. इम्पीरियल गैजेटियर, बारह, पृष्ठ 323
25. फोरसीथ, द हाईलैंड्स ऑफ सेंट्रल इण्डिया, चैटरटन, दि स्टोरी ऑफ गोंडवाना, पृष्ठ 6, ग्राण्ट, सी. पी. गजेटियर, 1871, पृष्ठ 110, रिचार्ड टेम्पल, हिस्लॉप पेपर्स...की भूमिका, पृष्ठ तीन में रसेल और हीरालाल, ट्राइब्स एण्ड कास्ट्स ऑफ सेन्ट्रल प्राव्हिन्सेज़ ऑफ इण्डिया, भाग 3, पृष्ठ 63, इन्साइक्लोपीडिया ब्रिटेनिका, जिल्द 10, पृष्ठ 514.
26. हिस्लाप पेपर्स रिलेटिंग टु... इत्यादि, पृष्ठ 4
27. ग्रियर्सन, दि मारिया गोंड्स ऑफ बस्तर, पृष्ठ 36
28. स्टीफेन फुश, द गोंड एण्ड भूमियाज़ ऑफ ईस्टर्न मण्डला, 1968, पृष्ठ 140-45
29. रसेल और हीरालाल, वही, जिल्द दो, पृष्ठ 71 शेख गुलाब अपनी पुस्तक 'गोंड' में मामा के साथ भानजी के विवाह को दूध लौटाना बताते हैं। इस पुस्तक में पृष्ठ संख्या नहीं दी गई है।
30. शेख गुलाब, गोंड, आदिवासी लोक कला परिषद, भोपाल द्वारा प्रकाशित। रसेल और हीरालाल, 1916, जिल्द तीन, पृष्ठ 39-143.
31. रसेल और हीरालाल, वही, 1916, जिल्द तीन, पृष्ठ 113-114
32. वही, पृष्ठ 120
33. वही, पृष्ठ 100

गढ़ा राज्य का उदय

गढ़ा, गढ़ा-कटंगा, गढ़ा-मण्डला

गोंडों का यह राज्य समय-समय पर गढ़ा, गढ़ा-कटंगा और गढ़ा-मण्डला के नाम से प्रसिद्ध रहा। कुछ समकालीन फारसी स्रोत और सभी समकालीन हिन्दी, संस्कृत स्रोत इसे गढ़ा राज्य कहते हैं। कुछ अन्य समकालीन स्रोत, खासकर अकबरनामा, इसे गढ़ा-कटंगा कहते हैं। वास्तव में कटंगा गढ़ा के निकट एक ग्राम था जो अब उजड़ गया है। हुआ यह होगा कि जब गढ़ा शहर राजधानी था तब उसकी आबादी बढ़ने पर निकटस्थ ग्राम कटंगा भी शहर की परिधि में आ गया होगा और राजधानी का नाम दोनों के संयुक्त नाम पर गढ़ा-कटंगा हो गया होगा। इस गढ़ा-कटंगा शहर के नाम पर राज्य का नाम भी 'गढ़ा-कटंगा' हो गया।

जब 1700 ईस्वी के आसपास गोंड राजा नरेन्द्रशाह ने रामनगर से राजधानी हटाकर मण्डला स्थानांतरित की तो गढ़ा राज्य गढ़ा-मण्डला राज्य के नाम से जाना जाने लगा। अठारहवीं सदी के मराठी और अंग्रेजी स्रोतों में इसे गढ़ा-मण्डला ही कहा गया है। इस कृति में इस राज्य को गढ़ा राज्य ही कहा गया है क्योंकि इस राज्य के सबसे पुराने मूल दस्तावेजों में इसे गढ़ा राज्य ही कहा गया है। उपर्युक्त सभी स्रोतों का उल्लेख आगे यथा स्थान किया जाएगा।

गढ़ा राज्य की तथाकथित प्राचीनता

गढ़ा राज्य के शासकों की जो सूचियाँ उपलब्ध हैं उनमें गढ़ा राज्य के शासकवंश को बहुत प्राचीन बताया गया है। इनमें सर्वाधिक प्रमुख सूची रामनगर के संस्कृत शिलालेख की है। रामनगर मण्डला (म.प्र.) से 20 किलोमीटर दक्षिण-पूर्व की ओर नर्मदा तट पर है। इस शिलालेख में यादवराय से लेकर हृदयशाह तक 54 शासकों को गिनाया गया है। इनमें से पहले 45 शासकों का केवल नामोल्लेख है और अन्तिम 9 शासकों के सम्बन्ध में परम्परागत प्रशस्ति की गई है। किन्तु किसी भी शासक के राज्यारोहण की तिथि या शासनकाल की अवधि इस शिलालेख में नहीं दी गई है। यह शिलालेख 1667 ई. में गढ़ा के शासक हृदयशाह के शासनकाल में उत्कीर्ण किया गया था। इस महत्त्वपूर्ण शिलालेख का अंग्रेजी अनुवाद तीन विद्वानों ने एक के बाद एक किया। 1825 ई. में

फैल का, 1860 में फिट्ज एडवर्ड हॉल का और 1881-82 में कनिंघम का अंग्रेजी अनुवाद प्रकाशित हुआ।[1] आगे इस कृति में रामनगर शिलालेख के फि. ए. हॉल के लेख का उपयोग किया गया है। रामनगर के शिलालेखों का हिन्दी अनुवाद इस कृति के परिशिष्ट 8 में दिया गया है।

गढ़ा के शासकों का दूसरा विवरण स्लीमेन[2] ने 1837 में प्रकाशित किया। इस विवरण में जादूराय (यादवराय) से लेकर अंतिम शासक और सुमेरशाह तक के नाम और उनके शासनकाल की अवधि दी गई है। तीसरी सूची केप्टन[3] वार्ड ने मण्डला जिला की बन्दोबस्त रिपोर्ट में दी है। उनके अनुसार यह सूची उन्हें मण्डला के ओझा परिवार से प्राप्त हुई थी। उल्लेखनीय है कि मण्डला के ओझा परिवारों के पूर्वज गोंड शासकों के समय अधिकारी थे। वार्ड की सूची में राजाओं के राज्यारोहण की तिथियाँ दी गई हैं। वार्ड यह भी कहते हैं कि स्लीमेन ने अपने लेख की सामग्री मण्डला के वाजपेयी परिवार से प्राप्त की थी जिसके पूर्वज किसी समय गोंड राजाओं के अन्तर्गत उच्चाधिकारी थे।

चौथी सूची अठारहवीं सदी के अन्तिम भाग में लिखे गए संस्कृत के श्लोक संग्रह 'गढ़ेशनृपवर्णनम्'[4] में दी गई है। इसमें 54 श्लोकों में इस वंश के कुल 63 शासकों के नाम और उनके शासनकाल की अवधि उल्लिखित है। इस पुस्तक के परिशिष्ट 9 में 'गढ़ेशनृपवर्णनम्' के श्लोकों का हिन्दी अनुवाद दिया गया है।

उपर्युक्त सूचियों की कालगणना के अनुसार गढ़ा राज्य के प्रथम शासक यादोराय के राज्यारोहण की तिथि क्रमशः 627 ई., 350 ई., 158 ई. और 158 ई. आती है। समग्र रूप में देखा जाए तो राजाओं की उपर्युक्त चारों सूचियाँ लगभग एक-सी हैं। हालांकि शासकों की शासनावधि में अधिक अन्तर नहीं है पर उनके राज्यारोहण की तिथियों में बहुत भेद है। इनमें सबसे प्राचीन सूची रामनगर शिलालेख वाली है, शेष सभी बाद की हैं। बहुत सम्भव है कि इन परवर्ती सूचियों को रामनगर के शिलालेख की सूची के आधार पर तैयार कर लिया गया हो। इन सूचियों में दिए गए राजाओं में से गोरक्षदास और उसके बाद के शासकों के सम्बन्ध में ऐतिहासिक साक्ष्य मिलते हैं, लेकिन गोरक्षदास के पहले के शासकों के बारे में कोई जानकारी नहीं मिलती। यही कारण है कि इन सूचियों को प्रामाणिक मानने में विद्वानों में बड़ा मतभेद है।[5]

फैल के अनुवाद को प्रकाशित करने वाले श्री विल्सन स्वयं इस लम्बी सूची के प्रारम्भिक भाग की प्रामाणिकता पर सन्देह प्रकट करते हैं। बेगलर भी रामनगर के शिलालेख के अन्तिम कुछ शासकों को छोड़कर शेष को अविश्वसनीय मानते हैं।[7]

हॉल और कनिंघम रामनगर के शिलालेख में दी गई गढ़ा राज्य के शासकों की सूची को अस्वीकार करने का कोई कारण नहीं पाते। हॉल कुछ गौण संशोधनों के साथ समग्र वंशावली स्वीकार कर लेते हैं और राजवंश की प्राचीनता के समर्थन में अपने कागजातों का प्रमाण देते हैं पर अपने कागजातों के सम्बन्ध में विस्तृत जानकारी और स्रोत आदि

लिखने की चिन्ता उन्होंने नहीं की। कनिंघम ने स्लीमेन द्वारा दी गई शासनावधि स्वीकार करके राज्यारोहण की अलग-अलग तिथियाँ दी हैं। वे यह भी सम्भावना व्यक्त करते हैं कि हो सकता है कि तिथियाँ चेदि संवत में हों। ऐसा मानने पर स्लीमेन की तिथियाँ 249 वर्ष आगे बढ़ जाएँगी।

स्लीमेन रामनगर शिलालेख की सूची पर दो कारणों से विश्वास करते हैं : प्रथम, इस वंश के अनेक शासकों द्वारा बनाए गए विभिन्न मन्दिरों के शिलालेख सूची के शासकों की तिथियों का समर्थन करते हैं। दूसरे, मुसलमानों और अन्य आक्रान्ताओं के तत्कालीन इतिहास में भी इनका उल्लेख है।[8] पहले के सम्बन्ध में स्लीमेन ने राजा कर्ण द्वारा लिखवाए गए त्रिपुरी शिलालेख का उल्लेख किया है। किन्तु उल्लेखनीय है कि कर्ण गोंड न होकर कलचुरि वंश का लक्ष्मीकर्ण था।[9] जहाँ तक मुसलमानों और अन्य आक्रान्ताओं के इतिहास का सम्बन्ध है, आगे का विवरण बताएगा कि केवल गोरक्षदास और उसके बाद के शासकों का उल्लेख अकबरनामा में है। इसके एक पूर्ववर्ती शासक खरजी का उल्लेख अकबरनामा में तो है किन्तु यह नाम उपर्युक्त वंशावलियों में नहीं है। इस प्रकार स्लीमेन के दोनों तर्क आधारहीन ठहरते हैं।

राजाओं की सूची में एक नाम है सुरतान सिंह जिसे स्लीमेन के आधार पर आठवीं सदी का होना चाहिए। इसमें सन्देह नहीं कि सुरतान शब्द सुल्तान का अपभ्रंश है। सुल्तान की पदवी का प्रयोग पहली बार ग्यारहवीं सदी में हुआ,[10] फिर यह कैसे सम्भव है कि भारत के भीतरी भाग के आठवीं सदी के शासक का नाम सुरतान सिंह हो गया। स्पष्ट है कि यह कल्पना निराधार है।

ऊपर की शंकाओं को हम छोड़ दें तो भी यह नहीं माना जा सकता कि गढ़ा राज्य ईस्वी दूसरी से ईस्वी सातवीं सदी के मध्य उदित हुआ और गोरक्षदास के पहले 45 राजाओं ने गढ़ा राज्य पर राज्य किया। यदि हम गढ़ा क्षेत्र के विगत इतिहास का परीक्षण करें तो ज्ञात होता है कि इस इतिहास में गोंड शासकों का कहीं नामोनिशान नहीं है। वास्तव में कलचुरियों के पतन तक अर्थात् तेरहवीं सदी के प्रारम्भ तक गढ़ा में या उसके आसपास गोंड सत्ता के अस्तित्व का प्रश्न ही नहीं उठता। यह कैसे सम्भव हो सकता है कि त्रिपुरी में कलचुरियों की राजधानी हो और सात किलोमीटर दूर गढ़ा में गोंड राज्य की राजधानी भी उसी समय हो?

वस्तुतः गोंड सत्ता को पनपने का अवसर इस क्षेत्र पर कलचुरि शासन की समाप्ति के पश्चात् ही मिला। जहाँ तक सूची के पहले 45 नामों अर्थात् गोरक्षदास के पहले के नामों का प्रश्न है, वे अधिकांशतः काल्पनिक हैं। यह हो सकता है कि इनमें से कुछ व्यक्ति विद्यमान रहे हों। आगे की चर्चा के आधार पर निकाली गई गोरक्षदास के राज्यारोहण की तिथि 1460 ई. के प्रकाश में ये व्यक्ति चौदहवीं सदी के उत्तरार्द्ध में या पन्द्रहवीं सदी के पूर्वार्द्ध में रहे होंगे। परन्तु वे राजाओं के रूप में नहीं, बल्कि सामन्तों, जागीरदारों या जमींदारों के रूप में रहे होंगे। शेष नाम गोंड राजवंश को प्राचीनता देने के लिए ब्राह्मणों ने जानबूझकर जोड़ दिए। ऐसा लगता है कि ब्राह्मण

वृत्तांतकारों ने कलचुरि वंश के शासकों के नाम गोंड राजाओं की वंशावली में जोड़ दिए। गोंडों की स्वतंत्र राजसत्ता का जहाँ तक प्रश्न है वह गोरक्षदास और खरजी के पहले किसी भी दशा में नहीं मानी जा सकती। अब यहाँ यह देखना होगा कि कलचुरियों के पतन के बाद दो शतियों तक इस क्षेत्र में कैसी राजनीतिक अस्थिरता रही, जिसने गढ़ा राज्य के उदय का मार्ग प्रशस्त किया।

अस्थिरता का काल

दमोह क्षेत्र पर परमार शासक द्वितीय जयवर्मन का अधिकार था। इसकी पुष्टि राहतगढ़ से प्राप्त एक शिलालेख[12] से होती है। अन्तिम कलचुरि शासक विजयसिंह के समय कलचुरि सत्ता अत्यन्त क्षीण हो गई थी और उसके बाद स्वतंत्र रूप से जीवित न रही। यह सम्भव है कि कुछ समय कलचुरि डाहल क्षेत्र में विद्यमान तो रहे होंगे, पर उन्हें चंदेलों का स्वामित्व स्वीकार करना पड़ा होगा। ऐसा कहना इसलिए ठीक है कि इसके बाद चंदेल जबलपुर के निकट सागर-दमोह तक पहुँच गए, जहाँ उनके शिलालेख मिलते हैं। और उधर चन्देलों के किलों की सूची में भी गढ़ा का नाम है।[13]

चन्देलों को पुनः दमोह क्षेत्र पर अपनी स्थिति दृढ़ करने का अवसर मिला। इसके प्रमाणस्वरूप दो शिलालेख प्राप्त हैं। प्रथम[14] के अनुसार 1287 ई. में दमोह क्षेत्र पर चन्देलों की सत्ता थी और दूसरे के अनुसार 1304 ई. से कम से कम 1309 ई. तक दमोह क्षेत्र में वाघदेव नामक एक प्रशासक चन्देल शासक हम्मीरवर्मनदेव के अन्तर्गत शासन कर रहा था। वह प्रतीहार था।[15] वाघदेव के अन्तर्गत चन्देल सत्ता अधिक समय तक स्थिर न रही और उसे अलाउद्दीन की विजयी सेनाओं के आगे झुकना पड़ा। जबलपुर जिले में बम्हनी से पाँच किलोमीटर दूर सलैया में प्राप्त अलाउद्दीन खलजी के शासनकाल अर्थात् वि. सं. 1366 यानी 1309 ईस्वी के सती शिलालेख से पता चलता है कि 1309 ई. में ही अलाउद्दीन की सत्ता यहाँ स्थापित हो गई थी।[16] जब गढ़ा के आसपास अलाउद्दीन का अधिकार था तब गढ़ा के एकदम दक्षिण में लांजी पर देवगिरि के राजा रामचन्द्र का अधिकार था। इसके प्रमाणस्वरूप रामटेक और लांजी के शिलालेख उपलब्ध हैं।[17] ऐसा भी उल्लेख मिलता है कि इस क्षेत्र पर 1310 ई. में यादव राजा रामचन्द्र ने आक्रमण किया था।[18]

दिल्ली के खलजी सुल्तानों के बाद गढ़ा के आसपास के क्षेत्र पर तुगलक वंश के सुल्तानों का अधिकार बना रहा। सुल्तान गयासुद्दीन तुगलक और उसके उपरान्त मुहम्मद तुगलक की सत्ता के अन्तर्गत दमोह क्षेत्र था, इसके प्रमाण हैं।[19] 14 वीं सदी की शुरूआत में दमोह क्षेत्र पर सुल्तान मुहम्मद तुगलक (1325-1351) के आधिपत्य का प्रमाण हमें दमोह जिले के बटिहागढ़ शिलालेख से मिलता है। बटिहागढ़ के इस शिलालेख की तिथि सन् 1328 ई. है, जिसमें कहा गया है कि स्थानीय प्रशासक जल्लाल खोजा मलिक जुलाची के पुत्र हिसामुद्दीन का प्रतिनिधि था। यह मलिक जुलाची सुल्तान

महमूद के द्वारा खर्पर सेनाओं का सेनाध्यक्ष और चेदि देश का प्रान्तपति नियुक्त किया गया था। स्पष्ट है कि मुहम्मद तुगलक के समय जुलाची इस क्षेत्र का प्रान्तपति था।[20]

दिल्ली के सुल्तान फीरोज तुगलक ने जाजनगर अभियान के समय गढ़ा-कटंगा होकर यात्रा की, ऐसा आर. डी. बनर्जी तारीख-ए-फीरोजशाही के रैवर्टी के अनुवाद के आधार पर कहते हैं।[21] लेकिन यह भ्रामक है। फीरोज के गढ़ा-कटंगा वाला मार्ग नहीं अपनाया, बल्कि सीरात-ए-फीरोजशाही में उल्लिखित मार्ग–जौनपुर से बिहार, दक्षिण बिहार, मानभूम जिला, सिंघभूम, तीनानगर में कौनियानगर, क्योंझर, कटक जिले की सीमा, सारंगढ़, कटक अपनाया।[22]

1328 के उपरान्त गढ़ा के आसपास के क्षेत्र पर अंधकार का जो परदा गिरता है, वह तब तक नहीं उठता जब तक कि अबुल फ़ज़्ल के द्वारा उल्लिखित संग्रामशाह के पहले के शासक गोरक्षदास और खरजी के अस्तित्व का पता नहीं चलता। संग्रामशाह के समकालीन ऐतिहासिक प्रमाणों के आधार पर संग्रामशाह का जो समय आगे हमने तय किया है, उसके अनुसार खरजी का अस्तित्व 1440 ई. के लगभग था। दूसरे शब्दों में यह कहा जा सकता है कि कम से कम 1328 ई. से 1440 ई. तक के काल का इस क्षेत्र का इतिहास अज्ञात है। स्पष्ट है कि इस काल में इस सारे क्षेत्र पर कोई दृढ़ शक्ति स्थिर नहीं रही। ऐसी स्थिति में छोटी स्थानीय शक्तियों को पनपने का पूरा अवसर मिला। अनुमान है कि सौ वर्षों से अधिक के इस अन्तराल में गढ़ा क्षेत्र में कोई प्रबल शक्ति चाहे न रही हो पर वहाँ छोटे-मोटे सामन्तों, जागीरदारों या स्थानीय रियासतों का अस्तित्व था। अस्थिरता के इस युग में ही गोंडों को पनपने का अवसर मिला। कुछ लेखकों[23] का यह अनुमान ऐतिहासिक प्रमाणों पर आधारित नहीं है कि कलचुरियों को गोंडों ने अपदस्थ किया और उनके हाथ से सत्ता हथिया ली। इसके कोई पुष्ट प्रमाण उपलब्ध नहीं हैं। हाँ, यह अवश्य कहा जा सकता है कि कलचुरियों के पतन में गढ़ा के गोंड राज्य के उदय में सहायता मिली। अब यह निश्चय करने में कठिनाई नहीं है कि इस अन्तराल में ही राजगोंड शक्ति विकसित हुई।

गढ़ा राज्य का संस्थापक यादवराय

गढ़ा राज्य की स्थापना के सम्बन्ध में हमें दो जनश्रुतियों का उल्लेख मिलता है। इनका विवरण देना यहाँ उचित होगा। एक जनश्रुति के अनुसार गढ़ा के पास कटंगा में सकतू नामक गोंड रहता था। उसकी कन्या ने एक नाग से विवाह किया जो सहवास के समय पुरुष रूप धारण कर लेता था। इस विवाह के फलस्वरूप धारूशाह का जन्म हुआ। इसी धारूशाह का पौत्र यादवराय था, जिसने गढ़ा में गोंड राज्य की नींव रखी।[24] मण्डला जिला गैजेटियर[25] में थोड़ी भिन्नता के साथ यह जनश्रुति दी गई है–पीपरपानी में एक किसान रहता था जिसकी इकलौती बेटी बसन्ती थी। किसान राज अपने खेत में काम करता था, जोतता था, बोता था और काटता था और उसकी बेटी रोज दोपहर को उसके

लिए खाना लाती थी। रास्ते में वह दीमक के एक बमीठे के पास से जाती थी । उस बमीठे के भीतर एक आदमी सर्प के भेष में रहता था। एक दिन जब वह लड़की उस बमीठे के पास बैठकर विश्राम कर रही थी, वह सर्प उसके पास आया। लड़की डर गई और भाग खड़ी हुई लेकिन सर्प ने इन्सान का रूप धारण कर लिया और उसे बुलाकर कहा, "डरो मत। मैं इन्सान हूँ। आओ और मुझसे रोज बात किया करो।" लड़की ने उसकी आज्ञा का पालन किया और कालान्तर में उस अजनबी साथी के प्रेम में पड़ गई। कुछ ही समय बाद वह गर्भवती हो गई और जब इसके बारे में उसके माता-पिता ने पूछा तो उसने अपने पिता को बताया कि उसके बच्चे का पिता एक सर्प है और उसने कहा है कि उसके बेटे का नाम धानूशाह होगा और वह समय पाकर मण्डला का राजा बनेगा। सर्प का कथन सही हुआ और किसान की बेटी से पैदा हुआ उसका बेटा मण्डला का राजा बना।

दूसरी जनश्रुति स्लीमेन[26] ने उल्लिखित की है जो इस प्रकार है–

"जादूराय (यादवराय) खानदेश में गोदावरी नदी के पार 20 कोस दूर स्थित सेहलगाँव नामक गाँव के जोधसिंग पटेल का बेटा था। यह भाग्यशाली सैनिक जादूराय लांजी (बालाघाट) के हैहयवंशी राजा के यहाँ नौकर था। एक बार वह अपने स्वामी के साथ नर्मदा नदी के उद्गम अमरकण्टक की तीर्थ यात्रा को गया। एक रात पहरा देते समय उसने दो गोंड पुरुषों और एक गोंड स्त्री को जाते देखा। उनके पीछे एक हनुमान जाति का विशाल बन्दर था। बन्दर ने उसे देखा और मोर के कुछ पंख गिराये जिन्हें उसने उठा लिया। नौकरी से मुक्त होने पर वह उन पंखों को अपने घर ले आया। रात में सो जाने पर स्वप्न में नर्मदा देवी प्रकट हुई और उसे बताया कि उसने जिन लोगों को देखा था वे गोंड नहीं थे बल्कि वे वास्तव में राम, उनका भाई लक्ष्मण, राम की पत्नी सीता और राम का स्वामिभक्त अनुचर हनुमान थे। उसके द्वारा मोर पंख गिराने का अर्थ यह था कि जादूराय किसी समय राजा होगा। नर्मदा ने उससे तब यह भी कहा कि वह गढ़ा के पास तिलवारा घाट के निकट स्थित रामनगर के ब्राह्मण संत सर्वे पाठक के पास जाए और कोई भी कठिनाई आने पर उसका मार्ग-दर्शन प्राप्त करे और उसे अपना गुरु माने।"

"यह ज्ञान पाने के तुरन्त बाद जादूराय ने लांजी के राजा की नौकरी छोड़ दी और रामनगर के ब्राह्मण संत सर्वे पाठक से मिलने रवाना हो गया। जब उसने सर्वे पाठक को अपने आने का कारण बताया तो उसे सर्वे पाठक का यह कथन सुनकर आश्चर्य हुआ कि वह उसके मंतव्य को जानते हैं क्योंकि नर्मदा देवी उसके सामने प्रकट हुईं थीं और उसे जादूराय के महान भाग्य के बारे में बताया था। तब सर्वे पाठक उसे नर्मदा के बीच में ले गया और शपथ दिलाई कि जब कभी वह राजा हुआ तो वह उसे अपना प्रधानमंत्री बनाएगा। यह होने के बाद सर्वे पाठक ने जादूराय से कहा कि वह जाकर गढ़ा के गोंड राजा के यहाँ नौकरी कर ले और उसकी नजरों में आने और सम्मान प्राप्त करने के लिए हर प्रयास करे।"

"गढ़ा के राजा की एक ही संतान थी जिसका नाम था रत्नावली। राजा ने देखा कि वह निर्बल हो रहा है और पुत्र होने की उम्मीद नहीं है तो उसने अपने विशेष अधिकारियों और पण्डितों से गद्दी के उत्तराधिकारी दामाद के चुनाव के बारे में परामर्श किया। उसे सलाह दी गई कि वह यह बात ईश्वर की मर्जी पर छोड़ दे और इसे सुनिश्चित करने के लिए उसे सबने सलाह दी कि वह नदी के तट पर जितने लोगों को हो सके एकत्र करे और उनके मध्य एक नीलकंठ पक्षी छोड़े। लोगों में से जिसके सिर पर वह नीलकंठ बैठेगा उसे ही ऐसा मान लिया जाएगा कि विधाता ने उसको उत्तराधिकारी बनने के लिए चुना है। राजा को यह सुझाव पसन्द आया और उसने इस योजना को तुरन्त क्रियान्वित किया। निश्चित दिन उस विशाल जनसमूह के सामने पक्षी छोड़ा गया और वह पक्षी जादूराय के सिर पर जा बैठा। जादूराय के मन में कुछ हिचक थी क्योंकि राजकुमारी निम्न जाति की थी पर जादूराय के गुरु ने उसे विवाह के लिए तैयार कर लिया। जो लोग यह चाहते हैं कि उसके उत्तराधिकारियों को राजपूत माना जाए, वे कहते हैं कि उन दोनों का कभी संसर्ग नहीं हुआ और जादूराय के पहले विवाह से हुआ बेटा उसका उत्तराधिकारी हुआ। लेकिन तटस्थ लोगों का विश्वास है कि उसके अन्य कोई पत्नी नहीं थी। गढ़ा के राजा की मृत्यु के उपरान्त उसका दामाद जादूराय गढ़ा के सिंहासन पर बैठा और उसने अपने वादे के अनुसार सर्वे पाठक को अपना प्रधानमंत्री बताया।"

स्लीमेन द्वारा दी गई उपर्युक्त जनश्रुति का उल्लेख हीरालाल, प्रयागदत्त शुक्ल और बालाघाट जिला गैजेटियर ने भी किया है[27] पर हीरालाल सेहलगाँव के बदले मोठाकट लिखते हैं और प्रयागदत्त शुक्ल पता नहीं किस आधार पर यादवराय के पिता का नाम भोजसिंह तथा श्वसुर नाम नागदेव लिखते हैं।

यह बात स्पष्ट है कि उपर्युक्त दोनों जनश्रुतियों में यादवराय को गढ़ा राज्य का संस्थापक बताया गया है। उधर रामनगर शिलालेख और 'गढ़ेशनृपवर्णनम्' में भी गढ़ा राज्य का संस्थापक यादवराय और स्लीमेन तथा वार्ड की सूचियों में क्रमशः जादूराय तथा जाधोराय सा बताया है। इसके अतिरिक्त गढ़ा के शासकों के जो वंशज कुछ समय पहले तक सिलापरी (दमोह, म. प्र.) में थे, उनके यहाँ से प्राप्त वंशावली में आदिपुरुष जादोराय को माना गया है।[28] ये विभिन्न नाम यादवराय के ही हैं। यादवराय का जब इतना उल्लेख इतिहास और परम्परा में है तो वही गढ़ा राज्य का संस्थापक होना चाहिए।

अब प्रश्न यादवराय के राज्यारोहण की तिथि का है। फैल इसे 627 ई. में, स्लीमेन 358 ई. में, कनिंघम 664 ई. में तथा वार्ड और गढ़ेशनृपवर्णनम् इसे 158 ई. में रखते हैं। गढ़ा राज्य के शासकों की विभिन्न सूचियों की प्रामाणिकता पर सन्देह प्रकट करते हुए हम पहले ही निष्कर्ष निकाल चुके हैं कि गढ़ा में गोंड शक्ति की स्थापना चौदहवीं सदी के उत्तरार्द्ध के पहले नहीं हुई। ऐसी स्थिति में यादवराय के राज्यारोहण की जो तिथियाँ ऊपर दी गई है उन्हें अमान्य करते हुए हम उसे 14वीं

सदी के उत्तरार्द्ध में रख सकते हैं। यादवराय के सम्बन्ध में हमें कोई अन्य ऐतिहासिक जानकारी नहीं मिलती।

गढ़ा के शासक कौन थे?

गढ़ा राज्य का संस्थापक यादवराय किस वंश का था इसके सम्बन्ध में कोई सुस्पष्ट तत्कालीन ऐतिहासिक प्रमाण हमारे पास उपलब्ध नहीं है। यादवराय के वंश के सम्बन्ध में सकतू गोंड वाली जिस जनश्रुति का उल्लेख किया गया है, उसमें यादवराय के पितामह धारूशाह की माँ को गोंड और पिता को मनुष्य शरीर धारण करने में सक्षम नाग (सर्प) बताया गया है। यदि सकतू गोंड की कथा पर विचार किया जाए तो लगता है कि यादवराय के मूल को मानवेतर बताने के या उसे एक दैवी रूप देने के लिए सकतू गोंड की कन्या (धारूशाह की माँ) का विवाह नाग से होना बताया गया है। धारूशाह के पिता को नाग (सर्प) बताए जाने के कारण नागवंशी राजपूत कहना केवल कल्पना की उड़ान होगी, विशेषकर ऐसी स्थिति में जबकि अन्य साक्ष्य भी गढ़ा के राजवंश के मूल के बारे में कुछ न कुछ कहते हैं।

इसी प्रकार जिस दूसरी जनश्रुति का पहले उल्लेख किया गया है उसके अनुसार यादवराय ने गढ़ा के गोंड राजा की कन्या रत्नावली का वरण किया। पर यह स्पष्ट नहीं कि यादवराय स्वयं किस वंश का था।

जनश्रुतियों से हटकर अब हम उन ऐतिहासिक साक्ष्यों की ओर आएँ जो हमें गढ़ा के शासकों के वंश के बारे में कुछ संकेत देते हैं। इस सन्दर्भ में एक महत्त्वपूर्ण ऐतिहासिक तथ्य हमारे सम्मुख यह है कि सोलहवीं सदी में हुए गढ़ा राज्य के महानतम शासक संग्रामशाह के सिक्कों में उसे 'पुलत्स्यवंशी' कहा गया है।[29] संग्रामशाह को पुलत्स्यवंशी कहा जाना एक महत्त्वपूर्ण वक्तव्य है क्योंकि पुलत्स्य ऋषि का पुत्र रावण था और जैसा कि हम आगे देखेंगे, गोंड स्वयं को रावणवंशी भी कहते हैं। भारतीय जनमानस में रावण की जो प्रतिष्ठा है उसे दृष्टिगत रखते हुए प्रतापी संग्रामशाह ने आने को रावणवंशी लिखने के स्थान पर पुलत्स्यवंशी लिखना उचित समझा होगा। ऐसी स्थिति में गढ़ा के शासकों को गोंड मूल का माना जा सकता है। इस निष्कर्ष को एक समकालीन स्रोत अकबरनामा से भी परोक्ष रूप से समर्थन मिलता है, जिसमें अबुल फ़ज़्ल कहता है कि संग्रामशाह का पुत्र दलपतिशाह यद्यपि अच्छे कुल का नहीं था, तथापि महोबा के चन्देल शासक सालबाहन ने उसके साथ अपनी पुत्री का विवाह इसलिए कर दिया क्योंकि सालबाहन की परिस्थिति अच्छी नहीं थी।[30] स्पष्ट है कि तब गढ़ा के शासकों को राजपूत नहीं माना जाता था और वे चन्देलों से निम्नतर माने जाते थे।

परवर्ती स्रोतों में से गढ़ेशनृपवर्णनम्[31] में यादवराय को नागवंश का कच्छवाह राजपूत कहा गया है और गढ़ा के एक अन्य शासक प्रेमशाह को वैष्णव।

'गढ़ेशनृपवर्णनसंग्रह श्लोका' में हृदयशाह को समकालीन कवि विष्णु दीक्षित भी नागवंशी कहता है। ये दोनों कृतियाँ पश्चात्‌कालीन होने के कारण प्रामाणिक नहीं मानी जा सकती हैं। लगता है कि उन्होंने सकतू गोंड वाली जनश्रुति को प्रामाणिक मानकर गढ़ा के शासकों को नागवंशी बताया है। सोलहवीं सदी में चन्देलों से निम्नतर माने जाने के एक-दो सदी बाद नागवंशी राजपूत के रूप में प्रसिद्ध होने का एक कारण यह भी दिखता है कि राजसत्ता प्राप्त हो जाने के बाद इस वंश के शासकों तथा प्रशस्तिकारों की यह प्रवृत्ति हो गई कि उन्हें राजपूत बताया जाय। इतिहास में ऐसे उदाहरण देखे जा सकते हैं जहाँ कोई निम्नकुल का वंश सत्ता प्राप्त करने के बाद स्वयं को उच्चकुल का सिद्ध करे।

जहाँ तक स्थानीय परम्परा का प्रश्न है वह गढ़ा के शासकों को गोंड ही मानती है। संग्रामशाह के सिक्के में पुलत्स्यवंशी होने का उल्लेख तथा अबुल फ़ज़्ल का गढ़ा के शासकों को चन्देलों से निम्नतर बताया जाना हमें इसी निष्कर्ष की ओर पहुँचाता है कि गढ़ा के शासक मूलतः गोंड ही थे। बाद में उन्होंने स्वयं को राजपूत प्रकट करने का प्रयास अवश्य किया और इसमें वे सफल भी हुए क्योंकि 17वीं सदी के शासक हृदयशाह का विवाह रीवा के बघेल राजा अनूपसिंह की कन्या से हुआ तथा उसके बाद के एक शासक नरेन्द्रशाह की कन्या का विवाह रतनपुर के कलचुरि शासक रायसिंह से हुआ। निजामशाह की पत्नियों में एक बघेल वंश की तथा एक चन्देलवंश की कन्या थी।

खरजी, गोरक्षदास और सुखनदास

यादवराय के उपरान्त कुछ दशकों तक गढ़ा राज्य में कुछ गौण शासक विद्यमान थे। बाद में गढ़ा राज्य के जो शासक हुए उनके नाम अबुल फ़ज़्ल देता है। संग्रामशाह के पूर्वजों का उल्लेख करते हुए वह अकबरनामा[33] में कहता है कि "संग्रामशाह खरजी के पुत्र संगिनदास के पुत्र अर्जुनदास का पुत्र था।" अकबरनामा की किन्हीं पाण्डुलिपियों में खरजी और संगिनदास के मध्य गोरक्षदास को बताया गया है। और संगिनदास को सुखनदास लिखा गया है। मोटे तौर पर पर अबुल फ़ज़्ल के द्वारा उल्लिखित इन शासकों का क्रम इस प्रकार रखा जा सकता है–खरजी, गोरक्षदास, सुखनदास, अर्जुनदास और संग्रामशाह। 1667 ई. में उत्कीर्ण रामनगर शिलालेख में संग्रामशाह को अर्जुनदास का, अजुर्नदास को गोरक्षदास का और गोरक्षदास को दादीराय का पुत्र बताया गया है।[34]

गढ़ेशनृपवर्णनम्, स्लीमेन, कनिंघम और वार्ड भी ऐसा ही कहते हैं।[35] खरजी और सुखनदास (संगिनदास) का कोई उल्लेख इन चारों में नहीं है। मतभेद की ऐसी स्थिति में हम अकबरनामा पर अधिक विश्वास करेंगे क्योंकि वह रामनगर शिलालेख की अपेक्षा पुराना है और घटनाओं के वर्णन में अधिक विश्वसनीय भी। शेष तीन स्रोत

जनश्रुतियों और बाद के स्रोतों पर आधारित होने के कारण अकबरनामा के साक्ष्य के मुकाबले नहीं ठहरते।

खरजी, गोरक्षदास, सुखनदास और अर्जुनदास में से किसी के राज्यारोहण की तिथियों का उल्लेख अबुल फ़ज़्ल नहीं करता। गोरक्षदास के राज्यारोहण की तिथि 'गढ़ेशनृपवर्णनम्' वार्ड और कनिंघम के आधार पर क्रमशः 1440, 1424, 1445 और 1422 ई. है। इसी प्रकार अर्जुनदास के राज्यारोहण की तिथि उपर्युक्त स्रोतों में क्रमशः 1486, 1450 ई. 1491 ई. एवं 1448 ई. दी गई है।[36] इन सारी तिथियों में काफी विभिन्नता है एवं किसी समकालीन साक्ष्य के आधार पर इन्हें मानना कठिन है। ऐसी स्थिति में हम अर्जुनदास के पुत्र संग्रामशाह के राज्यारोहण की तिथि के आधार पर इन चारों के शासनकाल का अनुमान लगा सकते हैं। जैसा कि आगे स्पष्ट किया गया है, संग्रामशाह का राज्यारोहण 1510 और 1513 ई. के मध्य हुआ था। अर्जुनदास 40 वर्ष की आयु में सिंहासन पर बैठा और उसकी मृत्यु असमय में उसके पुत्र के हाथों हुई। अतः उसे शासन के केवल 10 वर्ष देकर उसके पहले के तीन शासकों–खरजी, गोरक्षदास और सुखनदास में से प्रत्येक को औसतन 20 वर्ष की शासनावधि देने पर खरजी के राज्यारोहण की तिथि लगभग 1440 ई. (1510-70 वर्ष = 1440) मानी जा सकती है।

अब हमें खरजी, गोरक्षदास और सुखनदास का इतिहास देखना होगा। अकबरनामा[37] के अनुसार खरजी अपनी योग्यता और चालाकी से प्रदेश के अन्य शासकों से पेशकश वसूल किया करता था। इस प्रकार उसने एक सौ घुड़सवार और दस हजार पैदल सेना एकत्र कर ली। यहाँ से गढ़ा राज्य का उत्कर्ष प्रारम्भ होता है। खरजी ने सम्भवतः 1460 ई. तक राज्य किया। उसका उत्तराधिकारी गोरक्षदास हुआ। पर उसके सम्बनध में कुछ ज्ञात नहीं है। गोरक्षदास ने सम्भवतः 1480 तक राज्य किया।

इन्हीं दिनों की दो घटनाएँ यहाँ दी जा रही हैं, जिनका उल्लेख शिहाब हकीम की किताब मासिर-ए-महमूदशाही में है। 1467 में जब मालवा का सुल्तान महमूदशाह खलजी चित्तौड़ से वापस आ रहा था तो उसे खान आजम शेर खाँ का समाचार मिला कि किला अमरैल क़ा शासक राय चीता (चेता) बागी हो गया था। तीन दिन और तीन रात की कोशिश से किला फतह हो गया। किला वालों ने जौहर किया जिसके बाद राय चीता (चेता) और दो हजार गोंड कत्ल हुए। यह देखकर शाही फौज ने हमला करके 25-26 तारीख महीना रजब को किला जीत लिया और तीन हजार औरतें कैद में आईं।[38] इस विवरण में किला अमरैल और राय चीता को पहचानना कठिन है पर चूँकि गोंडों का उल्लेख है, अतः यह गढ़ा राज्य या उसके सीमा प्रदेश से सम्बन्धित होगा। क्योंकि गोंड तब गढ़ा राज्य में या उसके सीमावर्ती प्रदेश में ही रहते थे।

इसी प्रकार शिहाब हकीम[39] लिखता है कि 1468 ई. में शेरखान और मसनद-ए-आली फतह खान को दस हज़ार घोड़ों और बीस हाथियों के साथ करेहड़ा और गढ़ा भेजा गया। करेहड़ा के निवासियों ने शाही सेना का प्रतिरोध किया। किन्तु वे या तो कत्ल कर दिए गए या भाग गए और किले को अधिकृत कर लिया गया।

बचे हुए लोगों को मार डाला गया और लूटमार की गई तथा सात हजार लोग बंदी बना लिए गए। रात घिरने पर वे गढ़ा की तरफ बढ़े और वे गर्मी के मौसम में एक दिन-रात में अस्सी कोस चलकर गढ़ा पहुँचे। तब तक करेहड़ा की विजय का समाचार गढ़ा नहीं पहुँचा था। किले को घेर लिया गया। तीरों की बरसात से उन्होंने शत्रु का रास्ता रोक लिया। गढ़ा का किला अधिकृत कर लिया गया। गढ़ा के मुकद्दम राय धर्मा को चार पुत्रों, स्त्रियों, बच्चों, कर्मचारियों और सात हजार लोगों के साथ बंदी बना लिया गया। चार हजार गोंड मारे गए। राय धर्मा और उसके बेटों को बेड़ियाँ पहनाकर सुल्तान के सम्मुख लाया गया। रजब के महीने में बंदियों को दण्ड दिया गया। सुल्तान ने अपने आदमियों को खिलअत और पुरस्कार आदि दिया। दूसरे दिन राय धर्मा और उसके दो बेटों की जीवित खाल खिंचवा ली गई जबकि शेष को हाथी के पैरों तले कुचलवा दिया गया। इस विवरण में करेहड़ा को पहचानना कठिन है पर गढ़ा के बारे में संदेह की गुंजाइश नहीं है। राय धर्मा गढ़ा के शासक खरजी या गोरक्षदास के समय गढ़ा का किलेदार रहा होगा।

गोरक्षदास के उपरान्त उसका पुत्र सुखनदास या संगिनदास 1480 ई. के लगभग सत्तारूढ़ हुआ। उसने अपने पिता की योजनाओं को आगे बढ़ाया और पाँच सौ घुड़सवार तथा साठ हजार पैदल सेना एकत्र करके अपनी शक्ति में वृद्धि की। संगिनदास समझदार शासक था क्योंकि उसने अपनी शक्ति में वृद्धि करने हेतु राजपूतों का सहयोग भी प्राप्त किया। उसे उसके दो साथियों का विशेष सहयोग मिला। इनमें एक हमीरपुर का निवासी करचुली जाति का व्यक्ति था और दूसरा परिहार था। इनकी सहायता से उसने आसपास के प्रदेशों में अच्छा प्रभाव स्थापित कर लिया। ऐसा लगता है कि प्रारम्भ से ही गोंड राजाओं ने विभिन्न जातियों के सहयोग से शासन और सेना का संगठन किया। आगे चलकर गोंड राज्य में अनेक जातियों के लोग आकर बसे और उन्हें गोंड राजाओं ने अच्छा संरक्षण दिया। संगिनदास के शासन का अंत लगभग 1500 ई. में हुआ।

यह ध्यान रखने योग्य है कि गढ़ा के प्रारम्भिक शासकों के समान उस अंचल में और भी शासक थे क्योंकि अबुल फज़्ल स्पष्ट कहता है कि "पुराने जमाने में इस प्रदेश का कोई एक शासक नहीं था बल्कि अनेक राजागण और राय थे।"[40] यहाँ पुराने जमाने से अबुल फज़्ल का तात्पर्य रानी दुर्गावती के पहले के काल से है। इस बात के भी प्रमाण हैं कि पन्द्रहवीं सदी के अन्तिम हिस्से में दमोह क्षेत्र पर मालवा के सुल्तानों का अधिकार था। दमोह में प्राप्त 24 शव्वाल हिजरी सन 885 यानी 1480 ईस्वी के एक फारसी शिलालेख से प्रमाणित होता है कि वहाँ गयासुद्दीन की सत्ता थी।[41] इसी प्रकार दमोह जिले में सोनार नदी के किनारे विक्रम संवत 1562 (1505 ईस्वी) के एक सती शिलालेख में गयासुद्दीन के पुत्र नासिरशाह का उल्लेख मिलता है।[42] दमोह से प्राप्त एक अन्य हिन्दी शिलालेख संवत 1570 (1512 ईस्वी) का है जिसमें नासिरशाह के पुत्र सुल्तान महमूदशाह द्वितीय के शासन का उल्लेख है। ऐसा लगता है कि इस शासक के समय

ही संग्रामशाह का अधिकार दमोह के इलाके में हो गया।[43]

इसके बाद की कहानी गढ़ा राज्य के उत्कर्ष की कहानी है, ऐसा उत्कर्ष जिसने भारत के मध्य भाग के एक बड़े भूभाग के इतिहास का नया अध्याय लिखा।

संदर्भ

1. ई. फैल, एशियाटिक रिसर्चेज़, जिल्द 15, 1825, पृष्ठ 436-443
   फिट्ज एडवर्ड हॉल, जर्नल ऑफ अमेरिकन ओरियन्टल सोसायटी, जिल्द 7, 1860, पृष्ठ, 1-18.
   कनिंघम, एन्युअल रिपोर्ट ऑफ आर्किलॉजिकल सर्वे ऑफ इण्डिया, 17, 1881-82, पृष्ठ 47-54
   हीरालाल, डिस्क्रिव्टिव्ह लिस्ट ऑफ इन्स्क्रिप्शंस इन सी. पी. एण्ड बरार, पृष्ठ 24, 30
2. जर्नल ऑफ एशियाटिक सोसायटी ऑफ बंगाल, क्रमांक 68, अगस्त 1837, पृष्ठ 621-44
3. वार्ड, रिपोर्ट ऑन दि रेवेन्यू सेटलमेन्ट ऑफ दि मण्डला डिस्ट्रिक्ट, 1868-69, पृष्ठ 13-19
4. भावे, नागपुर यूनिवर्सिटी जर्नल, क्र. 6, 1940, पृष्ठ 181-201
5. ये सभी सूचियाँ तथा तिथिक्रम परिशिष्ट 6 में दिया गया है
6. वही
7. आ. स. रि., सात, पृष्ठ 106
8. स्लीमेन, पृष्ठ 624
9. वही, पृष्ठ 624
10. एन्साइक्लोपीडिया ऑफ इस्लाम, पृ. 543-545. तुगरिल बेग (1051 ई.) ऐसा पहला शासक था जिसके सिक्कों में सुल्तान की पदवी का उल्लेख है।
11. विल्स, राजगोंड महाराजाज़ ऑफ सतपुड़ा हिल्स, पृष्ठ 23, हीरालाल, लिस्ट पृष्ठ 1
12. राहतगढ़ शिलालेख, इ. ए. 20, पृष्ठ 84.
13. इण्डियन एन्टिक्वेरी, 1908, पृष्ठ 132. मिराशी, कलचुरि नरेश और उनका काल, पृष्ठ 32.
14. हीरालाल, लिस्ट, पृष्ठ 56, हिंडोरिया शिलालेख
15. एपि. इण्डि. 16, 1921-22, पू. 10 (पादटि. 4), पृष्ठ. 11, हीरालाल, दमोह दीपक, पृष्ठ 95
16. वही, पृष्ठ 11, पादटि. 2
17. हीरालाल, लिस्ट ऑफ इन्स्क्रिप्शन्स इन द सेन्ट्रल प्राव्हिन्सेज एण्ड बरार, 1932, पृष्ठ 20
18. पुरुषोत्तमपुरी दानपत्र, एपि. इण्डि. 25, पृष्ठ 211
19. डिपार्टमेंट ऑफ आर्किलॉजी एन्युअल रिपोर्ट ऑन इण्डियन एपि. 1952-53, पृष्ठ 88, परि. स. हीरालाल, लिस्ट पृष्ठ 50 क्र. 71. इ. आ. रि. 1967, 68, पृष्ठ 152, क्र. 11 में उल्लिखित सती लेख।
20. एपिग्राफिया इण्डिका, पृष्ठ 44-45, हीरालाल, लिस्ट, पृष्ठ 50, क्र. 70
21. बनर्जी, हिस्ट्री ऑफ उड़ीसा, भाग 1, पृष्ठ 282
22. ज. रा. ए. सो. बं. जिल्द 7, 1942, पृष्ठ 57-58. मेहदी हसन, तुगलक डायनेस्टी, पृ. 21-22.
23. सील, हिस्ट्री ऑफ सी.पी. एंड बरार, पृष्ठ 33, चैटरटन, स्टोरी ऑफ गोंडवाना, पृष्ठ 15, नटेश अय्यर, हिस्टारिकल स्कैच ऑफ सी. पी. एण्ड बरार फ्राम दि अर्लिएस्ट टाइम्स, पृष्ठ 21-22
24. प्रयागदत्त शुक्ल, मध्यप्रदेश का इतिहास और नागपुर के भौंसले, पृष्ठ 49, प्रयागदत्त शुक्ल, रविशंकर शुक्ल अभिनन्दन ग्रंथ, पृष्ठ 37
25. मण्डला जिला गैजेटियर, 1912, रिप्रिन्ट 1995, पृष्ठ 16-17.
26. स्लीमेन, पृष्ठ 622-23

27. हीरालाल, मध्यप्रदेश का इतिहास, पृष्ठ 85-86, प्रयागदत्त शुक्ल, रविशंकर शुक्ल अभिनन्दन ग्रंथ, पृष्ठ 37, बालाघाट डिस्ट्रिक्ट गैजेटियर, लो, 1907, पृष्ठ 45
28. वही, पृष्ठ 85-6
29. स्टीफेन फुश, दि गोंड एण्ड भूमियाज ऑफ ईस्टर्न मण्डला (1968), पृष्ठ 381
30. अकबरनामा, दो, पृष्ठ 324
31. वही, पृष्ठ 193,
32. वही, जी. वी. भावे, जर्नल ऑफ भण्डारकर ओरियण्टल रिसर्च इन्स्टीट्यूट, अट्ठाइस, 1947, पृष्ठ 268. भावे के अनुसार 13 कवियों के द्वारा रचित श्लोकों का यह संकलन उन्नीसवीं सदी के पहले चतुर्थांश का है और संकलनकर्त्ता कौन था यह ज्ञात नहीं। गढ़ेशनृपवर्णनसंग्रहश्लोकाः का हिन्दी अनुवाद परिशिष्ट 10 में दिया गया है।
33. वही, पृष्ठ 325, इलि. डाउ., 6, पृष्ठ 31
34. हाल, पृष्ठ 14, फैल, एशियाटिक रिसर्चेज 15, पृष्ठ 438
35. गढ़ेश., पृष्ठ 195, स्लीमेन, पृष्ठ 625, कनिंघम, पृष्ठ 53, वार्ड पृष्ठ 161 वार्ड प्रत्येक नाम के अंत में 'सा' लगाते हैं।
36. परिशिष्ट छह देखिए।
37. अकबरनामा, दो, पृष्ठ 326-6
38. शिहाब हकीम, मासिर-ए-महमूदशाही, बोदलीन पाण्डुलिपि, (संक्षिप्तकर्ता, डॉ. नूरुल हसन अंसारी), इण्डो पार्शियन सोसायटी, दिल्ली 1968, पृष्ठ 1257.
39. वही, पृष्ठ 129-30
40. अकबरनामा, (अनु. बैवरिज) , जिल्द 2, पृ. 324
41. कनिंघम, आर्किलॉजिकल सर्वे रिपोर्ट, जिल्द 7, पृष्ठ 168-69; हीरालाल, लिस्ट, पृष्ठ 59-60.
42. हीरालाल, दमोह दीपक, पृ. 15
43. एपिग्राफिया इण्डिका, जिल्द 15, पृ. 29 और आगे.

संग्रामशाह के अन्तर्गत उत्थान

अर्जुनदास

संगिनदास का उत्तराधिकारी अर्जुनदास हुआ, जो हमारे तिथिक्रम के अनुसार 1500 ई. के लगभग सिंहासन पर बैठा। अबुल फ़ज़्ल[1] के अनुसार राज्यारोहण के समय अर्जुनदास की आयु 40 वर्ष की थी। उसके ज्येष्ठ पुत्र का नाम अमानदास और छोटे पुत्र का नाम जोगीदास था। अमानदास वास्तव में आम्हणदास का अपभ्रंश है। ठर्रका के दो सती लेखों में आम्हणदास ही कहा गया है।[2] सिंहासन पर बैठने के बाद ही अर्जुनदास को आम्हणदास के विद्रोह का सामना करना पड़ा।

युवावस्था में आम्हणदास बड़ा शैतान एवं दुष्कर्मी था और कभी वह हमेशा अपने पिता की इच्छा के विरुद्ध काम करता था। अपनी उद्दण्डता के कारण आम्हणदास ने अपने पिता अर्जुनदास का स्नेह खो दिया। एक बार अर्जुनदास ने आम्हणदास को प्रताड़ना देने हेतु उसे कुछ समय के लिए बंदी बनाकर रखा और बाद में कुछ शर्तों पर उसे छोड़ा। लेकिन उस उद्दण्ड राजपुत्र पर कोई असर नहीं पड़ा और शीघ्र ही वह अपने पुराने रास्ते पर चलने लगा। कुछ समय बाद आम्हणदास गढ़ा से भाग निकला और पड़ोस में स्थित भाठ अर्थात रीवा के बघेल शासक वीरसिंह के यहाँ जाकर उसने शरण ली। राजा ने उसे अपनाकर पुत्र के समान रखा। जब वीरसिंह सिकन्दर लोदी (1489-1517 ई.) की सेवा में गया तब वह अपने अल्पायु पुत्र वीरभानु की देखभाल के लिए आम्हणदास को छोड़ गया। वहाँ आम्हणदास ने ऊपर से यह दिखावा किया उसमें सुधार हो रहा है।[3] यह घटना 1500 ई. के बाद की होगी क्योंकि वीरसिंह 1500 ई. में सिंहासनारूढ़ हुआ था।[4] इस समय आम्हणदास युवक था, अतः यदि हम इस समय उसकी आयु 20 वर्ष की भी मान लें तो उसका जन्म 1480 ई. के लगभग हुआ होगा। यहाँ यह ध्यान देने योग्य है कि आइन-ए-अकबरी और अकबरनामा में भाठ को जो पन्ना माना गया है वह गलत है। वस्तुतः फारसी लिप्यांतरण की भूल के कारण भट्टा (भाठ) को पन्ना लिख दिया गया है।[5]

गुरु नानक और तारण तरण स्वामी

अर्जुनदास के राजत्वकाल में हमें तत्कालीन दो विख्यात संतों के क्रियाकलापों का उल्लेख मिलता है। एक है सिखों के गुरु नानक और दूसरे हैं जैन संत तारण तरण स्वामी।

सिख धर्म के प्रवर्तक गुरु नानक देशाटन करते हुए गढ़ा राज्य में आए थे इसका विवरण सिक्खों की धार्मिक पुस्तक सूरजप्रकाश[6] में मिलता है। इसमें गोंड राजा अर्जुनदास का नाम तो उल्लिखित नहीं है पर भ्रमण की जो तिथियाँ सूरज प्रकाश में दी गई हैं वे अर्जुनदास के राजत्वकाल के समकक्ष हैं। तद्नुदसार गुरु नानक 1508-09 ई. में (चैत्र संवत 1565 तथा भादो संवत 1566 के मध्य) में उड़ीसा से लौटते समय अमरकंटक, गढ़ा होते हुए रीवा गए थे। तदनुसार दूसरी यात्रा के समय वे पुनः इस क्षेत्र में आए। इस बार 1511-12 ई. (आषाढ़ संवत 1568 और आषाढ़ सं. 1569 के मध्य) में वे उज्जैन से ओंकारेश्वर होते हुए होशंगाबाद आए, फिर वहाँ से नरसिंहपुर, बालाघाट तथा सिवनी होते हुए रामटेक (जिला नागपुर, महाराष्ट्र) गए। आज भी इन स्थानों में सिक्खों के पुराने गुरुद्वारों के अवशेष हैं।

अर्जुनदास के राजत्वकाल में ही उसके राज्य में जैन धर्म के प्रख्यात संत जिन तारण तरण स्वामी का उद्भव हुआ। 1448 ई. में बिलहरी (जिला जबलपुर, म. प्र.) में जन्मे तारण तरण स्वामी की तपोभूमि ग्राम सूखा रही है। सूखा ग्राम मध्यप्रदेश के दमोह जिले में पथरिया रेलवे स्टेशन से 11 कि.मी. दूर है। तारण तरण स्वामी की मृत्यु 1515 ई. में हुई। आज भी तारण तरण स्वामी के हजारों अनुयायी इस क्षेत्र में फैले हैं और विभिन्न स्थानों में तारण सम्प्रदाय के अनेक चैत्य भी हैं।

इसका हमें कोई प्रमाण नहीं मिलता कि अर्जुनदास या उसके पुत्र आम्हणदास की भेंट गुरु नानक या तारण तरण स्वामी से हुई। पर निश्चय ही इन संतों के क्रियाकलाप उस काल के धार्मिक इतिहास के महत्त्वपूर्ण अंग हैं।

आम्हणदास का विद्रोह और अर्जुनदास का अन्त

अर्जुनदास ने अपने ज्येष्ठ पुत्र आम्हणदास से रुष्ट होकर अपने दूसरे पुत्र जोगीदास को अपना उत्तराधिकारी घोषित कर दिया। किन्तु जोगीदास ने अपने बड़े भाई के अधिकार के सामने इस व्यवस्था को मानने से इंकार कर दिया। जब आम्हणदास ने सुना कि उसका पिता अपने दूसरे बेटे को महत्त्व दे रहा है, तो वह तेजी से पिता की राजधानी की ओर रवाना हुआ और शीघ्र ही वहाँ पहुँचकर अपनी माँ के निवास में छुप गया। पिता के एक विश्वसनीय अनुचर को, जिससे आम्हणदास का पुराना संबध था, अपनी ओर मिलाकर एक रात मौका पाकर उसने अपने पिता अर्जुनदास की हत्या कर डाली। अर्जुनदास की हत्या से क्षुब्ध जनता ने आम्हणदास को बंदी बनाकर जोगीदास को राजसिंहासन सँभालने का निमंत्रण भेजा लेकिन जोगीदास ने यह कहकर निमंत्रण अस्वीकार कर दिया कि वह पिता-तुल्य बड़े भाई की हत्या नहीं करेगा और न ही वह अपने क्रूर बड़े भाई के समक्ष समर्पण करेगा। जोगीदास पर किन्हीं दलीलों का असर न हुआ और सब कुछ त्यागकर वह जंगल में चला गया। स्वर्गीय अर्जुनदास के दो निष्ठावान् दरबारियों ने आम्हणदास के अन्तर्गत सेवा करने से इंकार ही नहीं

किया, बल्कि सारा कच्चा चिट्ठा राजा वीरसिंह देव को लिख भेजा और उसे गढ़ा राज्य विजित करने के लिए उकसाया। अर्जुनदास की हत्या का समाचार सुनकर वीरसिंहदेव ने सुल्तान सिकन्दर लोदी से छुट्टी ली और एक बड़ी सेना लेकर गढ़ा की ओर बढ़ा। अब आम्हणदास ने भागकर पर्वतों में शरण ली। हालांकि वह राजा का मुकाबला करने में असमर्थ था पर उसने वीरसिंह से निवेदन किया कि उसने अज्ञानता और विक्षिप्तता के कारण पिता की हत्या कर दी है और अब वह दूसरे पिता से कैसे लड़ सकता है? जब वीरसिंह गढ़ा राज्य को जीतकर अपने लोगों को वहाँ का प्रभार देकर लौट रहा था तब आम्हणदास ने अपने कुछ अनुचरों के साथ उससे भेंट की। उसने अपने किए पर बहुत पश्चाताप किया। राजा ने उसे क्षमा कर दिया और गढ़ा राज्य उसे सौंप दिया। आम्हणदास खूब रोया और अपने दुष्कर्म के प्रति घृणा प्रदर्शित की। कहा नहीं जा सकता कि यह सब उसका ढोंग था या वास्तव में उसे अपनी दुष्टता का भान हुआ और उसने ईश्वर और लोगों के सामने अपनी शर्मिंदगी प्रकट की।[7]

1540 में रचित 'वीरभानुदयकाव्यम्' नामक ग्रंथ में भी इस घटना का उल्लेख है।[8]

सिंहासनारोहण और प्रारंभिक घटनाक्रम

अब प्रश्न यह है कि आम्हणदासदेव कब सिंहासन पर बैठा। ठर्रका (दमोह) के संवत 1570 अर्थात 1513 ईस्वी के सती लेख[9] के आधार पर यह निश्चित है कि आम्हणदास 1513 ई. में सत्तारूढ़ था। अतः उसके पहले ही वह सिंहासन पर बैठा होगा। जैसा कि हम कह चुके हैं, आम्हणदास 1500 ई. के उपरान्त ही रीवा के शासक वीरसिंहदेव के पास शरण लेने गया। यदि हम यह मान लें कि वीरसिंह के राज्यारोहण के तुरन्त बाद आम्हणदास रीवा गया और ऊपर वर्णित सारी घटनाएँ होने में लगभग दस वर्ष लग गए तो आम्हणदास का राज्यारोहण 1510 ई. के पहले नहीं आता। ऐसी स्थिति में यह निष्कर्ष निकालना अनुचित न होगा कि वह 1510 ई. और 1513 ई. के मध्य किसी समय सिंहासन पर बैठा।[10] सिंहासनारूढ़ होने के उपरान्त आम्हणदास ने ''महाराजा श्री राजा आम्हणदासदेव'' की पदवी धारण की, जैसा कि ठर्रका ग्राम के संवत 1570 के पूर्वोल्लिखित सती लेख से मालूम होता है।

पन्द्रहवीं सदी राजनीतिक अस्थिरता और विघटन की सदी थी। तैमूर के आक्रमण के आघात से दिल्ली सल्तनत की चूलें जो हिलीं तो फिर आगे आने वाले सवा सौ वर्षों तक सल्तनत लड़खड़ाती रही। प्रान्तीय राज्यों का उदय इसी सदी के प्रारम्भ में बड़े पैमाने पर हुआ। मालवा, जौनपुर, बंगाल, खानदेश, गुजरात, दिल्ली सल्तनत से पूर्ण स्वतंत्र हो चुके थे। दक्षिण में बहमनी और विजयनगर राज्य पहले ही अस्तित्व में आ चुके थे।

जहाँ तक दिल्ली सल्तनत का सम्बन्ध है, सैयदों के बाद जब लोदी वंश के हाथ में सत्ता पहुँची तब सल्तनत में कुछ शक्ति का संचार हुआ। बहलोल लोदी का अधिकांश समय अपने निकटस्थ प्रतिस्पर्धियों और जौनपुर के साथ युद्ध में बीता, किन्तु युद्धों में उसकी अपूर्व विजयों ने हिन्दुस्तान में पुनः मुस्लिम शक्ति का सिक्का जमा दिया। उसके उत्तराधिकारी सिकन्दर लोदी की मृत्यु के समय लोदी राज्य दक्षिण में बुन्देलखण्ड तक फैल गया था। तब गढ़ा के उत्तर तथा उत्तर-पश्चिम में मालवा के खिलजी शासक के जिनकी प्रमाणस्वरूप सन् 1480 का शिलालेख दमोह में मिला है।[11] गढ़ा राज्य के दक्षिण में अन्य छोटे-छोटे स्थानीय राज्य थे जो समय-समय पर दक्षिण के बहमनी राज्य के आक्रमण का शिकार होते रहे। फरिश्ता के अनुसार 1471 ई. में बहमनी शासक मुहम्मदशाह बहमनी के एक सैन्याधिकारी ने चांदा अधिकृत करने के उपरान्त लांजी पर धावा किया और शासक अमरसिंह को पराजित करके उसका प्रदेश और किला उसे वापिस कर दिया था।[12]

गढ़ा के दक्षिण-पूर्व में रतनपुर का हैहयवंशी राज्य था। त्रिपुरी की कलचुरि शाखा का अन्त होने के बाद भी रतनपुर की अन्य कलचुरि शाखा का शासन जारी रहा। आम्हणदास के राज्यारोहण के समय वहाँ पुरुषोत्तम सहाय (1497 ई.) शासक था।[13] उधर उत्तर-पूर्व में रीवा में बघेलवंशीय शासक वीरसिंहदेव था, जिसका उल्लेख किया जा चुका है।

तारीख-ए-सलातीन-ए-अफगाना से ज्ञात होता है कि इब्राहीम लोदी के सिंहासनारोहण के उपरान्त इब्राहीम का भाई जलाल भागकर मालवा गया किन्तु जब वहाँ के शासक महमूद खलजी से उसे सहायता न मिली तो वह गढ़ा-कटंगा की ओर गया। वहाँ गोंडों ने उसे कैद कर लिया और सुल्तान की कृपा प्राप्त करने हेतु उसे सुल्तान इब्राहीम लोदी को सौंप दिया।[14] जलाल को सौंपने वाला शासक आम्हणदास ही प्रतीत होता है। अपने इस कार्य से आम्हणदास ने सुल्तान इब्राहीम लोदी का स्नेह अर्जित किया। जलाल को पाकर इब्राहीम ने उसकी हत्या करवा दी। यह घटना 1518 ई. की है।

आम्हणदास ने कुछ समय उपरान्त संग्रामशाह की पदवी धारण की, ऐसा उसके सिक्कों से ज्ञात होता है। उसके जितने सिक्के मिले हैं उनमें संग्रामशाह के अंकन वाला सबसे पुराना सिक्का संवत 1573 यानी 1516 ईस्वी का है।[15] इससे प्रतीत होता है कि आम्हणदास 1516 ईस्वी में संग्रामशाह की पदवी धारण कर चुका था। संग्रामशाह की पदवी धारण करने के बारे में अबुल फ़ज़्ल एक दूसरी बात कहता है। वह स्पष्ट लिखता है कि "अमानदास ने गुजरात के सुल्तान बहादुर को रायसेन विजय के समय सहायता दी। इसके फलस्वरूप उसने अमानदास को संग्रामशाह की पदवी देकर सम्मानित किया।"[16] इसमें कोई सन्देह नहीं कि बहादुरशाह ने 10 मई 1532 ई. को रायसेन के किले पर आक्रमण किया था[17] लेकिन ऊपर के सिक्के के साक्ष्य के सम्मुख अबुल फज्ल के कथन को स्वीकार नहीं किया जा सकता। डॉ. हीरालाल [18] का

यह कथन निराधार है कि आम्हणदास ने यह पदवी संवत 1541में सन् 1484 में धारण की जब उसने माड़ौगढ़ के सुल्तान से गढ़ा पुनर्विजित किया। वस्तुतः 1484 ई. में संग्रामशाह सत्तारूढ़ था ही नहीं और न इसका कोई प्रमाण है कि संग्रामशाह ने कभी माण्डू के सुल्तान पर आक्रमण किया था।

दलपतिशाह का दुर्गावती से विवाह

संग्रामशाह की दो पत्नियों का उल्लेख मिलता है, जिनमें से एक का नाम पद्मावती था और दूसरी का नाम सुमति था। दलपतिशाह के एक शिलालेख[19] में पद्मावतीमाय का उल्लेख यह प्रकट करता है कि पद्मावती दलपति शाह की माँ रही होगी, इसीलिए दलपतिशाह के शिलालेख में उसे 'माय' कहा गया है। दूसरी पत्नी सुमति का उल्लेख संग्रामशाह द्वारा रचित 'रसरत्नमाला'[20] में इस प्रकार किया गया है—"वामे हेमवती समान सुमति (:) श्री साहिमत्या युतः।" ऐसा अनुमान है कि दोनों में पद्मावती ही संग्रामशाह की प्रमुख पत्नी थी क्योंकि उसका बेटा दलपतिशाह संग्रामशाह का उत्तराधिकारी हुआ।

संग्रामशाह के दो बेटे थे। बड़े का नाम दलपतिशाह और छोटे का चन्द्रशाह था।[21] दलपतिशाह के जन्म के सम्बन्ध में अबुल फ़ज़्ल[22] एक जनश्रुति का उल्लेख करता है—"ऐसी खबर थी कि संग्राम के कोई पुत्र न था। उसने अपने सेवक गोविंददास कछवाहा से आग्रह किया कि वह अपनी गर्भवती पत्नी को संग्राम के अंतःपुर में भेज दें। यदि कन्या हो तो गोविन्दास उसे ले ले और यदि पुत्र हो तो संग्राम उसे अपने पुत्र के रूप में रख लेगा। किसी को इसकी कानोकान खबर नहीं होनी थी। गोविन्द ने इस आदेश का पालन किया एवं जब उसकी पत्नी ने पुत्र प्रसव किया तो संग्राम ने उसे अपने पुत्र के रूप में स्वीकार कर लिया। उस बच्चे का नाम दलपत रखा।" अबुल फज्ल द्वारा उल्लिखित यह जनश्रुति कहाँ तक ठीक है, कहा नहीं जा सकता।

दलपतिशाह का विवाह संग्रामशाह के जीवनकाल में ही लगभग 1542 ई. में दुर्गावती से हुआ। विवाह के समय दलपतिशाह की आयु 25 वर्ष की मानी जा सकती है। इस विवाह सम्बन्ध के बारे में अबुल फ़ज़्ल सीधे तौर पर कहता है कि "वह (दुर्गावती) राठ और महोबा के चन्देल राजा सालबाहन की पुत्री थी। उस राजा ने अमानदास के पुत्र दलपति के साथ उसका विवाह कर दिया। यद्यपि वह (दलपति) अच्छे कुल का नहीं था, तथापि वह सम्पन्न था और राजा सालबाहन की परिस्थिति अच्छी नहीं थी, अतः सालबाहन को यह विवाह करना पड़ा।"[23] राठ महोबा से 48 कि.मी. दूर है। इस विवाह के सम्बन्ध में यह भी जनश्रुति है कि दलपतिशाह ने एक विप्र से सुना था कि दुर्गावती प्रेमाकर्षित है, अतः वह पिता की आज्ञा लेकर सेना सहित स्वयंवर में गया और चंदेल राजा की कन्या का हरण करके ले आया।[24] इस कहानी से यदि कल्पना का तत्व निकाल दिया जाए तो भी विषयवस्तु अबुल फ़ज़्ल की

बात का समर्थन करती है। कुछ विद्वान[25] शेरशाह के समकालीन कालिंजर के राजा कीरतसिंह को दुर्गावती का पिता बताते हैं जो गलत है। यह कीरतसिंह प्रसिद्ध चंदेलवंश की प्रमुख शाखा का अंतिम शासक था। दुर्गावती की एक तथाकथित जन्मकुण्डली का उल्लेख किया जाता है जो विश्वसनीय नहीं है। इसका उल्लेख और परीक्षण इस पुस्तक के परिशिष्ट 11 में किया गया है।

जनश्रुति भी दुर्गावती को चंदेलवंश की कन्या कहती है। अबुल फ़ज़्ल जब स्पष्टतः दुर्गावती के पिता को राठ और महोबा का राजा कहता है तो भ्रम की कोई गुंजाइश नहीं रह जाती। यह कहा जा सकता है कि सालबाहन राठ और महोबा का कोई गौण राजा था जिसने अपनी बेटी दलपतिशाह को ब्याही।

प्रसिद्ध चन्देलवंश से विवाह सम्बन्ध होना गोंड वंश के लिए प्रतिष्ठा का विषय था और इससे उनके सम्मान में वृद्धि हुई। इसने इस धारणा को भी बल दिया कि गोंड राजपूत नहीं तो राजपूतों के निकट हैं। यहाँ यह बात स्मरणीय है कि चन्देल उस समय राजपूत कहलाते थे और इस विवाह की असमान कुलों का विवाह भी समझा गया। इससे पता चलता है कि यद्यपि गोंड हिन्दू धर्म के निकट आकर और राजनैतिक शक्ति पाकर स्वयं को राजपूत या क्षत्रिय जैसा प्रकट करने लगे थे, तथापि वे सम्भवतः सोलहवीं सदी तक राजपूतों के रूप में प्रतिष्ठित न हो पाये थे।

संग्रामशाह के सम्बन्ध में एक जनश्रुति है कि गढ़ा के बाजनामठ (संग्रामशाह द्वारा निर्मित) के एक संन्यासी पुजारी ने छल से देवी के मंदिर में संग्रामशाह की बलि देना चाही किन्तु राजा ने भैरव की मूर्ति के सामने कापालिक को ही मार डाला। फलतः भैरव ने प्रसन्न होकर संग्रामशाह को सदा विजयी होने का वर दिया।[26] संग्रामशाह के शासनकाल की किसी अन्य घटना के साक्ष्य नहीं मिलते।

राज्य-विस्तार

संग्रामशाह के राज्य का विस्तार कहाँ तक था, इसका कोई निश्चित समकालीन साक्ष्य उपलब्ध नहीं है। रामनगर शिलालेख और 'गढ़ेशनृपवर्णनम्' मात्र यह कहते हैं कि संग्रामशाह के अन्तर्गत 52 गढ़ थे।[27] यहाँ यह उल्लेखनीय है कि गढ़ का अर्थ मात्र दुर्ग समझना त्रुटिपूर्ण होगा क्योंकि तब गढ़ एक प्रादेशिक इकाई माना जाता था। हम इस प्रादेशिक इकाई को आज तहसील, परगना या तहसील का अनुभाग कह सकते हैं।[28] ये किले उसने कहाँ बनवाये, इसका कोई उल्लेख नहीं किया गया है। कर्नल स्लीमेन ने गढ़ा-मण्डला का जो इतिहास लिखा है उसमें वे संग्रामशाह के 52 गढ़ों की सूची देते हैं और यह भी बताने का प्रयास करते हैं कि ये गढ़ कहाँ-कहाँ स्थित है।[29] स्लीमेन द्वारा दिए गए इन 52 गढ़ों का परीक्षण करते समय विल्स और रामभरोस अग्रवाल[30] ने भी इनकी स्थिति बताने का प्रयास किया है। अधिकांश स्थानों की स्थिति निर्विवाद है। कुछ का स्थान निर्धारण मैंने किया है। ये

गढ़ इस प्रकार माने जा सकते हैं–

1. गढ़ा (जबलपुर नगर से लगा हुआ)।
2. माड़ौगढ़ (मण्डला जिला में मण्डला जबलपुर रोड पर स्थित कालपी से 8 किलोमीटर दूर बालई नदी के किनारे)।
3. पचेलगढ़ (जबलपुर जिला में स्थित सिहोरा के आसपास के क्षेत्र को पचेल कहते हैं)।
4. सिंगौरगढ़ (जबलपुर-दमोह रोड पर जबलपुर से 45 किलोमीटर दूर दमोह जिला में)।
5. अमोदा (जबलपुर जिला में कटंगी के निकट अमोदगढ़)।
6. कनौजा (जबलपुर जिला में बिलहरी के पास)।
7. बागमार (मण्डला जिला में मवई, सठिया से 8 क़िलोमीटर पूर्व की ओर कवर्धा जिले में)।
8. टीपागढ़ (बालाघाट जिला में)।
9. रायगढ़ (कवर्धा जिला के उत्तर में चिलफी से 7 किलोमीटर उत्तर-पश्चिम में)।
10. परताबगढ़ (बिलासपुर जिला में)।
11. अमरगढ़ (डिण्डौरी से 20 किलोमीटर दक्षिण-पश्चिम में वर्तमान अमरपुर)।
12. देवहार (डिण्डोरी जिला में शाहपुर से 3 किलोमीटर पूर्व में)।
13. पाटनगढ़ (जबलपुर से 30 किलोमीटर उत्तर-पश्चिम में)।
14. फतेहपुर (होशंगाबाद जिला की सोहागपुर तहसील में)।
15. निमुआगढ़ (नरसिंहपुर जिला के पश्चिमी भाग में)।
16. भँवरगढ़ (संभवतः नरसिंहपुर जिला में गाडरवारा के पास)।
17. बरगी (जबलपुर से 25 किलोमीटर दक्षिण में)।
18. घनसौर (सिवनी जिला में छोटी लाइन का स्टेशन)।
19. चौरई (छिन्दवाड़ा से 32 किलोमीटर पूर्व में)।
20. डोंगरताल (नागपुर से 65 किलोमीटर उत्तर-पश्चिम में)।
21. करवागढ़ (संभवतः सिवनी जिला का कूवागढ, बैनगंगा नदी से 16 किलोमीटर पश्चिम में)।
22. झांझनगढ़ (जबलपुर जिला में बहुरीबन्द से 10 किलोमीटर दूर वर्तमान तिगवां)।
23. लाफागढ़ (बिलासपुर जिला में रतनपुर के पास)।
24. संतागढ़ (अज्ञात)।
25. दियागढ़ (जबलपुर जिला में बघराजी के पास महानदी के किनारे)।
26. बाँकागढ़ (अज्ञात)।
27. पवाई-करही (पन्ना से 51 किलोमीटर दक्षिण में दमोह जिले की सीमा के

पास)।

28. शाहनगर (पन्ना जिला में जबलपुर की उत्तरी सीमा के पास)।
29. धमौनी (सागर जिला में)।
30. हटा (दमोह जिला में हटा से 25 किलोमीटर उत्तर में)।
31. मड़ियादौ (दमोह जिला में)।
32. गढ़ाकोटा, (सागर जिला में दमोह से 25 किलोमीटर पश्चिम में)।
33. शाहगढ़ (सागर से 65 किलोमीटर मालथोन रोड पर)।
34. गढ़पहरा (सागर से 20 किलोमीटर मालथोन रोड पर)।
35. दमोह।
36. रहली (सागर जिला में)।
37. इटवा (सागर से 64 किलोमीटर उत्तर-पूव में)।
38. खिमलासा (सागर से 56 किलोमीटर उत्तर-पश्चिम में)।
39. गनौर (भोपाल से 60 किलोमीटर दक्षिण में)।
40. बारी (रायसेन जिला में)।
41. चौकीगढ़ (भोपाल जिला में होशंगाबाद से 20 किलोमीटर उत्तर-पश्चिम में)।
42. राहतगढ़ (सागर से 40 किलोमीटर पश्चिम में)।
43. मकड़ाई (हरदा से 40 किलोमीटर दक्षिण में)।
44. कारूबाग (संभवतः रायसेन जिला में)।
45. कुरवाई (विदिशा जिला में)।
46. रायसेन।
47. भँवरासो (कुरवाई के पास)।
48. भोपाल।
49. ओपदगढ़ (भोपाल के निकट कहीं)।
50. पूनागढ़ (सम्भवतः नरसिंहपुर जिला में)।
51. देवरी (सागर से 55 किलोमीटर दक्षिण में)।
52. गौरझामर (सागर जिला में)।

संग्रामशाह के उपर्युक्त 52 गढ़ों के नक्शा देखें तो एक नजर में ही यह दिख जाता है कि इनमें से ज्यादातर, यानी करीब दो तिहाई गढ़ नर्मदा नदी के उत्तर के उपजाऊ भाग में स्थित हैं और काफी पास-पास हैं। उधर नर्मदा के दक्षिण के वन्य प्रदेश में गढ़ा राज्य का आधे से ज्यादा हिस्सा होने पर भी वहाँ करीब एक तिहाई गढ़ ही हैं और वे काफी दूर-दूर स्थित हैं। ऐसा होना अस्वाभाविक इसलिए नहीं है कि नर्मदा नदी के उत्तर का इलाका उपजाऊ होने के कारण वहाँ ज्यादा आबादी थी और दक्षिण में वन्य प्रदेश होने के कारण खेती योग्य जमीन कम थी और वहाँ आबादी कम थी।

स्लीमेन ने प्रत्येक गढ़ के ग्रामों की संख्या 350, 360 या 700 दी है, जिससे 52

गढ़ों के कुछ ग्रामों की संख्या बत्तीस हजार तीन सौ बीस होती है।[31] ग्रामों की यह संख्या एकदम अविश्वसनीय है। स्लीमेन ने इन बावन गढ़ों के आधार पर सोलहवीं सदी के गढ़ा राज्य का विस्तार उत्तर में पन्ना जिले के दक्षिणी हिस्से से लेकर दक्षिण में चांदा जिला के उत्तर-पूर्वी भाग तक और पश्चिम में मकड़ाई से लेकर पूर्व में बिलासपुर जिला के पश्चिमी भाग तक अनुमानित किया है।

स्लीमेन ने टीपागढ़ को चांदा जिला में माना है। यदि चांदा जिला में स्थित टीपागढ़ को संग्रामशाह का एक गढ़ माना जाता है तो इस टीपागढ़ से दूसरा निकटतम गढ़ रायगढ़ (क्रमांक 9) है जिनके बीच की दूरी लगभग 175 कि.मी. है। दूसरे, मण्डला और सिवनी जिले में गढ़ होना और दक्षिण में स्थित सारे बालाघाट जिले में और भण्डारा जिले में एक भी गढ़ न होना और बहुत दूर चांदा जिला में गढ़ होना कुछ व्यावहारिक सा नहीं है। अन्य स्थानों में गढ़ों की पारस्परिक दूरियाँ यदि हम देखें तो वे परस्पर अधिक दूरी पर स्थित नहीं हैं। दूसरे, सबसे बड़ा तर्क यह है कि जिस समय गढ़ा राज्य में संग्रामशाह की सत्ता थी, उस समय चांदा के गोंडों की स्वतंत्र सत्ता वहाँ विद्यमान थी और वह सोलहवीं सदी में पर्याप्त सुदृढ़ थी। वहाँ उस समय कोंडियाशाह या कर्णशाह था जिसका पुत्र बबजी बाद में अकबर का समकालीन हुआ।[32] इन कारणों से इस सूची के टीपागढ़ को बालाघाट जिले का टीपागढ़ मानना ठीक होगा। ऐसा करने पर गढ़ा राज्य का विस्तार दक्षिण में बालाघाट जिला तक सीमित हो जाता है।

स्लीमेन ने 52 गढ़ों में गनौरगढ़, बारीगढ़, चौकीगढ़, राहतगढ़, मकड़ाई, कारूबाग, कुरवाई, रायसेन, भँवरासो, और भोपाल को शामिल किया है। एक परवर्ती स्रोत गढ़ेशनृपवर्णनसंग्रहश्लोकाः[33] में लिखा है कि इन 10 गढ़ों को रानी दुर्गावती के उत्तराधिकारी चन्द्रशाह ने मुगल सम्राट अकबर को सौंपे। श्लोक इस प्रकार है–

कुर्वायचौकीगडरायसेनं भोपाल भोरास गुनौर दारीं।
मर्कायिकालोपवनं सरातं दिल्ली धनंचार्प्येनिरामयोभूत ।। 27 ।।

इनमें दारी को बारी (गढ़) और 'मर्कायिकालोपवनंसरातं' को मकड़ाई, कालोपवन (काला उपवन या कारूबाग) तथा रात (राहतगढ़) अनूदित किया जा सकता है। ये दस गढ़ रायसेन के प्रभावक्षेत्र में आते थे। स्लीमेन और गढ़ेशनृपवर्णनसंग्रहश्लोकाः समकालीन स्रोत नहीं हैं पर ये पारिवारिक दस्तावेजों और परंपरा पर आधारित हैं इसलिए इनका विवरण एकदम कपोलकल्पित नहीं माना जा सकता।

दूसरी ओर समकालीन साक्ष्यों से पता चलता है कि रायसेन पर 1492 ई. में मालवा के खलजी शासक गयासुद्दीन का अधिकार था। उसके उपरान्त नासिरुद्दीन और महमूद द्वितीय के समय भी रायसेन पर मालवा के सुल्तानों का आधिपत्य रहा। यह एक ऐतिहासिक सत्य है कि महमूद द्वितीय मेदिनीराय नामक एक राजपूत के हाथ की कठपुतली मात्र था। मेदिनीराय ने अपने भाई सिलहदी को रायसेन, भिलसा, सारंगपुर

का क्षेत्र दे दिया था। 1531 ई. में बहादुरशाह ने मालवा क्षेत्र सिलहदी को सौंप दिया। सिलहदी ने भी इस्लाम स्वीकार कर लिया। 10 मई 1532 ई. को रायसेन पर बहादुरशाह ने अधिकार कर लिया और सिलहदी ने जौहर कर लिया।[34]

1535 ई. में हुमायूँ द्वारा बहादुरशाह की पराजय के बाद कादिरशाह ने मध्य और पूर्वी मालवा अधिकृत कर लिया एवं उसने सिलहदी के पौत्र राजा परताब को रायसेन तथा चंदेरी सौंप दिया तथा पूरनमल को उसका संरक्षक मान लिया। इसके उपरान्त रायसेन पर 1542 ई. में शेरशाह का अधिकार होने की बात सर्वविदित है।[35] उसने शुजातखाँ को गवर्नर बनाया, जिसके पुत्र बाजहादुर को पराजित करके अकबर ने मालवा अधिकृत किया।

ऐसी स्थिति में यही कहा जा सकता है कि रायसेन पर मालवा के सुल्तानों आदि का अधिकार होने पर भी आसपास के इलाके पर यानी बाकी 9 गढ़ों पर उनकी वास्तविक सत्ता होने में सन्देह है। यहाँ स्थानीय गोंड सरदारों की सत्ता थी और ये गोंड सरदार संग्रामशाह के प्रभाव के अंतर्गत रहे होंगे। यह भी संभव है कि उथल-पुथल के इन दशकों में खुद रायसेन पर भी संग्रामशाह का अधिकार कुछ समय तक रहा था–शायद 1532 के पहले भी और उसके बाद में भी। 1545 तक शेरशाह का अधिकार रायसेन पर रहा पर 1545 में शेरशाह की मृत्यु के बाद की अस्थिर राजनीतिक स्थिति में भी रायसेन और उसके आसपास के इलाके पर संग्रामशाह का अधिकार रहने की संभावना है। और यह आधिपत्य रानी दुर्गावती के समय 1562 तक यानी मालवा पर अकबर के आधिपत्य की स्थापना तक भी हो सकता है।

विल्स संग्रामशाह के राज्य-विस्तार की कुछ और व्याख्या करते हैं। बावन गढ़ों के आधार पर स्लीमेन द्वारा निर्धारित सोलहवीं सदी के गढ़ा राज्य की सीमा को वे बिल्कुल गलत मानते हैं। इसके लिए वे ये तर्क देते हैं[36] कि प्रथम, 52 की संख्या एक पारम्परिक संख्या है और गढ़ के अन्तर्गत दी गई ग्रामकों की संख्या भी पारम्परिक और काल्पनिक है। दूसरे, रायसेन, भोपाल, कुरवाई और राहतगढ़ को इन गढ़ों में सम्मिलित करना ऐतिहासिक भूल है। तीसरे, वे कहते हैं कि अकबर विजित राजाओं के आंतरिक प्रशासन में हस्तक्षेप नहीं करता था। स्थानीय राजाओं को निष्कासित न करके केवल किसी मुगल मंसबदार के अधीन कर दिए जाते थे। चूँकि बरार सूबे के अन्तर्गत गढ़ा का वर्णन 'मुल्क-ए-जुदागाना' (एक अलग राज्य) के रूप में किया गया है, अतः इसका मतलब उनके अनुसार यह है कि गढ़ा राज्य जैसा का तैसा रखा गया और इसलिए मालवा सूबे के अन्तर्गत वर्णित गढ़ा सरकार के समकक्ष ही गढ़ा राज्य रहा होगा।

यद्यपि विल्स, आइन-ए-अकबरी[37] गढ़ा सरकार के 57 महालों में से केवल दर्जन भर महालों को ही पहचान पाए हैं, वे निश्चित रूप से कहते हैं कि मुस्लिम आक्रमण के पहले गढ़ा राज्य और मुस्लिम आक्रमण के बाद गढ़ा सरकार में निम्नलिखित

आधुनिक प्रदेश आते थे, जबलपुर और दमोह के जिले (बुंदेलखण्ड के कुछ अंश के साथ) सागर का कुछ भाग और पूरा नरसिंहपुर (भोपाल के कुछ अंश सहित) होशंगाबाद और बैतूल जिलों के कुछ हिस्से, पूरे छिंदवाड़ा, सिवनी, मण्डला और बालाघाट जिले और सम्भवतः भण्डारा जिला और चांदा जिला में स्थित बैरागढ़।[38]

परीक्षण करने पर मालूम होता है कि संग्रामशाह के समकक्ष के गढ़ा राज्य को आइन-ए-अकबरी की गढ़ा सरकार के समकक्ष रखने का विल्स का तर्क आधारहीन है और अव्यवहारिक भी। यह आवश्यक नहीं कि अकबर के समय गढ़ा राज्य को ही गढ़ा सरकार बना दिया गया। प्रशासकीय सुविधा के लिए गढ़ा राज्य के इलाके में से कुछ महाल दूसरी सरकारों में रख दिए गए थे, यह आइन-ए-अकबरी की सूची देखने से साफ हो जाता है। जैसे, गढ़ा-राज्य के धामौनी और खिमलासा तथा भोपाल के आसपास का इलाका रायसेन सरकार में, मकड़ाई के आसपास का इलाका हण्डिया सरकार में और एरन तथा इटवा चन्देरी सरकार में रख दिए गए।

सारी बातें देखने पर विल्स द्वारा दिया गया, गढ़ा राज्य का सोलहवीं सदी का विस्तार स्वीकार्य नहीं है।

संग्रामशाह की पुत्रवधू दुर्गावती के समय गढ़ा-कटंगा का विस्तार बताते हुए अबुल फ़ज़्ल कहता है कि इसका पूर्वी हिस्सा रतनपुर से और पश्चिमी हिस्सा रायसेन से मिला हुआ है। इसके उत्तर में पन्ना तथा दक्षिण में दक्खिन है। इसकी पूर्व-पश्चिम लम्बाई 150 कोस (480 कि.मी.) और उत्तर-दक्षिण चौड़ाई 80 कोस (256 कि.मी.) है।[39] दुर्गावती के समय जो विस्तार गढ़ा राज्य का था वही संग्रामशाह के समय रहा होगा क्योंकि संग्रामशाह के उपरान्त दलपतिशाह और दुर्गावती के समय कुछ और प्रदेश गढ़ा राज्य में सम्मिलित किए जाने का उल्लेख नहीं मिलता। अबुल फ़ज़्ल का दक्खिन से तात्पर्य नर्मदा के नहीं बल्कि सतपुड़ा के दक्षिण के प्रदेश से था।

अबुल फ़ज़्ल के वर्णन और 52 गढ़ों के परीक्षण से निष्कर्ष निकालता है कि संग्रामशाह के समय अनुमानतः निम्नलिखित क्षेत्र गढ़ा राज्य के अन्तर्गत थे। वर्तमान रायसेन, हरदा, होशंगाबाद, नरसिंहपुर, जबलपुर, कटनी, सागर, दमोह, सिवनी, छिंदवाड़ा, बालाघाट, मण्डला, डिण्डोरी और कवर्धा के पूरे जिले, भोपाल जिले का अधिकांश भाग, विदिशा जिले का पूर्वी भाग, पन्ना जिले का दक्षिणी भाग, बिलासपुर जिले के उत्तर-पश्चिमी भाग में स्थित परताबगढ़-पंडरिया से लेकर लाफा तक की जमींदारी तक का क्षेत्र, नागपुर जिले का कन्हान और पेंच नदियों के पूर्व का भाग और राजनांदगाँव जिले का वह भाग जिसमें खैरागढ़ रियासत और खलौटी जमीदारियाँ थीं। इसके अतिरिक्त भण्डारा जिले का उत्तरी अर्द्धांश भी संग्रामशाह के अधीन रहा होगा क्योंकि निजामशाह के समय यह क्षेत्र गढ़ा राज्य के अधीन था, इसके प्रमाण हैं। चूँकि संग्रामशाह के बाद गढ़ा राज्य का विस्तार नहीं हुआ, अतः यह संग्रामशाह के समय से

ही गढ़ा राज्य के अधीन रहा होगा। अबुल फ़ज़्ल द्वारा दी गई दूरियाँ त्रुटिपूर्ण हैं। संग्रामशाह के समय गढ़ा राज्य का विस्तार पूर्व-पश्चिम लगभग 475 किलोमीटर और उत्तर-दक्षिण लगभग 390 किलोमीटर था।[40]

सिक्के

संग्रामशाह के समय के सोने, चाँदी और ताँबे के सिक्के मिले हैं। इससे अनुमान है कि उसने स्वायत्तता का उपभोग किया और उसके समय में पर्याप्त समृद्धि थी। उसके समय के सोने के तीन सिक्कों का उल्लेख मिलता है।

सोने का एक गोल सिक्का प्राप्त हुआ है जो संवत 1600 (1543 ईस्वी) का बताया गया है। इसमें संग्रामशाह को पुलत्स्यवंशी कहा गया है।[41] इसका कारण यह है कि गोंड स्वयं को रावणवंशी भी कहते हैं और रावण पुलत्स्य ऋषि का पोता था। संग्रामशाह का सोने का जो दूसरा सिक्का प्राप्त हुआ है वह वर्गाकार है और डॉ. हीरालाल के अनुसार यह संवत् 1570 (1513 ईस्वी) का है। इसमें एक ओर नागरी लिपि में जो लिखा है उसका संशोधित रूप डॉ. हीरालाल ने इस प्रकार दिया है—पुतरी स्वस्ति श्री संग्रामसाहि संवत् 1570। सिक्के के दूसरी ओर तेलुगु में लिखा है श्री संग्रामसाहि और नागरी लिपि में लिखा है—स्वस्ति श्री संग्रामसाह। सोने के इस सिक्के में तेलुगु में जो लिखा है उसे हीरालाल इस प्रकार स्पष्ट करते हैं—"स्थानीय परम्परा के अनुसार गढ़ा-मण्डला के गोंड शासक गोदावरी के तट से आए थे और इस बात की पुष्टि इससे होती है कि संग्रामशाह अपने मूल को भूला नहीं और उसने अपने मूल वतन की भाषा में अपना नाम उत्कीर्ण कराया, हालांकि जिस इलाके पर उसका शासन था वह पूरी तरह हिन्दुस्तानी था।[42] कलकत्ता के विद्याविनोद[43] में इस सिक्के की तिथि को संवत 1566 (1509 ईस्वी) पढ़ा गया है। लेकिन डॉ. वा. वि. मिराशी दोनों मतों को नकारते हुए सिक्के की तिथि को संवत 1588 (1531 ईस्वी) पढ़ते हैं।[44] सोने का तीसरा सिक्का इसी प्रकार का यानी वर्तुलाकार प्राप्त हुआ है जो संवत 1600 (1543 ईस्वी) का है।[45]

हीरालाल लिखते हैं कि जबलपुर जिले में उन्हें सोने का जो सिक्का मिला था वैसी ही इबारत वाले तीन चाँदी के सिक्के उन्हें सतपुड़ा के पठार में स्थित तानिया (तामिया) में मिले थे। उनमें से दो मोटे तौर पर वृत्ताकार हैं जबकि तीसरा वर्त्ताकार है। उनमें एक तरफ सिंह अंकित है। उनके पीछे का हिस्सा खाली है।[46] संग्रामशाह के चाँदी के एक और सिक्के का उल्लेख किया गया है लेकिन इस सिक्के में सिर्फ 'श्री स' अंकित होने के कारण उसे संग्रामशाह का सिक्का नहीं माना जा सकता।[47]

सोने और चाँदी के सिक्कों के अलावा संग्रामशाह के पीतल और ताँबे के सिक्के भी मिले हैं। श्री आर. आर. भार्गव[48] ने संग्रामशाह के छह चौकोर सिक्के प्रकाशित किये हैं जो उनके अनुसार पीतल के प्रतीत होते हैं। इनका विवरण इस

प्रकार है—

सिक्का 1. एक ओर नागरी लिपि में 'संग्राम' और दूसरी ओर पंजा उठाए गर्जना करता हुआ सिंह और फारसी में 'संग्रामशाह' अंकित है।

सिक्का 2. एक ओर नागरी लिपि में 'स्री संग्रामसाहि' और दूसरी ओर पंजा उठाए गर्जना करता हुआ सिंह और संवत 159 अंकित है।

सिक्का 3. एक ओर 'श्री संग्रामसाहदेव' और दूसरी ओर पंजा उठाए सिंह और सूर्य तथा स्वस्तिक चिन्ह अंकित हैं और तिथि (1) 591 (1534 ईस्वी) दी गई है।

सिक्का 4. एक ओर दो पंक्तियों में तेलुगु में और उसके नीचे नागरी लिपि में 'श्री संग्रामसाह देव' तथा पीछे पंजा उठाए गर्जना करता हुआ सिंह और फारसी में 'संग्रामशाह' तथा सूर्य तथा स्वस्तिक चिन्ह अंकित हैं। नागरी लिपि में संवत 1588 (1531 ईस्वी) भी अंकित है।

सिक्का 5. दोनों ओर सिक्का 4 के समान अंकन हैं।

सिक्का 6. एक ओर 'संग्रामसाह' और तिथि (1) 573 (1516 ईस्वी) तथा दूसरी ओर फारसी में कुछ अंकित है।

श्री भार्गव ने संग्रामशाह के दो ताँबे के सिक्के भी प्रकाशित किये हैं।[49] ये दोनों सिक्के देवगढ़ टकसाल से जारी किये गए थे। एक सिक्का वृत्ताकार है और उसके एक ओर 'संग्रामसाहि देवगढ' अंकित है और दूसरी ओर पूँछ ऊपर उठाए दहाड़ता हुआ बाघ और सम्वत (1) 576 (1519 ईस्वी) अंकित है। दूसरा सिक्का वर्गाकार है और उसमें एक ओर 'श्री संग्रामसाहि देवगढ़' अंकित है और दूसरी ओर पूँछ ऊपर उठाए दहाड़ता हुआ बाघ है तथा संवत 1586 (1529 ईस्वी) स्पष्ट रूप से अंकित है। संवत 1576 (1519 ईस्वी) के सिक्के के आधार पर यह निष्कर्ष निकाला जा सकता है कि 1518 ईस्वी से लेकर 1529 ईस्वी तक देवगढ़ पर संग्रामशाह का निश्चित रूप से अधिकार था।

यहाँ यह उल्लेखनीय है कि परम्परा के अनुसार गढ़ा के शासकों का राजचिन्ह था हाथी को दबोचे हुए सींग वाला शेर। जबलपुर के राजा गोकुलदास महल और जबलपुर कोतवाली में इस प्रकार की प्रतिमाएँ हैं और इन्हें गढ़ा राज्य का राजचिन्ह कहा जाता है।

मृत्यु और मूल्यांकन

अबुल फ़ज़्ल[50] दुर्गावती के शासन के 16 वर्ष और दलपतिशाह के शासन के सात वर्ष देता है, जबकि दुर्गावती की मृत्यु 1564 ई. में हुई। इस आधार पर संग्रामशाह की मृत्यु 1541 ई. हुई। लेकिन महामहोपाध्याय[51] मिराशी ब्रिटिश म्यूजियम में सुरक्षित संग्रामशाह के एक सिक्के की तिथि के आधार पर संग्रामशाह का शासन संवत् 1600

(1543 ई.) तक बताते हैं, जिस पर अविश्वास करने का कोई कारण नहीं है। संग्रामशाह ने लगभग 33 वर्ष तक राज्य किया और इस अवधि में उसने निश्चयतः गढ़ा राज्य को दृढ़ता दी।

संग्रामशाह का शासन काल लगभग तैंतीस वर्षों का रहा। इसीसे सिद्ध होता है कि उसका शासनकाल सफल रहा। प्रारम्भ में संग्रामशाह की स्थिति अधिक दृढ़ नहीं थी क्योंकि सिंहासनारोहण के तुरन्त बाद उसे वीरसिंहदेव से मुँह की खानी पड़ी। किन्तु धीरे-धीरे उसकी शक्ति में वृद्धि होती गई।

वह एक सफल कूटनीतिज्ञ था और अपनी योग्यता से उसने दुर्गम क्षेत्र में एक ऐसा विशाल राज्य निर्मित कर दिया जो आगामी दो शतियों से अधिक जीवित रहा। इब्राहीम लोदी का भाई जलालखाँ जब भागकर गोंडवाना में आया तो उसे गिरफ्तार करके इब्राहीम लोदी को सौंपकर उसने सुल्तान की कृपा प्राप्त की। गुजरात के सुल्तान बहादुरशाह को रायसेन विजय में सहायता देना भी संग्रामशाह की दूरदर्शिता थी। उत्तर-पूर्व में बघेल शासक वीरसिंह से उसके सम्बन्ध अंत तक अच्छे बने रहे क्योंकि बाद में दोनों में संघर्ष या वैमनस्य का उल्लेख नहीं मिलता।

रामनगर के शिलालेख[52] में उनकी प्रशस्ति में लिखा गया है कि अपने शत्रुओं के लिए वह वैसा ही था जैसे कपास के पुँज के लिए प्रलयंकारी अग्नि। उसके प्रताप की चकाचौंध ने सूर्य को भी निस्तेज कर दिया था।

संग्रामशाह ने चौरागढ़ (जिला नरसिंहपुर म. प्र.) का दुर्ग बनवाया, इसमें संदेह है क्योंकि 52 गढ़ों में इसका नाम नहीं है।[53] सिंगौरगढ़ किले के निकट उसने संग्रामपुर (जिला दमोह म. प्र.) नामक ग्राम बसाया जो आज भी विद्यमान है। संग्रामशाह ने सम्भवतः गढ़ा के निकट मदनमहल नामक एक भवन का निर्माण कराया।[54] और काफी समय उसमें निवास किया। गढ़ा के निकट संग्राम सागर नामक एक सरोवर और उसके तट पर बाजनामठ भी इसी शासक ने निर्मित किए। संग्रामशाह के समय के और निर्माणों का उल्लेख इतिहासों में नहीं मिलता।

संग्रामशाह अपने पूर्ववर्ती सभी शासकों से बढ़-चढ़कर था, उसके उत्तराधिकारियों में केवल उसकी पुत्रवधू दुर्गावती ने ही उसके समान शक्ति का उपभोग किया।[55]

संग्रामशाह मात्र एक विजेता नहीं था बल्कि उसने साहित्य को भी प्रश्रय दिया। वह स्वयं भी एक साहित्यिक था और संस्कृत भाषा में उसकी अच्छी पैठ थी। उसके संस्कृत ज्ञान और संस्कृत प्रेम के प्रमाण के रूप में एक संस्कृत काव्य-ग्रंथ 'रसरत्नमाला' प्रकाश में आया है, जिसे संग्रामशाह ने ही लिखा था। करमबेलकर[56] के अनुसार ऐसा मानने के चार कारण हैं : प्रथम, इसके प्रारम्भिक श्लोक में वंशावली दी है। द्वितीय, सातवें श्लोक में संग्रामशाह को ही लेखक कहा गया है। तृतीय, इसके अंत में संग्रामशाह का नाम लेखक के रूप में स्पष्टतः लिखा है और चतुर्थ, यह कृति संग्रामशाह की साहित्यिक प्रतिभा को ही नहीं प्रकट करती, बल्कि यह भी इंगित करती है कि राजनैतिक मसलों में उसकी कितनी पैठ थी। उसने एक राजा के लिए आवश्यक जारी सूचना एकत्र की और

उनका प्रयोग अपने राजकार्य में भी किया। दूसरे शब्दों में 'रसरत्नमाला' राजाओं के लिए उपयोगी एवं संक्षिप्त विश्वकोष है। 'रसरत्नमाला' के अनुसार वह ब्राह्मणों का सम्मान करता था और शास्त्रों के रूप में उसका एक अतिरिक्त नेत्र भी था।

संग्रामशाह ने हिन्दू दर्शन, विद्या और संस्कृति के तत्कालीन गढ़ मिथिला से भी विद्वान आमंत्रित किए। ऐसे एक विद्वान दामोदर ठाकुर थे जो प्रसिद्ध महेश ठाकुर के अग्रज थे।[57] ऐसा उल्लेख मिलता है कि दामोदर ठाकुर ने 'संग्रामसाहीयविवेकदीपिका' और 'दिव्य निर्णय' नामक दो निबन्ध लिखे।[58] मिथिला के विद्वानों के आगमन की परम्परा आगे तक कायम रही। हम आगे देखेंगे कि संग्रामशाह के समय के उत्तराधिकारियों के समय ये मैथिल विद्वान उच्च पदाधिकारी हुए।

संग्रामशाह के समय के सिर्फ दो अधिकारियों के नाम मिलते हैं। भोजसिंह कायस्थ उसका दीवान था[59] और उसके समय सर्वे पाठक के प्रपौत्र माधव नामक व्यक्ति को मंत्रिपद दिया गया। परम्परानुसार सर्वे पाठक गढ़ा राज्य के संस्थापक यादवराय का आमात्य था।[60]

संदर्भ

1. वही, पृष्ठ 325-26
2. दमोह दीपक, पृष्ठ 78
3. अकबरनामा, जिल्द दो, (बेवरिज का अंग्रेजी अनुवाद) पृष्ठ 325
4. दि सेन्ट्रल इण्डिया स्टेट गैजेटियर सिरीज़, रीवा स्टेट गैजेटियर, जिल्द चार, पृष्ठ 13, ए. एच. निजामी, प्रो. इ. हि. कां., 1946, पृष्ठ 242-45 और कनिंघम, आ. सा. 21, पृष्ठ 108 भी देखिए।
5. ब्लाकमैन, आइन-ए-अकबरी, दूसरा संस्करण, 1, पृष्ठ 685 और अकबरनामा, दो, पृष्ठ 315
6. सूरजप्रकाश, संक्षिप्त टीका (गुरुमुखी में लिखित), प्रकाशक भाई लद्धासिंह, करतार सिंह, बाजार माई सेवा, अमृतसर, पृष्ठ 2-32, 35-36
7. अकबरनामा, पृष्ठ 325-26
8. मे. आ. स. इ. 21, पृष्ठ 6 और 13
9. हीरालाल, दमोह दीपक, प्रथम संस्करण, पृष्ठ 78, हीरालाल, लिस्ट, 1932, पृष्ठ 61
10. गढ़ेश, स्लीमेन, वार्ड इसे क्रमशः 1518, 1480 और 1523 ई.में रखते हैं, जो स्पष्टतः गलत है। देखिए परिशिष्ट छह। विल्स राज. महा., पृष्ठ 44 इसे 1500 और 1513 के मध्य रखते हैं।
11. हीरालाल, लिस्ट, पृष्ठ 50, क्र. 72, हीरालाल, मध्यप्रदेश का इतिहास, पृष्ठ 77, आ. स. रि., इक्कीस, पृष्ठ 168-69
12. फरिश्ता, जिल्द 2, पृष्ठ 489
13. बिलासपुर डि. गैजेटियर 1910, पृष्ठ 36-37
14. इलि. डाउ. पाँच, पृष्ठ 12, पाण्डे, दि फर्स्ट अफगान एम्पायर इन इण्डिया, पृष्ठ 178
15. आर. आर. भार्गव, काइन्स ऑफ सम गोंड रूलर्स, न्यूमिस्मेटिक डाइजेस्ट, अंक 15, 1991, पृष्ठ 63.
16. अकबरनामा, (अनु. बेवरिज), जिल्द 2, पृष्ठ 325

17. जर्नल ऑफ मध्यप्रदेश, इतिहास परिषद्, दो, 1960, पृष्ठ 57-58
18. मध्यप्रदेश का इतिहास, पृष्ठ 90
19. संशोधन मुक्तावलि (सर चौथा), पृष्ठ 178-82, ऐतिहासिक संकीर्ण निबन्ध (भारत इतिहास संशोधक मण्डल) खण्ड 6, पृष्ठ 51-55 भी।
20. करमबेलकर, ज. ए. से. बं. 19, क्र. 2, पृष्ठ 138
21. हाल, पृष्ठ 15, श्लोक 27, फैल, एशियाटिक रिसर्चेज, 15, पृष्ठ 440 में चंद्रशाह को दलपतिशाह की संतान लिखा है, जो गलत है। शिलालेख के शब्द स्पष्ट हैं— "दलपतिनृपतेरथानुजन्मा...."
22. अकबरनामा, दो, पृष्ठ 327
23. वही।
24. गढ़ेशनृपवर्णनसंग्रहश्लोकाः जी. व्ही. भावे (संपा.) एनल्स ऑफ दि भण्डारकर ओरियण्टल रिसर्च इन्स्टीट्यूट, 28, 1947, पृष्ठ 260, इस काव्यसंग्रह का हिन्दी अनुवाद इस कृति के अन्त में परिशिष्ट 10 में दिया गया है। स्लीमेन, पृष्ठ 627 और गढ़ेश, पृष्ठ 195 श्लोक 30
25. स्मिथ, ज. ए. सो. बं., जिल्द 50, पृष्ठ 42, कनिंघम, आ. स. इ. जि. 21, पृष्ठ 89, जिल्द 2, पृष्ठ 458, बीक्स, इलियट्स मेम्वायर्स, जि. 1, पृष्ठ 76, केशवचन्द्र मिश्र, चन्देल और उनका राजत्वकाल, पृष्ठ 138
26. गढ़ेशनृपवर्णनम्, श्लोक 27, पृष्ठ 195 में स्लीमेन, पृष्ठ 625-6
27. रामनगर शिलालेख, श्लोक 15, हाल, पृष्ठ 14, गढ़ेशनृपवर्णनम्, श्लोक 28, पृष्ठ 195
28. विल्स, दि टेरीटोरियल सिस्टम ऑफ राजगोंड किंग्स ऑफ मेडीवल छत्तीसगढ़, ज. रा. ए. सो. बं. (न्यू सिरीज), पन्द्रह, 1919 नं. 5, पृष्ठ 197-262
29. ज. ए. सो. बं. 1837, पृष्ठ 645-46
30. विल्स, राज. महा., पृष्ठ 111-16 अग्रवाल, गढ़ा-मण्डला के गोंड राजा, द्वितीय संस्करण संवत् 2042, पृष्ठ 46-48
31. स्लीमेन का जोड़ 32,280 है, जो त्रुटिपूर्ण है।
32. ग्राण्ट, सी. पी. गैजेटियर, पृष्ठ 141-44 में चांदा का इतिहास देखिए। आइन-ए-अकबरी (अनु. जैरेट), जिल्द दो, पृष्ठ 238
33. गढ़ेशनृपवर्णनसंग्रहश्लोकाः, ए. भ. ओ. रि. इ., 28, पृष्ठ 264
34. रिजवी, जर्नल ऑफ मध्य प्रदेश इतिहास परिषद, दो, पृष्ठ 57-60, मेम्वायर्स ऑफ बाबर (श्रीमती बैवरिज) 2, पृष्ठ 567-59.
35. कानूनगो, शेरशाह एण्ड हिज टाइम्स, पृष्ठ 329, 344, इलि. डाल., चार, पृष्ठ 391
36. विल्स, राज. महा., पृष्ठ 114-21
37. आइन-ए-अकबरी, दो (अनु. जैरेट) द्वितीय संस्करण, रा. ए. सो. सं. 1949, पृष्ठ 210-11
38. विल्स, राज. महा., पृष्ठ 222
39. अकबरनामा, दो, पृ. 323.
40. सोलहवीं सदी के पूर्वार्द्ध के एक महाकाव्य 'पदमावत' में कवि मलिक मुहम्मद जायसी गढ़ा-कटंगा की जो स्थिति बताता है उससे प्रकट होता है कि सोलहवीं सदी में गढ़ा-कटंगा के उत्तर में अंधियार-खटोला (सागर-दमोह) क्षेत्र, दक्षिण-पश्चिमी में तिलंगाना (बरार सरकार) और दक्षिण में रतनपुर था।
41. न्यूमिस्मेटिक क्रानिकल एण्ड द जर्नल ऑफ न्यूमिस्मेटिक सोसायटी, पाँचवीं सिरीज, जिल्द 17 (1937), पृ. 300.
42. एन्युअल रिपोर्ट ऑफ आर्किलॉजिकल सर्वे ऑफ इण्डिया, 1913-14, पृष्ठ 253-255। पर विल्स का मत है कि ऐसा इसलिए है कि सिक्का बनाने वाले कारीगर तेलंगाना के थे।
43. विद्याविनोद, इण्डियन म्यूजियम के सिक्कों के केटलाग का सप्लीमेन्ट, पृ. 100

44. वा. वि. मिराशी, संशोधन मुक्तावलि (सर चौथा), 1961, पृ. 181
45. नेविल, एशियाटिक सोसायटी ऑफ बंगाल (न्यू सिरीज़, अंक 21)। वा. वि. मिराशी, संशोधन मुक्तावलि (सर चौथा), 1961, पृष्ठ 181, पादटिप्पणी 3 में उल्लिखित।
46. एन्युअल रिपोर्ट ऑफ आर्किलॉजिकल सर्वे ऑफ इण्डिया, 1913-14, पृष्ठ 253-255
47. सी. एस. गुप्ता, जर्नल ऑफ एकेडेमी ऑफ इण्डियन न्यूमिस्मेटिक्स एण्ड सिगिलोग्राफी, तीन, पृ. 49
48. आर. आर. भार्गव, 'ब्रास क्वाइन्स ऑफ द गोंड रूलर संग्रामशाह', न्यूमिस्मेटिक डाइजेस्ट, अंक 6 (1982), पृष्ठ 59-63।
49. आर. आर. भार्गव, 'काइन्स ऑफ सम गोंड रूलर्स', न्यूमिस्मेटिक डाइजेस्ट अंक 15 (1991) पृ. 119-121
50. पदमावत, सं. वासुदेवशरण अग्रवाल, द्वितीय संस्करण, पृष्ठ 166
51. अकबरनामा, दो, पृष्ठ 326, 331, संशोधन मुक्तावलि (भाग 3), पृष्ठ 209-212. नेविल, ज. ए. सो. बं., 1925 एलन, न्यूमिस्मेटिक क्रानिकल, लन्दन।
52. हाल, पृष्ठ 14
53. स्लीमेन, पृष्ठ 626, हीरालाल, मध्यप्रदेश का इतिहास, पृष्ठ 90 के अनुसार संग्रामशाह ने इसे बनवाया।
54. अयोध्या प्रसाद पाण्डेय, चन्देल कालीन बुन्देलखण्ड का इतिहास, सं. 1890 पृष्ठ 207, इसे चन्देल शासक मदनवर्मन (1128-1164) द्वारा निर्मित बताते हैं, जो निराधार है।
55. विल्स रा. महा., पृष्ठ 48
56. 1796 ई. में लिखित इसकी प्रतिलिपि मण्डला के गोलवलकर परिवार में प्राप्त हुई थी। देखिए करमबेलकर, ज. ए. सो. बं. 19, पृष्ठ 127-44
57. देखिए सुभद्र झा द्वारा सम्पादित महेश ठाकुर कृत सर्वदेशवृत्तांतसंग्रह, भूमिका, पृष्ठ 10, पाद टिप्पणी 2,

    विंशाब्दे जयदेव पण्डितकवेस्तर्काब्धि पारंगतः
    श्रीमानैषभगीरथः समजनि श्री चन्द्रपत्यात्मजः।
    श्री धीरातनयेन तेनरचिता श्रीमन्हेशाग्रजः
    श्री दामोदर पूर्वजेन, जयतादाचन्द्रमेषा कृतिः।।

    भावे, ए. भं. ओ. रि. इ. 28, 1947, पृष्ठ 250 में इन्हें महेश ठाकुर का सबसे छोटा भाई कहते हैं। पाठक, पृष्ठ 13 में भी इन्हें छोटा भाई कहा गया है।
58. नगेन्द्रनाथ बसु द्वारा सम्पादित हिन्दी विश्वकोष, भाग चौबीस, 1931, पृष्ठ 573
59. पाठक, पृष्ठ 111
60. भावे, ए. भं. ओ. रि. इ., 28, पृष्ठ 263, श्लोक 20, श्लोक के रचयिता तारेश कवि का समय अज्ञात है।

दुर्गावती और मुगल आक्रमण

दलपतिशाह का सिंहासनारोहण

जैसा कि कहा जा चुका है, संग्रामशाह के दो पुत्र थे–दलपतिशाह और चन्द्रशाह। ज्येष्ठ होने के कारण दलपतिशाह संग्रामशाह की मृत्यु के पश्चात् सन् 1543 ई. में सिंहासनासीन हुआ।[1] दलपतिशाह के सिंहासनारोहण के समय किसी संघर्ष का उल्लेख नहीं मिलता। ऐसा लगता है कि दलपतिशाह और चन्द्रशाह के पारस्परिक सम्बन्ध सौहार्द्रपूर्ण थे क्योंकि बाद में दलपतिशाह की मृत्यु के उपरान्त भी दुर्गावती और वीरनारायण का विरोध चन्द्रशाह ने नहीं किया। सिंहासनारोहण के समय दलपतिशाह की आयु छब्बीस वर्ष की थी। सुयोग्य पत्नी दुर्गावती, माँ पद्मावती, विमाता सुमति और अनुज चन्द्रशाह के सहयोग से उसने राजकार्य प्रारम्भ किया।

जबलपुर में प्राप्त एक ताम्रपत्र[2] में दलपतिशाह को 'श्री महाराजाधिराज श्री राजा', पदवी से विभूषित किया गया है। वस्तुतः यह आडम्बरपूर्ण पदवी गोंड शासकों ने बाद में भी बहुधा प्रयुक्त किया है, यद्यपि उनकी स्थिति उस समय सामान्य करद राजाओं जैसी थी। संग्रामशाह ने महाराज 'श्री राजा' का विरुद धारण किया था और अब दलपतिशाह उससे एक कदम आगे रहा। संग्रामशाह ने जिस राज्य का निर्माण किया उसका उत्तराधिकारी अब स्वयं को अधिक स्थिर और शक्तिसम्पन्न महसूस कर रहा था। यह अस्वाभाविक इसलिए नहीं कि संग्रामशाह ने गढ़ा राज्य का इतना विस्तार कर दिया था कि भारत के मध्य भाग में उतने बड़े राज्य कम थे। दलपतिशाह के बाद दुर्गावती के समय आसफखाँ के आक्रमण से सिद्ध होता है कि गढ़ा राज्य एक महत्त्वपूर्ण राज्य था।

इस समय तक उत्तर भारत में शेरशाह सूरी की मृत्यु हो चुकी थी और सूर वंश के शासकों के निर्बल हाथ साम्राज्य की बागडोर नहीं सम्भाल पा रहे थे। उत्तर भारत की अस्थिर राजनीति का लाभ गढ़ा जैसे सुदूर राज्यों को मिला और वे निष्कण्टक हो गए। गढ़ा राज्य के पूर्व में बघेल वंशीय शासक रामचन्द्र का राज्य था।[3] दलपतिशाह के पिता संग्रामशाह के सम्बन्ध रामचन्द्र के पिता वीरभानु और पितामह वीरसिंह से अच्छे थे। दलपतिशाह ने सम्भवतः बघेलों के साथ अच्छे सम्बन्ध बनाए रखे। दोनों

राज्यों की सीमायें लगी होने पर भी उनके मध्य संघर्ष होने का कोई उल्लेख न तो गढ़ा के इतिहास में मिलता है और न रीवा राज्य के इतिहास में।

दलपतिशाह के शासन काल की पहली महत्त्वपूर्ण घटना यह थी कि राज्यारोहण के शीघ्र बाद दलपतिशाह ने अपनी राजधानी गढ़ा से सिंगौरगढ़ स्थानांतरित कर दी। इस तथ्य की सूचना हमें 'गढ़ेशनृपवर्णनसंग्रहश्लोकाः' नामक एक परवर्ती संकलन से मिलती है जिसके श्लोक का अंश इस प्रकार है—''नृपदलपतिसाहिः सिंहदुर्गस्थितर्यत।''[4] सिंहदुर्ग वस्तुतः सिंगौरगढ़ के लिए प्रयुक्त किया गया है। इस किले में प्राप्त 1307 इस्वी के एक शिलालेख[5] में भी श्री 'गजसिंहदुर्ग' लिखा है जिसका अपभ्रंश सिंगौरगढ़ है। सिंगौरगढ़ का किला जबलपुर दमोह मार्ग पर स्थित संग्रामपुर ग्राम के पास विंध्याचल पर्वत की भांडेर श्रेणी पर बना है।

गढ़ेशनृपवर्णनसंग्रहश्लोकाः के एक श्लोक से दलपतिशाह के समय हुए एक आक्रमण का उल्लेख हमें मिलता है 'वलयउमरखानोभून्नवाबोरुहिल्ला', अर्थात नवाब उमरखाँ रुहिल्ला ने घेरा डाला।[6] परिणाम क्या हुआ, यह ज्ञात नहीं है। इसके समर्थन में कोई अन्य प्रमाण प्राप्त नहीं है। सम्भव है कि पानीपत की हार के उपरान्त जब अफगानों के दल इधर-उधर बिखरे होंगे तो उनमें से कोई अफगान-दल गढ़ा राज्य पर चढ़ आया होगा।

कहा जाता है कि गढ़ा-राज्य के अधीन परताबगढ़ पंडरिया की जमींदारी के लोधी जमींदार ने जब 1546 ई. में विद्रोह किया तब गढ़ा-राज्य के शासक (निश्चयतः दलपतिशाह) ने उसे अपदस्थ करके उसके स्थान पर शामचंद नामक एक राजगोंड को पंडरिया की जमींदारी प्रदान कर दी।[7]

शासन प्रारम्भ होने के कुछ बाद दलपतिशाह को एक पुत्र प्राप्त हुआ, जिसका नाम वीरनारायण रखा गया। दलपतिशाह के समय की अन्य किसी घटना का उल्लेख नहीं मिलता। गढ़ा राज्य के दुर्भाग्य से दलपतिशाह शासन सुख का उपभोग अधिक समय तक न कर सका। अबुल फज़्ल के अुनसार शासन के सातवें वर्ष में दलपतिशाह की मृत्यु हो गई और उस समय उसके पुत्र वीरनारायण की आयु 5 वर्ष की थी।[8] इस प्रकार दलपतिशाह की मृत्यु 1550 ई. में हुई। यह तिथि ठीक भी है क्योंकि फकीरचंद के अखाड़ा के शिलालेख की तिथि (पौष पूर्णिमा संवत् 1606) भी 1549 ई. के समकक्ष है।[9] बाद के अन्य स्रोत दलपतिशाह का शासन 18 वर्ष बताते हैं जो ठीक नहीं है।[10]

बालचन्द जैन ने दलपतिशाह का एक ताम्रपत्र प्रकाशित किया है उसकी तिथि 1487 पढ़कर उन्होंने उसे शक संवत् मानकर मान्यता रखी है कि दलपतिशाह 1565 ई. तक जीवित था। इस पुस्तक में वर्णित साक्ष्यों के आधार पर श्री जैन का निष्कर्ष गलत सिद्ध होता है। ऐसा लगता है कि ताम्रपत्र की तिथि गलत है।[11]

दलपतिशाह की मृत्यु कैसे हुई, इसका कहीं वर्णन नहीं मिलता। मृत्यु के समय राजा की आयु पैंतीस वर्ष की थी। नवनिर्मित राज्य के लिए यह वज्रपात जैसा था, विशेष

रूप से उस समय, जबकि राज्य का उत्तराधिकारी अभी बालक ही था और रानी को भी शासन का पर्याप्त अनुभव नहीं था।

तीन व्यक्तित्व

गढ़ेशनृपवर्णनसंग्रहश्लोकाः[12] में दलपतिशाह के सचिव आधार सिंह कायस्थ का उल्लेख है। दलपतिशाह की मृत्यु के उपरान्त दुर्गावती के समय भी वह प्रधानमंत्री के पद पर था।

दलपतिशाह के समय एक मैथिल विद्वान महेश ठाकुर का भी उल्लेख मिलताा है। जबलपुर के पूर्वोल्लिखित फकीरचंद अखाड़ा के शिलालेख से पता चलता है कि महेश ठाकुर को राजा दलपतिशाह की माँ पद्मावती ने एक बार गढ़ा के निकट विष्णुपुर ग्राम दान दिया था। महेश ठाकुर के पिता का नाम शिलालेख में चंद्रपति लिखा है।[13] महेश ठाकुर स्वयं अपनी कृति तत्वचिंतामणि में पिता और माता का नामोल्लेख करते हैं। माँ का नाम धीरा था। श्लोक इस प्रकार है–

गौर्यागिरीशादिवकार्तिकेयो यो धीरया चन्द्रपतेर्लम्भि।
आलोक मुद्दीपवितुं नवीनं स दर्पणं व्यातनुते महेशः।[14]

महेश ठाकुर ने संस्कृत में अनेक ग्रंथ लिखे। केशव लौगाक्षि नामक विद्वान भी दलपतिशाह के दरबार में थे। वे मीमांसा, न्याय और धर्मशास्त्र के ज्ञाता थे तथा उन्होंने इन विषयों पर ग्रंथों की रचना की।[15] इन दोनों विद्वानों की साहित्यिक उपलब्धियों का वर्णन आगे अध्याय 11 में है।

दलपतिशाह के समकालीन सम्भवतः एक अनंत दीक्षित कवि थे, जो आगे उल्लिखित 'गजेन्द्रमोक्ष' काव्य के रचियता लक्ष्मीप्रसाद दीक्षित के पूर्वज थे। उनकी कविता गढ़ेशनृपवर्णनसंग्रहश्लोकाः में संग्रहीत है।[16]

गणेशदत्त पाठक[17] ने एक जनश्रुति का उल्लेख अपनी पुस्तक में किया है। इसके अनुसार दलपतिशाह के समय एक बार बीरबल नौकरी की तलाश में आए और आधार सिंह कायस्थ ने उन्हें नौकरी में रख पूजा आदि के बन्दोबस्त में लगा दिया। एक समय बीरबल ने 25 हजार रु. की सामग्री दान कर दी। राजा ने इस पर उन्हें विदा कर दिया। बीरबल वहाँ से दिल्ली चले गए और अकबर के कृपापात्र हुए। यह जनश्रुति विश्वसनीय नहीं है क्योंकि बीरबल रीवा से दिल्ली गए थे।

यदि दुर्गावती के विवाह की परम्परा पर हम विश्वास करें तो यह मानना होगा कि दलपतिशाह एक सुन्दर और वीर पुरुष था। वह सहिष्णु था और उसने बाबा कपूर साहिब[18] को, जो कबीरपंथी संत या मुस्लिम संत प्रतीत होते हैं, दान दिया। परवर्ती कवि दीक्षित दलपतिशाह की दानशीलता की प्रशंसा करते नहीं थकता।[19] इसके अतिरिक्त रामनगर शिलालेख और 'गढ़ेशनृपवर्णनम्' में भी उसकी प्रशस्ति की गई है।

दुर्गावती द्वारा सूत्र-संचालन

दलपतिशाह की असामयिक मृत्यु ने दुर्गावती को समस्याओं की कगार पर लाकर खड़ा कर दिया। लगभग आठ वर्ष के वैवाहिक जीवन का उपभोग करके दुर्गावती अनुमानतः छब्बीस वर्ष की आयु में ही वैधव्य को प्राप्त हो गई। पुत्र वीरनारायण अभी बालक ही था। रामनगर शिलालेख[20] के अनुसार दलपतिशाह की मृत्यु के समय वीरनारायण की आयु तीन वर्ष की थी।

पुरन्दरे भूवलस्य तस्मिन्नस्तं प्रयाते तनयं भिवर्षम।
श्री वीरनारायणामघेयं दुर्गावती राज्य पदेऽभ्यषिञ्चेत।।

अर्थात् पृथ्वी वलय (हाथ में पहनने का कड़ा) को इन्द्र के समान शासन करने वाले अपने पति (दलपतिशाह) के अस्त हो जाने पर दुर्गावती ने तीन वर्ष के पुत्र वीरनारायण का राजपद पर अभिषेक किया। परवर्ती कवि रूपनाथ भी गढ़ेशनृपवर्णनम्[21] में यही आयु बताते हुए कहता है–

श्री वीरनारायण नाम राजा तदात्मजोभूदिषु चंद्रवर्ष।
त्रिवर्षमात्रोऽतिशयं जनन्या सुबुद्धिना मंत्रिवरेण सार्द्ध।।

अर्थात् उनके तीन वर्षीय पुत्र वीरनारायण ने अपनी माता और बुद्धिमान मंत्रियों के साथ पन्द्रह वर्ष राज्य किया। अबुल फ़ज़्ल[22] कहता है कि राज्यारोहण के समय वीरनारायण की आयु पाँच वर्ष की थी। इसमें कोई संदेह नहीं कि राज्यारोहण के समय वीरनारायण बालक ही था। स्वयं दुर्गावती को भी शासन कार्य का कोई अनुभव नहीं था। ऐसी स्थिति में रानी की दुश्चिंताओं की तथा समस्याओं की कल्पना सहज ही की जा सकती है। अल्पायु बालक वीरनारायण ही नियमानुसार दलपतिशाह का उत्तराधिकारी था किन्तु दलपतिशाह का अनुज चन्द्रशाह सिंहासन पर बैठने का आकांक्षी था। उसने सम्भवतः गद्दी हथियानी की योजना भी बनाई किन्तु जनता के विरोध के कारण उसकी इच्छा पूरी न हो सकी और उसे भागकर चांदा में शरण लेनी पड़ी।[23] चांदा में उस समय कर्णशाह सत्तारूढ़ था।[24] संयोग से राज्य के वरिष्ठ अधिकारियों का समर्थन रानी और वीरनारायण को था, इसलिए रानी का पक्ष मजबूत था। अन्त में रानी ने आधार सिंह कायस्थ और मान ब्राह्मण नामक दो महत्त्वपूर्ण अधिकारियों की सलाह से वीरनारायण को राजसिंहासन पर बिठाया[25] तथा वास्तविक शक्ति स्वयं अपने हाथ में रखी। आधार सिंह कायस्थ, जो दलपतिशाह के समय भी दीवान था, फिर से दीवान या मुख्य प्रशासनिक अधिकारी नियुक्त किया गया। मान ब्राह्मण को कौन-सा पद दिया गया यह ज्ञात नहीं है पर वह निश्चित ही किसी महत्त्वपूर्ण और निर्णायक पद पर रखा गया होगा।

शासन शक्ति हाथ में आते ही रानी ने अत्यन्त सक्रियता से प्रशासनादि का कार्य करना प्रारम्भ किया। अपनी योग्यता से रानी ने प्रशासन की जटिल समस्याओं और राजकार्य को दक्षता से सँभाला और इसमें उसने अबुल फ़ज़्ल के शब्दों में, ''साहस तथा

योग्यता का परिचय दिया और अपनी दूरदर्शिता से उसने महान कार्य किए।"[26] वस्तुतः वीरनारायण का राज्य काल दुर्गावती के प्रभाव का काल था और उस अवधि में वही सारे क्रियाकलापों की सूत्रधार थी।

उस समय तक गढ़ा राज्य को दृढ़ता से स्थापित हुए आधी सदी से अधिक समय नहीं हुआ था। गढ़ा राज्य के आसपास के राजनीतिक वातावरण में तब अधिक स्थिरता भी नहीं थी। दिल्ली के शासक शेरशाह सूरी की आकस्मिक मृत्यु (1545) के बाद उसका निर्बल उत्तराधिकारी इस्लामशाह सूरी साम्राज्य को सँभालने में स्वयं को असमर्थ पा रहा था। उत्तर-पूर्व में रीवा में बघेल वंश का शासक वीरभानु (1540-55) सिंहासन पर था।[27] यह वीरभानु उस वीरसिंह का पुत्र था जिसका उल्लेख बाबर अपनी आत्मकथा 'बाबरनामा' में करता है और जिसने बाबर के विरुद्ध राणा साँगा की सहायता की थी। इसी वीरसिंह की सहायता से आम्हणदास ने अपने पिता की हत्या की थी तो उसे प्रताड़ित किया गया। वीरभानु इस समय वीरसिंह द्वारा प्राप्त रीवा राज्य की समृद्धि तथा स्थिरता का उपभोग कर रहा था।

गढ़ा राज्य के दक्षिण-पूर्व में रतनपुर के कलचुरि राजाओं का राज्य था, जहाँ उस समय बाहरसहाय सत्तारूढ़ था।[28] रतनपुर का यह राजवंश बहुत प्राचीन था। डाहल मण्डल (त्रिपुरी) के कलचुरियों की एक शाखा सतपुड़ा को पार करके 9वीं सदी में पहले तुम्मन और फिर रतनपुर (जिला बिलासपुर) में जम गई थी। गढ़ा राज्य के दक्षिण में ही और रतनपुर राज्य के दक्षिण-पश्चिम में चाँदा का गोंड राज्य था जहाँ ऊपर बताए अनुसार उस समय कर्णशाह गद्दी पर था। गढ़ा राज्य के दक्षिण-पश्चिम में कन्हान और बैनगंगा नदियों के पार बरार के उपजाऊ मैदानी प्रदेश में मुसलमानों की सत्ता थी जिसका केन्द्र था एलिचपुर।

गढ़ा राज्य के उत्तर-पश्चिम में मालवा का वह उपजाऊ प्रदेश था जिस पर अधिकार करने के लिए शासकों में होड़-सी लगी रहती थी। रानी का प्रभावकाल शुरू होने के सात-आठ साल पहले ही दिल्ली के सूरी सुल्तान शेरशाह ने रायसेन के पूरनमल, उज्जैन-सारंगपुर के कादिरशाह तथा सिवनी मालवा के मुईनखाँ का मान-मर्दन करके मालवा पर अधिकार किया था। फिर उसने शुजातखाँ को इस सारे प्रदेश का गवर्नर बना दिया था।[29]

संक्षेप में यह कहा जा सकता है कि जिस समय रानी दुर्गावती ने गढ़ा राज्य की बागडोर हाथ में ली तब गढ़ा राज्य रीवा, रतनपुर, चांदा, बरार, मियाना-अफगानों रायसेन और सूरवंश के अधीन दिल्ली सल्तनत से घिरा हुआ था। सौभाग्य से इन सभी राज्यों में से केवल दिल्ली सल्तनत ही गढ़ा राज्य से मजबूत थी, शेष सभी राज्य उससे निर्बल थे। इस कारण अधिकांश पड़ोसी राज्यों से दुर्गावती को अधिक परेशानी की आशंका नहीं थी।

दलपतिशाह के समय गढ़ा राज्य की राजधानी सिंगौरगढ़ थी, पर दलपति की मृत्यु के बाद रानी दुर्गावती ने राजधानी के लिए अपने राज्य के दूसरे महत्त्वपूर्ण किले चौरागढ़

को अधिक उपयुक्त समझा और उसे अपनी राजधानी बनाया।[30] सतपुड़ा पर्वत के एक दुर्गम तथा ऊँचे शिखर पर गढ़ा राज्य के पश्चिमी भाग में स्थित यह किला आज मध्यप्रदेश के नरसिंहपुर जिले में चौगान के नाम से विख्यात है। चौरागढ़ आगामी सन् 1634 ई. तक गढ़ा राज्य की राजधानी रहा।

दो आक्रमण

रानी दुर्गावती के समय की कई घटनाओं की जानकारी इतिहास में मिलती है। अबुल फ़ज़्ल लिखता है कि रानी का संघर्ष मियाना अफगानों से हुआ जिसमें वह विजयी हुई।[31] ''मियाना अफगान रायसेन के पास रहते थे और मालवा के शासक बाज बहादुर से उनकी दुश्मनी थी। उन्होंने शाही सिंहासन के एक उम्मीदवार इब्राहीम को अपना शासक बनने के लिए आमंत्रित किया। उन्होंने बाजबहादुर के खिलाफ शस्त्र उठाए और इब्राहीम उनके साथ हो लिया। गढ़ा की रानी दुर्गावती उनकी सहायता के लिए अपने इलाके से रवाना हुई। यह सुनकर बाजबहादुर ने रानी के पास कुछ आदमी भेजे और उससे आग्रह किया कि वह अपनी योजना को रद्द कर दे और अपने राज्य को लौट जाए। इस पर इब्राहीम ने अपनी योजना का अव्यावहारिक माना और उड़ीसा चले जाने का फैसला किया।''[32]

यहाँ यह उल्लेखनीय है कि गढ़ा राज्य से सम्पर्क होने के पहले मियाना अफगान पश्चिमी सीमा के पार होशंगाबाद हंडिया क्षेत्र में मुईनखाँ के अन्तर्गत संगठित थे। मियाना अफगान शेरानी और तूरानी अफगानों के वंशज थे और ये मालवा के खलजी शासकों के समय नर्मदा के दक्षिणी तट पर हंडिया और होशंगाबाद के मध्य बस गए थे। शेरशाह के आक्रमण के फलस्वरूप मुईनखाँ के पतन के बाद ये मियाना अफगान नेतृत्व विहीन हो गए और पड़ोसी राज्यों में भाग्य आजमाने निकल पड़े। लगता है कि तभी उनके एक दल ने गढ़ा-राज्य पर आक्रमण किया जिसे दुर्गावती ने पराजित कर दिया। इसके बाद अनेक मियाना अफगानों ने रानी की सेना में नौकरी कर ली और उनमें से कुछ तो ऊँचे पदों तक पहुँचे। उदाहरण के लिए शम्स खाँ मियाना रानी की सेना का एक महत्त्वपूर्ण सैन्याधिकारी था।

शेरशाह ने जिस शुजात खाँ को मालवा का गवर्नर नियुक्त किया था। उसने 1545 में शेरशाह की मृत्यु के उपरान्त मालवा में अपनी स्वतंत्रता सत्ता स्थापित कर ली। 1556 में उसकी मृत्यु होने के बाद मालवा का शासक उसका पुत्र बाजबहादुर बना। रूपमती बाजबहादुर की प्रेमकथा का यह नायक संगीत प्रेमी था और स्वयं रूपमती संगीत और सौंदर्य की स्वामिनी थी। गद्दी पर बैठने के शीघ्र बाद बाजबहादुर ने गढ़ा राज्य पर आक्रमण कर दिया। फरिश्ता अपने इतिहास ग्रन्थ तारीख-ए-फरिश्ता में इस आक्रमण का इस प्रकार वर्णन करता है—''बाजबहादुर गोंडवाना पर आक्रमण करने के लिए रवाना हुआ। इस अभियान में उसका चाचा फतहखाँ मारा गया। फलतः वह सारंगपुर लौट

आया और गढ़ा के किले को जीतने में व्यस्त हो गया। गढ़ा राज्य की सीमा में कदम रखते ही रानी दुर्गावती की सेना से उसे लोहा लेना पड़ा। एक दर्रे के सिरे में जहाँ गोंडों की पैदल सेना दृढ़ता से जमी थी, बाजबहादुर से गोंड सेना की टक्कर हुई। इस संघर्ष में बाजबहादुर सेना सहित इस प्रकार घिर गया कि उसकी सेना के पाँव उखड़ गए और बाध्य होकर उसे अकेले जान बचाकर सारंगपुर भागना पड़ा। किन्तु उसकी सेना घेर ली गई और बन्दी बना ली गई; उनमें से अनेक मौत के घाट उतार दिए गए। युद्ध में बिना प्रतिरोध के सेना नष्ट हो जाने से बाजबहादुर ने बहुत अपमानित अनुभव किया। वह इतना हतोत्साहित हुआ कि अपना क्लेश भुलाने के लिए उसने स्वयं को विषय-भोगों में डुबा दिया।[33] फरिश्ता के इस वर्णन में यह सूचना गलत है कि दुर्गावती रायकृष्णसिंह की विधवा थी। यह घटना 1556 और 1562 के मध्य की है क्योंकि बाजबहादुर के शासन के ये ही वर्ष थे।

बाजबहादुर की पराजय के उपरान्त रानी दुर्गावती को कोई प्रादेशिक लाभ हुआ या नहीं, कहा नहीं जा सकता। लेकिन इसमें संदेह नहीं कि मालवा के विख्यात शासक को हराने से रानी दुर्गावती का यश चारों ओर फैल गया। इस समय तक अकबर मुगल सम्राट के रूप में सत्तारूढ़ हो चुका था और दिल्ली के राजनीतिक वातावरण में दुर्गावती के विजय की चर्चा ने अवश्य स्थान पाया होगा। रानी की इस विजय से गढ़ा-राज्य के दक्षिण-पूर्व में स्थित रतनपुर का हैहयवंशी शासक कल्याण सहाय, जो बाहरसहाय का उत्तराधिकारी था, अवश्य आतंकित हुआ होगा क्योंकि तब गढ़ा-राज्य से उसके सम्बन्ध सुखद नहीं थे। शासद इसी कारण कल्याण सहाय ने 1563 ई. में मुगल दरबार की यात्रा की[34] जिससे रानी के विरुद्ध उसे मुगल सम्राट की सहानुभूति और सुरक्षा का आश्वासन मिल जाए।

मुगल दरबार से सम्बन्ध

कुछ ऐसी जनश्रुतियाँ प्रचलित हैं जो कहती हैं कि गढ़ा-राज्य के सम्बन्ध दुर्गावती के समय भी मुगल दरबार से थे। एक जनश्रुति[35] कहती है कि रानी के दरबार में मुगल सम्राट अकबर के दरबार के दो विद्वान भी आये—गोप महापात्र और नरहरि महापात्र। गोप को रानी के राज्य की स्थिति जानने हेतु भेजा गया था। गढ़ा-राज्य के दीवान आधार सिंह कायस्थ ने गोप का खूब सम्मान किया, फलतः वह खुश होकर दिल्ली लौटा। दूसरे विद्वान नरहरि महापात्र ने दुर्गावती के दरबार का भ्रमण उस समय किया, जब अकबर ने वीरनारायण को गढ़ा-राज्य का शासक स्वीकार कर लिया था। रानी नरहरि महापात्र की विद्वत्ता और काव्य प्रतिभा से बहुत प्रसन्न हुई और उसने नरहरि को एक करोड़ रुपयों की कीमत का पुरस्कार दिया। नरहरि कवि की ऐतिहासिकता संदेह से परे है। जनश्रुति है कि इनकी एक कविता पर सम्राट अकबर ने गोवध बन्द करा दिया था।

यह भी जनश्रुति है कि सम्राट अकबर के दरबार के गोप कवि ने गढ़ा से दिल्ली लौटकर सम्राट से आधार सिंह कायस्थ की प्रशंसा की। इस पर सम्राट ने आधार सिंह कायस्थ को दिल्ली बुलवाने के लिए रानी को एक दोहा लिखकर भेजा, जो इस प्रकार है–

अपनी सीमा राज की अमल करो फरमान
भेजो नाग सुपेत सोई, अरु अधार दीवान।[36]

रानी ने श्वेत हाथी और अधार सिंह दीवान को अकबर के पास भेजा। मुगल बादशाह ने आधार सिंह कायस्थ की बुद्धि की परीक्षा लेने के लिए एक उपाय सोचा। दरबार में आधार सिंह कायस्थ के आने के पहले बादशाह सादी पोशाक में दरबारियों के साथ बैठ गए। जब आधार सिंह कायस्थ दरबार पहुँचे तो पहले सिंहासन सूना देखकर चौंके लेकिन फिर शीघ्र ही बादशाह को पहचानकर सलाम किया। बादशाह ने पूछा कि तुमने हमें किस प्रकार पहचाना तो आधार सिंह कायस्थ ने कहा सबकी नजरें आपकी ओर बार-बार उठती थीं, इसी से मैंने अनुमान लगाया। तब सम्राट ने प्रसन्न होकर आधार सिंह कायस्थ को खिलअत दी।[37]

एक अन्य जनश्रुति के अनुसार जब सम्राट अकबर ने आधार सिंह कायस्थ से गढ़ा-राज्य के सम्बन्ध में जानकारी चाही तो उसने सोने का करेला बादशाह के सामने प्रस्तुत किया जिसका अर्थ था कि हमारा देश सोने की तरह सम्पन्न और करेले के ऊपरी भाग की तरह ऊबड़-खाबड़ है और हम लोग करेले के भीतरी भाग की तरह शत्रु के लिए युद्ध में कटु है।[38] इन सभी जनश्रुतियों से इस बात को बल मिलता है कि आधार सिंह कायस्थ ने मुगल दरबार का भ्रमण किया था और 1564 के मुगल आक्रमण के पहले गढ़ा-राज्य तथा मुगल दरबार के मध्य सम्बन्ध था।

महेश ठाकुर मिथिला लौटे

दलपतिशाह के समय के मैथिल विद्वान महेश ठाकुर रानी दुर्गावती के समय भी पुरोहित पद पर थे। जैसा कि बताया जा चुका है, दर्शन, कर्मकाण्ड आदि के विद्वान महेश ठाकुर के पिता का नाम चन्द्रपति तथा माँ का नाम धीरा था और इसका उल्लेख उन्होंने अपनी कृति 'तत्वचिंतामणि' में भी किया है जो पूर्व में आए एक श्लोक में बताया जा चुका है।

जबलपुर में फकीरचंद के अखाड़े में दलपतिशाह का जो शिलालेख है उसमें भी इनके पिता का नाम चन्द्रपति बताया गया है। महेश ठाकुर के तीन अग्रज भी बड़े विद्वान थे। इनके नाम थे–थेघ, मेघ (भगीरथ) और दामोदार। इनके सम्बन्ध में एक श्लोक इस प्रकार है–

विंशाब्दे जयदेव पण्डितकवेस्तर्काब्धि पारंगतः
श्रीमानेष भगीरथः समजनि श्रीचंद्रपत्यात्मजः।
श्री धीरातनयेन तेन रचिता श्री मन्महेशाग्रजः।
श्रीदामोदरपूर्वजेन जयतादाचंद्रभेषा कृतिः।।

अर्थात् विद्वान, कवि और तार्किक जयदेव (पक्षधर मिश्र महेश ठाकुर के गुरु के गुर और 'आलोक' के रचयिता) की परम्परा में श्री चंद्रपति तथा धीरा के पुत्र श्री महेश तथा श्री दामोदर के अग्रज श्री भागीरथ हुए, उनकी रचना, जब तक चन्द्रमा है, तब तक बनी रहे।[40] दामोदर ठाकुर स्वयं भी बड़े विद्वान थे और संग्रामशाह के समय से गढ़ा-राज्य के आश्रय में थे।

रानी दुर्गावती के समय महेश ठाकुर गढ़ा-राज्य त्याग कर मिथिला चले गए और वहाँ उन्होंने दरभंगा राज्य की स्थापना की; ऐसा विवरण स्थानीय वृत्तांतों में और जनश्रुतियों में मिलता है।[41] यह विवरण ऐतिहासिक रूप से भी सही है क्योंकि इसकी कुछ बातों के बारे में समकालीन प्रमाण भी मिलते हैं। इस विवरण के अनुसार महेश रानी को प्रतिदिन पुराण सुनाया करते थे। एक दिन किसी कारणवश वे रानी को पुराण सुनाने न जा सके और इस कार्य के लिए उन्होंने अपने विद्वान शिष्य रघुनन्दनराय को रानी के पास भेज दिया। रघुनन्दन राय की दुरूह भाषा के कारण रानी ने कुछ आक्षेप किया। फलस्वरूप रघुनन्दन राय रुष्ट हो गए और वे गढ़ा छोड़कर बस्तर के राजा के यहाँ चले गए। बस्तर के राजा ने उनकी प्रतिभा से खुश होकर उन्हें सात हाथी पुरस्कार में दिए जिन्हें लेकर वे गढ़ा राज्य को लौटे। इन हाथियों को लेकर उन्होंने जो गर्वोक्ति रानी के दरबार में की उससे सम्बन्धित एक श्लोक भी मिलता है–

प्रातर्भूत कादंबिनी परिवृढद्विष्वक् तमः शंकया
दिक्चक्रं परतो मुधैव चकिता चक्रित्वभालोकसे।
श्रीमद् बस्तरभूमहेन्द्रवदनांभोज प्रसादोदया
दायाते रघुनंदने गजघण्टाघटारवः श्रूयते।।

अर्थात् जिस प्रकार मेघों से अंधेरा छा जाता है उसी प्रकार हाथियों के जत्थे से अंधकार होगा, ऐसा अंदेशा मत कर। हे रानी, चारों ओर चकित होकर क्यों देख रही हो? बस्तर के महाराजा के प्रसन्न होने पर दान में प्राप्त हाथियों के साथ रघुनंदन राय के आगमन पर तुम इन हाथियों के घण्टों को मेघ की गर्जना मत समझना।[42]

बस्तर से लाए हाथियों में से एक श्वेत हाथी रघुनंदन राय ने रानी को भेंट में दिया और शेष दान कर दिए। कुछ समय पश्चात् रघुनंदन राय मुगल दरबार गए और वहाँ उन्होंने अपनी विद्वता से मुगल सम्राट अकबर को प्रसन्न किया जिससे अकबर ने उन्हें मिथिला की जागीर दे दी। रघुनंदन राय तब मुगल दरबार से लौटकर गढ़ा राज्य आए

और अपने गुरु महेश ठाकुर को उन्होंने दक्षिणा के रूप में मिथिला की उपर्युक्त जागीर समर्पित कर दी। महेश ठाकुर राज्य सँभालने दरभंगा चले गए और उनके स्थान पर गढ़ा में दामोदर ठाकुर नियुक्त हुए।

मिथिला में प्रचलित परम्परा[43] में भी कहा गया है कि महेश ठाकुर ने दिल्ली में किसी दरबारी की सलाह से सर्वदेशवृत्तांतसंग्रह संस्कृत में रचा और उसे राजमाता को सुनाया। राजमाता उसे सुनकर अत्यन्त प्रसन्न हुई और फलस्वरूप महेश ठाकुर उस मूल फरमान को पाने में सफल हुए जिसके द्वारा उनके शिष्य रघुनंदन राय को मिथिला की जागीर दी गई थी। महेश ठाकुर ने सम्राट से उस जागीर को इस आधार पर अपने नाम करा लिया कि शिष्य स्वयं जागीर नहीं चाहता बल्कि उसे अपने गुरु को देने का इच्छुक है। किन्तु महामहोपाध्याय परमेश्वर झा[44] कहते हैं कि जागीर अकबर ने सीधे महेश ठाकुर को दी थी और कुछ समय पश्चात् महेश ठाकुर ने उसे वापिस कर दिया। तदनतर पं. रघुनंदन राय को यह जागीर दी गई। उसने उसे अपने गुरु की ओर से स्वीकार कर लिया और वायदा किया कि वे गुरु को जागीर स्वीकार करने के लिए मना लेंगे।

कथा में यत्किंचित भेद होने पर भी यह सच है कि महेश ठाकुर ने अकबर से मिथिला की जागीर प्राप्त की। दरभंगा के धनुखा शिलालेख[45] में भी ऐसा ही कहा गया है। यह शिलालेख 1556-57 का है।

बिहार के दरभंगा राज के इतिहास से सम्बन्धित कुछ मूल दस्तावेजों से प्रमाणित होता है कि सम्राट अकबर ने महेश ठाकुर को सूबा बिहार की सरकार, तिरहुत की कानूनगोई तथा चौधराई दी थी तथा पारिश्रमिक के रूप में उन्हें एक टंका प्रति बीघा रसम चौधराई तथा 1/4 टंका प्रति बीघा रस्म कानूनगोई उगाहने की अनुमति दी थी। इससे महेश ठाकुर के उत्तराधिकारी के समय जमींदारी का पद खिलअत तथा माही मरतब प्रदत्त किए गए थे जो राजाओं तथा मंसबदारों को दिए जाते थे।[46] यही कारण है कि परवर्ती स्रोतों, जनश्रुतियों में भी महेश ठाकुर के वेतनयुक्त पद को राज्य या जमींदारी पाने के बराबर मान लिया गया।

अब प्रश्न यह है कि महेश ठाकुर को मिथिला में स्वत्वाधिकार कब मिले? रानी दुर्गावती का प्रभावकाल 1549-1564 था और उधर धनुखा शिलालेख के अनुसार महेश ठाकुर को जागीर। 1556-57 ई. में मिली। पर प्रश्न यह है कि जब बिहार पर अकबर का अधिकार 1574 के पहले नहीं हुआ तो उसके पहले 1556 या 57 में या 1564 के पहले कभी भी महेश ठाकुर को मिथिला के स्वत्वाधिकार कैसे मिलेंगे। इसका स्वाभाविक उत्तर यही है कि रानी दुर्गावती के काल में महेश ठाकुर अकबर के दरबार में गए होंगे पर तिरहुत के स्वत्वाधिकार उन्हें 1574 के पहले नहीं मिले। महेश ठाकुर ने 1580 तक मिथिला में शासन किया।[47]

महेश ठाकुर के जाने के बाद गढ़ा-राज्य में उनका कार्यभार उनके अग्रज दामोदर ठाकुर ने सँभाला। महेश ठाकुर के दो वर्ष गढ़ा-राज्य में बीते थे, उनमें उन्होंने ऐसे अनेक निर्माण कार्य किए जो आज भी उनकी स्मृति को ताजा करते हैं। जबलपुर के आस-पास

ठाकुर ताल, तिरहुतिया ताल और महेशपुर ग्राम महेश ठाकुर या उनके अग्रज दामोदर ठाकुर ने निर्मित किए थे, ऐसी जनधारणा है।[48] मैथिल ब्राह्मणों को प्रश्रय देने की परम्परा गढ़ा-कटंगा राज्य में अंत तक कायम रही और ये मैथिल विद्वान विभिन्न पदों को सुशोभित करते रहे। इनके वंशज आज भी मण्डला और आसपास के अंचल में विद्यमान हैं। मण्डला में इसलिए हैं कि अन्तिम आठ दशकों में गढ़ा-राज्य की राजधानी मण्डला ही था।

रानी दुर्गावती के दरबार के एक अन्य विद्धान थे पद्मनाभ भट्टाचार्य।[49] रानी के प्रोत्साहन पर उन्होंने दो ग्रंथों की रचना की जिनके बारे में आगे यथा स्थान लिखा जाएगा।

गुसाईं विट्ठलनाथ

वल्लभ सम्प्रदाय के सुप्रसिद्ध संत विट्ठलनाथ जी रानी दुर्गावती के समय गढ़ा पधारे थे। वे वल्लभ सम्प्रदाय के संस्थापक श्री वल्लभाचार्य के पुत्र थे। दक्षिण प्रवास से लौटते समय वे गढ़ा में रुके थे, जहाँ रानी दुर्गावती ने उनके दर्शन किए और उनसे दीक्षा ली। रानी ने गुसाईं विट्ठलनाथ जी को 108 ग्राम दान में दिए, जिसे गुसाईं जी ने अपने साथ दक्षिण से आए तैलंग ब्राह्मणों को बाँट दिया। यह विवरण दो सौ बावन वैष्णवन की वार्ता[50] नामक ग्रंथ में मिलता है। दक्षिण के तैलंग ब्राह्मणों के गढ़ा में आ बसने का उल्लेख हिन्दी के प्रसिद्ध कवि पद्माकर की जीवनी में भी मिलता है। इसमें कहा गया है कि संवत 1615 (1558 ई.) में मूँगीपट्टन अथवा मधुपुरी के श्री रंगकालेश्वर से 157 पंचद्राविड़ दक्षिणात्य ब्राह्मण सुरम्य नर्मदा के तट पर कोटि तीर्थ के पास स्थित गढ़ा नामक स्थान में, जो दुर्गावती के अधीन था, आए।

वर्षे बाण रसारसेन्दु मिलिते श्रीमद्गढ़ापत्तने।
रम्ये नार्मदा कोटितीर्थ मिलिते दुर्गावती पालिते।
मुंगीट्टनतोऽथवा मधुपुरी श्रीरंगकालेश्वरात्।
सयाताः किलदाक्षिणात्यविबुधा सार्थ शतसप्त च।।

ये दक्षिणात्य धीरे-धीरे गढ़ा के ही वासी हो गए और इनमें से बहुतों ने बाद में गुसाईं विट्ठलनाथ का आश्रय ग्रहण किया।[51]

इसके बाद गुसाईं जी एक बार फिर से गढ़ा आए। इस बार वे काशी के पास गंगा तट पर स्थित ग्राम अड़ैल से मथुरा जाते समय रुके और वहाँ उन्होंने विष्णुताल पर डेरा डाला। सोमवती के दिन रानी ने उनका भव्य स्वागत किया। यह सम्भवतः 1563 ई. की बात है। इसी वर्ष गुसाईं जी का विवाह गढ़ा में ही पद्मावती नामक कन्या से सम्पन्न हुआ था। इस भ्रमण का विवरण राधावल्लभ सम्प्रदाय के ग्रंथ 'भावसिंधु' में दिया गया है।[52]

रानी के समय एक यज्ञ होने का भी उल्लेख मिलता है कि जिसे संग्रामशाह के समय के माधव पाठक ने अपने भाई के साथ सम्पन्न किया। यह जानकारी हमें 'गढ़ेशनृपवर्णनसंग्रहश्लोकाः' में कवि तारेश के एक श्लोक से मिलती है। तारेश इस श्लोक में भी यह कहता है कि माधव पाठक गढ़ा-राज्य के संस्थापक यादवराय के अमात्य में सर्वे पाठक का प्रपौत्र था। श्लोक यह है–

कृत्वाल्पं वाजपेयं दलपतिजकृपात् माधवः सानुजो यः।
सर्वे पौत्रात्मजोऽभूदकबर नृपगीर्वार्च्य येने भहेतोः।[53]

मुगल आक्रमण

इस समय तक महानतम मुगल सम्राट अकबर सत्तारूढ़ हो चुका था। 1556 में पानीपत के दूसरे युद्ध में हेमू को परास्त करने के बाद उसका सिंहासन स्थिरता प्राप्त कर चुका था। फिर बैरमखाँ के पतन और माहम अनगा की मृत्यु के बाद सारे प्रभावों से मुक्त होकर अकबर ने सभी शासनसूत्र अपने हाथ में ले लिए और तब वह अपनी महती योजनाओं के क्रियान्वयन में जुट गया। 1562 में मालवा के शासक बाजबहादुर को परास्त करके वह मालवा को मुगल साम्राज्य में शामिल कर चुका था। इससे गढ़ा राज्य की उत्तर-पश्चिमी सीमा मुगल साम्राज्य के मालवा सूबे से टकराने लगी। उधर उत्तर में भी गढ़ा-राज्य की सीमा के पार से ही मुगल प्रदेश प्रारम्भ हो जाता था। तब गढ़ा-राज्य के उत्तर-पूर्व में स्थित मुगल प्रदेश के कड़ा-मानिकपुर का प्रशासक आसफखाँ था।

आसफखाँ का मूल नाम अब्दुल मजीद था। वह पहले बादशाह अकबर के पिता हुमायूँ की सेवा में रह चुका था और हुमायूँ के भारत लौटने के बाद दीवान के पद पर नियुक्त हुआ था। जब अकबर बादशाह हुआ तब उसे आसफखाँ की पदवी दी गई और तीन हजार का मंसबदार बनाकर पदोन्नत किया गया। फिर उसे कड़ा-मानिकपुर का प्रशासक भी नियुक्त किया गया। उन्हीं दिनों 1563 में गाजीखाँ तन्नूरी नामक एक अफगान अधिकारी भागकर भट्टा (भाठ यानी रीवा) राज्य में चला गया, जहाँ का शासक रामचन्द्र था। आसफखाँ ने रामचन्द्र को संदेश भेजा कि वह अधीनता स्वीकार कर ले और गाजीखाँ तन्नूरी को सौंप दे। पर राजा ने विद्रोहियों से मिलकर युद्ध की तैयारी की। रामचन्द्र परास्त हुआ और उसने मुगल बादशाह की अधीनता स्वीकार कर ली।[54] भाठ (रीवा राज्य) से लगा हुआ ही गढ़ा राज्य था। गढ़ा राज्य की समृद्धि के बारे में जब आसफखाँ ने सुना तो उसके मन में गढ़ा राज्य को अधिकृत करने की इच्छा जागृत हो गई और उसने शाही अनुमति से गढ़ा राज्य पर आक्रमण करने की योजना बना डाली। गढ़ा राज्य पर मुगल आक्रमण की यह काली छाया अकबर की विस्तारवादी नीति की स्वाभाविक परिणति थी। श्रीमती बेवरिज[55] कहती है कि "अकबर एक ऐसा प्रबल विस्तारवादी शासक था, जिसके प्रखर सूर्य के सम्मुख डलहौजी का प्रखर तारा

भी धूमिल हो जाता है...उसका विश्वास था कि राज्य को विस्तृत और मजबूत बनाने के लिए युद्ध करना उचित है।''

अकबर उदार, सुसंस्कृत और सहिष्णु था, पर वह राज्य लिप्सा में अपने युग के शासकों के समान ही था, इसमें संदेह नहीं। विन्सेन्ट स्मिथ[56] तो यहाँ तक कहते हैं कि दुर्गावती जैसी ''भली और सच्चरित्र रानी' पर हुआ यह आक्रमण बिल्कुल 'न्यायसंगत' नहीं था। वे आगे कहते हैं कि ''अकबर की विस्तारवादी नीति राजाओं की सामान्य महत्त्वाकांक्षा का परिणाम थी...रानी दुर्गावती के श्रेष्ठ शासन पर हुए इस आक्रमण को नैतिक रूप से न्याय संगत नहीं ठहराया जा सकता।'' पर सच तो यह है कि स्थिति का मूल्यांकन करते समय हमें तत्कालीन राजनैतिक आवश्यकता पर भी विचार करना चाहिए। उत्तर भारत की विजय एक ऐसी राजनैतिक आवश्यकता थी जो उत्तर भारत के शासकों पर भौगोलिक आवश्यकता के कारण लाद दी गई थी...यह चक्रवर्ती बनने का वही पुराना आदर्श था जो चन्द्रगुप्त मौर्य के समय से हिन्दू शासकों ने अपने सामने रखा था।[57] स्वयं अकबर के शब्दों में शासक को सदैव विजय के लिए सन्नद्ध रहना चाहिए, नहीं तो उसके पड़ोसी, उसके विरुद्ध शस्त्र उठा लेते हैं।[58]

यह जानते हुए भी कि अकबर ने राज्य-विस्तार के उद्देश्य से गढ़ा राज्य पर आक्रमण किया और इसके लिए उसे कारण ढूँढ़ने की जरूरत नहीं थी, एक ऐसी जनश्रुति[59] का उल्लेख करना रोचक होगा जो आक्रमण के पीछे निहित कारण बताने की कोशिश करती है। जनश्रुति यह है कि सम्राट ने रानी को चरखा इस आशय से भेजा था कि स्त्रियों का काम चरखा चलाना है राज्य करना नहीं। प्रत्युत्तर में रानी ने सोने का एक पींजन अकबर को भेजा जिसका आशय था कि यदि मेरा काम चरखा चलाना है तो मुस्लिम होने के नाते तुम्हारा काम रुई पींजना है। इस पर अकबर रूष्ट हो गया। इस जनश्रुति का कोई ऐतिहासिक प्रमाण नहीं मिलता। रामनगर शिलालेख[60] के एक श्लोक में मुगल आक्रमण का कारण बताते हुए कहा गया है कि आसफखाँ ने कर वसूल करने के लिए आक्रमण किया।

कालक्रमादकबर क्षिति पुरु हूतेन पार्श कल्पेन।
प्रहितः कराय बलवान्नासाफखनस्ततो राज्ञा।।

स्लीमेन[61] कहते हैं कि सम्भवतः रानी के दीवान आधार सिंह कायस्थ ने मुगल दरबार में रानी के दूत के रूप में रहते हुए अकबर का आक्रमण रोकने का प्रयास किया किन्तु वह इसमें सफल नहीं हुआ। आधार सिंह कायस्थ के प्रयास असफल होने के उपरान्त गढ़ा राज्य पर मुगल आक्रमण अवश्यंभावी हो गया।

आसफखाँ ने अब तक रीवा का राज्य विजित कर लिया था और वह गढ़ा राज्य की सीमा में पहुँच चुका था। बदायूँनी[62] लिखता है कि आसफखाँ एक भगोड़े अमीर गाजीखाँ तन्नूरी को पराजित कर गढ़ा पर आक्रमण करने चला। यह 1564 ई. की बात है। अबुल फ़ज़्ल[63] कहता है कि गढ़ा की सीमा तक आसफखाँ के पहुँचने पर भी रानी

को चिंता नहीं हुई क्योंकि उसे अपनी सेना की शक्ति, अपने साहस तथा अपनी योग्यता पर भरोसा था। आसफखाँ ने एक दूरदर्शी कूटनीतिज्ञ की भाँति पहले मित्रता का द्वार मुक्त रखा और इस बीच वह चुपचाप गढ़ा-राज्य के संचार साधनों, आय-व्यय और आंतरिक स्थिति जानने के लिए गुप्तचरों और अनुभवी व्यापारियों को भेजता रहा। शीघ्र ही उसने यह जानकारी एकत्र कर ली कि गढ़ा राज्य में कितनी सम्पत्ति है और कहाँ-कहाँ धन छुपा रखा है। उसने पाया कि गढ़ा-राज्य को बिना अधिक कठिनाई के विजित किया जा सकता है। तब उसके मन में प्रदेशों की वधू का आलिंगन करने की आकांक्षा जाग उठी। प्रारम्भ में उसने गढ़ा-राज्य की मंशा जानने का प्रयास किया। जब उसकी इस प्रारम्भिक कार्यवाही का विरोध नहीं हुआ तब उसने गढ़ा पर विस्तृत आक्रमण की योजना बना डाली। अबुल फ़ज़्ल[64] कहता है कि सम्राट की आज्ञा से दस हजार घुड़सवार एकत्र करके उसने गढ़ा पर विजय के लिए कमर कस ली। आसफखाँ की सेना के आकार के बारे में अन्य इतिहास ग्रंथों में कुछ भिन्न विवरण है। तबकात-ए-अकबरी[65] में आसफखाँ की सेना की संख्या पचास हजार घुड़सवार और पैदल सेना कही गई है। तारीख-ए-फरिश्ता[66] में पाँच-छह हजार घुड़सवार तथा पैदल सेना दिया गया है। पर हमें अबुल फ़ज़्ल का विवरण सबसे प्रामाणिक लगता है। शाही आदेश से मुहब्बिब अली खान, मुहम्मद मुराद खान, वजीर खान, बाबाई काकशाल, नाजिर बहादुर, आक मुहम्मद और इस प्रदेश के अनेक इक्तादार आसफखाँ के साथ हो लिए। पहले आसफखाँ दमोह की ओर बढ़ा जो जबलपुर से 104 किलोमीटर उत्तर में है। दमोह पहुँचते-पहुँचते छोटे-मोटे सरदारों के शामिल हो जाने के कारण आसफखाँ की घुड़सवार सेना की संख्या काफी हो गई। अबुल फ़ज़्ल लिखता है कि इस समय भी रानी उपेक्षा के मद में चूर थी और अपना समय राज्य की समृद्धि में लगा रही थी।

दुर्गावती का पीछे लौटना[67]

रानी के पास एकाएक समाचार पहुँचा कि आसफखाँ दमोह पहुँच चुका है। इससे रानी के सैनिकों में हलचल मच गई। उनमें से अधिकांश अपने परिवार की सुरक्षा के लिए भाग खड़े हुए। रानी के पास केवल पाँच सौ सैनिक रह गए। दमोह तक शुत्र के आने के समाचार से रानी के सैनिकों में हलचल मचने का कारण यह है कि उस समय दुर्गावती अपने सैनिकों के साथ पास में ही सिंगौरगढ़ में थी। सिंगौरगढ़ का किला जबलपुर-दमोह मार्ग के मध्य में स्थित संग्रामपुर के पास है। आसफखाँ का आक्रमण एकाएक ही हुआ और रानी उसके प्रतिरोध के लिए पूरी तैयारी करने का समय नहीं निकाल पाई। रानी ने इस संकट के समय भी अपना साहस नहीं खोया और मुगल सेना की ओर आगे बढ़ी।

अपूर्ण तैयारी के बावजूद रानी को युद्ध के लिए सन्नद्ध देखकर रानी के दीवान आधार सिंह कायस्थ ने वस्तुस्थिति से रानी को अवगत कराया। उसने रानी को सैनिकों

के पलायन के कारणों का और शत्रु की सेना की विशालता का परिचय भी दिया। रानी अपने सैनिकों के पलायन से अत्यन्त क्षुब्ध थी। कायरता का प्रदर्शन उसके आदर्श के प्रतिकूल था। सारी स्थिति के लिए उसने आधार सिंह कायस्थ को ही दोषी ठहराया और युद्धभूमि से मुँह मोड़ने से एकदम इंकार कर दिया, चाहे परिणाम कुछ भी हो। रानी ने उत्तेजित होकर आधार सिंह कायस्थ से कहा–"अपमानजनक जीवन से सम्मानपूर्ण मृत्यु बेहतर है। यदि अकबर स्वयं यहाँ आता तो उसके प्रति सम्मान प्रकट करना मेरे लिए उचित था। किन्तु यह आसफखाँ क्या समझे कि रानी का पद क्या होता है? यही सबसे उत्तम होगा कि मैं वीरतापूर्वक मृत्यु का आलिंगन करूँ।" इस कथन से ऐसा लगता है कि यदि अकबर स्वयं युद्ध के लिए आता तो शायद रानी उसकी अधीनता स्वीकार कर लेती। एक सूबेदार के सम्मुख झुकना उसने अपमानजनक समझा।

रानी अब राज्य की रक्षा के साथ ही आन की रक्षा के लिए भी युद्धोन्मुख थी। उसे यह अनुमान अवश्य रहा होगा कि इतनी कम सेना से विजय नहीं प्राप्त की जा सकती, किन्तु कायरता के प्रदर्शन की अपेक्षा उसने वीरतापूर्वक युद्ध करके वीरोचित मृत्यु का वरण करना श्रेयस्कर समझा। मुगल सेना की ओर वह चार पड़ाव आगे बढ़ी। उधर तेजी से आता हुआ आसफखाँ दमोह में रुककर अपनी सेना को व्यवस्थित करके युद्ध के लिए तैयार करने में लग गया। अब तक रानी के पास पाँच सौ से बढ़कर दो हजार सैनिक हो गए थे। स्थिति निर्बल देखकर रानी के अधिकारियों ने उसे सलाह दी कि यद्यपि युद्ध के लिए सन्नद्ध होना श्रेष्ठ है किन्तु विचार-विमर्श न करना बुद्धिमत्ता न होगी। उन्होंने परमर्श दिया कि किसी सुरक्षित स्थान में सेना के पुनः एकत्र होने तक युद्ध न करना ही फिलहाल बेहतर होगा। रानी को यह परामर्श ठीक लगा और कुछ अधिक व्यावहारिक ढंग से सोचते हुए उसने वापिस लौटना ठीक समझा। तदनुसार रानी सेना सहित गढ़ा के पश्चिम के सघन जंगलों में चली गई। इन जंगलों में उसने कुछ समय बिताया और फिर अधिक सुरक्षा की दृष्टि से कुछ किलोमीटर दक्षिण-पूर्व की ओर चली और नर्मदा तथा गौर नदियों के मध्य में स्थित वन पर्वतों के बीच नरही नामक स्थान पर उसने शिविर गाड़ दिए। जिस स्थान पर रानी ने शिविर डाला था वह स्थान बहुत दुर्गम था और अबुल फ़ज़्ल के अनुसार, "वहाँ प्रवेश करना और वहाँ से बाहर निकलना एक कठिन कार्य था। इस स्थान के चारों ओर ऊँचे पर्वत थे और सामने गौर नामक एक नदी। दूसरी ओर भयंकर नदी नर्मदा थी। नदी के बीहड़ के कारण ग्राम की ओर जाने का रास्ता अत्यन्त संकरा और दुर्गम था।"

रानी के इस अप्रत्याशित स्थगन से दमोह में रुका आसफखाँ चौंक गया। उसने रानी की खोज-खबर लेने अनेक आदमी भेजे, लेकिन सघन वन-पर्वतों और पहाड़ी नदियों से परिपूर्ण इस दुर्गम प्रदेश में संचार-साधनों की कमी के कारण उसे रानी के बारे में कुछ सूचना न मिल सकी। अब उसने दमोह से अपना शिविर उठाया और स्वयं गढ़ा की ओर बढ़ा। रास्ते में इसी समय उसे रानी की स्थिति की सूचना मिली।

आगे बढ़कर आसफखाँ ने गढ़ा में अपनी एक सेना छोड़ी और रानी के पीछे निकल पड़ा।

नर्रई में रानी की स्थिति अत्यन्त विकट थी। उसे एक प्रबल सेना से अपनी रक्षा करनी थी। उसे अब सुरक्षात्मक युद्ध ही लड़ना था, आक्रमणात्मक युद्ध का प्रश्न नहीं था। रानी ने जब आसफखाँ के आगमन का समाचार सुना, उसने तुरन्त अपने अधिकारियों की एक बैठक बुलाई। उन्हें सम्बोधित करते हुए रानी ने कहा कि अपनी सेना एकत्र होने तक यदि वे कहीं अन्यत्र शरण लेना उचित समझें तो वैसा करें, किन्तु खुद उसका विचार ऐसा नहीं है। आखिर कब तक वह जंगलों में छिपती फिरेगी। जिन्हें जाना हो वे जा सकते हैं, उन्हें वह मुक्त करती हैं। अब उसके सामने दो ही रास्ते हैं– मृत्यु या विजय। रानी के ओजपूर्ण वक्तव्य ने अपना काम किया और यह जानते हुए भी कि मृत्यु सुनिश्चित है, उसके सारे सैनिकों ने, जिनकी संख्या लगभग 5000 थी[68], युद्ध करने का निश्चय किया। यहाँ युद्ध के वर्णन के लिए अबुल फज़्ल के शब्दों को यथावत् रखना ठीक होगा।

दूसरे दिन समाचार आया कि नाजिर मोहम्मद, आक मुहम्मद और बहादुर सैनिकों की एक बड़ी टुकड़ी ने घाटी, जहाँ से नरही को रास्ता जाता था, के सिरे पर अधिकार कर लिया और दुर्गावती के हाथियों के फौजदार अर्जुनदास बैस को वीरगति प्राप्त हुई। यह समाचार सुनकर रानी ने कवच और शिरस्त्राण धारण किया और एक हाथी पर सवार होकर युद्ध के लिए चल पड़ी। उसने अपने सैनिकों को सम्बोधित करते हुए कहा, "जल्दबाजी मत करो, शत्रु को घाटी प्रवेश करने दो, फिर हम चारों ओर से उन पर टूट पड़ेंगे और उन्हें खदेड़ देंगे।" जैसा रानी ने अनुमान लगाया था वैसा ही हुआ। दोनों पक्षों के अनेक सैनिक धराशायी हुए और शाही पक्ष के तीन सौ सैनिक नष्ट हुए। इस युद्ध में रानी की विजय हुई। उसने शाही सेना का पीछा किया और घाटी से निकल आई।

यह उल्लेखनीय है कि रामनगर शिलालेख[69] में रानी की विजय का उल्लेख तो है पर बाद की पराजय का नहीं–

अक्षौहिणीनमृतभूतलेन यातं रणे तेन महाभटेन,
बल विजित्याऽपि समस्तमस्य दुर्गावती भीमपराक्रमेण।

दिन अस्त होने पर उसने अपने प्रमुख व्यक्तियों को बुलाया और पूछा कि अब उनकी सलाह क्या है? प्रत्येक ने अपनी समझ और साहस के अनुसार सलाह दी। रानी ने कहा अच्छा तो यही होगा कि हम आज की रात ही आक्रमण कर दें, और शत्रु का नाश कर दें, नहीं तो आसफखाँ सुबह स्वयं आएगा और घाटी पर अधिकार कर लेगा तथा तोपखाने से उसकी किलेबंदी कर लेगा। अभी जो काम सुगम है वह बाद में कठिन हो जाएगा। रानी के प्रस्ताव से कोई सहमत न हुआ। अंत में उसे बहुमत के आगे झुकना पड़ा और वह जिस रास्ते आई थी उसी रास्ते लौट गई और जो लोग अनाथ हो गए

थे, उन्हें सांत्वना देने में व्यस्त हो गई। जब वह अपने निवास पर आई तब उसने अपने कुछ विश्वस्त अनुचरों के सामने रात्रि को आक्रमण करने का प्रस्ताव रखा। लेकिन किसी में भी उसके समान साहस नहीं था।

पराजय और बलिदान[70]

दूसरे दिन सुबह वही हुआ जिसका रानी ने अनुमान लगाया था। आसफखाँ तोपखाना लेकर आया और घाटी के प्रवेश की किलेबंदी करके उसकी सेना ने पर्वतों में प्रवेश किया। युद्ध के जोश में रानी अपने हाथियों में से सर्वश्रेष्ठ और ऊँचे तथा तेज हाथी सरमन पर बैठकर बाहर निकली। उसने अपनी सेना को सन्नद्ध करके हाथी बाँटे और युद्ध के लिए तैयार हो गई।

युद्ध प्रारम्भ हुआ और तीरों, बन्दूकों, कटारों और तलवारों पर बात आ गई। रानी के पुत्र राजा बीरसा (वीरनारायण) ने, जो नाममात्र का शासक था, अत्यंत वीरता का प्रदर्शन किया। शम्सखान मियाना और मुबारक बिलूच ने बहादुरी से युद्ध किया। दिन की तीसरी घड़ी तक युद्ध चलता रहा, उस सारे युद्ध का यदि पूरा वर्णन किया जाय, तो वर्णन बहुत लम्बा हो जाएगा। राजा बीरसा ने तीन बार शाही फौज को पीछे हटाया, किन्तु तीसरी बार वह घायल हो गया। जब रानी ने यह सुना तो उसने अपने विश्वस्त अनुचरों को आज्ञा दी कि वे उसे युद्ध से हटाकर कहीं सुरक्षित जगह पर ले जाएँ। उन्होंने रानी की आज्ञा का पालन किया और उसे एक सुरक्षित स्थान पर ले गए। इस कारण अनेक लोग युद्धभूमि छोड़कर चले गए और रानी की सेना अब काफी कम हो गई।

किन्तु रानी के निश्चय में कोई कमी नहीं आई और वह अपने अनुचरों के कन्धे से कन्धा मिलाकर सघन संघर्ष करती रही। इतने में एक तीर रानी के दायीं कनपटी पर लगा। उसने साहस के साथ उसे निकाल कर फेंक दिया, किन्तु तीर का फल घाव के भीतर ही रह गया। उसी समय एक दूसरा तीर आकर रानी की गर्दन में घुस गया। उसे भी उसने साहस से निकाल दिया। किन्तु अत्यधिक पीड़ा होने के कारण रानी मूर्छित हो गई। इससे रानी की सेना अपना साहस खो बैठी और उसके पैर उखड़ने लगे। कुछ क्षण उपरांत रानी को जब होश आया तो उसने देखा कि पराजय सुनिश्चित है। पराजय के उपरान्त अपने दुखद अंत की कल्पना करके रानी सिहर उठी और उसने एक संकल्प कर डाला। रानी ने अपने महावत अधारसिंह बखीला (बघेला) से, जो अपने साहस तथा निष्ठा के लिए विख्यात था, कहा—"मैंने तुम्हें शिक्षित करने और आगे बढ़ाने का हमेशा प्रयास किया, जिससे तुम किसी दिन मेरे काम आ सको। आज मैं युद्ध में हार गई हूँ। ईश्वर न करें कि अपने नाम और सम्मान से मुझे हाथ धोना पड़े और कहीं शत्रु के हाथ में पड़ जाऊँ। एक निष्ठावान सेवक की भाँति कार्य करो, और मुझे इस तेज कटार से समाप्त कर दो।" अधारसिंह इतना निर्मम कार्य करने के लिए तैयार न हो सका।

उसने कहा, "मैं कैसे अपने हाथों से यह काम कर सकता हूँ। कैसे आपके हाथों से पुरस्कार पाने वाले ये हाथ इतना भयानक कार्य कर सकेंगे। मैं यह अवश्य कर सकता हूँ कि आपको युद्धभूमि से बाहर ले चलूँ। मुझे इस तेज हाथी पर पूरा विश्वास है।" अधार के इन शब्दों को जब रानी ने सुना तो उसने क्रोधित होकर अधार को यह कहते हुए फटकारा, "क्या तुमने मेरे लिए यही अपमान चुना है", और रानी ने अपनी कटार निकाली और स्वयं अपने पर आघात किया और वीरगति को प्राप्त हो गई।

रानी के अंत के सम्बन्ध में डॉ. हीरालाल[71] सम्भवतः जनश्रुति के आधार पर कहते हैं कि अचानक पास की एक नदी में बाढ़ आ जाने के कारण रानी का हाथी और सेना नदी पार नहीं कर पाये। तब शत्रु के हाथ में जाने के डर से रानी को आत्मघात करना पड़ा, अबुल फ़ज़्ल के विस्तृत विवरण के सम्मुख बाढ़ की बात मानना कठिन है। बाढ़ आ जाने से रानी को रुकना पड़ा, इसका तात्पर्य यह निकलता है कि रानी युद्ध से पलायन कर रही थी पर बाढ़ के कारण उसे रुकना पड़ा ऐसा मानना त्रुटिपूर्ण है। रानी ने कदापि पलायन नहीं करना चाहा। अबुल फ़ज़्ल के वर्णन और दुर्गावती तथा अधारसिंह बघेला के मध्य हुई चर्चा से प्रकट होता है कि रानी पलायन के विरुद्ध थी। रामनगर शिलालेख[72] में कहा गया है कि रानी ने अपने हाथ के खड्ग से स्वयं अपना सिर काटा—"संविक्षतालक्षविपक्षबाणैः स्वापाणि खड्गेनशिरःस्वकीयम्।" पर यह विश्वसनीय नहीं है।

रानी के अन्त के सम्बन्ध में समकालीन इतिहासकार बदायूँनी[73] कहता है कि तीर लगने के उपरान्त जब रानी मृत्यु के निकट पहुँच गई, तो उसने अपनी पीड़ा का अंत करने के लिए अपने महावत को संकेत किया। वह आगे यह नहीं कहता कि रानी को मृत्यु कैसे प्राप्त हुई पर कुछ रहस्यमय ढंग से वह आगे कहता है कि "लेकिन उसके दुर्भाग्य की चालबाजियों ने उसे दुष्टों से मुक्त नहीं होने दिया।" इसका तात्पर्य कुछ स्पष्ट नहीं है। एक अर्थ यह हो सकता है कि मृत्यु के उपरान्त रानी की देह का शिरोच्छेद या अंगोच्छेद करके मुगल सेना ने रानी का अपमान किया। अपने उक्त कथन के बाद बदायूँनी अपनी कविताओं में भी कुछ ऐसे ही लिखता है जिनमें एक का भावार्थ है—"प्रत्येक घृणित पशु, अपना घृणित भोज प्राप्त कर लेता है।" दूसरी का भावार्थ है—"यह सच है कि किसी ईसाई का कुआँ शुद्ध नहीं होता किन्तु वह कम से कम एक यहूदी की लाश को धोने के काम तो आ ही सकता है।"

उपर्युक्त दोनों प्रतीकात्मक कविताएँ अस्पष्ट सी हैं। बदायूँनी एक धर्मांध मुसलमान था और हिन्दुओं के विनाश से वह बहुधा खुश ही होता था। इस तथ्य को ध्यान में रखकर उपर्युक्त कविताओं का अर्थ निकालें तो लगता है कि पहली कविता में घृणित पशु से उसका मतलब सम्भवतः रानी से था। वह रानी के दुखद अंत पर संतोष-सा व्यक्त करता है। दूसरी कविता में ईसाई के कुएँ की अपवित्रता की तुलना भी वह शायद रानी से करता है। वस्तुतः उपर्युक्त दोनों कविताएँ एक कट्टरपंथी व्यक्ति की दुर्भावना ही प्रकट करती हैं।

अबुल फज़्ल लिखता है कि इस भयानक युद्ध में अनेक सैनिक खेत रहे। रानी के पक्ष के जो प्रमुख व्यक्ति मारे गए उनमें कनूर कल्यान बखीला (बघेला), चकरमान खरचली, खानजहान डकीत और महारख ब्राह्मण के नाम उल्लेखनीय हैं। आसफखाँ के हाथ एक हजार हाथी तथा ढेर सारी सम्पत्ति लगी और एक विशाल भू-भाग पर उसका अधिकार हो गया। नर्रई के युद्ध की निश्चित तिथि के सम्बन्ध में इतिहास में कुछ उल्लेख नहीं मिलता।[74] यह अवश्य है कि यह युद्ध 1564 में हुआ।

जिस स्थल पर रानी ने वीरगति पाई थी वहाँ आज रानी की समाधि है। और उसके निकट रानी के हाथी की भी समाधि है।

चौरागढ़ का पतन[75]

नर्रई का युद्ध मुगलों की गढ़ा राज्य की विजय का पहला चरण था। रानी दुर्गावती की मृत्यु के बाद प्रमुख केन्द्र गढ़ा पर अधिकार होना मुगल सेना की महत्त्वपूर्ण सफलता थी। किन्तु राजधानी चौरागढ़ पर अभी अधिकार नहीं हुआ था। वहाँ दुर्गावती का घायल पुत्र वीरनारायण अपने सहयोगियों सहित विद्यमान था।

आसफखाँ गढ़ा से तुरन्त चौरागढ़ की ओर रवाना न हो सका क्योंकि वनाच्छादित दुर्गम प्रदेश में यातायात की सुविधाओं की कमी के कारण गतिशीलता अत्यंत कम थी। दूसरे, गढ़ा के आसपास के क्षेत्र पर अधिकार करने और उसकी व्यवस्था के लिए भी समय चाहिए था। गढ़ा-राज्य में छोटी-मोटी वंशानुगत जागीरें थीं। उनके जागीरदार सीधे मुगल आधिपत्य स्वीकार न कर सकते थे। दुर्गम वनों में स्थित ये जागीरदार अपनी सुरक्षित स्थिति से लाभ उठाकर मुगल सेना से टक्कर लेने से न चूके होंगे। इस सारे काम में आसफखाँ को दो माह लग गए। जब वह इस मध्यवर्ती प्रदेश से निश्चिंत हुआ, तब चौरागढ़ की ओर रवाना हुआ। चौरागढ़ का किला अत्यंत दुर्गम स्थल से ऊँची पहाड़ी पर बना हुआ है। कहा जाता है कि यहाँ अपार धन एकत्रित था, जो बरसों से जमा हो रहा था। ''यह धन ही विनाश का कारण बना...इसी धन के लोभ में...सैनिक आसफखाँ के पीछे चल पड़े।''

नर्रई के युद्ध में घायल होने के बाद रानी के पुत्र राजा वीरनारायण ने चौरागढ़ में शरण ली थी। दो माह का विश्राम मिल जाने पर उसने स्वास्थ्य-लाभ कर लिया और अपनी सामरिक स्थिति भी दृढ़ कर ली। आसफखाँ की सेना के आगमन का समाचार सुनकर वीरनारायण युद्ध के लिए सन्नद्ध हो गया, किन्तु उसकी स्थिति इतनी निर्बल थी कि उसे पराजय का आभास हो गया था। समर्पण की अपेक्षा उसने युद्ध करके वीरगति पाना श्रेयस्कर समझा। वीरनारायण ने पराजय की स्थिति में राजपूत परम्परा के अनुसार राजपरिवार की स्त्रियों के लिए जौहर की व्यवस्था की। इस हेतु भोज कायस्थ और मियाँ भिकारी रूमी को नियुक्त किया गया। यह स्मरणीय है कि भोज कायस्थ संग्रामशाह के समय दीवान था। वीरनारायण के समय तक वह पर्याप्त वृद्ध

हो चुका होगा। वीरनारायण के समय भोज कायस्थ दीवान नहीं बल्कि आधार सिंह कायस्थ था। फिर अपनी छोटी सेना सहित वह युद्ध के लिए निकल पड़ा। एक संक्षिप्त युद्ध के बाद ही मुगल सेनाओं ने चौरागढ़ का किला विजय कर लिया और राजा वीरगति को प्राप्त हुआ। सम्मान की रक्षा के लिए नियुक्त दोनों सेवकों ने अपना कर्त्तव्य निष्ठापूर्वक निभाया। जो स्त्रियाँ जौहर करने में डर रही थीं उन्हें प्रथा के अनुसार भोज कायस्थ द्वारा मरवा दिया गया।

एक आश्चर्यजनक बात यह हुई कि उस वृत्ताकार चिता पर आग लगाने के चार दिन बाद, "जबकि गुलाबों की वह फसल राख में परिणत हो गई थी, द्वार खोलने पर दो स्त्रियाँ जीवित मिलीं। लकड़ी के एक बड़े शहतीर की आड़ के कारण वे सुरक्षित रहीं। उनमें से एक रानी की बहन कमलावती थी। दूसरी राजा के पूरागढ़ की कन्या थी, जो वीरनारायण के विवाह के लिए लाई गई थी, पर अभी सुहागिन न हो पाई थी।" अबुल फ़ज़्ल आगे लिखता है कि इन दोनों महिलाओं को अकबर के हरम में भेज दिया गया।

इस प्रकार वीरनारायण ने अपनी माँ के समान वीरगति प्राप्त की। मृत्यु के समय उसकी आयु अधिक से अधिक 20 वर्ष की थी। जैसा ऊपर के वर्णन से ज्ञात होता है कि उसकी मंगनी हो चुकी थी और शीघ्र ही उसका विवाह होने वाला था। जब वह स्वयं शासन सँभालने योग्य हुआ तभी, परलोकवासी हो गया। निस्संदेह अपनी माँ की छत्रछाया में उसे जो प्रशिक्षण मिला था, उससे वह एक योग्य शासक ही सिद्ध होता। शासन-कुशलता का परिचय देने के पहले ही वह वीरगति को प्राप्त हुआ, किन्तु शौर्य का प्रदर्शन करके उसने अपने सैनिक गुणों का श्रेष्ठ प्रमाण दिया।

चौरागढ़ पर अधिकार करने के बाद आसफखाँ को वहाँ अपरिमित धन मिला। अबुल फ़ज़्ल लिखता है कि उसे वहाँ सिक्के, ठोस रूप में सोना, नक्काशीदार पात्र, जवाहरात, मोती, पशुओं की ठोस रूप में सोने की आकृतियाँ और अन्य दुर्लभ चीजें मिलीं। साथ ही अलाउद्दीन के समय की सोने की अशर्फियों से भरे सौ बड़े घड़े भी उसे वहाँ मिले।

इस प्रकार 1564 ई. में गढ़ा-राज्य की विजय पूर्ण हुई। वीरनारायण का राजत्वकाल कुल 15 वर्ष रहा।[76]

पराजय क्यों?

दुर्गावती की पराजय के कारण ढूँढना कठिन नहीं है। यदि प्रारम्भ से हम देखें तो हमें लगता है कि रानी की सैन्य व्यवस्था उतने विशाल राज्य की आवश्यकता के अनुरूप नहीं थी और अगर विभिन्न ठिकानों में जो सैनिक टुकड़ियाँ थीं भी, तो वे सुगठित नहीं थी। यह इस कारण कहा जा सकता है कि राज्य में आसफखाँ के प्रविष्ट होते ही रानी के पक्ष में हलचल मच गई और अनेक सैनिक रानी का साथ छोड़कर अपनी सुरक्षा के

लिए भाग खड़े हुए। यह स्थिति तभी आ सकती है कि जब सैनिक संगठन मजबूत न हो तथा सैन्याधिकारियों में नेतृत्व की क्षमता न हो। गढ़ा राज्य की सीमा पर आसफखाँ के एकाएक प्रवेश से यह भी पता चलता है कि रानी की गुप्तचर व्यवस्था कमजोर थी तभी तो वह सीमा पर शत्रु की उपस्थिति का पता पहले से नहीं लगा पाई। रानी की तुलना में मुगल सेना न केवल विशाल थी बल्कि यह अधिक साधन-सम्पन्न भी थी। रानी की सेना में शौर्य की कमी नहीं थी और इसी शौर्य के बल पर पहले मुकाबले में रानी की विजय हुई, पर बाद में आसफखाँ की युद्ध योजना और तोपों की व्यूह रचना ने स्थिति बदल दी। रानी का यह कहना ठीक था कि रात्रि को शत्रु को खदेड़ देना चाहिए जिससे उसे पैर जमाने का मौका न मिले। लेकिन न तो उसकी सेना के प्रमुख अधिकारी इससे सहमत हुए और न उसके विश्वस्त अनुचर। इसका फल यह हुआ कि रानी की आशंका के अनुरूप दूसरे दिन आसफखाँ ने अपने तोपखाने की किलेबन्दी आसपास की पहाड़ियों पर कर ली। रानी के पास तोपखाने का अभाव एक बहुत बड़ी कमी थी। रानी के पास तोपखाना था ही नहीं। लगभग तीन दशक पहले पानीपत के मैदान में बाबर द्वारा तोपों के प्रभाव के बावजूद रानी ने तोपखाने के महत्त्व को नहीं समझा यह आश्चर्य की बात है।

फिर, अन्त में वही गलती दोहराई गई जो मध्यकालीन इतिहास में अनेक बार हुई है। वह है रानी का हाथी पर बैठकर सैन्य संचालन करना, जिसके कारण वह सरलता से किसी तीरन्दाज के तीर का शिकार हो गई। पर दुर्भाग्य से उस समय की भारतीय सेना की मनःस्थिति ऐसी होती थी कि पारम्परिक ढंग से लड़े जाने वाले युद्ध में शासक को स्वयं युद्ध का नेतृत्व करना पड़ता था और वह हाथी पर बैठकर इसलिए युद्ध करता था कि वह अपने सैनिकों को सरलता से दिखें, जिससे सैनिकों में आत्मविश्वास बना रहे। पर इसका दूसरा पक्ष यह भी था कि हाथी पर बैठा शासक इतनी ऊँचाई के कारण तीर का शिकार सरलता से बनाया जा सकता था और शासक के घायल होते ही सेना का हौसला टूट जाता था और वह भाग खड़ी होती थी। इस प्रणाली की बलि एकाधिक शासक हुए। पानीपत के दूसरे युद्ध में (1556) हेमू के साथ यही हुआ था और सौ साल बाद भी सामूगढ़ (1658) की लड़ाई में जब दारा-शिकोह हाथी को छोड़कर घोड़े पर बैठा तो खाली हौदा देखकर उसके सैनिक उसे मरा हुआ, समझकर भाग खड़े हुए।

रानी की पराजय हो गई और उसे जान से भी हाथ धोना पड़ा पर इस पराजय ने रानी के व्यक्तित्व को वह आभा प्रदान की जो इतिहास में कम शासकों को मिलती है। प्रशंसनीय बात यह है कि रानी ने अपने अल्पायु बेटे की संरक्षिका के रूप में इतने बड़े राज्य का शासन वर्षों तक दक्षता से किया और एक सदी से स्वतंत्रता का उपभोग कर रहे गढ़ा-राज्य की स्वाधीनता की रक्षा करते हुए रानी और उसके पुत्र ने प्राणों का उत्सर्ग किया। और तब मध्यकालीन भारत के इतिहास में एक स्थानीय राज्य की स्वाधीनता के अन्त का एक और पृष्ठ जुड़ गया।

परिणाम

अलाउद्दीन के पश्चात् गढ़ा-मण्डला के वन्य प्रदेश में इतने भीतर तक अकबर की सेना ही घुस पाई। अलाउद्दीन के समय में दमोह के आसपास ही उसके आधिपत्य के प्रमाण मिलते हैं, न कि उसके द्वारा सम्पूर्ण क्षेत्र पर किसी सुसंगठित अभियान के। लेकिन अकबर के काल में विंध्याचल और सतपुड़ा के भीतरी भागों में आसफखाँ के सेनानायकत्व में सुसंगठित अभियान हुआ, जिसके फलस्वरूप इस क्षेत्र पर मुगल आधिपत्य हुआ। यह आक्रमण गोंडवाना के इतिहास के लिए कई मानों में युगांतरकारी सिद्ध हुआ। इसके बाद से उत्तर भारत की राजनीति से इस क्षेत्र का सक्रिय सम्बन्ध स्थापित हुआ और उत्तर भारत के राजनैतिक परिवर्तनों का असर न्यूनाधिक रूप में यहाँ भी दृष्टिगोचर होता रहा। दूसरे, मुगल संस्कृति से यहाँ की स्थानीय संस्कृति का सम्पर्क होना प्रारम्भ हो गया। तीसरे, उत्तर भारत के साथ व्यापार के लिए यह क्षेत्र अधिक मुक्त हो गया। इस क्षेत्र में बहुतायत से मिलने वाले मुगल सिक्के इसके प्रमाण हैं कि उत्तरी भारत से होने वाले व्यापार से यह क्षेत्र अछूता न रहा। चौथे, एक विशेष बात यह हुई कि गोंडों की राजसत्ता की स्वतंत्रता का जो अन्त हुआ वह स्वतंत्रता आगे पुनर्जीवित न हो सकी। राजगोंड शासक मुगल शासकों के अधीन हो गए और क्रमशः उनकी सत्ता का ह्रास होता गया। वस्तुतः दुर्गावती का शासनकाल गोंड राज्य के चरमोत्कर्ष का काल था। उसके पश्चात् गोंड शक्ति का अवसान होता गया। गढ़ा राज्य की जो सीमा दुर्गावती के समय थी वह फिर भी न बन पाई। अवसान का यह क्रम आने वाली दो शतियों तक चलता रहा। फिर भी संग्रामशाह एवं दुर्गावती के शासनकाल में ही राज्य की जड़ें इतनी गहरी हो गई थीं कि आगामी दो शक्तियों की पतनावस्था में भी राज्य जीवित रहा। यह उसकी जीवन-शक्ति का प्रमाण है।

अकबर की सेना के आक्रमण और दुर्गावती के शौर्य की कहानी जनमानस में इस तरह अंकित हो गई कि उसकी याद शताब्दियों तक बनी रही। लोकगीतों में सजकर आज भी वह स्मृति सुदूर अंचलों में जीवित है।[77]

व्यक्तित्व और चरित्र

नरई के रणक्षेत्र में अवसान के समय रानी दुर्गावती के वैधव्य का पन्द्रहवाँ वर्ष चल रहा था और उसकी आयु लगभग चालीस वर्ष की थी। एकाकीपन के इन वर्षों में रानी का मन दो ही बातों में केन्द्रित था, अल्पायु बेटे को सुयोग्य बनाना और गढ़ा-राज्य को सुरक्षित रखते हुए मजबूत करना। रानी ने जिस प्रकार इन वर्षों में कार्य किया और उसके व्यक्तित्व की जो परतें उजागर हुईं वे और भी प्रशंसनीय हैं। उसके समय का इतिहास जिन स्रोतों में मिलता है वे सभी रानी के चरित्र की और उसके कार्यों की प्रशंसा करते हैं। रानी के शत्रु मुगलों के दरबारी इतिहासकार अबुल फ़ज़्ल की लेखनी

रानी की प्रशंसा करते नहीं थकती। रामनगर शिलालेख के कवि जयगोविन्द और 'गढ़ेशनृपवर्णनसंग्रहश्लोकाः' के केशव दीक्षित तथा नरहरि महापात्र द्वारा की गई प्रशंसा परम्परागत होने पर भी दुर्गावती की योग्यता के प्रति एक ही उचित श्रद्धांजलि है।[78]

श्रेष्ठ घुड़सवार और निपुण योद्धा होने के साथ ही साथ रानी कुशल बंदूकची और अच्छी तीरंदाज थी। अबुल फ़ज़्ल कहता है कि वह सदैव शिकार पर जाती और बन्दूक से जानवरों का शिकार करती थी। उसकी आदत थी कि अब शेर दिखने का समाचार उसे मिलता तो वह उसे बिना मारे जल भी ग्रहण न करती थी। वह साहसी थी और अपनी दूरदर्शिता से उसने महान कार्य किए।[79]

रानी में शौर्य की कमी न थी। नारी होने पर भी उसने संकट के समय पुरुषोचित धैर्य और साहस का परिचय दिया। आसफखाँ के आक्रमण के समय निर्बल सैन्य स्थिति होने पर भी रानी युद्ध के लिए सन्नद्ध थी। जब उसके सलाहकारों ने उसे पीछे लौटने की सलाह दी तो उसने बुद्धिमतापूर्वक उसे स्वीकार करके दूरदर्शिता का ही परिचय दिया। नर्रई के रणक्षेत्र में उसकी युद्ध योजना के कारण ही प्रारम्भ में गोंड सेना को विजय प्राप्त हुई। बाद में रानी की सलाह न मानने के कारण ही सेना को पराजय का मुँह देखना पड़ा, यह सब रानी के सामरिक ज्ञान का अच्छा प्रमाण है। रानी के शौर्य का वर्णन करते हुए रामनगर शिलालेख का कवि जयगोविन्द कहता है।

स्वयं समारुह्य गजं रणेषु, बलाज्जयंती प्रबलान्विपक्षान्।
सदा प्रजापालनासावधाना, सा लोकपालान्विफलीचकार।।[80]

अर्थात् वह युद्ध में स्वयं हाथी पर चढ़कर जाया करती और बल प्रयोग करके बलवान शत्रुओं पर विजय पाया करती थी। वह प्रजापालन में इतनी सचेत थी कि उसने लोकपालों को भी परास्त कर दिया।

रानी में नेतृत्व कौशल कम नहीं था। नर्रई में आसफखाँ के प्रारम्भिक आक्रमण के समय उसने सैनिकों की जो ओजस्वी उद्‌बोधन दिया उससे सैनिकों में उत्साह का संचार हुआ। घमासान युद्ध के बीच वह अपने सैनिकों के कन्धों से कन्धा मिलाकर युद्ध करती थी। और जब युद्ध में उसके सैनिक घायल हो जाते थे तो वह खुद देखभाल करती थी। मृत सैनिकों के परिवारों की सहानुभूति का उल्लेख अबुल फ़ज़्ल करता ही है।

रानी बहुत स्वाभिमानी थी। आसफखाँ के सन्मुख समर्पण करने के लिए वह इसलिए तैयार नहीं हुई कि आसफखाँ उसकी बराबरी का नहीं था। जैसा कि अबुल फ़ज़्ल लिखता है, रानी का समकक्ष सम्राट अकबर यदि आता तो रानी उसके प्रति सम्मान प्रकट कर सकती थी। नर्रई के रणक्षेत्र में रानी के घायल हो जाने के उपरान्त जब महावत आधारसिंह बघेला ने रानी को कटार मारने में अपनी असमर्थता बताते हुए रानी को युद्धभूमि से बाहर ले जाने का प्रस्ताव किया तो रानी ने इसे अपने सम्मान

के विरुद्ध समझा और महावत को खूब फटकारा। अन्त में सम्मान की रक्षा के लिए ही रानी ने आत्मघात किया।

रानी कुशल प्रशासिका थी। वह राजकार्य में सक्रिय भाग लेती थी और पुरुषों के वस्त्र पहनती थी।[81] अबुल फज़्ल के शब्दों में उसने अनेक महान कार्य किए। इन कार्यों से उसका शासन सुदृढ़ हुआ और जनता का स्नेह भी उसे मिला। गोंड राजवंश के इतिहास में जितनी कीर्ति दुर्गावती ने अर्जित की उतनी उस वंश के किसी शासक ने नहीं की।

रानी ने जनहित के कितने ही काम किए। आज भी जबलपुर स्थित रानीताल दुर्गावती की स्मृति को ताजा बनाता है। रानीताल के निकट चेरीताल उसकी किसी दासी (चेरी) द्वारा निर्मित किया गया था। उसके मंत्री आधार सिंह कायस्थ ने जबलपुर के निकट अपने नाम पर एक तालाब आधारताल बनवाया। वास्तव में गढ़ा के आसपास रानी के समय के अनेक सार्वजनिक हित के कार्य सम्पन्न हुए।

अपनी मुस्लिम प्रजा के प्रति रानी पूरी तरह सहिष्णु थी और उसने योग्य मुसलमानों को भी ऊँचे पद दिए। शम्सखाँ मियाना और खानजहाँ डाकीत उसकी सेना के योग्य अधिकारी थे। खानजहाँ डाकीत ने मुगलों के विरुद्ध लड़ाई लड़ते हुए अपने प्राण दिए थे। मध्यकाल में ऐसी सहिष्णुता निश्चय ही प्रशंसा की पात्र है। विद्वानों को रानी ने समुचित प्रश्रय दिया और उनके प्रति सम्मान भी बरता। उसके दरबार में महेश ठाकुर तथा दामोदर ठाकुर जैसे अप्रतिम विद्वान थे। गोप महापात्र तथा नरहरि महापात्र को भी रानी ने सम्मानित किया।

रानी स्वभाव से धार्मिक महिला थी। एक तो उसे चंदेलों और गोंड राजवंश के संस्कार मिले थे जिससे उसके मन में धर्म के प्रति सम्मान की भावना थी। साथ ही दूसरी बात यह भी है कि असमय में वैधव्य का दुख आ पड़ने के कारण भी उसका मन धर्म की ओर झुका। वल्लभ सम्प्रदाय के गुसाईं विट्ठलनाथ जब पहली बार 1558 में गढ़ा आए तब रानी ने न केवल उनका भव्य स्वागत किया बल्कि उनसे दीक्षा ली और 108 ग्राम दान में दिए। दक्षिण में जो तैलंग ब्राह्मण गुसाईं जी के साथ गढ़ा आए थे उन्हें गढ़ा के आसपास बसने की रानी ने सहर्ष अनुमति दी क्योंकि गुसाईं जी ने सभी 108 ग्राम उन ब्राह्मणों को दान में दिए थे। राधाकृष्ण की भक्ति के पोषक इस सम्प्रदाय के स्वामी चतुर्भुजदास ने भी गढ़ा में अनुकूल वातावरण पाकर वहाँ एक मंदिर की स्थापना कर डाली। यह मंदिर आज भी गढ़ा के पंचमठा के क्षेत्र में विद्यमान है।

रानी दानशीला भी थी। गुसाईं विट्ठलनाथ को उसने 108 ग्राम दान में दिए यह ऊपर बताया जा चुका है। एक जनश्रुति के अनुसार रानी ने नरहरि महापात्र को विशाल राशि दान में दी।

रामनगर शिलालेख[82] में रानी दुर्गावती की पारम्परिक ढंग से प्रशंसा की गई है। 'गढ़ेशनृपवर्णनसंग्रहश्लोका:'[83] नामक परवर्ती कृति में केशव दीक्षित दुर्गावती के समय के गढ़ा-राज्य की तीन विशेषताएं इस प्रकार बताता है :

उर्वरा सर्वतो भूमिः मध्यतो नर्मदा नदी।
विज्ञा दुर्गावती राज्ञी गढ़ाराज्ये त्रयोगुणाः।।

चारों ओर उपजाऊ भूमि है, बीच में नर्मदा नदी है और विदुषी दुर्गावती वहाँ की रानी है।

संदर्भ

1. गढ़ेश, स्लीमेन, कनिंघम और वार्ड उसके राज्यारोहण की तिथियाँ क्रमशः 1568, 1532, 1530 एवं 1563 ई. देते हैं जो त्रुटिपूर्ण हैं। परिशिष्ट छह की तालिका देखिए।
2. प्रोसीडिंग्ज ऑफ इण्डियन हिस्ट्री कांग्रेस, 28, 1959, पृ. 262-3 तथा बालचन्द्र जैन, उत्कीर्ण लेख, 1961 फलक 57 (ख)
3. वीरभानु की मृत्यु 1540 ई. में हुई (आ. स. रि. 21, पृ. 111 और शास्त्री, मे. आ. स. ई., 21, पृ. 14), अतः रामचन्द्र 1540 ई. में सत्तारूढ़ हुआ। रीवा स्टेट गैजे. 4, पृ. 14, वीरभानु की शासनावधि 1540 ई. से 1555 देती है, जो गलत है।
4. श्लोकाः, श्लोक 3, पृ. 260
5. आ. स. रि., नौ, पृ. 49-50, हीरालाल लिस्ट, पृष्ठ 55-56.
6. श्लोकाः, श्लोक 3, पृ. 260
7. बिलासपुर जिला गैजेटियर, 1910, पृ. 332
8. अकबरनामा, दो पृ. 326
9. रामनगर शिलालेख, श्लोक 19, हाल, पृ. 14 और गढ़ेश श्लोक 31, पृ. 195 में तीन वर्ष दिया गया है। मिराशी, संशोधन मुक्तावलि, भाग चार, पृ. 181
10. स्लीमन, गढ़ेश, वार्ड ओर कनिंघम दलपतशाह को अठारह वर्ष का शासन देते हैं एवं उसकी मृत्यु-तिथि क्रमशः 1550 ई. 1568 ई. 1581 ई. और 1548 ई. में रखते हैं। परिशिष्ट छह की तुलनात्मक तालिका देखिए।
11. प्रो. इ. हि. का., 28वाँ अधिवेशन, 1959, पृ. 262-63
12. ए. भं. ओ. रि. ई. अट्ठाईस, पृ. 260, श्लोक 3
13. वा. वि. मिराशी, संशोधन मुक्तावलि (भाग चौथा), 1961, पृ. 178-82. शिलालेख के पाठ के लिए देखिये परिशिष्ट तीन।
14. तत्वचिंतामणि, सरस्वती सदन प्रति, क्र. 78, भाग 1, पृष्ठ 4 सम्पादक पं. सूर्यनारायण शुक्ल (सुभद्र झा द्वारा सर्वदेशवृत्तांतसंग्रह की भूमिका, पृष्ठ 10 में उद्धृत)।
15. करमबेलकर, ज. ए. सो. बं. 19, 2, 1953, पृ. 140, श्लोकाः, पृष्ठ 262 के केशव को भावे पहचान नहीं पाए हैं। ये केशव लौगाक्षि ही थे।
16. श्लोकाः, श्लोक 1-3, पृ. 260, भावे, ए. भं. आ. रि. इ., 28, पृ. 249 में कहते हैं कि इनके द्वारा रचित केवल पहला श्लोक है, जबकि उनके मतानुसार श्लोक 2 और 3 भी उनका माना जा सकता है।
17. पाठक, पृ. 13
18. प्रोसीडिंग्ज ऑफ इण्डियन हि. कां., 28, 1959, पृ. 262-3 तथा बालचन्द्र जैन, उत्कीर्ण लेख, 1961 फलक 57 (ख)। ताम्रपत्र के छायाचित्र और पाठ के लिए देखिये परिशिष्ट तीन।
19. श्लोकाः पृ. 260

20. हाल, पृ. 14 श्लोक 19, 6
21. गढ़ेश, श्लोक 13, पृ. 195
22. अकबरनामा दो, पृ. 326
23. केवल पाठक, पृ. 13 में इसका उल्लेख है।
24. ग्राण्ट, सी. पी. गैजेटियर, 1870, पृ. 143
25. अकबरनामा दो, पृ. 326. रामनगर शिलालेख, श्लोक 19, हाल, पृ. 14 और गढ़ेश, श्लोक 31, पृ. 195 भी देखिए।
26. वही, पृ. 327
27. रीवा गैजेटियर, चार, पृ. 14
28. ग्राण्ट, सी. पी. गैजेटियर, 1870, पृ. 91 और बिलासपुर डिस्टिक्ट गैजेटियर, 1910, पृ. 36
29. कानूनगो, वही, पृ. 336-40
30. अकबरनामा, दो, पृ. 325 और बदायूँनी (लो), दो, पृ. 65
31. वही, पृ. 327
32. तबकात-ए-अकबरी, इलियट और डाउसन, जिल्द पाँच, पृष्ठ 244
33. फरिश्ता, चार (1829), पृ. 277, फरिश्ता गलती से दुर्गावती को रायकृष्ण सिंह की विधवा कहता है। अकबरनामा दो, पृ. 327 और तबकात-ए-अकबरी, जिल्द तीन, भाग 3, पृ. 330 भी देखिए।
34. कटारे, प्रोसीडिंग्ज ऑफ इण्डियन हिस्ट्री कांग्रेस, छत्तीस, 2 और 3, 1960, पृ. 95-96
35. भावे, ए. भा. आ. रि. इ., 28, पृ. 251, 262
36. शुक्ल, रविशंकर शुक्ल अभिनंदन ग्रन्थ, पृ. 46
37. पाठक, पृ. 14-15
38. अग्रवाल, गढ़ा-मण्डला के गोंड राजा, पृ. 59
39. सर्वदेशवृत्तांतसंग्रह, सं. सुभद्र झा, पृ. 10
40. सर्वदेशवृत्तांतसंग्रह की भूमिका, पृ. 10, पादटि., 2
41. यह मुझे श्री रमेशदत्त पाठक (1391 नेपियर टाउन, जबलपुर) के पास प्राप्त एक पांडुलिपि में मिला है। श्री पाठक, मण्डला के एक मैथिल परिवार के हैं। 'गढ़ा-मण्डला का पुरातन इतिहास' के लेखक स्व. गणेशदत्त पाठक इनके पिता थे। विरासत में प्राप्त इस पांडुलिपि में अनेक हस्तलिखित पुस्तिकाएँ और पृष्ठ अव्यवस्थित ढंग से संग्रहित हैं। सम्भवतः अनेक लोगों द्वारा समय-समय पर लिखित कागजातों को एक जिल्द में संग्रहित कर लिया गया है। एक अंश के अन्त में संवत् 1840 (1783 ई.) अंकित है।
42. भावे, श्लोकाः 28, पृ. 250
43. सर्वदेशवृत्तांत संग्रह की भूमिका में संपादक सुभद्र झा
44. मिथिला तत्व विमर्श, उत्तरार्द्ध, पृ. 7-8
45. सर्वदेशवृत्तांतसंग्रह (संपादक सुभद्र झा), भूमिका पृ. 13. बिहार थ्रू दि एजेज, पृ. 441, पर इसमें रघुनंदन राय को रघुनाथ राय लिखा है।
46. क्यू. अहमद, इ. हि. रि. प्रो., जिल्द छब्बीस, भाग 2, फरवरी 1961
47. मिथिला दर्पण, पृ. 72, पुस्तक फटी होने के कारण लेखक तथा प्रकाशन वर्ष की जानकारी नहीं है।
48. भावे, श्लोकाः, पृ. 250
49. हिन्दी विश्वकोष, सं. बसु. 28, पृ. 574
50. दो सौ बावन वैष्णवन की वार्ता, क्र. 242, पृ. 484-486. टण्डन, वार्ता साहित्य, पृ. 552 इसे गलत समझ बैठे हैं। जिस भ्रमण का वे उल्लेख यहाँ करते हैं वह वस्तुतः बाद का भ्रमण है, जिसका उल्लेख आगे है।

51. पदमाकर, सं. विश्वनाथ प्रसाद, पृ. 484-486
52. वीरकाव्य, सं. उदयनारायण तिवारी, पृ. 458 भी देखिये।
53. श्लोकाः, श्लोक 20, पृ. 263 श्लोक के रचयिता तारेश का समय ज्ञात नहीं है।
54. अकबरनामा दो, पृ. 327. मासिर उल उमरा, प्रथम, पृ. 37
55. वान नोर की कृति के अंग्रेजी अनुवाद की भूमिका, पृ. 37
56. स्मिथ, अकबर द ग्रेट मुगल, पृ. 51
57. इब्न हसन, सेन्ट्रल स्ट्रक्चर ऑफ द मुगल एम्पायर, पृ. 374-8
58. आइन-ए-अकबरी, जिल्द तीन, पृ. 399
59. रविशंकर शुक्ल अभिनन्दन ग्रंथ, पृ. 45
60. आक्रामक अकबर के लिए रामनगर शिलालेख के कवि जयगोविन्द ने प्रशंसासूचक शब्दावलि का प्रयोग किया है—''कालक्रमादकबर क्षिति पुरुहतेन पार्थकल्पेन'' (समय के फेरे से पृथ्वी में इन्द्र जैसे राजा अर्जुनवत् अकबर द्वारा)। यह सम्भवतः इसलिए है कि जिस समय यह लेख उत्कीर्ण किया गया। (1617 ई.) उस समय गढ़ा राज्य और मुगल दरबार के सम्बन्ध सुखद थे। हाल, पृ. 14, श्लोक 24
61. स्लीमेन, ज. ए. सो. बं. 1837, पृ. 628
62. बदायूँनी, मुन्तखब-उत-तवारीख (लो), दो, पृ. 65
63. अकबरनामा दो, पृ. 327
64. अकबरनामा (बैवरिज), जिल्द दो, पृ. 327 और मासिर-उल-उमरा, जिल्द 1, पृ. 37
65. तबकात-ए-अकबरी, इलियट डाउसन, पाँच, पृ. 288
66. फरिश्ता, दो, (ब्रिग्स), पृ. 218
67. पूरा विवरण, अकबरनामा, दो, पृ. 327-31 पर आधारित।
68. बदायूँनी, मुन्तखब-उत-तवारीख (अनु. लो), जिल्द 2, पृ. 65 के अनुसार बीस हजार घोड़े और पदाति एवं सात सौ हाथी, तारीख ए-अल्फी, इलि. डाउ., पाँच, पृ. 169 के अनुसार सात सौ हाथी और बीस हज़ार घोड़े, तबकात-ए-अकबरी, इलि. डाउ., पाँच, पृ. 288 के अनुसार सात सौ हाथी, बीस हजार घोड़े और असंख्य पदाति, फरिश्ता के अनुसार पन्द्रह सौ हाथी और आठ हजार घोड़े तथा पैदल।
69. हाल, श्लोक 25.
70. अकबरनामा, जिल्द दो, पृ. 330-31 पर आधारित
71. मध्य प्रदेश का इतिहास, पृ. 92. पाठक, गढ़ा-मण्डला का पुरातन इतिहास, पृ. 16 भी।
72. श्लोक, 26, हाल, पृ. 8
73. मुन्तखब-उत-तवारीख, लो, दो, पृ. 66
74. 24, जून, 1964 को जबलपुर नगर निगम ने रानी दुर्गावती की 400वीं पुण्यतिथि मनाई थी। जून 24 की तिथि किस आधार पर निश्चित की गई यह नगर निगम के तत्सम्बन्धी प्रकाशनों से स्पष्ट नहीं है। देखिए नगर निगम जबलपुर द्वारा प्रकाशित रानी दुर्गावती, 1965, पृ. 5, 51 और 81
75. अकबरनामा, दो, पृ. 331-2 पर आधारित।
76. इस सम्बन्ध में कुछ अन्य मत भी मिलते हैं जो ग्राह्य नहीं हैं। श्लोकाः श्लोक 24, पृ. 263, वीरनारायण का शासन 22 वर्ष का, और गढ़ेश स्लीमेन, वार्ड तथा कनिंघम 15 वर्ष का देते हैं। लेकिन गढ़ेश, स्लीमेन, वार्ड और कनिंघम वीरनारायण का शासन समाप्त होने की तिथियाँ क्रमशः 1601 ई., 1565 ई. 1596 ई. और 1563 ई. देते हैं, जो त्रुटिपूर्ण हैं। देखिए परिशिष्ट छह की तुलनात्मक तालिका।

77. दुर्गावती और अकबर के मध्य हुए संघर्ष से सम्बन्धित दो लोकगीत आगे के एक अध्याय में दिए गए हैं।
78. रामनगर शिलालेख, श्लोक 18-26, हाल, पृ. 7-8. श्लोकाः, श्लोक 13 से 16 पृष्ठ, 262
79. अकबरनामा (अनु. बैवरिज), जिल्द 2, पृ. 327-8
80. हाल, पृ. 7, श्लोक 22
81. भावसिन्धु, हरिहरनाथ टण्डन, वार्ता साहित्य, पृ. 552
82. श्लोकाः पृ. 262, श्लोक 16
83. हाल, पृ. 7 श्लोक 20 और 21

शक्ति का अवसान और बुंदेला आक्रमण

मुगल अधिपत्य

आसफखाँ को चौरागढ़ में अपरिमित धन प्राप्त हुआ। इस धन ने उसका मस्तिष्क फेर दिया, उसने एक हजार हाथियों में से केवल दो सौ हाथी शहंशाह अकबर को भेजे और सारी मूल्यवान वस्तुएँ अपने पास रख लीं। अबुल फज्ल के शब्दों में, "उसने यह विचार नहीं किया कि ये मोती और जवाहरात भाग्य ने शहंशाह के लिए निर्मित किए हैं और स्वयं को महत्त्वपूर्ण मानकर उसने अपने सम्मान रूपी मस्तक पर विनाश की धूल डाल ली। किन्तु शहंशाह ने इस विश्वासघात पर ध्यान नहीं दिया।"[1] यह वैसी ही स्थिति थी, जैसी मालवा अभियान के समय आधमखाँ ने अकबर के सामने दो वर्ष पहले उपस्थित की थी। आधमखाँ के साथ तो शहंशाह ने अत्यंत कठोरता बरती थी, किन्तु इसके साथ उसने ऐसा नहीं किया। संभवतः इसलिए कि इस समय उसकी सैनिक शक्ति इतनी दृढ़ता से नहीं जम पाई थी कि वह आसफखाँ जैसे अधिकारियों पर अपनी सत्ता प्रभावशाली ढंग से लागू कर सकता।[2]

आसफखाँ ने गढ़ा की सूबेदारी सँभाल ली। अगले साल (1565 ई.) जब साम्राज्य के एक अमीर खान जमान और उसके भाई बहादुर खान ने विद्रोह किया और उस क्षेत्र के जागीरदार मजनूखान ने मानिकपुर में शरण लेकर गढ़ा के सूबेदार आसफखाँ की सहायता माँगी तो आसफखाँ गढ़ा में कुछ सैनिक छोड़कर अपनी जागीर कड़ा की ओर चला। वहाँ उसने चौरागढ़ के कोष को अपने सैनिकों में वितरित किया और उसका कुछ अंश मजनूखान को भी भेजा। जब सम्राट अकबर जौनपुर गया तब आसफखाँ से उसने भेंट की और गढ़ा क्षेत्र में प्राप्त अनेक मूल्यवान चीजें उसे प्रस्तुत की। उसके साथ सम्राट ने कृपापूर्ण व्यवहार किया और उसे विद्रोही खानजमान के विरुद्ध कूच करने का आदेश दिया। इसी समय मुजफरखाँ और उसके साथियों ने ईर्ष्यावश कुछ लोगों को भड़काया कि वे चौरागढ़ में प्राप्त धन के सम्बन्ध में आसफखाँ के विरुद्ध आरोप लगाएं। फलतः आतंकित होकर आसफखाँ अपने भाई वजीरखाँ के साथ गढ़ा-कटंगा की ओर भागा। यह घटना 16 सितम्बर 1565 ई. की है। सम्राट ने शुजातखाँ को आसफखाँ का पीछा करने के लिए नियुक्त किया, किन्तु वह सफल नहीं हुआ और जौनपुर लौट आया।[3]

शासन के दसवें वर्ष (1565 ई.) में मेंहदी कासिमखान को हुसैनखान, खालिद खाँ के साथ तीन हजार या चार हजार सवारों के साथ आसफखाँ के विरुद्ध गढ़ा-कटंगा भेजा गया, किन्तु आसफखाँ गढ़ा में चौरागढ़ चला गया। उसने सम्राट को एक पत्र लिखा जिसमें उसने क्षमा माँगी। किन्तु जब उसके पत्र की प्रतिक्रिया अनुकूल न हुई और सम्राट ने उसे क्षमा प्रदान नहीं की तो उसने विद्रोही खानजमान को एक पत्र लिखा और अपने भाई वजीरखाँ के साथ खानजमान से मिलने जौनपुर चला गया। खानजमान ने बहादुरखान के साथ आसफखाँ को एक अभियान में भेजा, किन्तु आसफखाँ बहादुर खान का साथ छोड़कर गढ़ा की ओर चला गया। उसका पीछा बहादुरखान ने किया। एक युद्ध में आसफखाँ की पराजय हुई और वह बहादुरखान द्वारा बन्दी बना लिया गया। वजीरखान ने जब इसका समाचार सुना तो उसने अचानक हमला करके आसफखाँ को छुड़ा लिया। इसके पश्चात् दोनों भाई गढ़ा गए। अगले वर्ष (1566 ई.) जब अकबर मिर्जा हकीम के विरुद्ध जाते समय लाहौर में ठहरा तो आसफखाँ का भाई वजीरखाँ सम्राट से मिला। उसने अपने और अपने भाई के कार्यों के लिए क्षमा माँगी। उन्हें न केवल क्षमा मिली बल्कि उन्हें आदेश दिया गया कि वे कड़ा-मानिकपुर की रक्षा के लिए मजनूखाँ से मिलकर काम करें।[4]

उधर मेहदी कासिम खाँ जब आसफखाँ को कैद नहीं कर सका तो वह लौट पड़ा और गढ़ा की व्यवस्था सँभालने में लग गया। सारा प्रदेश उसने सरलता से अधिकृत कर लिया और उसे विभिन्न जागीरदारों को सौंप दिया। गढ़ा प्रदेश बहुत विस्तृत था और रानी दुर्गावती की मृत्यु के बाद वहाँ बड़ी अव्यवस्था फैल गई थी। कासिमखाँ में इतनी योग्यता नहीं थी कि वह इस प्रदेश में फिर से व्यवस्था कर पाता। वह उस वर्ष के मध्य में बहुत निराश हो गया और बिना सम्राट की अनुमति लिए दक्कन होते हुए रियाज को रवाना हो गया। वहाँ से ईराक होकर कंदहार चला गया।[5] ऐसा लगता है कि दुर्गावती और वीरनारायण की मृत्यु के पश्चात् गोंड राजवंश एकदम पृष्ठभूमि में चला गया क्योंकि फारसी इतिहास-ग्रंथों में दुर्गावती के तुरन्त बाद के उत्तराधिकारियों के नाम नहीं मिलते पर हमें 1564 ई. से 1587 के बीच गढ़ा में नियुक्त किये गए या गढ़ा भेजे गए कुछ मुगल अधिकारियों का उल्लेख मिलता है।

मेहदी कासिम खान के पश्चात् 1566-67 ई. में 500 के मंसबदार शाह कुली खान नारंगी और पाँच हजार के मंसबदार काकर अली खान चिश्ती को गढ़ा भेजा गया। आइन-ए-अकबरी में यह उल्लेख नहीं मिलता कि उनमें से किसे किस हैसियत से भेजा गया। पर उनमें काकर का मंसब ऊँचा होने से अनुमान लगाया जा सकता है कि काकर अली खान को गढ़ा का प्रशासक बनाकर भेजा गया और नारंगी को उसके सहायक के रूप में।[6] काकर अली खान कब तक गढ़ा में रहा इसका उल्लेख नहीं मिलता, पर आइन-ए-अकबरी के अनुसार शासन के बीसवें वर्ष (1575-76 ई.) में

2000 के मंसबदार राय सुर्जन हाड़ा को गढ़ा के प्रभार से स्थानांतरित करके चुनार भेज दिया गया।[7] राय सुर्जन हाड़ा के बाद 4000 का मंसबदार सादिक खान गढ़ा का प्रशासक बनाया गया।[8] 1577-78 ई. में उसे शाही आदेशानुसार बुन्देला राजा मधुकर का दमन करने हेतु रवाना होना पड़ा।

1581 ई. में विद्रोही नियाबतखान ने गढ़ा पर आक्रमण किया और लूटमार करने लगा। तब सम्राट ने इस्माइल कुलीखान को उसके दमन के लिए भेजा।[9] फिर आइन-ए-अकबरी में उल्लेख मिलता है कि तीन हजार के मंसबदार बाकीखान की मृत्यु 1585-86 में गढ़ा के सूबेदार के रूप में हुई। बाकीखान के बाद गढ़ा के सूबेदार के रूप में किसकी नियुक्ति की गई इसका उल्लेख नहीं मिलता। यह अवश्य उल्लेख मिलता है कि उसके बाद खान-ए-आजम अजीज कोका को गढ़ा और रायसेन के अभियान में भेजा गया और उसके साथ 900 का मंसबदार मीर जमालुद्दीन हुसैन भी भेजा गया। फिर 1587-88 में दो हजार के मंसबदार शाहमखाँ को गढ़ा भेजे जाने का उल्लेख मिलता है।[10] शाहमखाँ किस हैसियत से और किस काम से गढ़ा भेजा गया था यह स्पष्ट नहीं है।

गढ़ा सरकार

गढ़ा-राज्य की विजय के उपरान्त उसकी नवीन व्यवस्था मुगल प्रशासन के अन्तर्गत की गई। राज्य के अन्तर्गत जो प्रदेश थे उन्हें मालवा के सूबे की विभिन्न सरकारों के अन्तर्गत रखा गया। आइन-ए-अकबरी[11] से ज्ञात होता है कि अधिकांश क्षेत्र मालवा सूबे में गढ़ा सरकार के अन्तर्गत रखा गया, जिसमें 57 महाल थे। इनका विवरण आगे दी गई सारणी में दिया गया है। अन्तिम कॉलम में मैंने यह बताने का प्रयास किया है कि ये कहाँ स्थित हैं।

गढ़ा राज्य के धामौनी और खिमलासा तथा भोपाल के आसपास का इलाका रायसेन सरकार में, मकड़ाई के आसपास का इलाका हण्डिया सरकार में और एरन तथा इटवा चन्देरी सरकार में रखे गए।

आइन-ए-अकबरी[12] में ही बरार के सूबे के वर्णन के अन्तर्गत उल्लेख है कि गढ़ा जिस अधिकारी के अन्तर्गत था उसे 'मर्जबान' कहा जाता था। मर्जबान की स्थिति के सम्बन्ध में विल्स[13] का यह अनुमान ठीक लगता है कि मर्जबान का अर्थ सीमांत प्रदेश का अधिकारी या सैन्याधिकारी (लार्ड ऑफ दि मार्च) था। विल्स का कथन है कि जबकि हंडिया और गढ़ा दोनों मालवा की सरकारें थीं, फिर भी गढ़ा के लिए जो अलग से मर्जबान विशेषण का प्रयोग किया गया है वह बताता है कि गढ़ा के इस अधिकारी का पद कुछ विशिष्ट था, सम्भवतः इसलिए कि गढ़ा की दुर्गम एवं अस्थिरता के कारण वहाँ विशेष अधिकारी की नियुक्ति की आवश्यकता आ पड़ी होगी।

कुल 57 महाल, राजस्व 10,077,080 दाम, जाति गोंड, घुड़सवार 5,495, पैदल सेना 254,500

	बीघा	राजस्व	सयूरगाल	घुड़सवार	पैदल	हाथी	जातियाँ	पहचान
अमोदगढ़ में एक पहाड़ी पर ईंट का किला है	...	239,000	...	...	...	...	गोंड	जबलपुर जिले में
बारी और बनगर, 2 महाल	...	485,000	...	5	200	...	गोंड	रायसेन जिले में
भटगाँव	...	400,025	...	50	1000	...	गोंड	
बाढ़, साना और झामाहर, 3 महाल	...	395,000	...	200	4,000	...	गोंड	
ब्यावर और नेजली, 2 महाल	...	300,000	...	...	...	...	गोंड	
बखराह	...	238,000	...	100	10,000	...	गोंड	
बनाकर, अमरेल, 2 महाल। पत्थर का एक किला है	...	140,000	...	150	10,000	...	गोंड	
बाबई	...	82.000	...	100	10,000	...	गोंड	होशंगाबाद जिला में
बैरागढ़ में एक मजबूत किला है	...	45,000	...	15	200	...	गोंड	चांदा जिला में
चाँदपुर, चन्देरी, 2 महाल	...	39,000	...	5	...	...	गोंड	गुना जिले में
जेतगढ़, भलदेवी और उपनगर, जिला, 3 महाल	...	12.000	...	400	30,000	...	गोंड	
जेठा (चेतिया)	...	12,000	...	100	1,000	...	गोंड	ब्राह्मण
दमोदा	...	1,355,000	...	10	500	...	गोंड	दमोह
धामेरी (धमारी) और धमेरा, 2 महाल	...	49,000	...	10	200	...	गोंड	
देवगाँव	...	25,000	...	20	1,000	...	गोंड	मण्डला जिला में
देवहार, हरभट, 2 महाल	...	18,000	...	20	1,000	...	गोंड	डिंडोरी जिला में
दरकरा	...	18,000	...	10	200	...	गोंड	

(शेष अगले पृष्ठ पर)

रतनपुर और पड़हार, 2 महाल	...	613,000	...	10	...	...	गोंड	
रानगढ़	...	400,000	...	200	10,000	...	गोंड	
रानगढ़ और सारंगपुर (सिंगारपुर) 2 महाल	...	1,055,000	...	10	200	...	गोंड	
रसूलिया	...	12,000	...	200	5,000	...	गोंड	होशंगाबाद के पास
सीतलपुर	...	75,000	...	...	...	...	गोंड	गढ़ा के अन्तर्गत उल्लेख
शाहपुर, चौरागढ़, 2 महाल, एक मजबूत किला है	...	350,000	...	100	1,000	...	गोंड	नरसिंहपुर जिला में
गढ़ा और उपनगर, जिले में एक मजबूत किला है	...	1,857,000	...	500	8,000	...	गोंड	जबलपुर के पास
केदारपुर इत्यादि 12 महाल	...	121,000	...	500	50,000	...	गोंड	सिवनी जिला में
खटोला	...	1,626,000	...	500	10,000	...	गोंड	जबलपुर जिला में
लांजी, करोला, डुंगरोला, 3 महाल	...	1,000,000	...	200	20,000	...	गोंड	बालाघाट जिला में
मण्डला	...	352,000	...	100	1,000	...	गोंड	मण्डला
हररिया (देवगढ़, 2 महाल, पहाड़ी पर लकड़ी का एक किला है	...	900,000	...	1500	50,000	...	गोंड	छिंदवाड़ा जिला में

इन मंसबदारों की नियुक्ति वास्तव में तात्कालिक आवश्यकता की पूर्ति के उद्देश्य से की गई थी और गढ़ा को एक अलग प्रशासकीय इकाई के रूप में रखा गया। किन्तु वहाँ की अस्थिरता के कारण कोई प्रशासकीय परिवर्तन नहीं किये जा सके और समय की आवश्यकता और अपने साधनों की सीमा दृष्टिगत रखते हुए सम्राट ने स्थानीय सरदारों की सत्ता बनाए रखी। अबुल फज्ल स्वयं लिखता है कि "आज भी अनेक राजागण विद्यमान हैं। उदाहरणार्थ– गढ़ा का राजा, गरोला का राजा, हरया का राजा, सलवानी का राजा, दनकी का राजा, खटोला का राजा, मुगदा का राजा, मण्डला का राजा, देवहार का राजा, लांजी का राजा।"[14] इन राजाओं की सत्ता स्वीकार करके उन्हें अधीनस्थ बनाने मात्र से ही मुगल बादशाह का नियंत्रण स्थापित हो गया।

गढ़ा स्थित मुगल मंसबदारों को स्थानीय आर्थिक व्यवस्था में कोई विशेष रुचि नहीं थी। उन्हें केवल वहाँ से कर उगाहने और वहाँ के स्थानीय जमींदारों और अधीनस्थ राजाओं पर नियंत्रण रखने से मतलब था। यह कार्य वे अपने पास की सेना से बखूबी पूरा कर लेते थे। आवश्कता पड़ने पर वे भीतरी भागों में सेना लेकर अभियान भी करते थे। यह कहना कठिन है कि गढ़ा राज्य के निवासियों की स्थिति में अकबर की विजय से क्या परिवर्तन हुआ। चूँकि मुगल बादशाह ने आन्तरिक प्रशासन में हस्तक्षेप नहीं किया इसलिए ऐसा अनुमान है कि मुगल विजय के बाद जनता की स्थिति में कोई विपरीत परिवर्तन नहीं हुआ।

सन् 1587-88 ई. के पश्चात् गढ़ा में मुगल सूबेदारों की नियुक्ति का उल्लेख नहीं मिलता और हमें इसके पश्चात् गढ़ा के शासकों के नामों का उल्लेख समकालीन फारसी इतिहास ग्रन्थों में मिलने लगता है। स्पष्ट है कि दुर्गावती की पराजय के बाद लगभग पच्चीस साल तक गढ़ा प्रदेश के लिए मुगल सूबेदारों की नियुक्ति होती रही और फिर गढ़ा के राजाओं को ही अधीनस्थ मानकर गढ़ा प्रदेश का शासन उन्हें सौंप दिया गया। यह अचानक ही नहीं हुआ। दुर्गावती के तुरन्त बाद के उत्तराधिकारियों को अपनी अपमानजनक स्थिति से उठकर मुगल सूबेदारों से मुक्त होने में करीब पच्चीस साल लगे। इन पच्चीस वर्षों में दो शासक हुए जो नाममात्र के थे–चन्द्रशाह और मधुकरशाह।

चन्द्रशाह

दलपतिशाह का अनुज चन्द्रशाह वीरनारायण का उत्तराधिकारी हुआ। चन्द्रशाह के सम्बन्ध में रामनगर शिलालेख और गढ़ेशनृपवर्णनम् में परम्परागत प्रशस्ति दी गई है।[15]

स्लीमेन और पाठक लिखते हैं कि आसफखाँ की वापसी के बाद दलपतिशाह के भाई चन्द्रशाह को गढ़ा राज्य का शासक मान लिया गया और इस मान्यता के बदले में उसने बादशाह को दस गढ़ सौंपे। ये गढ़ थे–रायसेन, कारूबाग, कुरवाई, भोपाल,

भौरासो, गढ़गुनौर, बारीगढ़, चौकीगढ़, राहतगढ़ और मकड़ाई। कुछ ऐसा ही वर्णन गढ़ेशनृपवर्णनसंग्रहश्लोकाः में किया गया है।[16]

अकबरनृपपेशाक्रांतराज्यंहिज्ञात्वा
दिसचिवमतिसज्जश्वागतौदेवदुर्गात्।
तदथबलमहोग्रं बाहुवीर्येण जित्वा
सपदिसचिवहस्ता घौचरद्वान नीति।। 126।।
कुर्वायचौकीगड़रायसेनं भोपाल भोरास गुनौर दारीं।
मर्कायिकालोपवनं सरातं दिल्ली धनंचार्प्येनिरामयोभूत।। 27।।

इसमें कुर्वाई, चौकीगढ़, रायसेन, भोपाल, भौरास, गुनौर तो स्पष्ट है पर दारी को बारी (गढ़) और मर्कायिकालोपवनंसरातं को मकड़ाई, कालोपवन (काला उपवन या कारूबाग) तथा रात (राहतगढ़) अनूदित किया जा सकता है।

जैसा कि हम पहले चर्चा कर चुके हैं, ऊपर की मान्यता कपोल-कल्पित नहीं मानी जा सकती। मुगल बादशाह से चर्चा करने हेतु सम्भवतः चूरामन वाजपेयी को मुगल राजधानी भेजा गया।[17] ऐसा लगता है कि ये नरई के विनाशकारी युद्ध के बाद भी जीवित रहे क्योंकि अबुल फ़ज़्ल दुर्गावती के साथ मृत प्रमुख व्यक्तियों की सूची में इनके नाम नहीं देता। चन्द्रशाह को मात्र वीरनारायण का उत्तराधिकारी माना गया होगा और उसे गढ़ा-राज्य का कुछ हिस्सा उसे दे दिया गया होगा। कहने की जरूरत नहीं कि उसका इलाका मालवा सूबे की गढ़ा सरकार का हिस्सा था।

स्लीमेन और कनिंघम चन्द्रशाह के शासन के बारह वर्ष देते हैं जो युक्तिसंगत लगता है।[18] तदनुसार चन्द्रशाह लगभग 1576 ई. तक सत्तारूढ़ रहा। चन्द्रशाह की मृत्यु स्वाभाविक रूप से नहीं हुई थी। मदनमहल में उसकी और उसके बड़े पुत्र की हत्या करके छोटा मधुकरशाह सिंहासनासीन हुआ, ऐसा उल्लेख पाठक करते हैं।[19] गढ़ेशनृपवर्णनसंग्रहश्लोकाः[20] में कवि विट्ठल दीक्षित यह अवश्य कहता है कि मदनमहल में खड्ग से चन्द्रशाह की हत्या हुई :

रसशशिसमभोगं प्रापभूपोगडायां,
रिपुगणभयहीनौ भीमकल्पौङगशक्तिः।
मदनसदन मध्ये प्राप यः खङगमृत्यु,
हरिपदममलौगाच्चंद्रसाडिर्गदेश ।। 30।।

गढ़ेशनृपवर्णनम्[21] में मधुकरशाह द्वारा किए गए किसी पाप का उल्लेख है जो सम्भवतः इसी हत्या की ओर इशारा करता है। सम्बन्धित श्लोक इस प्रकार है :

नृपमधुकरसाहिः पाप भूपो गढ़ायां,
कलुष मलिनदेहोष्टद्विवर्ष व्यतीत्य।
अदहदनुभतायांशुष्कबोर्धेपायां,
त्रिद्रिवजसुखमीप्सुउद्दहियामसदेहस् ।।33।।

यह कहना कठिन है कि वह और उसका बड़ा पुत्र क्यों लोकप्रिय नहीं थे और छोटे पुत्र मधुकरशाह ने क्यों उन दोनों की हत्या की? कुछ और साक्ष्य न होने की स्थिति में यही कहा जा सकता है कि सम्भवतः राज्यलिप्सा ने ही मधुकरशाह को इस जघन्य कृत्य के लिए प्रेरित किया था।

चन्द्रशाह महत्त्वाकांक्षी नहीं था और अपने अग्रज दलपतिशाह की मृत्यु के उपरान्त उसने अपने अल्पायु भतीजे वीरनारायण को सिंहासन के अधिकारी के रूप में और भाभी दुर्गावती को शासक की संरक्षिका के रूप में शांति से स्वीकार कर लिया। उसने सदैव दुर्गावती को अपना समर्थन और सहयोग दिया। यदि दलपति से उसे पाँच वर्ष छोटा माना जाए तो मृत्यु के समय उसकी आयु कम से कम 55-56 वर्ष की थी।

मधुकरशाह

चन्द्रशाह की हत्या के उपरान्त उसका छोटा पुत्र मधुकरशाह शासक हुआ।[22] मधुकरशाह के राज्याभिषेक के समय हुए एक विवाद का उल्लेख मिलता है। जब मधुकरशाह ने राजपुरोहित दामोदर ठाकुर से राज्याभिषेक करने का आग्रह किया तो दामोदर ठाकुर ने पितृघाती राजा का राज्याभिषेक करने से इंकार कर दिया। फलतः रुष्ट होकर राजा ने उनकी बारह हजार सालाना की माफी बंद कर दी। तब दामोदर ठाकुर अपने भाई के पास दरभंगा चले गए और मृत्युपर्यन्त वहीं रहे।[23] दामोदर ठाकुर को अपदस्थ करके राजा ने माधव पाठक को पुरोहित और मंत्री का पद दिया और उसी से राज्याभिषेक भी करवाया। पुरस्कार के रूप में माधव पाठक को राजा ने वाजपेयी यज्ञ करने का खर्च दिया और उसी दिन से वे वाजपेयी कहलाने लगे।[24] उल्लेखनीय है कि माधव पाठक से वीरनारायण के समय भी वाजपेयी यज्ञ कराया गया था।

स्लीमेन मधुकरशाह से सम्बन्धित एक विशेष घटना का उल्लेख करते हैं। उनके अनुसार मधुकरशाह इस वंश का पहला शासक था, जो सम्मान प्रकट करने हेतु दरबार में गया।[25] यदि यह सच है तो यह भ्रमण महत्त्वपूर्ण कहा जा सकता है क्योंकि दुर्गावती की मृत्यु के बाद गढ़ा के राजाओं की जो स्थिति गौण हो गई थी, उसमें परिवर्तन लाने के लिए ही सम्भवतः मधुकरशाह ने यह भ्रमण किया होगा। इसमें उसे कुछ सफलता भी मिली होगी क्योंकि अगले शासक प्रेमनारायण के समय गोंड शासकों की स्थिति में कुछ परिवर्तन आया यह आगे के इतिहास से स्पष्ट है। मधुकरशाह के समय की एक अत्यन्त गौण घटना[26] का उल्लेख मिलता है। राजा ने अपने आचार्य चूड़ामणि को अपने जन्मदिवस के उपलक्ष्य में पवियी नामक ग्राम दान में दिया।

उल्लेख मिलता है कि मधुकरशाह ने आधुनिक शहडोल जिले में स्थिति सिंहवाड़ा, धरहर, मुण्डा, बसही, मनोरा और गिरारी को अधिकृत किया।[27] बघेलखण्ड के किसी भाग पर अधिकार होने का यह पहला उल्लेख है।

मधुकरशाह की मृत्यु 1594 ई. के पहले हुई यह निश्चित है क्योंकि आमोदा के सतीलेख के आधार पर 1594 ई. में प्रेमशाह गढ़ा राज्य का शासक बन चुका था।[28] भावे मधुकरशाह की मृत्यु तिथि 1586 ई. मानते हैं, जो ठीक प्रतीत होती है।[29] मधुकरशाह की मृत्यु के सम्बन्ध में उल्लेख मिलता है कि उसने मण्डला के पास देवग्राम (देवगाँव) नामक स्थान में एक पीपल के वृक्ष की खोह में बैठकर वृक्ष में आग लगवाकर प्रोणोत्सर्ग किया।[30] यह किस कारण हुआ यह स्पष्ट नहीं है। या तो किसी शारीरिक कष्ट के कारण या सम्भवतः पिता और भाई की हत्या का प्रायश्चित करने के लिए उसने ऐसा किया। दूसरी ओर यह भी उल्लेख मिलता है कि वह अंतिम दिनों में काशी चला गया–'काशीमगाद्योनृपवन्नृपांते।'[31]

जहाँ तक मधुकरशाह के अधिकारियों का प्रश्न है, अन्य किसी जानकारी के अभाव में पाठक[32] का ही कथन स्वीकार्य है कि आधार सिंह कायस्थ की मृत्यु के उपरान्त उनका दौहित्र दीवान हुआ। उसके बाद ध्रुमांगद कुर्मी दीवान हुआ। आधार के दौहित्र का नामोल्लेख वे नहीं करते। माधव वाजपेयी (पाठक) पुरोहित थे।

मधुकरशाह के पीतल के दो चौकोर सिक्के मिले हैं जो संवत 1664 (1607 ईस्वी) के हैं। इनके एक ओर नागरी लिपि में श्रीकृष्ण श्री मधुकर शाह और दूसरी ओर नागरी लिपि में गढ़ागढ़, 1664 और फारसी लिपि में मधुकरशाह लिखा है।[33]

देवगढ़ का राजा जाटबा

जैसा कि लिखा जा चुका है, दुर्गावती की पराजय के उपरान्त भी गढ़ा-मण्डला क्षेत्र में गढ़ा के राजा के अतिरिक्त अन्य राजागण भी थे। जैसे गरोला का राजा, हरया का राजा, सलवानी का राजा, दनकी का राजा, खटौला का राजा, मुगदा का राजा, मण्डला का राजा, देवहार का राजा, लांजी का राजा।[34] इनमें से हरयागढ़ (जिला छिन्दवाड़ा, म. प्र.) के राजा की सत्ता के विकास के प्रमाण मिलते हैं। जिस क्षेत्र में पहले केवल गढ़ा के राजा की तूती बोलती थी, अब उस क्षेत्र में हरयागढ़ का राज्य भी एक प्रतिद्वंदी के रूप में आ गया। आगे आने वाले दशकों में हरयागढ़ या देवगढ़ का राज्य उत्तरोत्तर उन्नति करता गया और एक लम्बे समय तक उसने गढ़ा की सत्ता को आच्छादित-सा कर लिया। सत्रहवीं सदी के उत्तरार्द्ध में तो स्थिति यहाँ तक पहुँच गई कि जहाँ फारसी अखबारात में गढ़ा के राजा का कहीं उल्लेख नहीं आता है वहाँ देवगढ़ के राजाओं का नाम कई बार आया है, वास्तव में देवगढ़ राज्य का उत्थान गढ़ा की निर्बलता से उत्पन्न शून्य का परिणाम था।

1578 ई. में हरयागढ़ या देवगढ़ में तुलोबा नामक शासक सत्तारूढ़ था।[35] उसके उपरान्त जाटबा शासक हुआ क्योंकि अबुल फ़ज़्ल अकबर के शासन के अट्ठाईसवें वर्ष (1584 ई.) में मालवा के एक बड़े जमींदार जाटबा पर मुहम्मद जमान के आक्रमण का उल्लेख करता है, जिसमें आक्रान्ता मारा गया। अबुल फ़ज़्ल

आक्रान्ता के मूर्खतापूर्ण कदम की आलोचना करता है, क्योंकि जाटबा ने सेवा का आश्वासन पहले ही दे दिया था।[36] वास्तव में हरयागढ़ 1564 ई. से ही अकबर का करद था।

आइन-ए-अकबरी में जाटबा को डेढ़-दो हजार घुड़सवारों, पचास हजार पैदल और सौ हाथियों का स्वामी बताया गया है।[37] जाटबा का शासन 1620 ई. तक रहा और उसका उत्तराधिकारी दलशाह हुआ।[38] जाटबा और दलशाह दोनों गढ़ा के शासक प्रेमशाह के समकालीन थे।

प्रेमशाह

मधुकरशाह के पश्चात् प्रेमशाह गढ़ा का राजा हुआ। इसे प्रेमनारायण भी कहा गया है। प्रेमशाह 1586-87 में सत्तारूढ़ हुआ।[39] उसके नाम का सन् 1594 ई. का एक सती लेख[40] जबलपुर जिला के अमोदा नामक स्थान में मिला है। इस सती लेख में उसे 'महाराजाधिराज' कहा गया है और लेख के अनुसार अमोदा का शासक कृष्णराय प्रेमशाह के अधीन था। इसमें ज्ञात होता है कि सन् 1594 ई. तक गढ़ा के राजवंश ने अपनी खोई हुई स्थिति का कुछ अंश अवश्य प्राप्त कर लिया था। तीस वर्षों के अवसान के पश्चात् अब गढ़ा के भाग्य ने कुछ करवट ली थी।

प्रेमशाह के शासन के साथ ही मुगल मंसबदारों का उल्लेख बंद हो जाता है। उनके सन्दर्भ में हमें 1586 ई. के बाद जानकारी नहीं मिलती। 1586-87 ई. में खान-ए-आजम अजीज कोका को गढ़ा तथा रायसेन के अभियान में भेजे जाने का उल्लेख मिलता है। उसके साथ 900 का मंसबदार मीर जलालुद्दीन हुसैन भेजा गया।[41] इस अभियान से लगता है कि सम्भवतः प्रेमशाह ने अपनी स्थिति सुदृढ़ करके स्वतंत्र सत्ता की प्रवृत्ति प्रकट की होगी या मुगल दरबार को नियमित कर भेजना बंद कर दिया होगा, जिसके कारण उसके विरुद्ध मुगल सेना का अभियान भेजने की आवश्यकता आ पड़ी होगी। इस अभियान के विस्तृत विवरण तथा उसके परिणाम की जानकारी नहीं मिलती। ऐसा अनुमान है कि इस अभियान के परिणामस्वरूप कोई समझौता अजीज कोका तथा प्रेमशाह के मध्य हुआ होगा।

अपने शासन के 12वें वर्ष (1617 ई.) के अन्तर्गत जहाँगीर अपनी आत्मकथा में लिखता है कि तीर महीने की आठवीं तारीख को गढ़ा के राजा प्रेमनारायण को भी सेवा में उपस्थित होने का सौभाग्य मिला और (उसने) सात नर-मादा हाथी भेंट किए।[42] यद्यपि 1617 ई. के पहले प्रेमशाह के दिल्ली दरबार जाने का उल्लेख नहीं मिलता, किन्तु ऐसा कहा जा सकता है कि सम्भवतः 1605 ई. में जहाँगीर के सिंहासनारोहण के समय वह सम्मान करने के लिए दिल्ली दरबार गया था। प्रेमशाह को सत्तारूढ़ होने के बाद भी लगभग बीस साल गढ़ा और उसके आसपास अपनी स्थिति दृढ़ करने में लग गए होंगे।

उसकी स्थिति दृढ़ देखकर ही जहाँगीर ने उसे मंसबदार बनाया और 23 अगस्त 1617 को "उसका मंसब बढ़ाकर एक हजार जात 500 सवार कर दिया गया और उसके देश में उसे एक जागीर भी दी गई। इस कृपा के बाद प्रेमनारायण लगभग तीन माह मुगल दरबार में रहा और अंत में 27 नवम्बर 1617 को उसे अपनी जागीर में जाने की छुट्टी मिली।"[43] उल्लेख मिलता है कि इसी माह में शाहजहाँ के एक मुख्य सरदार रुस्तम खाँ को गोंडवाना के जमीदारों के विरुद्ध भेजा गया। रुस्तम खाँ 110 हाथी और 1 लाख 20 हजार रुपये उगाह कर दरबार में उपस्थित हुआ। ये जमींदार गोंडवाना के किस क्षेत्र के थे यह स्पष्ट नहीं है।[44]

प्रेमशाह के शासन के समय की एक रोचक घटना उल्लेखनीय है–प्रेमशाह का पुत्र हृदयशाह, जो अच्छा संगीतज्ञ था, प्रेमशाह के साथ मुगल दरबार का भ्रमण करता था। वहाँ उसका प्रेम सुन्दरी देवी नामक एक तवायफ से हो गया और वह उसे लेकर गढ़ा भाग आया। पलायन के समय उसके साथ प्रेमशाह का दीवान कस्तूरी साहनी और पुरोहित कामदेव वाजपेयी भी थे।[45] यह घटना सम्भवतः प्रेमशाह के प्रारम्भिक मुगल दरबार भ्रमण के समय की, अर्थात् 1605 ई. के लगभग की है। कामदेव वाजपेयी माधव वाजपेयी के भाई के पौत्र थे।[46]

गढ़ा में राधावल्लभ सम्प्रदाय

1562-63 ई. में रानी दुर्गावती के समय गोस्वामी विट्ठलनाथ जी के गढ़ा भ्रमण के उपरान्त गढ़ा में राधावल्लभ सम्प्रदाय की निरन्तर उन्नति होती गई और वृन्दावन से इसका सम्पर्क सदैव बना रहा। प्रेमशाह के राज्यकाल में इसके विकास में एक चरण और जुड़ा। इस सम्प्रदाय के एक प्रसिद्ध संत विद्वान चतुर्भुजदास ने गढ़ा में राधावल्लभ सम्प्रदाय के विकास को प्रोत्साहन दिया और उनके प्रयास से इस क्षेत्र में इस सम्प्रदाय की पर्याप्त उन्नति हुई। ये अष्टछाप के चतुर्भुजदास से अलग थे।[47]

स्वामी चतुर्भुज का जन्म गढ़ा में सन् 1528 ई. में हुआ था और निधन 1633 ई. में हुआ था। इनका उल्लेख नाभाजी के भक्तमाल में भी है। जिसमें बताया गया है कि इनका सम्प्रदाय राधावल्लभ था, छाप मुरलीधर थी और इनके गुरु हरिवंश थे तथा जन्म स्थान गोंड देश था।

गायौ भक्ति प्रताप सबहिं दासत्व बढ़ायो
राधावल्लभ भजन अनन्यता वर्ग बढ़ायो
मुरलीधर की छाप कवित अति ही निदूषन
भक्तन की अंध्रिरेनु बहे घाटी सिर भूषन
सत्संगमहा आनन्द में प्रेम रहत भाज्यौं हियौ
हरिवंश चरनबल चतुर्भुज गोंड देश तीरथ कियौ।।

किंतु श्रीभगवतमुदित जी ने अपनी कृति 'रसिक अनन्य माल' में चतुर्भुजदास जी के गुरु का नाम वनमाली लिखा है :

चरण कमल हरिवंश बल वनमाली गुरु आस,
गोंड देश पावन कियो रसिक चतुर्भुजदास।

वनमाली हितहरिवंश जी के ज्येष्ठ पुत्र श्री वनचंदजी का नाम था और गद्दी पर बैठने के बाद उसने अपना नाम बदलकर वनमाली रख लिया था।[48]

स्वामी चतुर्भुजदास जी की कृति 'द्वादश यश' राधावल्लभ सम्प्रदाय की एक महत्त्वपूर्ण पुस्तक है। इसे उन्होंने ब्रजभाषा में सन् 1629 में लिखा। इसमें मूल रूप से भक्ति का प्रतिपादन किया गया और प्रत्येक यश प्रेमलक्षण भक्ति की पुष्टि में लिखा गया प्रतीत होता है। चूँकि ये बुन्देलखण्ड के थे, उनकी भाषा में बुन्देली का पुट भी है।[49] वृन्दावन में प्राप्त सामग्री के आधार पर ज्ञात होता है कि स्वामी चतुर्भुजदास सन् 1553 ई. से सन् 1603 ई. तक धर्मप्रचार करते हुए गढ़ा भी जाते थे। गढ़ा के पंचमठा क्षेत्र में उन्होंने संस्कृत की शिक्षा का केन्द्र बनाया। 1603 ई. (संवत् 1660) में उन्होंने पंचमठा में राधाकृष्ण का एक मंदिर भी बनवाया जो आज भी अच्छी दशा में विद्यमान है।[50]

इस सम्प्रदाय के दूसरे प्रमुख सन्त थे श्री दामोदरदास जी। ये श्री चतुर्भुजदास जी के समकालीन थे। दामोदरदास जी सेवकजी के नाम से विख्यात थे और वृन्दावन के मंदिरों में स्थान-स्थान पर उनकी प्रशंसा में यह पद लिखा है–"श्री राधावर नाम सौं, न वृन्दावन धाम सौं। श्री सेवक सौं सेवक, न गुसाईं हरिवंश सौं।" राधावल्लभ सम्प्रदाय के प्रवर्तक महाप्रभु हितहरिवंश जी सेवक जी के गुरु थे। ऐसी जनश्रुति है कि सेवक जी तथा चतुर्भुजदास जी का जन्म एक प्रसिद्ध ब्राह्मण कुल में गढ़ा में हुआ था और दोनों निकट कुटुम्बी थे।

जुझारसिंह बुन्देला का आक्रमण : चौरागढ़ का पतन

आसफखाँ के आक्रमण के 70 वर्ष बाद एक और भीषण आक्रमण का सामना गढ़ा-राज्य को करना पड़ा। यह आक्रमण शाही सेनाओं ने नहीं बल्कि ओरछा के राजा जुझारसिंह बुन्देला ने किया। जुझारसिंह प्रसिद्ध वीरसिंह बुन्देला का पुत्र था और 1627 ई. में पिता की मृत्यु के बाद वह ओरछा का शासक हुआ था।

सम्भवतः ओरछा के वीरसिंहदेव से प्रेमशाह की कुछ अनबन हो गई। इस सम्बन्ध में एक घटना का उल्लेख किया जाता है।[51] इसके अनुसार एक बार वीरसिंहदेव ने प्रेमशाह को भोजन के लिए अपने शिविर में आमंत्रित किया पर प्रेमशाह ने रूखे तौर से इस आमंत्रण को अस्वीकार कर दिया। इससे वीरसिंहदेव बहुत रुष्ट हुआ और उसने प्रेमशाह से इस अपमान का बदला लेने का निश्चय किया। अपने जीवनकाल में तो वह

बदला न ले पाया, किन्तु मृत्यु के समय उसने अपने पुत्रों से कहा कि तुम लोग गढ़ा राज्य पर अवश्य आक्रमण करना और प्रेमशाह से वादा करा लेना कि अब उसके राज्य में गोंड हल में गायें न जोतेंगे। यदि यह घटना सच है तो यह अनबन प्रेमशाह के मुगल दरबार में रहने के समय हुई होगी। किन्तु फारसी स्रोतों में ऐसे किसी कारण का उल्लेख नहीं है। जैसा कि आगे ज्ञात होगा, इन स्रोतों में इस आक्रमण को मात्र बादशाह के प्रति उद्दण्डता और अवज्ञा की उपज बताया गया है।

हमें बादशाहनामा[52] से इस आक्रमण की विस्तृत जानकारी मिलती है। 1634 ई. में आगरा से सम्राट की अनुपस्थिति तथा दक्कन की अस्थिरता का लाभ उठाकर जुझारसिंह ने चौरागढ़ के राजगोंड शासक प्रेमशाह पर आक्रमण कर दिया और शीघ्र चौरागढ़ का किला घेर लिया। स्वयं को संकट में घिरा देखकर प्रेमशाह ने आक्रान्ता से समझौता करने का प्रयास किया। पर जुझारसिंह ने जब ऐसा कोई समझौता करने से इंकार कर दिया तो प्रेमशाह ने सम्राट शाहजहाँ से आक्रांता के विरुद्ध सहायता माँगी। इस पर शाहजहाँ ने केवल एक सम्राट जुझारसिंह के पास इस संदेश के साथ भेजा कि जुझारसिंह घेरा उठा ले, किन्तु जुझार ने इसे नहीं माना। प्रतिरोध निरर्थक समझकर अन्त में प्रेमशाह ने समर्पण कर दिया। जब वह बुन्देलों का आश्वासन पाकर किले के बाहर आया तो बुन्देलों ने विश्वासघात करके उसे घेर लिया। प्रेमशाह ने कोई रास्ता न देखकर स्त्रियों की हत्या कर डाली और अपने दो-तीन सौ साथियों के साथ लड़ते हुए मारा गया और चौरागढ़ के किले पर जुझारसिंह का अधिकार हो गया।

इस दुर्घटना का समाचार पाकर प्रेमशाह का पुत्र हृदयशाह मालवा में खानदौरान के पास गया और उसे लेकर वह सीधे शाहजहाँ के सम्मुख उपस्थित हुआ। बादशाह से उसने जुझारसिंह के आक्रमण तथा आक्रांता के हाथों अपने पिता की मृत्यु की बात कही। शाहजहाँ को आशा नहीं थी कि जुझारसिंह इस प्रकार उद्दण्ता से पेश आएगा और बिना शाही अनुमति के एक अधीनस्थ राजा पर आक्रमण करेगा। यह शाही आज्ञा का उल्लंघन था। बादशाह बहुत क्रुद्ध हुआ और उसने जुझार को दण्ड देने का निश्चय किया। लेकिन वह एकदम अधिक कठोर नहीं होना चाहता था। उसने उसे दण्ड देने से पहले उसके सामने कुछ शर्तें रखीं।

जुझारसिंह को शाहजहाँ ने सुन्दर कविराय के द्वारा एक संदेश भेजा कि "शाही अनुमति के बिना प्रेमनारायण (प्रेमशाह) पर आक्रमण करके तुमने अनुचित काम किया है। लेकिन सबसे निंदनीय काम तुमने प्रेमनारायण के साथ विश्वासघात करके किया है। अब जो कुछ हो चुका वह लौट तो सकता नहीं इसलिए तुम्हारे अपराधों का प्रायश्चित यही है कि तुमने जो प्रदेश बलात् अधिकृत किया है उसे समर्पित कर दो। प्रेमनारायण के कोष से जो धन तुमने प्राप्त किया है उसमें से दस हजार रुपये दरबार में भेजो। किन्तु यदि तुम वह प्रदेश अपने पास रखना चाहते हो तो तुम्हें अपने प्रदेश से उतना ही प्रदेश देना होगा।"

आश्चर्य है कि शाहजहाँ ने अपने अधीनस्थ और करद राजा प्रेमशाह के निर्बल पक्ष का समर्थन नहीं किया और न जुझारसिंह को कोई कठोर दण्ड देने की व्यवस्था की। जुझारसिंह ने राजनैतिक परम्पराओं का उल्लंघन करके एक साथी करद राजा पर अकारण शाही अनुमति के बिना आक्रमण किया और शाही आज्ञा का भी पालन नहीं किया। इस सारी उद्दण्डता के बदले शाहजहाँ उसे दण्ड न देकर जुझारसिंह द्वारा प्राप्त किए गए धन और प्रदेश को स्वयं अपने लिए चाहता है। लूट का माल सौंप दिए जाने पर लुटेरे को माफ किया जा रहा था। दूसरे शब्दों में वह एक सम्राट के समान अपनी प्रजा की सुरक्षा नहीं कर रहा था बल्कि एक लुटेरे के समान अपने साथी लुटेरे द्वारा लूटे गए माल में हिस्सा ले रहा था। वास्तव में जुझारसिंह के द्वारा अन्यायपूर्वक प्राप्त उपलब्धियों पर उसकी दृष्टि थी और वह उन्हें जुझारसिंह से छीनने के लिए बहाना चाहता था।[53]

शाही शर्तें मानना जुझार के लिए सम्भव नहीं था क्योंकि इतनी जोखिम उठाकर उसने जो धन और प्रदेश प्राप्त किया था उसे वह इतनी सरलता से छोड़ने वाला नहीं था। उसने शाही आदेश को अस्वीकार कर दिया और तुरन्त अपने पुत्र जगराज उर्फ विक्रमादित्य को लिखा कि वह दक्कन से खानदौरान का साथ छोड़कर भाग आए। जगराज शिकार के बहाने बच भागा, पर खानदौरान ने उसका पीछा किया।[54] पराजित होने पर भी जगराज बच निकला और धामौनी (जिला सागर, म. प्र.) में अपने पिता जुझारसिंह से जा मिला।

शाही आदेश के उल्लंघन और दक्कन से जगराज के पलायन से सम्राट के धैर्य का बाँध टूट गया और खानदौरान, देवीसिंह और अबनुल्लाखान को कुल बीस हजार की सेना के साथ तीन ओर से जुझार पर आक्रमण करने का आदेश दिया। अनुमान है कि प्रेमशाह का पुत्र हृदयशाह भी इस अभियान में मुगल सेना के साथ हो लिया। इन सैनिक तैयारियों से जुझार बड़ा आतंकित हुआ और अब उसने झुकना श्रेयस्कर समझा। उसने आसफखाँ से आग्रह किया कि वह सम्राट से उसकी सिफारिश करे। फलस्वरूप सुन्दर कविराय को पुनः ओरछा भेजा गया। जुझार के सामने निम्नलिखित शाही शर्तें रखी गईं :

1. जुझार तीस लाख रुपये हर्जाना दे,
2. चौरागढ़ के बदले जुझार बियावान की सरकार सौंपे,
3. जगराज और उसके साथियों को दक्कन में खानजमान के अन्तर्गत काम करने के लिए भेजे, और
4. अपने पौत्र को बंधक के रूप में मुगल दरबार में भेजे।

बियावान की सरकार आगरा के सूबे में थी।[55] जुझार सिंह ने ये शर्तें स्वीकार नहीं की और शाही सेना को कूच की आज्ञा दे दी गई। तीनों सेनानायकों में मतभेद हो, इसलिए औरंगजेब को सारी सेना की सर्वोच्च कमान सौंपी गई, हालांकि यह नियुक्ति केवल नाम के लिए थी।

मुगल सेनाओं ने ओरछा और धामौनी पर अधिकार कर लिया। जुझारसिंह वहाँ से चौरागढ़ की ओर चला। उसने चौरागढ़ के निकट शाहपुर नामक स्थान में शरण ली। वहाँ से उसने देवगढ़ के शासक के पास अपना संदेशवाहक भेजा। जुझार की योजना देवगढ़ के प्रदेश से होकर दक्कन निकल जाने की थी। उसने चौरागढ़ के किले से सारा सामान खाली करने की आज्ञा भी दे दी। इसी समय जुझारसिंह को देवगढ़ के राजा (सम्भवतः दलशाह) की मृत्यु का समाचार मिला। संयोग से इसी समय यह भी समाचार आया कि शाही सेना तेजी से चौरागढ़ की ओर आ रही है। अब जुझार के सामने दोहरा संकट पैदा हो गया था। एक तो देवगढ़ होकर दक्कन निकल भागने की सम्भावना धूमिल प्रतीत हो रही थी और दूसरे शाही सेना क्रमशः निकट आती जा रही थी। कोई रास्ता न देखकर उसने चौरागढ़ के किले की तोपें नष्ट कर दीं और चौरागढ़ की सारी सम्पत्ति तथा प्रेमशाह के आवासों को पूरी तरह जला दिया। कुछ धन रखकर अपने परिवार के साथ वह लांजी और करोला होकर दक्कन की ओर चल पड़ा। लांजी और करोला[56] तब किसी गोविन्द गोंड के अधीन थे जो सम्भवतः गढ़ा के अधीन कोई जागीरदार था। जुझार के पलायन का समाचार पाकर मुगल सेनाएँ तेजी से चौरागढ़ की ओर चल पड़ीं और शीघ्र ही चौरागढ़ पहुँचकर उसे अधिकृत कर लिया। फीरोजजंग की अनुमति से खानदौरान ने वहाँ के मंदिर के शिखर से अजान पढ़ी और मुगल सेनाओं की विजय तथा सम्राट के दीर्घ जीवनकाल की कामना की। किले का भार अहदाद खान को सौंपकर वह जुझारसिंह का पीछा करने के लिए अब्दुल्ला से मिलने लौट पड़ा।

शाहपुर में राघू नामक चौधरी ने खानदौरान को समाचार दिया कि जुझार के पास लगभग दो हजार घोड़े और 4000 पैदल सैनिक हैं। उसके पास आठ हाथी भी हैं जिनमें से कुछ पर बहुत-सा धन लदा हुआ है और शेष पर उसका परिवार सवार है। वह रोज चार गोंडी कोस (सोलह मील अर्थात 26 किलोमीटर) की दूरी तय कर रहा है। जुझारसिंह शाही सेना से लगभग 240 मील आगे था। इस डर से कि कहीं विद्रोही बच न भागे, शाही सेनाएँ दस गोंडी कोस (चालीस मील अर्थात 64 किलोमीटर) प्रतिदिन की गति से उसके पीछे चल पड़ी। अबुदुल्ला खान बहादुर फीरोजजंग और खानदौरान शाहपुर से निकल गढ़ा-कटंगा और लांजी होकर चांदा के पास पहुँच गए। शीघ्र ही जुझार के निकट शाही सेनाएँ पहुँच गईं और दोनों पक्षों में एक विकट युद्ध हुआ जिसमें जुझार सिंह का पुत्र दुर्गभान और पौत्र दुर्जनलाल जीवित पकड़ लिए गए। जुझारसिंह तथा जगराज निकट के जंगलों में भाग गए किन्तु गोंडों ने उन्हें मार डाला। यदि हम पाठक[57] के विवरण पर विश्वास करें तो हृदयशाह ने भोपाल के शासक की सहायता से जुझारसिंह को युद्ध में परास्त किया और उसका सिर काट लिया। हृदयशाह ने भोपाल के शासक को इस सहायता के बदले ओपदगढ़ नामक एक महाल दिया। इस समय भोपाल का शासक कौन था यह ज्ञात नहीं है। स्लीमेन का मत है कि यह युद्ध नरसिंहपुर जिले के खुलरी नामक स्थान में हुआ था।[58] खानदौरान ने उनके शवों से सिर काटकर

फीरोजजंग को प्रस्तुत किए और फीरोजजंग ने उन्हें बादशाह शाहजहाँ के पास भेज दिए।[59] यह घटना शासन के 9वें वर्ष (1635 ई.) में हुई।[60] इस प्रकार जुझारसिंह का अंत हुआ। एक रोचक बात यह है कि गढ़ेशनृपवर्णनम् की एक प्रति में प्रेमशाह के उपरान्त जुझारसिंह को भी गढ़ा का शासक बताया गया है।[61]

चौरागढ़ का यह आक्रमण गढ़ा-राज्य के लिए बड़ा दुर्भाग्यपूर्ण सिद्ध हुआ इससे उसकी सैन्य शक्ति की निर्बलता प्रमाणित हुई और आगे आने वाले वर्षों में आक्रमणों की बाढ़ सी आ गई। जुझारसिंह के आक्रमण के सत्रह साल बाद बुन्देलों ने फिर चौरागढ़ पर आक्रमण किया और 1651 ई. में चौरागढ़ अन्तिम रूप से गढ़ा-राज्य से निकल गया। वस्तुतः 1634 ई. का आक्रमण 1651 ई. के आक्रमण की भूमिका थी। बुन्देला आक्रमण से राजगोंड सत्ता की कमर टूट गई। अंततः जब 1651 ई. में चौरागढ़ उनके हाथ से निकल गया तो उन्हें अधिक सुरक्षित राजधानी की खोज में सतपुड़ा के भीतरी भाग के सुदूर वनों में आश्रय लेना पड़ा। बुन्देलों के आगे वे टिक नहीं सकेंगे, यह जुझारसिंह के आक्रमण से सिद्ध हो चुका था।

चौरागढ़ पर बुन्देलों के आक्रमण का कोई उल्लेख रामनगर के शिलालेख में नहीं है। इसका स्पष्ट कारण यह है कि प्रशस्तिकार अपने संरक्षक हृदयशाह के पिता के साथ घटी इस अपमानजनक घटना का कैसे उल्लेख करता? 'गढ़ेशनृपवर्णनम्' में चौरागढ़ की पराजय का तो उल्लेख नहीं है, उल्टे यह उल्लेख है कि प्रेमशाह ने चौरागढ़ आकर अपने प्रदेश की अपने बाहुबल से रक्षा की।[62]

प्रेमशाह का मूल्यांकन

प्रेमशाह चालीस वर्षों से अधिक समय तक गढ़ा राज्य का शासक रहा।[63] मृत्यु के समय उसकी आयु 70 वर्ष से कम नहीं थी। इतने लम्बे समय तक इस क्षेत्र में उसका अधिपत्य का बना रहना सिद्ध करता है कि प्रेमशाह सामान्य तौर पर एक सफल शासक था और उसके समय में गढ़ा राज्य अधिक संकुचित नहीं हुआ। पूर्व में अमोदा और पश्चिम में चौरागढ़ के बीच के प्रदेश पर उसका प्रभाव निश्चित रूप से था। केवल दक्षिण-पश्चिमी क्षेत्र देवगढ़ या हरयागढ़ के राजा जाटबा के अन्तर्गत था। इतने विस्तृत प्रदेश पर चालीस वर्ष तक नियंत्रण रखने के लिए पर्याप्त योग्यता आवश्यक थी और वह योग्यता प्रेमशाह में थी।

उसने बृद्धिमतापूर्वक मुगल दरबार से सम्बन्ध अच्छे रखे और स्वयं दरबार गया तथा अपने पुत्र हृदयशाह को उसने वहाँ भेजा। इसका परिणाम यह हुआ कि मुगल दरबार से गढ़ा-राज्य के सम्बन्ध पहले की अपेक्षा घनिष्ठ रहे। प्रेमशाह ने गढ़ा-राज्य की स्थिति में सुधार कर लिया था। उससे आगे आने वाले वर्षों में गढ़ा-राज्य अवश्य शक्तिसम्पन्न और समृद्ध होता, यदि जुझारसिंह के आक्रमण का आघात न लगा होता।

प्रेमशाह विद्वानों का आश्रयदाता था। उसने विष्णु दीक्षित नामक एक विद्वान को आश्रय दिया। कोई गंगाधर वाजपेयी तथा अन्य लोग इनके शिष्य थे।[64] गढ़ेशनृपवर्णनम् में प्रेमशाह को परम वैष्णव और धार्मिक कहा गया है।[65] प्रेमशाह ने अपने लम्बे शासनकाल में पर्याप्त लोकप्रियता अर्जित की जिसके प्रमाणस्वरूप उसके नाम पर रचे लोककथाएँ और लोकगीत आज भी सुदूर ग्रामों में सुने जा सकते हैं। ऐसी एक लोककथा का उल्लेख वैरियर एलविन ने किया है।[66] इस लोककथा में कुछ ऐतिहासिक घटनाओं की ओर भी स्पष्ट इशारा है; जैसे–प्रेमशाह का मुगल दरबार में जाना, हृदयशाह का मुगल दरबार जाना और हृदयशाह द्वारा रामनगर बसाया जाना। इस लोककथा से उस जनश्रुति को भी बल मिलता है कि हृदयशाह ने एक मुस्लिम राजकुमारी से विवाह किया जिसकी चर्चा हम आगे करेंगे।

संदर्भ

1. अकबरनामा, दो पृ. 332, मासिर-उल-उमरा, फरिश्ता, बदायूँनी, तारीख-ए-अल्फी में हाथियों की संख्या भिन्न है।
2. स्मिथ, अकबर दि ग्रेट मुगल, पृ. 53
3. तबकात-ए-अकबरी (इलि. डाउ., 5), पृ. 297-300 बदायूँनी (अनु. लो.), जिल्द 2, पृ. 76-78, मासिर-उल-उमरा, एक, पृ. 38
4. वही, (इलि. डाउ., जिल्द 5), पृ. 309, बदायूँनी (अनु. लो.), जिल्द 2, पृ. 86-89, मासिर-उल-उमरा, एक पृ. 38-9, फरिश्ता, दो पृष्ठ 222-25, मासिर-उल-उमरा, एक, पृ. 504-5 भी।
5. मासिर-उल-उमरा, एक, पृ. 504-5, बदायूनी (अनु. लो), दो, पृ. 87, तबकात-ए-अकबरी (इलि. डॉ. जिल्द 5), पृ. 309, आइन-ए-अकबरी (अनु. ब्लॉकमैन), दो, पृ. 372 में भी यही लिखा है कि वह मक्का चला गया। बदाँयूनी (अनु. लो.), पृ. 87 लिखता है कि वह हण्डिया के रास्ते मक्का चला गया।
6. आइन-ए-अकबरी, ब्लॉकमैन, एक, पृ. 537,447
7. वही, पृ. 450, श्लोकाः, श्लोक 25, पृ. 263 में किसी सूर्य सिंह हाड़ा के तीन वर्ष के शासन का उल्लेख है। यह सुरजन हाड़ा ही था। इसके अतिरिक्त गढ़ेश, पृ. 200 की सूची में वीरनारायण के बाद सूर्यसिंह हाड़ा का नाम है।
8. आइन-ए-अकबरी, ब्लॉकमैन, एक, पृ. 382
9. तबकात-ए-अकबरी (इलि. डाउ., जिल्द 5), पृष्ठ 420
10. आइन-ए-अकबरी (अनु. ब्लॉकमैन), जिल्द 1, पृ. 413-451, 500
11. वही, जिल्द 2, (अनु. जैरैट), पृ. 207-11
12. वही, एक, पृ. 229
13. विल्स, राज. महा. पृ, 75, पादटि 5
14. अकबरनामा, दो, पृ. 324
15. रामनगर शिलालेख, श्लोक 27, पृ. 8, गढ़ेश, पृ. 191,
16. स्लीमेन, पृ. 630, पाठक, पृ. 17, श्लोकाः, पृ. 264, श्लोक क्र. 26 और 27 ये श्लोक दीक्षित कवि के हैं।

17. पाठक, पृ. 17, स्लीमेन, पृ. 630
18. किन्तु इनके द्वारा दी गई तिथियाँ क्रमशः 1577 और 1575 ई. है जो गलत है। देखिए, परिशिष्ट छह की तालिका। गढ़ेश, श्लोक 32, पृ. 191 चन्द्रशाह की शासनावधि 23 वर्ष देती है और उसके अनुसार शासन की समाप्ति का वर्ष 1624 ई. आता है जो गलत है। श्लोकाः, श्लोक 30, पृ. 265 में विट्ठल दीक्षित उसकी शासनावधि सोलह वर्ष बताते हैं, जो ठीक नहीं है। ये विट्ठल दीक्षित गजेन्द्रमोक्ष के रचयिता लक्ष्मीप्रसाद के पूर्वज थे।
19. पाठक, पृ. 17
20. श्लोकाः, पृ. 265, श्लोक 30
21. गढ़ेश, श्लोक 33, पृ. 191, रामनगर शिलालेख, हाल पृ. 8, श्लोक 29 में किसी हत्या का उल्लेख नहीं है।
22. रामनगर शिलालेख, हाल, पृ. 8, गढ़ेश, श्लोक 33 पृ. 191.
23. श्लोकाः, पृ. 250
24. पाठक, पृ. 17-18, जनश्रुति के अनुसार यह वाजपेय यज्ञ महाराजपुर (मण्डला) की एक टेकरी में हुआ था यह टेकरी आज भी है। माधव वाजपेयी की वंशावली परिशिष्ट चार में है।
25. स्लीमेन, पृ. 630
26. श्लोकाः, श्लोक 35, पृ. 265
27. अग्निहोत्री, रीवा राज्य का इतिहास, 1972, पृ. 369-70
28. हीरालाल, लिस्ट, पृ. 41
29. भावे, ए. भ. ओ. रि. इ. 28, पृ. 256. गढ़ेश उसका शासन 28 वर्ष का एवं वार्ड, स्लीमेन तथा कनिंघम 20 वर्ष का लिखते हैं, जो गलत है। इनकी तिथियाँ भी गलत है। देखिए परिशिष्ट छह की तालिका।
30. गढ़ेश, श्लोक 33, पृ. 191, पाठक, पृ. 18
31. श्लोकाः, श्लोक 34, पृ. 265
32. पाठक, पृ. 17-18
33. आर. आर. भार्गव, "क्वाइन्स ऑफ मधुकरशाह द गोंड रूलर ऑफ गढ़ा" न्यूमिस्मेटिक डाइजेस्ट, अंक 5 (1981), पृष्ठ 46-48
34. अकबरनामा, दो पृ. 324
35. वेलनकर, पी. जी., दि गोंड किंगडम ऑफ देवगढ़—इट्स राइज़ एण्ड फाल (नागपुर वि. वि. शोधप्रबन्ध), पृ. 73
36. अकबरनामा, तीन, पृ. 637
37. आइन-ए-अकबरी, दो (जैरेट), पृ. 211, 237
38. वेलनकर, वही, पृ. 98
39. भावे, ए. भ. ओ. रि. ई. 28 पृ. 256
40. आ. स. 9, पृ. 39, हीरालाल, लिस्ट, पृ. 41, हीरालाल, जबलपुर ज्योति, पृ. 116, 150
41. आइन-ए-अकबरी, एक, (अनु. ब्लॉकमैन), पृ. 413
42. जहाँगीरनामा (अनु. बृजरत्नदास), पृ. 442
43. वही, पृ. 451, 474
44. वही, पृ. 467
45. पाठक, पृ. 19-20, पाठक इसे 1604 ई. में रखते हैं। विशेष विवरण अगले अध्याय में है।
46. परिशिष्ट 4 में वंशावली देखिए।
47. गुप्त, दीनदयालु, अष्टछाप और वल्लभ सम्प्रदाय, पृ. 278-80

48. भगवतमृदित कृत रसिक अनन्य माल, स्नातक, राधावल्लभ सम्प्रदाय सिद्धांत और साहित्य, पृ. 408-10 में उद्धृत।
49. स्नातक, राधावल्लभ सम्प्रदाय सि. और सा. पृ. 409-420
50. जब मैं 1969 में इस मंदिर में गया था। तो मंदिर की सम्पत्ति के सम्बन्ध में कुछ कानूनी विवाद चल रहा था। इस मंदिर की पूर्वी खिड़की के पास भीतर की ओर एक शिलालेख दीवार पर लगा था जो राधावल्लभ सम्प्रदाय के एक अनुयायी श्री झब्बूलाल उपाध्याय, 2019 राइट टाउन जबलपुर के पास था। शिलालेख 48 से. मी. लम्बी और 21 से. मी. चौड़ी शिला पर 25 से.मी. आकार के सुन्दर देवनागरी अक्षरों में संस्कृत में अंकित है। इसका भावार्थ यह है कि यह देवालय संवत् 1660 में स्वामी चतुर्भुजदास, ने प्रतिष्ठित किया।
51. पाठक, पृ. 18, स्लीमेन, पृ. 631-32, भावे, ए. भ. ओ. रि. इ. 28, पृ. 256
52. बादशाहनामा, अब्दुल हमीद लाहौरी, जिल्द 1, भाग 2, पृ. 95-116, इलि. डाउ., जिल्द 7, पृ. 47 से 50
53. बनारसी प्रसाद सक्सेना, हिस्ट्री ऑफ शाहजहाँ ऑफ देहली, पृ. 85
54. मासिर-उल-उमरा, एक, पृ. 781 भी देखिए।
55. आइन-ए-अकबरी, जिल्द दो, (अनु. जैरेट), पृ. 188
56. करोला मध्यप्रदेश के बालाघाट जिले में लालबर्रा और वारासिवनी के आसपास के इलाके को कहते हैं।
57. पाठक, पृ. 20-21
58. स्लीमेन, पृ. 632
59. मासिर-उल-उमरा, एक, पृ. 103, 757, 781
60. बादशाहनामा, जिल्द 1, भाग 2, पृ. 110-16 इलि. डाउ., जिल्द 7, पृ. 47-50
61. गढ़ेश, पृ. 201
62. गढ़ेश, श्लोक 35, पृ. 191
63. गढ़ेश तथा वार्ड द्वारा दिए गए 19 वर्ष और स्लीमेन तथा कनिंघम द्वारा दिए गए 11 वर्ष त्रुटिपूर्ण हैं। इस आधार पर उनकी तिथियाँ भी त्रुटिपूर्ण हैं। देखिए परिशिष्ट छह की तालिका।
64. भावे, ए. भ. ओ. रि. ई. 28, पृ. 248. विष्णु दीक्षित के वंशजों के सम्बनध में देखिए, वही, पृ. 248-49। इनके वंशजों ने आगे भी प्रतिष्ठा प्राप्त की। वंशावली परिशिष्ट 4 में है।
65. गढ़ेश, श्लोक 34, पृ. 191
66. वैरियर एलविन, फोक टेल्स ऑफ महाकौशल, पृ. 105-6. यह लोककथा अध्याय 10 में दी गई है।

हृदयशाह और उसके दो उत्तराधिकारी

जुझारसिंह का अंत 1635 ई. में हुआ और चौरागढ़ पर मुगल आधिपत्य पुनः स्थापित हो गया। ऐसी स्थिति में प्रेमशाह के पुत्र हृदयशाह की स्थिति क्या थी, इसका कुछ उल्लेख नहीं मिलता। किन्तु प्रेमशाह और हृदयशाह के सम्बन्ध मुगल दरबार से अच्छे थे, अतः अनुमान है कि हृदयशाह को प्रेमशाह का उत्तराधिकारी मान लिया गया। उस समय हृदयशाह प्रौढ़ावस्था में था एवं उसकी आयु लगभग 50 वर्ष[1] की थी। हृदयशाह के राज्यारोहण की जो तिथियाँ परिशिष्ट छह की तालिका में दी गई हैं वे सब भ्रामक हैं।

हृदयशाह के सत्तारूढ़ होने के समय गढ़ा-राज्य का कुछ भाग मुगल आधिपत्य में चला गया था। पश्चिम में चौरागढ़ और उत्तर में धामौनी में मुगल फौजदार थे ही। जब चम्पतराय बुन्देला ने धामौनी को लूटा था तब वहाँ मुगल फौजदार मौजूद था।[2]

पहाड़सिंह बुन्देला का अभियान

1644 ई. में सरदारखान को मुगल प्रशासन द्वारा मालवा का सूबेदार बनाया गया और बाद में उसे चौरागढ़ का तुयूलदार नियुक्त किया गया। सरदारखान जब उस क्षेत्र पर सफलतापूर्वक नियंत्रण स्थापित करने में असमर्थ रहा तब वह शीघ्र ही पद से हटा दिया गया। उसके बाद 1651 ई. में जुझारसिंह के भाई पहाड़सिंह बुन्देला को एक हजार जात, एक हजार सवार, दो अस्पा सै अस्पा के पद पर पदोन्नत करने के बाद चौरागढ़ का जागीरदार बनाया गया। इस समय हृदयशाह चौरागढ़ में था।[3] पहाड़सिंह के आने पर चौरागढ़ से हृदयशाह भागा।

पहाड़सिंह के आक्रमण के सम्बन्ध में एक जनश्रुति[4] प्रख्यात है जो इस तरह है : एक भाट ने पहाड़सिंह से गोंडवाने की गायों की दुख गाथा सुनाई कि गोंड लोग गायों को हल में जोतते हैं, अतः पहाड़सिंह आकर उन्हें उबारें–

पड़ी है पिशाचन बंध जोतत हैं आठों याम,
सुधहू न लेत पापी तृणहूँ के खाने की।
कान्हजू की कामधेनू करती हैं विलाप रोय,
कपिला की जात कहूँ भाग नहीं जाने की।

रोज उठ करत अरज भोर भए भानु जू सों,
फौज चढ़ आवे केशोराव के घराने की।
वीरसिंह जू के वंश प्रबल पहाड़सिंह,
तेरी बाट हेरती हैं गौएँ गोंडवाने की।

इस पर गायों की रक्षा करने हेतु पहाड़सिंह ने गढ़ा पर आक्रमण किया। पर इस जनश्रुति का कोई ऐतिहासिक आधार नहीं है इसलिए इसे नहीं माना जा सकता। यही बात जुझार के पिछले आक्रमण के एक कारण के रूप में कही गई है। एक बात अवश्य उल्लेखनीय है कि गढ़ा-मण्डला क्षेत्र के तत्कालीन सती स्तम्भों पर गायों की रक्षा हेतु युद्ध के चित्रण मिलते हैं।

पहाड़सिंह के आक्रमण से निष्कर्ष निकलता है कि हृदयशाह ने शायद मुगल दरबार को नियमित रूप से कर देना बंद कर दिया था इसीलिए मुगल अधिकारी के रूप में पहाड़सिंह ने आक्रमण किया। पहाड़सिंह के आने पर हृदयशाह बाँधू के जमींदार अनूपसिंह के पास शरण लेने भाग गया।[5] चूँकि बाँधू का किला उस समय नष्टप्राय था, अतः अनूपसिंह उस समय बाँधू से चालीस मील (65 किलोमीटर) दूर रीवा में रहता था। अनूपसिंह ने हृदयशाह को शरण दी और संग्रामशाह तथा वीरसिंह के समय के सुखद सम्बन्धों की पुनरावृत्ति हुई। ऐसा लगता है कि गढ़ा-राज्य और रीवा के बघेल राजवंश के मध्य लम्बे समय तक अच्छे सम्बन्ध रहे।

चौरागढ़ पर धावा करने के बाद पहाड़सिंह बुन्देला ने रीवा पर धावा बोल दिया और तब अनूपसिंह अपने परिवार तथा हृदयशाह के साथ त्योंथर के पहाड़ी और जंगली भाग में भाग गया। पहाड़सिंह ने रीवा पहुँचकर उसे लूटा। इसी समय 1652 ई. में सम्राट का बुलावा आ जाने के कारण पहाड़सिंह सारे लूट के माल के साथ दिल्ली चला गया।[6] पहाड़सिंह ने अपने भाई जुझारसिंह के कार्य की पुनरावृत्ति ही नहीं की बल्कि उसके आक्रमण से चौरागढ़ से गढ़ा के शासकों को स्थायी रूप से हटना पड़ा। जुझारसिंह और पहाड़सिंह के आक्रमण में अन्तर यही था कि पहाड़सिंह ने मुगल बादशाह के आदेश से आक्रमण किया था जबकि जुझारसिंह ने अपनी इच्छा से ऐसा किया था। पहाड़सिंह का आक्रमण गढ़ा-राज्य के अवसान में एक महत्त्वपूर्ण चरण था।

नयी राजधानी रामनगर

पहाड़सिंह जब दिल्ली लौट गया तब हृदयशाह रीवा से लौटकर अपने राज्य में आया। चौरागढ़ जैसा महत्त्वपूर्ण किला हाथ से निकल जाने के बाद उसके सामने समस्या थी एक ऐसी राजधानी खोजने या बसाने की जो शत्रुओं से सुरक्षित, दूर किसी दुर्गम स्थान पर हो। सिंगौरगढ़, गढ़ा और चौरागढ़ तीनों ही दुर्गम और सुरक्षित सिद्ध नहीं हुए थे। अतः हृदयशाह ने अधिक दुर्गम स्थान की खोज की और वह स्थान उसे मिला सतपुड़ा के सघन वनों के मध्य नर्मदा नदी के दक्षिणी तट पर। यहाँ उसने रामनगर बसाया और

उसे राजधानी का रूप दिया। रामनगर मध्यप्रदेश के मण्डला नगर से बीस किलोमीटर उत्तर-पूर्व में है। राजधानी स्थापित होते ही रामनगर का महत्त्व और विस्तार क्रमशः बढ़ने लगा। हृदयशाह ने रामनगर को अपनी राजधानी बनाया इसके ऐतिहासिक प्रमाण हैं। रामनगर का शिलालेख और रामनगर में विद्यमान भव्य भवन उसके राजधानी के साक्ष्य तो हैं ही, साथ ही गजेन्द्र मोक्ष काव्य और गढ़ेशनृपवर्णनम् में रामनगर को राजधानी बनाये जाने का उल्लेख है।[7]

ऐसा अनुमान है कि चौरागढ़ से 1651 ई. में निष्कासन के बाद ही हृदयशाह ने रामनगर में राजधानी बनाई क्योंकि रामनगर का शिलालेख 1667 ई. का है जो नगर के पूर्ण विकास का द्योतक माना जा सकता है। विकास में लगभग पन्द्रह वर्ष तो लगे ही होंगे अतः 1651-52 में रामनगर को राजधानी बनाया गया होगा।[8]

यह रामनगर अकेला ही हृदयशाह की कीर्ति का गान करने के लिए पर्याप्त है। यह केवल बदलते हुए समय का चिह्न था। जिस प्रकार गढ़ा के मुख्यालय से संग्रामशाह के समय चौरागढ़ के विशाल किले में जाना बढ़ती हुई शक्ति का प्रतीक था, उसी प्रकार उत्तर से बुन्देलों और पश्चिम तथा दक्षिण-पश्चिम से देवगढ़ के राजाओं द्वारा दबाये जाने पर चौरागढ़ से सूदूर रामनगर और मण्डला में शरण लेना ह्रासोन्मुख शक्ति का द्योतक था।

अन्य विवरण

हम देख चुके हैं, बघेल राजा अनूपसिंह के पास कुछ समय के लिए हृदयशाह ने शरण ली थी ऐसा लगता है कि तभी हृदयशाह ने रीवा के बघेल राजा की कन्या से विवाह किया। रामनगर स्थित रानी बघेलिन का महल इसका साक्ष्य माना जा सकता है।

जैसा हम कह चुके हैं धामौनी में मुगल फौजदार रहता था। धामौनी के पूर्व के क्षेत्र पर भी मुगल आधिपत्य था। 1656 ई. में दमोह जिले के उत्तरी भाग पर मुगल सत्ता थी, इसके प्रमाण हैं।[9] उस क्षेत्र के लिए पहले चम्पतराय, और फिर छत्रसाल का मुगलों से संघर्ष चलता रहा।[10] हृदयशाह के समय भी यह संघर्ष चल रहा था। अवश्य ही दोनों का सम्पर्क हुआ होगा क्योंकि दोनों पड़ोसी थे और दोनों मुगलों से त्रस्त हुए थे। पाठक के अनुसार छत्रसाल बुन्देला हृदयशाह के यहाँ सेवारत हुए। पहले उन्होंने किसी युद्ध में हृदयशाह की सहायता की थी इसलिए हृदयशाह ने पुरस्कारस्वरूप उन्हें दो महाल पैबकरहिया (पवाई करही) और रामगढ़ शाहनगर दिए।[11] हृदयशाह के यहाँ छत्रसाल के सेवारत होने की बात तो संदेहास्पद लगती है पर छत्रसाल को दो महाल दिया जाना सम्भव है।

जनश्रुति के अनुसार हृदयशाह ने बघेल कन्या से विवाह करने के अलावा और भी विवाह किए। एक चंदेलों के यहाँ, दूसरा परिहार राजपूतों के यहाँ और तीसरा गौतम

के यहाँ।[12] ये चन्देल, परिहार और गौतम कहाँ के थे इसका विवरण नहीं मिलता। यह सम्भव है कि रामनगर शिलोख में उल्लिखित मृगावती और श्यामा इन्हीं में से किसी वंश की रानी थीं।[13] उसकी एक रानी सुन्दरीदेवी का प्रमाण उपलब्ध है। सुन्दरीदेवी ने रामनगर में सुन्दर देवालय बनवाया था और उसमें विष्णु, शम्भु, गणेश, दुर्गा और सूर्य की स्थापना की थी।[14] सम्भवतः सुन्दरीदेवी हृदयशाह की उपपत्नी थी क्योंकि वह निम्नकुल की थी। इस सम्बन्ध में पाठक[15] एक रोचक जनश्रुति देते हैं, जो ठीक हो सकती है "दिल्ली के सम्राट के दरबार में जब हिरदेसाहि था उस समय वहाँ की एक क्षत्राणी गायिका वैश्या सुन्दरीदेवी से हिरदेसाहि का परिचय हुआ। हिरदेसाहि भी अच्छे गायक थे। शीघ्र ही दोनों में अनुराग हो गया। इसी समय बादशाह ने अन्तःपुर की किसी राजकन्या से हिरदेसाहि का विवाह करने का निश्चय किया तो सुन्दरीदेवी से सलाह करके हिरदेसाहि सुन्दरीदेवी को लेकर अपने दीवान कस्तूर साहनी और पुरोहित कामदेव वाजपेयी के साथ दिल्ली से भाग खड़ा हुआ।"

पाठक इस घटना की तिथि संवत् 1661 (1604-5 ई.) देते हैं। इसे हम 1605 ई. के लगभग रख सकते हैं क्योंकि तब सम्भवतः प्रेमशाह ने मुगल दरबार की यात्रा की थी। तब से पिता-पुत्र का दरबार आना-जाना प्रारम्भ हो गया था। उस समय हृदयशाह युवक था। वह संगीत का ज्ञाता था इसकी चर्चा हम आगे करेंगे। इस सम्बन्ध में वेरियर एलविन ने एक लोककथा का उल्लेख किया है।[16] सुन्दरीदेवी निम्नकुल की थी इससे सम्बन्धित एक जनश्रुति[17] का भी उल्लेख मिलता है। इसके अनुसार जब सुन्दरीदेवी ने देवालयादि बनवाकर उनके उद्यापन के लिए पुरोहित वाजपेयी से आग्रह किया तो उन्होंने सुन्दरीदेवी की निम्न स्थिति के कारण ऐसा करने से इन्कार कर दिया। फलतः सुन्दरीदेवी ने उसे अपदस्थ कर दिया। जयगोविन्द कवि को, जो जुझौतिया ब्राह्मण थे, वाजपेय यज्ञ कराके वाजपेयी बनाया और उनसे उद्यापन कराया। अपदस्थ पुरोहित रामकृष्ण वाजपेयी ही रहा होगा क्योंकि पिता कामदेव के वृद्ध हो जाने के बाद उसे ही यह पद मिला होगा। जयगोविन्द का आगे क्या हुआ, वह पुरोहित बनाया गया कि नहीं इसका तो कहीं उल्लेख नहीं है। सुन्दरीदेवी के सम्बन्ध में रामनगर शिलालेख में कहा गया है कि वह सुन्दर और पुण्यवान् थी तथा दान कार्य में अत्यन्त रुचि लेती थी। उसकी धर्मपरायणता इसी रानी के द्वारा निर्मित मंदिर से लगायी जा सकती थी। यह मंदिर शिलालेख के अनुसार सन् 1667 (संवत् 1724) में निर्मित किया गया था।[18]

गोंडों में प्रचलित एक किंवदन्ती में कहा गया है कि जब हृदयशाह दिल्ली दरबार गया था तब चिमनी नामक एक मुगल शाहजादी से उसका अनुराग हो गया था और तब मुगल बादशाह ने चिमनी का विवाह हृदयशाह से कर दिया और चिमनी को लेकर हृदयशाह रामनगर लौट आया।[19] हृदयशाह के समय के संस्कृत व्याकरण के मूर्धन्य विद्वान भट्टोजी दीक्षित के शिष्य नीलकण्ठ शुक्ल ने चिमनी को लेकर एक काव्य 'चिमनी चरितम्' की रचना की।[20]

हृदयशाह के दो पुत्र[21] थे–छत्रशाह और हरिसिंह। एक पत्नी से छत्रशाह था और अन्य पत्नी से हरिसिंह था।[22] जहाँ तक हृदयशाह के अधिकारियों का प्रश्न है, प्रारम्भ में दीवान कस्तूर साहनी और पुरोहित कामदेव वाजपेयी थे। बाद में चूँकि कामदेव पर्याप्त वृद्ध हो गए, अतः कामदेव का पुत्र रामकिशन वाजपेयी हृदयशाह के शासन के अन्तिम दिनों में पुरोहित पद पर अवश्य रहा होगा। ध्यान रहे कि कामदेव वाजपेयी हृदयशाह की युवावस्था में पुरोहित था। हृदयशाह के दो मुख्य अधिकारियों–भागवतराय तथा गुलाल का उल्लेख मिलता है।[23] भागवतराय निश्चय ही कस्तूर साहनी के पश्चात् दीवान बना होगा। आज भी रामनगर में भागवतराय का विशाल महल खण्डहर के रूप में विद्यमान है। विश्वंभर ओझा हृदयशाह के समय भाण्डागारिक था और उसे प्रतिमाह पाँच सौ रुपये वेतन मिलता था। उसकी मृत्यु के बाद उसका पद वंशानुगत कर दिया गया।[24]

हृदयशाह के समय के संस्कृत व्याकरण के एक मूर्धन्य विद्वान भट्टोजी दीक्षित का उल्लेख मिलता है। उन्होंने सन् 1620 से 1660 के मध्य व्याकरण की चार पुस्तकें लिखीं और गुह्यसूत्र पर अनेक ग्रंथ लिखे। इनके सम्बन्ध में विस्तार से आगे के अध्याय में बताया जाएगा।[25]

हृदयशाह ने कमलादत्त ठाकुर को पुरोहित नियुक्त किया।[26] ये कमलादत्त विख्यात महेश ठाकुर के भाई दामोदर ठाकुर के वंशज थे। आगे हम देखेंगे कि गढ़ा-राज्य के अन्तिम वर्षों में निजामशाह के समय कमलादत्त के वंशज प्रेमनिधि ठाकुर धर्मशास्त्री थे। प्रेमशाह के द्वारा लाए गए विष्णु दीक्षित और उसका पुत्र वैद्यनाथ दीक्षित हृदयशाह के समय प्रतिष्ठित विद्वान थे। वैद्यनाथ धर्मशास्त्र, काव्य और व्याकरण के आचार्य थे।[27]

सुधार

हृदयशाह ने अपने राजत्वकाल में सबसे महत्त्वपूर्ण कार्य यह किया कि उसने बाहर से कुशल कृषकों को बुलाकर उन्हें अपने राज्य में बसाया। गढ़ा-राज्य की आबादी का अधिकांश हिस्सा गोंडों का था और ये गोंड न तो अच्छे कृषक थे और न ही अच्छे शिल्पी। राज्य की उन्नति श्रेष्ठतर कृषि पर निर्भर थी, अतः अच्छे किसान बाहर से बुलाना आवश्यक भी था और उपयोगी भी। हृदयशाह ने बाहर से कुशल किसानों को बुलाया, उन्हें भूमि दी, कृषि की अन्य सुविधायें दीं और उन किसानों को अपने राज्य में बसने के लिए प्रोत्साहित किया। जनश्रुति के अनुसार उसने बाहर से लोधी, कुर्मी जाति के श्रेष्ठ कृषक बुलाकर बसाये। कृषि के क्षेत्र में इनकी प्रतिष्ठा आज भी है।

हृदयशाह ने 1637 ई. (संवत 1691) में मण्डला के निकट हरखूखेड़ा ग्राम के स्थान पर हृदयनगर ग्राम बसाया। वहाँ उसने महोबा से बुलाए गए पंसारियों (पान उगाने वालों) को बसाया।[28] ये अच्छे पान उगाने वाले सिद्ध हुए। इस प्रकार हृदयशाह के समय कृषि की पर्याप्त उन्नति हुई और वनाच्छादित गढ़ा-मण्डला की खेती योग्य भूमि इस

क्षेत्र को समृद्ध और आबाद करने लगी। बाहर से आने वाले कृषकों, शिल्पियों और व्यापारियों के बेहतर रहन-सहन और तौर-तरीकों का प्रभाव स्थानीय गोंड आबादी पर अधिकाधिक पड़ने लगा।

हृदयशाह की मृत्यु कब हुई इस सम्बन्ध में लेखकों में पर्याप्त मतांतर है।[29] इन लेखकों की तिथियाँ इसके पूर्व भी शायद ही कभी विश्वसनीय निकली हैं। जहाँ तक हृदयशाह की मृत्यु का सम्बन्ध है, इनके द्वारा उल्लिखित तिथियों का कोई ऐतिहासिक साक्ष्य नहीं है। अपेक्षाकृत निर्बल एक प्रमाण के आधार पर हृदयशाह का उत्तराधिकारी छत्रशाह फरवरी 1672 ई. में सत्तारूढ़ था।[30] कोई अन्य विरोधी साक्ष्य न होने के कारण इसे ठीक माना जा सकता है। छत्रशाह 1678 ई. (1735 संवत्) सत्तारूढ़ था, यह संग्रामपुर (जिला दमोह, म.प्र.) बावड़ी के लेख[31] से ज्ञात होता है। अतः अनुमान है कि हृदयशाह का शासन फरवरी 1672 ई. के पूर्व समाप्त हुआ। अनुमानतः 1671 ई. को हृदयशाह की मृत्युतिथि माना जा सकता है। मृत्यु के समय हृदयशाह की आयु लगभग 85 वर्ष की थी।

व्यक्तित्व

हृदयशाह की प्रशंसा रामनगर के शिलालेख में विस्तार से की गई है और वह शब्दाडाम्बर से परिपूर्ण है। शिलालेख के रचयिता कवि जयगोविन्द ने अपने संरक्षक की प्रशंसा में अपनी काव्यप्रतिभा का अच्छा प्रयोग किया है। गढ़ेशनृपवर्णनम् में कवि रूपनाथ ने भी हृदयशाह की प्रशंसा की है। इन प्रशस्तियों में हृदयशाह के लिए सारे विशेषणों का उपयोग कर दिया गया है। गजेन्द्रमोक्ष में भी ऐसा ही वर्णन है। इन प्रशस्तिकारों ने केवल वैयक्तिक प्रशंसा की है और ऐतिहासिक तथ्यों को स्पर्श भी नहीं किया है।[32] प्रशस्तियों में उल्लिखित विशेषणों में से कुछ अवश्य प्रामाणिक है। जैसे रामनगर शिलालेख में हृदयशाह को संगीत का ज्ञाता कहा गया है। वास्तव में हृदयशाह की गणना सत्रहवीं सदी के अच्छे संगीतकारों में की जा सकती है। वह न केवल अच्छा गायक और वादक था, अपितु संगीत की दो प्रमुख पुस्तकों का वह लेखक भी था। इन ग्रंथों में शास्त्रीय संगीत की सूक्ष्म बातों की विवेचना की गई है। इन ग्रंथों के नाम 'हृदयकौतुक' और 'हृदयप्रकाश'[33] है।

गढ़ा के शासकों में दुर्गावती के बाद हृदयशाह का नाम सबसे ज्यादा जाना जाता है और लोकस्मृति में वह लगातार विद्यमान है। उसके सम्बन्ध में लोककथाएँ भी प्रचलित हैं जिसमें उसके शौर्य और प्रेमविवाह का उल्लेख है।[34]

छत्रशाह

यह लिखा जा चुका है कि छत्रशाह फरवरी, 1672 ई. में शासक था। छत्रशाह के समय की किसी भी घटना का प्रमाणिक विवरण नहीं मिलता। हाँ, परम्परा कहती है कि

छत्रशाह पिता की मृत्यु के समय वृद्ध हो गया था। मृत्यु निकट देखकर छत्रशाह ने राज्य का भार अपने वैमात्रेय भाई हरिसिंह को समर्पित करना चाहा। परन्तु उसने स्वीकार नहीं किया और हठ से छत्रशाह को ही गद्दी पर बिठाया। थोड़े ही समय में कामदार लोगों ने आपस में वैमनस्य उत्पन्न करा दिया।[35] हम छत्रशाह की मृत्यु अठारहवीं सदी के अन्त में मान सकते हैं। तब वह लगभग साठ वर्ष का था। छत्रशाह के समय का एक सती लेख ठर्रका (दमोह) में मिलता है जो 1680 ई. का है।[36]

रामनगर में महाप्रभु प्राणनाथ

छत्रशाह के समय प्रणामी सम्प्रदाय के दूसरे प्रसिद्ध गुरु महाप्रभु प्राणनाथ के रामनगर प्रवास का विवरण प्रणामी सम्प्रदाय के ग्रंथों[37] में मिलता है। इन ग्रंथों के अनुसार महाप्रभु देशाटन करते हुए देवगढ़ से 1681 ई. की ग्रीष्म में (संवत 1738 के प्रारम्भ) अपने पाँच हजार अनुयाइयों के साथ रामनगर पहुँचे। वे मुगल सम्राट औरंगजेब के अत्याचारों से हिन्दू धर्म की रक्षा करने के इच्छुक थे और इसके लिए वे हिन्दू राजाओं का सहयोग चाहते थे। उनके इस कार्य में सहयोग करने के लिए किशोरसिंह और सुजानसिंह ने सपरिवार महाप्रभु से दीक्षा ली। यहाँ छत्रसाल बुन्देला के निकट सम्बन्धी सूरत सिंह बुन्देला और देवकरण बुन्देला भी महाप्रभु से मिले। दुर्भाग्य से इन्हीं दिनों रामनगर में किसी भंयकर महामारी का प्रकोप हुआ जिसमें अनेक लोग कालकवलित हुए। प्रणामी ग्रंथों में आगे उल्लेख है कि औरगंजेब ने अपने एक अधिकारी पुरदल खाँ को आदेश दिया कि वह महाप्रभु प्राणनाथ को शाही खर्च से दिल्ली भेजने की व्यवस्था करे और इस खर्च का प्रबन्ध सेंहुड़ा (जिला दतिया, म. प्र.) परगना की आमदनी से करें। शाही आदेश पाते ही पुरदल खाँ ने एक सैन्याधिकारी शेख खिदिर को साढ़े तीन सौ सैनिकों के साथ महाप्रभु को लेने रामनगर भेजा और स्वयं लगान वसूल करने गढ़ा पहुँच गया। वहाँ से पुरदल खाँ ने रामनगर स्थित गोंड राजा छत्रशाह को एक पत्र भेजा जिसमें उसने छत्रशाह से आग्रह किया कि वह महाप्रभु प्राणनाथ को दिल्ली भेजने में पुरदलखाँ को सहयोग दें। यह सन्देश पाकर छत्रशाह चिंतित हुआ और उसने महाप्रभु से अन्यत्र सुरक्षित जगह चले जाने की प्रार्थना की जिससे वे मुगलों से बच सकें। इस पर महाप्रभु ने छत्रशाह को फटकारा और अपनी रक्षा आप करने का दावा किया। छत्रशाह ने पुनः अपने कोतवाल और अमात्य सुवंशराय को महाप्रभु के पास भेजा किन्तु महाप्रभु ने उनकी एक न सुनी। वे मुगल अधिकारी की प्रतीक्षा करने लगे। शेख खिदिर ने पहले अपने साथी भिखारीदास को महाप्रभु के पास भेजा फिर वह स्वयं महाप्रभु के पास गया और उनसे उसने दिल्ली चलने का आग्रह किया। महाप्रभु उसकी बात मानकर दिल्ली जाने को तैयार हो गए। दूसरे दिन शेख खिदिरखाँ छत्रशाह से मिला और उसने राजा से महाप्रभु की प्रशंसा की। इससे प्रभावित होकर छत्रसाह ने

महाप्रभु से भेंट की किन्तु संस्कारहीन होने के कारण उसे आत्मा की जागृति का लाभ न हुआ। शेख तो उसके बाद वापिस लौट गया पर उसका साथी भिखारीदास महाप्रभु के वृहत् परिवार में शामिल हो गया।

इधर महाप्रभु के भक्त देवकरण बुन्देला ने अनुभव किया कि मुगल सम्राट औरंगजेब से धार्मिक संघर्ष हेतु किसी शक्तिशाली राजा का सहयोग आवश्यक है। अतः वह महाप्रभु की अनुमति से महाप्रभु का संदेश लेकर छत्रसाल बुन्देला से मिलने उनकी नगरी मऊ सहानिया को रवाना हो गया। महाप्रभु के शिष्य स्वामी लालदास भी राज्याश्रय पाने के समर्थक थे। शीघ्र ही देवकरण छत्रसाल के पास जा पहुँचे। तभी छत्रसाल की नगरी मऊ सहानिया से धरमा नामक एक वृद्धा महाप्रभु की कीर्ति सुनकर रामनगर आई।

रामनगर प्रवास के दौरान महाप्रभु ने जो उपदेश दिए थे उनका संकलन बाद में रास नामक ग्रंथ में किया गया।

1682 ई. की शीत ऋतु (अगहन बदी 10 संवत् 1739) में महाप्रभु रामनगर से उत्तर की ओर रवाना हुए। चार दिन की यात्रा के उपरान्त वे गढ़ा पहुँचे और वहाँ के एक बाग में उन्होंने अपना डेरा डाला। गढ़ा से महाप्रभु ने उत्तमदास तथा लालदास को छत्रसाल के पास भेजा और धर्म की रक्षा के लिए सहायता माँगी। छत्रसाल ने महाप्रभु को मऊ पधारने का आमंत्रण देकर लालदास के साथ देवकरण को शीघ्र ही गढ़ा वापिस भेज दिया। इस बीच महाप्रभु एक माह तेरह दिन गढ़ा में और ग्यारह दिन बिलहरी में विश्राम करके आगे बढ़ गए थे अतः लालदास और देवकरण की महाप्रभु से भेंट गढ़ा से आगे अगरिया (जिला सागर, म.प्र.) में हुई। उन्होंने महाप्रभु को छत्रसाल का संदेश सुनाया। छत्रसाल का आमंत्रण पाकर महाप्रभु सबके साथ पन्ना की ओर चल पड़े।

छत्रशाह का सम्बन्ध मुगल दरबार से बना हुआ था। हमें उल्लेख मिलता है कि उसका सौतेला भाई हरिसिंह 9 मई 1683 को मुगल दरबार में उपस्थित हुआ था।[38] घटनाओं का जो सिलसिला आगे चला उससे इस अनुमान को बल मिलता है कि हरिसिंह सम्भवतः अपना पक्ष सबल करने के लिए मुगल दरबार गया था। वह चाहता था कि वृद्ध छत्रशाह के उपरांत उसे ही उत्तराधिकारी के रूप में शाही मान्यता मिले। इसके बाद ही छत्रशाह की मृत्यु हो गई क्योंकि अप्रैल, 1684 ई. (चैत्र कृष्ण 11, शुक्रवार, संवत 1741) को केसरीशाह के राज्यारोहण का उल्लेख गजेन्द्रमोक्ष में है।[39] केसरीशाह छत्रशाह का पुत्र था। इस प्रकार छत्रशाह तेरह वर्ष शासन करके अप्रैल 1684 ई. में दिवंगत हुआ।

छत्रशाह के समय मण्डला के निकट स्थित घुघरी ग्राम ने महत्त्व प्राप्त कर लिया था या राजा स्वयं वहाँ काफी समय तक रहा था।[40] घुघरी के निकट छतरपुर ग्राम छत्रशाह ने बसाया, ऐसा परम्परा कहती है। छतरपुर गाँव अभी मौजूद है।

छत्रशाह के समय संवत 1729 (सन 1672) में 'वाजसनेयी संहिता' नामक कृति की रचना की गई। इसकी रचना महामहोपाध्याय ज्योतिषराय के पुत्र भगवंतराय ने की

थी। यह संभव है कि यह भगवंतराय छत्रशाह के पहले के शासक हृदयशाह का प्रसिद्ध दीवान भगवतराय ही था और यह छत्रशाह के समय भी इसी पद पर था। यदि ऐसा है तो भगवतराय ब्राह्मण था और विद्वान भी।[41] अगर ऐसा है तो भगवतराय छत्रशाह के समय भी दीवान था।

परिवर्तित राजनीतिक घटनाक्रम

छत्रशाह का शासन समाप्त होते-होते तत्कालीन राजनीतिक स्थिति में अत्यंत महत्त्वपूर्ण परिवर्तन हो चुका था। 1681 ई. में औरंगजेब दक्षिण भारत की विजय के लिए निकला और तब से मृत्युपर्यन्त वह वहीं रहा। छब्बीस वर्ष के इस दक्षिण प्रवास का प्रभाव गढ़ा-राज्य के इतिहास पर हुए बिना न रहा। 1651 ई. के पश्चात् से अब तक मुगलों का सैनिक हस्तक्षेप गढ़ा-राज्य पर नहीं हुआ था। हृदयशाह शांति से राज्य करता रहा। किन्तु पच्चीस वर्षों तक मुगल सेनाओं के दक्षिण प्रवास के कारण उत्तर और दक्षिण के मध्य सेनाओं का आवागमन एक आम बात हो गई। दूसरे, मुगल सेनाएँ दक्खिन के अतिरिक्त सतपुड़ा और विंध्याचल में स्थित गोंड राज्यों—चांदा, देवगढ़ और गढ़ा में हस्तक्षेप करने का लोभ संवरण न कर सकी। तात्पर्य यह कि जैसे ही औरंगजेब दक्षिण आया वैसे ही राजगोंड राज्यों पर मुगल हस्तक्षेप के कारण ये क्रमशः निर्बल होते गए और इनका अस्तित्व बहुधा संकट में पड़ता रहा।

1681 ई. के बाद मुगल हस्तक्षेप के कारण और फिर औरंगजेब की मृत्यु के बाद मराठों की घुसपैठ के कारण गढ़ा राज्य, या यों कहें कि चांदा, देवगढ़ के राज्य में भी अस्थिरता अत्यधिक व्याप्त हो गई और अंत में मराठों के आघात से ही इनका अंत हुआ। 1681 ई. के बाद का लगभग एक सदी का काल राजनीतिक अस्थिरता और बाह्य आक्रमणों तथा नोंच-खसोट का समय था। इस तिथि के बाद गढ़ा राज्य की शांति एवं समृद्धि के दिन समाप्त हो गए। बाहरी नोंच-खसोट के कारण क्रमशः गढ़ा-राज्य का आकार संकुचित होता गया। यह नोंच-खसोट मुगलों, देवगढ़ के राजाओं और मराठों के हाथों हुई।

किन्तु यह उल्लेखनीय है कि इतने प्रबल आक्रमणकारियों के बावजूद भी गढ़ा-राज्य अपना अस्तित्व आगामी एक सदी तक बनाये रखने में समर्थ हो सका। इसका श्रेय शासकों की योग्यता को नहीं बल्कि गढ़ा-राज्य की दुर्गम भौगोलिक स्थिति को ही दिया जा सकता है। आगे के पृष्ठों में इसी राजनैतिक अस्थिरता का विवरण है।

केसरीशाह, हरीसिंह और पहाड़सिंह

छत्रशाह के संक्षिप्त शासन के उपरान्त गढ़ा-राज्य का इतिहास कुछ वर्षों के लिए षड्यंत्रों और विद्रोहों का इतिहास बन गया। छत्रशाह के बाद उसका पुत्र केसरीशाह शासक

हुआ। जैसा कि उल्लेख किया जा चुका है, वह अप्रैल, 1683 ई. (चैत्र कृष्ण 11, शुक्रवार, सं. 1741) में सिंहासन पर बैठा। सिंहासनारूढ़ होने के बाद उसके चाचा हरीसिंह ने उसके विरुद्ध विद्रोह करके स्वयं को गढ़ा का शासक घोषित कर दिया। शीघ्र ही केसरीशाह हरीसिंह के जाल में फँस गया और रामनगर के निकट स्थित बिदी के वन में हरीसिंह ने केसरीशाह की हत्या करवा डाली।[42]

केसरीशाह की हत्या के उपरान्त इस क्षेत्र की सत्ता हरीसिंह के हाथ लग गई। मासिर-ए-आलमगीरी में 3 दिसम्बर, 1684 को हरीसिंह को गढ़ा का जमींदार बताया गया है।[43] केसरीशाह का अल्पायु पुत्र नरेन्द्रशाह अपने पिता की हत्या के उपरान्त विद्रोही के सामने टिक न सका और रामकृष्ण वाजपेयी के साथ भागकर लांजी चला गया। हरीसिंह ने नरेन्द्रशाह के विरुद्ध मुगलों की सहायता ली थी। इस समय नरेन्द्रशाह सात वर्ष का था।[44] उल्लेख मिलता है कि केसरीशाह के समय 1685 ई. में रुहनिया (जबलपुर जिला) माफी के 11 ग्राम एक ठाकुर को दिए गए। यह ठाकुर गढ़ा के राजगोंड से सम्बन्धित था।[45]

हत्यारा हरीसिंह भी अधिक समय तक राज्य न कर पाया। नरेन्द्रशाह के सहयोगी हरीसिंह को नष्ट करने की ताक में थे। एकाएक नरेन्द्रशाह के मामा जुगराजसिंह को, जो उमरिया का रहने वाला था, मौका मिला और उसने एक रात गढ़ा में सोते हुए हरीसिंह को मार डाला।[46] यह घटना सितम्बर 1687 ई. के लगभग की थी क्योंकि उस वर्ष की एक सनद हरीसिंह के पुत्र पहाड़सिंह की उपलब्ध है।[47] इस प्रकार हरीसिंह लगभग तीन साल ही राज्य कर पाया।

हरीसिंह की हत्या के उपरान्त उसका पुत्र पहाड़सिंह कुछ समय के लिए गढ़ा का राजा रहा। यह तथ्य पहाड़सिंह द्वारा सितम्बर, सन् 1687 ई. में जारी की गई उपरोल्लिखित सनद से स्पष्ट है। पहाड़सिंह द्वारा षगेस्वर (खड्गेश्वर) ज्योतिषी का प्रदत्त इस सनद से ज्ञात होता है कि उसके समय खड्गेश्वर ज्योतिषी सम्भवतः राजज्योतिषी था। इन्द्रमनि ज्योतिषी भी कोई अधिकारी था। यह खड्गेश्वर ज्योतिषी का भाई था।[48] स्वामितराय को श्रीप्रधान कहा गया है। अतः यह सम्भवतः दीवान रहा होगा। इनके अतिरिक्त राउ खाण्डेराय, ठाकुर गोविन्दराय और सुधाकण्ठ पाण्डे भी महत्त्वपूर्ण अधिकारी थे क्योंकि इन्हें सनद का साक्षी कहा गया है।

पहाड़सिंह अधिक समय तक गढ़ा में न रह पाया। नरेन्द्रशाह के समर्थकों से पराजित होने के उपरान्त वह भागकर दक्षिण चला गया और औरंगजेब की सेना में शामिल हो गया।[49] तब तक औरंगजेब की सेना बीजापुर के घेरे से निपट चुकी थी। पहाड़सिंह के पलायन के उपरान्त नरेन्द्रशाह सत्तारूढ़ हुआ। यह उल्लेखनीय है कि परिशिष्ट छह में दी गई तालिका में हरीसिंह तथा पहाड़सिंह का नाम नहीं है कि परवर्ती शासक इन्हें विद्रोही मानते रहे, वैध शासक नहीं।

ऊपर हमने देखा कि हृदयशाह के लम्बे शासनकाल में जितनी शान्ति रही, बाद के सत्रह वर्षों में उतनी ही अशांति रही। इन सत्रह वर्षों में हमें चार शासकों के नामों

का उल्लेख मिलता है। इनमें से छत्रशाह और उसका पुत्र केसरीशाह वैध उत्तराधिकारी थे तो हरीसिंह और पहाड़सिंह विद्रोही थे। दोनों पक्षों में जो संघर्ष हुआ उसमें अंत में विद्रोहियों की पराजय हुई। किन्तु इससे विद्रोहियों की आकांक्षा का अन्तिम रूप से दमन न हो सका और पहाड़सिंह के बाद उसके बेटे विद्रोह का झण्डा फहराते रहे। पारिवारिक कलह ने राजगोंड सत्ता को पर्याप्त निर्बल बनाया। यदि नरेन्द्रशाह के कुशल हाथों में सत्ता न जाती तो सम्भवतः विद्रोही की कहानी का अंत न होता और गढ़ा-राज्य शीघ्र ही कलह की आग में झुलस जाता।

संदर्भ

1. 1604 ई. में उसे बीस साल का युवक मानने पर। देखिए पाठक, पृष्ठ 20
2. भगवान दास गुप्ता, छत्रसाल बुन्देला, पृष्ठ 42
3. मासिर-उल-उमरा, 2, पृष्ठ 437-38, पृष्ठ 258
4. शुक्ल, रविशंकर शुक्ल अभिनंदन ग्रंथ, पृष्ठ 4
5. मासिर-उल-उमरा, चार, पृष्ठ 14 और इम्पीरियल गैजेटियर 21, पृष्ठ 281 के अनुसार अनूप सिंह का शासनकाल 1640 से 1660 ई. तक रहा। देखिए निजामी, जर्नल ऑफ दि गंगानाथ झा रिसर्च इन्स्टीट्यूट, 8, पृष्ठ 421
6. मासिर-उल-उमरा, 2, पृष्ठ 258, इसमें त्योंथर के स्थान पर नाथू नाथर लिखा है जो वस्तुतः त्योंथर ही होना चाहिए।
7. श्लोकाः, पृष्ठ 267, श्लोक 47, गढ़ेश पृष्ठ 191. करमबेलकर, ज.ए.सो.बं., 19 दो, 1953, पृष्ठ 142
8. भावे के अनुसार रामनगर की नींव 1630-40 ई. के मध्य रखी गई। ग्राण्ट, दि गैजेटियर ऑफ दि सेन्ट्रल प्राव्हिन्सेज ऑफ इंडिया, 1870, पृष्ठ 427 के अनुसार राजधानी परिवर्तन 1663 में हुआ।
9. इ. आ. रि., 1967-68, पृष्ठ 52
10. भगवानदास गुप्ता, छत्रसाल बुन्देला, पृष्ठ 42, 55
11. केवल पाठक, पृष्ठ 19-21 में इसका उल्लेख है।
12. वही
13. रामनगर शिलालेख, हाल, पृष्ठ 12
14. वही
15. पाठक, पृष्ठ 19-20
16. एलविन, फोक टेल्स ऑफ महाकौशल, पृष्ठ 101-5. यह लोकथा अध्याय 12 में दी गई है।
17. पाठक, पृष्ठ 19-20
18. रामनगर शिलालेख, हाल पृष्ठ 11-13
19. रामभरोस अग्रवाल, गढ़ा-मण्डला के गोंड राजा, दूसरा संस्करण, संवत 2042, पृष्ठ 87-88 और पृष्ठ 150.
20. चौखम्भा, वाराणसी द्वारा प्रकाशित।
21. श्लोकाः, पृष्ठ 271, श्लोक 69. गढ़ेश, श्लोक 39, पृष्ठ 169. मासिर-ए-आलमगीरी, पृष्ठ 216, 239, 250
22. पाठक, पृष्ठ 22

23. श्लोकाः, पृष्ठ 267, श्लोक 43.
24. मण्डला डिस्ट्रिक्ट गैजेटियर, 1912, पृष्ठ 100
25. सूर्यकान्त बाली, भट्टोजी दीक्षित, दिल्ली, 1976 में इनका विस्तार से विवरण है। युगयुगीन मध्यप्रदेश (संपा. सुरेश मिश्र),1998, पृष्ठ 64-69 में गिरिजाशंकर अग्रवाल का इनसे संबंधित लेख भी देखें।
26. भावे, ए. भं. ओ. रि. ई. 28, पृष्ठ 250
27. भावे, वही, पृष्ठ 248
28. यह जानकारी मुझे हृदयनगर ग्राम के श्री नीलकंठ चौरसिया (आत्मज श्री मंगल चौरसिया) की वंशावली से मिली। ग्राण्ट, गैजेटियर ऑफ दि सेन्ट्रल प्राव्हिन्सेज़, 1870, पृष्ठ 205 में 1644 ई. दिया गया है।
29. स्लीमेन, वार्ड, कनिंघम और गढ़ेशनृपवर्णनम् हृदयशाह का शासन क्रमशः 71, 52, 71 और 32 वर्ष का बताते हैं तद्नुसार उसके शासन का अंत क्रमशः 1679, 1704, 1681 और 1703 ई. में हुआ। ये तिथियाँ त्रुटिपूर्ण हैं। परिशिष्ट 6 की तुलनात्मक तालिका देखिए। पाठक, पृष्ठ 23, हृदयशाह के शासन की अंतिम तिथि 1677 ई. रखते हैं।
30. गोंड शासकों के राज-ज्योतिषियों के वंशज स्व. श्री नर्मदाप्रसाद ज्योतिषी से प्राप्त वंशावली, परिशिष्ट चार, क्र. 6
31. परिशिष्ट तीन, क्र. 3. प्रयागदत्त शुक्ल का कथन कि इसमें छत्रसाल का उल्लेख है, गलत है। रविशंकर शुक्ल अभिनन्दन ग्रंथ, पृष्ठ 83.
32. श्लोक 24 से 41 - हाल, पृष्ठ 9-11गढ़ेश, श्लोक 37 से 38, पृष्ठ 196, श्लोकाः, श्लोक 47, पृष्ठ 267 रामनगर शिलालेख, श्लोक 37 (हाल, पृष्ठ 10) और गढ़ेश श्लोक 47, पृष्ठ 267
33. हृदयकौतुक एवं हृदयप्रकाश की पाण्डुलिपियाँ महाराजा बीकानेर के ग्रंथालय में हैं। इन पाण्डुलिपियों को भातखण्डे जी की प्रेरणा से 1918 ई. में श्री द. के. जोशी ने छापा था। देखिए भातखण्डे, ए कम्परेटिव्ह स्टडी ऑफ सम ऑफ दि म्यूजिक सिस्टम्स ऑफ दि फिफ्टीन्थ, सिक्सटीन्थ एण्ड सेवन्टीन्थ सेंचुरी, पृष्ठ 22-30, भगवतशरण शर्मा, भारतीय संगीत का इतिहास, पृष्ठ 134-5, लक्ष्मीनारायण गर्ग, हमारे संगीतरत्न (प्रथम भाग) पृष्ठ 72
34. वेरियर एलविन, फोक टेल्स ऑफ महाकोशल, पृष्ठ 101-105
35. पाठक, पृष्ठ 22
36. इ. आ. रि. 1967-68, पृष्ठ 52
37. प्रणामी सम्प्रदाय के तीन प्रमुख ग्रंथों—लालदास बीतक, हंसराज बीतक और बृजभूषण बीतक के आधार पर श्री मिश्रीलाल शास्त्री ने अपनी कृति महाप्रभु श्री प्राणनाथ (1970), पृष्ठ 79-80 में यह विवरण दिया है। मेरे विवरण का आधार यही कृति है।
38. मासिर-ए-आलमगीरी, पृष्ठ 216, 239, 250 (सरकार, हिस्ट्री ऑफ औरंगजेब, जिल्द 5, पृष्ठ 407, पादटि. 1)
39. श्लोकाः, श्लोक 70, पृष्ठ 271 एकादश्याँ शुक्रवारे सुलग्ने, सर्वोर्वीर्ष केशरीन्द्रोभिषिक्तः
40. गढ़ेश, श्लोक 40, पृष्ठ 196, श्लोकाः, श्लोक 77, पृष्ठ 272, स्लीमेन, पृष्ठ 633, वार्ड, पृष्ठ 16 और पाठक, पृष्ठ 234- वर्षे पृथ्वीवेदमुन्येकसंख्ये, फाल्गुन्यन्ते मासिपक्षे वलक्षे।
41. इसकी एक पाण्डुलिपि मण्डला के अग्रवाल पुस्तकालय में है। एक प्रति (संवत 1728) श्री गिरिजाशंकर अग्रवाल, सिंहवाहिनी वार्ड, मण्डला के पास भी है।
42. पाठक, पृष्ठ 23-24, स्लीमेन, पृष्ठ 633
43. मासिर-ए-आलमगीरी, पृष्ठ 216, 39, 50. सरकार, हिस्ट्री ऑफ औरंगजेब, जिल्द 5, पृष्ठ 407, पादटि. 3

44. विल्स, राजगोंड महा. पृष्ठ 99, स्लीमेन, पृष्ठ 633
45. जबलपुर डिस्ट्रिक्ट गैजेटियर, 1909, पृष्ठ 304, 143
46. पाठक, पृ. 23-24
47. पहाड़सिंह की भादो सुदी 15, संवत् 1744 की सनद का पाठ परिशिष्ट एक में देखिए। साथ ही जर्नल ऑफ म. प्र. इतिहास परिषद् नं. 9 (1973-74), पृष्ठ 35-42 में इस सनद से सम्बन्धित मेरा शोधपत्र भी देखिए।
48. परिशिष्ट चार-छह, में दी गई ज्योतिषी वंशावली
49. पाठक, पृष्ठ 23-24

नरेन्द्रशाह

केसरीशाह की हत्या के उपरान्त उसके अल्पायु पुत्र नरेन्द्रशाह को लेकर रामकृष्ण वाजपेयी लांजी चला गया था। लांजी जैसे सुदूर स्थल में नरेन्द्रशाह को तब तक रहना पड़ा होगा जब तक कि पहाड़सिंह गढ़ा-राज्य से पलायन न कर गया। पहाड़सिंह के पलायन के उपरान्त 1687 ई. के अन्तिम महीनों में नरेन्द्रशाह सत्तारूढ़ हुआ।[1]

देवगढ़ का उत्थान

जिस वर्ष नरेन्द्रशाह सिंहासनासीन हुआ उस समय गढ़ा-राज्य के दक्षिण-पश्चिम में देवगढ़ का राज्य बख्तबुलन्द नामक एक ऐसे व्यक्ति के अधिकार में था, जो देवगढ़ के इतिहास का सर्वाधिक प्रबल शासक था। चूँकि नरेन्द्रशाह के समय देवगढ़ का नाम भी गढ़ा-राज्य के भाग्य के उतार-चढ़ाव के साथ संलग्न रहा, इसलिए देवगढ़ के उत्थान पर दृष्टि डालना यहाँ उपयुक्त होगा।

दलशाह की मृत्यु 1634 ई. में होने के उपरान्त कोकशाह या कूकिया देवगढ़ का शासक हुआ।[2] कोकशाह के समय मुगल सैन्याधिकरी खानदौरान ने देवगढ़ पर इसलिए आक्रमण कर दिया कि कोकशाह ने कर देने में अनियमितता बरती थी।[3] कोकशाह कब तक सत्तारूढ़ रहा, ज्ञात नहीं, पर यह सुनिश्चित है कि उसका उत्तराधिकारी केशरीशाह या जाटबा द्वितीय 1645 ई. में सत्तारूढ़ था और वह कम से कम 1660 ई. तक रहा।[4] उसके समय मुगल राजकुमार औरंगजेब ने देवगढ़ पर आक्रमण किया था। केशरीशाह के उपरान्त कोकशाह द्वितीय नामक राजा का उल्लेख मिलता है।[5] इसने मुगल सेनानायक दिलेर खान के सम्मुख 1666 ई. आत्मसमर्पण करके मुगल शासन के प्रति अपनी निष्ठा प्रदर्शित की। 1669 ई. में दिलेर खान को फिर आक्रमण करना पड़ा। इसके उपरान्त ही 1670 ई. में सम्भवतः कोकशाह ने इस्लाम स्वीकार करके अपना नाम इस्लामयार खान रख लिया। तदन्तर 1680 ई. में दीनदार (दींदर) नामक शासक का उल्लेख मिलता है, जो बख्तबुलन्द का भाई था। दीनदार अधिक समय तक सत्तारूढ़ रहा, ऐसा नहीं दिखता क्योंकि मार्च 1686 ई. में बख्तबुलन्द को औरंगजेब ने देवगढ़ की जमींदारी और खिलअत दी। बीच के कुछ वर्षों (1691 से 95 तक) को छोड़कर

उसका भाई दीनदार पुनः देवगढ़ का अधिपति रहा। बख्तबुलन्द 1710 ई. तक राज्य करता रहा।[6] हम यथा स्थान पुनः उसका उल्लेख करेंगे।

बख्तबुलन्द अपने पूर्वाधिकारियों और उत्तराधिकारियों की अपेक्षा श्रेष्ठ शासक था। अपने बाहुबल से उसने अपने राज्य का विस्तार किया और उसके शासनकाल से ही उसके प्रदेश की वास्तविक उन्नति प्रारम्भ हुई। जो देवगढ़ अकबर के समय मालवा के सूबे का एक महाल मात्र था, वही सत्रहवीं और अठारहवीं सदी में बरार के सूबे की एक सरकार हो गया। यह न केवल देवगढ़ के वृद्धिगत महत्त्व का प्रतीक था, बल्कि इसका भी द्योतक था कि देवगढ़ का सम्बन्ध अब दक्खिन और बरार के सूबेदारों तथा उसके उपरान्त मराठा सरदारों से अधिक हो गया।

गढ़ा-राज्य के दक्षिण में स्थित चांदा का गोंड राज्य भी पर्याप्त शक्तिशाली था। वहाँ का शासक वीरशाह 1667 ई. में ही औरंगजेब के सेनापति दिलेरखान के सम्मुख समर्पण कर चुका था। 1680 ई. के लगभग वीरशाह मारा गया और उसका उत्तराधिकारी रामसिंह हुआ। रामसिंह को 1683 ई. में अपदस्थ करके औरंगजेब ने किशनसिंह को सत्ता सौंपी, जो एक योग्य सैनिक था। देवगढ़ के शासक दीनदार का दमन करने के लिए 1696 ई. में औरंगजेब के एक फौजदार सदरुद्दीन ने किशनसिंह की सहायता ली थी और दीनदार को मार भगाया था। किशनसिंह का दूसरा पुत्र इस्लाम स्वीकार करके नेकनाम के नाम से देवगढ़ की गद्दी पर बैठा।[7] आगे हम देखेंगे कि नेकनाम को फिर बख्तबुलन्द के आक्रमण के कारण देवगढ़ छोड़कर जाना पड़ा।

गढ़ा-राज्य के उत्तर में छत्रसाल बुन्देला का प्रभाव बढ़ता जा रहा था। 1669 ई. में उसने देवगढ़ आक्रमण के समय दिलेरखाँ का साथ दिया था।[8] धामौनी के मुगल फौजदार के साथ छत्रसाल का संघर्ष चलता रहा। जब 1673 ई. में औरंगजेब ने रोहिल्ला खाँ को छत्रसाल के विरुद्ध भेजा तो छत्रसाल ने उसे पराजित करके गढ़ाकोटा अधिकृत कर लिया था। कुछ समय के लिए दमोह जिला का उत्तरी भाग और सागर जिला का पूर्वी भाग छत्रसाल के पास निश्चित रूप से इस समय था।[9]

गढ़ा-राज्य के उत्तर-पूर्व में स्थित रीवा में भावसिंह की सत्ता थी। भावसिंह ने 1675 ई. से 1694 ई. तक राज्य किया।[10] उसके उत्तराधिकारी अनिरुद्धसिंह ने 1700 ई. तक और फिर अवधूत सिंह ने 1755 ई. तक राज्य किया।[11] ऐसा लगता है कि छत्रसाल और उसके अधिकारियों से रीवा के बघेल राजा स्वयं त्रस्त थे तथा वे बाहर की राजनीति में रुचि लेने में असमर्थ थे। यह क्रम अनूपसिंह के समय से चला आ रहा था, जिसे जुझारसिंह ने मार भगाया था।

गढ़ा-राज्य के दक्षिण-पूर्व में स्थित रतनपुर में इस समय हैहयवंशी शासक तख्तसिंह सत्तारूढ़ था।[12] रतनपुर की स्थिति डांवाडोल थी और वह बाहरी आक्रमण का प्रतिरोध करने में असमर्थ था। आगे हम देखेंगे कि नरेन्द्रशाह ने तख्तसिंह के उत्तराधिकारी को पराजित किया।

गढ़ा-राज्य से लगे हुए प्रदेशों की राजनैतिक स्थिति का जो वर्णन ऊपर किया गया है। उसमें देवगढ़ सर्वाधिक ध्यान आकर्षित करता है। नरेन्द्रशाह के सम्बन्ध बख्तबुलन्द और छत्रसाल से अच्छे रहे यह आगे की घटनाएँ बताएँगी।

पहाड़सिंह का विद्रोह

अल्पायु शासक नरेन्द्रशाह को प्रारम्भ से ही विद्रोहों का सामना करना पड़ा। पहला विद्रोह पहाड़सिंह का था। पहाड़सिंह के पलायन के उपरान्त गढ़ा पर नरेन्द्रशाह की सत्ता तो स्थापित हो गई किन्तु संकट अभी टला नहीं था। इस बात की पूरी सम्भावना थी कि पहाड़सिंह मुगल बादशाह को गढ़ा-राज्य के विरुद्ध उकसाता और शाही सहायता और मान्यता पाने में सफलता प्राप्त कर लेता। इस सम्भावना को टालने के लिए नरेन्द्रशाह की ओर से गंगाधर भट्ट पौराणिक को दिल्ली भेजा गया। वहाँ जाकर गंगाधर ने बादशाह औरंगजेब से समझौता किया और धामौनी, हटा, शाहगढ़, गढ़ाकोटा और मड़ियादौ नामक पाँच किले बादशाह को भेंट करके नरेन्द्रशाह के लिए शाही मान्यता प्राप्त कर ली।[13] हिंडोरिया (दमोह, म. प्र.) के 1688 ई. और 1699 के सतीलेखों में औरंगजेब के शासन का उल्लेख है।[14] सच पूछा जाए तो ये किले नरेन्द्रशाह के वास्तविक नियंत्रण में थे ही नहीं। इनके लिए छत्रसाल और मुगल फौजदार में पहले से ही संघर्ष चल रहा था और ये नरेन्द्रशाह के अधीन नाममात्र के लिए थे। हम उल्लेख कर चुके हैं कि कुछ वर्ष पहले छत्रसाल ने गढ़ाकोटा तक को अधिकृत कर लिया था। ये पाँच किले दिए जाने से सागर-दमोह जिलों का उत्तरी भाग नरेन्द्रशाह के हाथ से निकल गया।

छत्रसाल का संघर्ष मुगलों से चलता रहा और उसने 1688-96 के मध्य धामौनी अधिकृत कर लिया। औरंगजेब की मृत्यु के बाद उपर्युक्त सारे किले भी पूर्णरूप से छत्रसाल के अधिकार में आ गए।[15]

पहाड़सिंह ने बीजापुर स्थित मुगल सेना में नौकरी कर ली। इस मुगल सेना के सेनापति का नाम दिलेरखाँ था। युद्ध के दौरान पहाड़सिंह की कुशलता से प्रसन्न होकर दिलेरखाँ ने गढ़ा का राज्य प्राप्त करने में पहाड़सिंह के साथ एक सेना मीर जैना और मीर मानुल्ला की कमान में भेजी, फतेहपुर के निकट दूधी नदी के तट पर पहाड़सिंह और नरेन्द्रशाह की सेना के मध्य संघर्ष हुआ जिसमें नरेन्द्रशाह पराजित हुआ। नरेन्द्रशाह मण्डला लौट आया और वहाँ अपने को सुरक्षित अनुभव न कर सोहागपुर (रीवा) चला गया। वहाँ उसने अपनी सेना एकत्र की और फिर से पहाड़सिंह से युद्ध करने को सन्नद्ध हो गया। चूँकि पहाड़सिंह की सहायक मुगल सेना अब तक दक्खिन लौट गई थी, पहाड़सिंह की स्थिति अब निर्बल हो गई थी। केतुगाँव के युद्ध में वह हार गया और मारा गया। उसकी शेष सेना नरेन्द्रशाह से मिल गई। इस संघर्ष में नरेन्द्रशाह की सेना का सेनापति अहमदखाँ था। विजयोपरांत नरेन्द्रशाह मण्डला लौट आया।[16]

इस विद्रोह का दमन करने में कुछ सरदारों एवं जागीरदारों ने नरेन्द्रशाह की अमूल्य सहायता की जिसको समुचित पुरस्कार दिया गया। एक व्यक्ति को सहायता के उपलक्ष्य में उसने रामगढ़ (जिला मण्डला, म. प्र.) का इलाका दिया।[17]

पहाड़सिंह के विद्रोह के समय सहायता के उपलक्ष में नरेन्द्रशाह ने किसी गाजीराय लोधी को परताबगढ़ दिया।[18] यह परताबगढ़ भण्डारा जिले की साकोली तहसील में स्थित परताबगढ़ नहीं है क्योंकि वहाँ तब गढ़ा-मण्डला की सत्ता नहीं थी। बख्तबुलन्द के समय परताबगढ़ के किलेदार अमरसिंह का उल्लेख मिलता है। नरेन्द्रशाह के समकालीन रघुजी भोंसले ने अमरसिंह के पौत्र के अधिकार की पुष्टि की थी।[19] उस क्षेत्र में निर्विवाद रूप से रघुजी भोंसले की सत्ता थी। यह परतागढ़ बिलासपुर जिले में स्थित पंडरिया-परतागढ़ भी नहीं हो सकता क्योंकि यह निश्चित रूप से शामचन्द के और उसके पुत्रों पृथ्वीसिंह और महाबली के पास था। अतः यह कोई अन्य परताबगढ़ था।[20]

नरेन्द्रशाह और पहाड़सिंह के मध्य संघर्ष हुआ इसका समकालीन प्रमाण हमारे पास है। नरेन्द्रशाह की जो छह सनदें प्राप्त हुई हैं, उनमें अप्रैल-मई 1690 (वैशाख सुदी 8, संवत् 1747) की एक सनद में खड्गेश्वर ज्योतिषी को कठौतिया नामक जो ग्राम दान में दिया गया। वह पहाड़सिंह के विरुद्ध युद्ध के उपलक्ष में ही दिया गया था। इस सनद के आधार पर निष्कर्ष निकलता है कि पहाड़सिंह की मृत्यु 1690 ई. की ग्रीष्म में हुई।[21]

राजधानी परिवर्तन

ऐसा उल्लेख मिलता है कि पहाड़सिंह के विद्रोह के पश्चात् नरेन्द्रशाह ने रामनगर को छोड़कर मण्डला को अपनी राजधानी बनाया।[22] ऐसी सम्भावना है कि 1698 ई. के लगभग नरेन्द्रशाह ने मण्डला को राजधानी बनाया। नरेन्द्रशाह ने राजधानी परिवर्तन क्यों किया? इस सम्बन्ध में यही कहा जा सकता है कि रामनगर सुदूर होने पर भी प्रकृति द्वारा पूर्णतः सुरक्षित नहीं था और वहाँ आक्रमण से सुरक्षा के लिए दुर्ग आदि की व्यवस्था नहीं थी। रामनगर केवल एक ओर से नर्मदा द्वारा सुरक्षित था। मण्डला में दोनों बातें उपलब्ध थी। मण्डला के तीनों ओर नर्मदा नदी बहती है। चौथी ओर सुरक्षा के लिए नदी की दो धाराओं को एक खाई द्वारा जोड़कर चारों ओर जल से घिरे छोटे से द्वीपनुमा भूखण्ड के आसपास प्राचीर बनाकर सुरक्षित रहना सरल था।

रामनगर से राजधानी उठ जाने के उपरान्त रामनगर वीरान हो गया और मण्डला का महत्त्व क्रमशः बढ़ने लगा। नदी की दो धाराओं को एक बड़ी खाई से जोड़ दिया गया और इस प्रकार सुरक्षित स्थान पर विशाल किला बनाया गया। खाई के दूसरी ओर शहर का विकास हुआ। इसी किले में नरेन्द्रशाह ने राजराजेश्वरी भवानी का एक मंदिर निर्मित कराया[23] जो आज भी कुछ परिवर्तित रूप में विद्यमान है।

पुनः विद्रोह तथा अन्य घटनाएँ

पहाड़सिंह के मारे जाने से नरेन्द्रशाह के रास्ते की एक बड़ी बाधा दूर हो गई, किन्तु ऐसी स्थिति अधिक दिनों तक न रही। पहाड़सिंह के दो बेटों ने अब नरेन्द्रशाह के विरुद्ध विद्रोह किया। स्लीमेन ने इस विद्रोह का वर्णन इस प्रकार किया है।[24] पहाड़सिंह के दो बेटे भागकर शाही शिविर में चले गए। गढ़ा-राज्य प्राप्त करने के लिए शाही सेना की सहायता पाने के लिए उन्होंने इस्लाम स्वीकार कर लिया। उनके नाम अब अब्दुल रहमान और अब्दुल हाजी (हादी) हो गए। मुगल सेना की एक टुकड़ी के साथ उन्होंने गढ़ा-राज्य की ओर प्रयाण किया और वे नर्मदा की घाटी में आए। उन्हें गंगाजी पण्डित नामक एक मराठा सरदार की भी सहायता मिलने वाली थी। जब नरेन्द्रशाह ने अपनी स्थिति निर्बल देखी तो उसने दोनों विद्रोहियों से समझौता करने हेतु अपना दूत भेजा। लेकिन उसे विद्रोहियों ने बंदी बना लिया। किसी प्रकार नरेन्द्रशाह का दूत विद्रोहियों की कैद से बच भागा और तुरन्त मराठों के शिविर में जा पहुँचा। उसने गंगाजी पंडित को धन देने का वादा करके उससे आश्वासन ले लिया कि वह नरेन्द्रशाह की ओर से विद्रोहियों से लड़ेगा।

बारहा (नरसिंहपुर जिला, म. प्र.) के जागीरदार अजीमखाँ तथा चौरई के जागीरदार लोंडी खान ने भी अब्दुल रहमान तथा अब्दुल हाजी के विरुद्ध प्रारम्भ में नरेन्द्रशाह को सहायता दी। पर बाद में वे स्वयं भी विद्रोही हो गए। विद्रोहियों के सम्मुख नरेन्द्रशाह की स्थिति बड़ी संकटप्रद हो गई। दुर्भाग्य से सेनापति अहमदखाँ और पहाड़सिंह के बीच हुए युद्ध में पहाड़सिंह ही मारा गया था। गंगाधर वाजपेयी भी एक युद्ध में मारा गया। ऐसे संकट के समय नरेन्द्रशाह ने देवगढ़ के शासक बख्तबुलन्द से सहायता की याचना की।

बख्तबुलन्द की स्थिति इस समय क्या थी, इस पर चर्चा आवश्यक है। इस बीच बख्तबुलन्द के ऊपर काफी कठिनाइयाँ आ चुकी थी। जून, 1691 में औरंगजेब ने उसे अपदस्थ करके कैद कर लिया था और उसके स्थान पर उसके भाई दीनदार को गद्दी दे दी थी। 1695 में बख्तबुलन्द को कैद से मुक्त करके मुगल सेना के साथ रख दिया गया किन्तु देवगढ़ में दीनदार की सत्ता थी। शीघ्र ही देवगढ़ की स्थिति में परिवर्तन हुआ। दीनदार की विरोधी प्रवृत्ति देखकर औरंगजेब ने उसका भी दमन किया। दीनदार के पलायन करने पर चांदा के शासक किशनसिंह का अल्पायु पुत्र इस्लाम धर्म स्वीकार करके नेकनाम के नाम से देवगढ़ का अधिपति बना। संयोग से इसी वर्ष (जुलाई 1696) में चांदा के शासक किशनसिंह की मृत्यु हो गई और चांदा में उसका 20 वर्षीय ज्येष्ठ पुत्र वीरसिंह सत्तारूढ़ हुआ।[25]

चांदा एवं देवगढ़ दोनों स्थानों पर अनुभवहीन शासकों को सत्तारूढ़ देखकर बख्तबुलन्द ने अपना भाग्य आजमाना तय किया। वह मुगल सेना से भाग खड़ा हुआ और उसने नेकनाम से देवगढ़ छीन लिया। औरंगजेब ने उसे विद्रोही घोषित करके बख्तबुलन्द के स्थान पर उसका नाम 'निगूनबख्त' रख दिया एवं अब फीरोजजंग को

उसके विरुद्ध भेजा। फीरोज ने बख्तबुलन्द से देवगढ़ छीन लिया और वहाँ पुनः नेकनाम को प्रतिष्ठित कर दिया। निराश होकर बख्तबुलन्द ने धामौनी होकर मालवा जाने की तैयारी की।

इसी समय नरेन्द्रशाह ने बख्तबुलन्द से सहायता की याचना की। बख्तबुलन्द तुरन्त धामौनी से गढ़ा की ओर चल पड़ा। उधर नरेन्द्रशाह ने रामकृष्ण वाजपेयी को भेजकर छत्रसाल बुन्देला से भी सहायता माँगी। बख्तबुलन्द और छत्रसाल की सहायता से विद्रोहियों का दमन कर दिया गया। अखबारात के अनुसार बख्तबुलन्द ने हाजी को पराजित किया और उसके पाँच सौ अफगान सैनिकों को मारकर उसके पुत्र को कैद कर लिया।[26] लोंडी खान सिवनी में और अब्दुल हाजी, अब्दुल रहमान तथा अजीम खाँ गंगई खुलरी (जिला जबलपुर, म. प्र.) में मारे गए।[27] उपरोल्लिखित अखबारात के आधार पर अनुमान है कि विद्रोह का अंत 1699 ई. की वर्षा ऋतु में हुआ। चारों के विद्रोह की उग्रता का अनुमान इसी से लगाया जा सकता है कि नरेन्द्रशाह को उनका दमन करने के लिए बख्तबुलन्द और छत्रसाल की सहायता लेनी पड़ी। इस सहायता के बदले नरेन्द्रशाह ने बख्तबुलन्द को चौरई, डोंगरताल और घुंसौर नामक तीन महाल और छत्रसाल को गढ़ापहरा, इटवा, रहली, खिमलासा और दमोह नामक पाँच महाल दिए।[28] ये आठ महाल निकल जाने से नरेन्द्रशाह के राज्य का पर्याप्त अंश चला गया। किन्तु यह हानि उस हानि की तुलना में बहुत कम थी जो सहायता न मिलने पर होती। सहायता न मिलने पर सम्भवतः उसे समग्र राज्य से ही हाथ धोना पड़ता। फतेहपुर जागीरदारी की बिचपुरा तथा टेकरीपुरा शाखाओं ने भी नरेन्द्रशाह की सहायता इस विद्रोह के दमन में की थी। इसके उपलक्ष में उन्हें सांडिया (वर्तमान सोहागपुर तहसील का उत्तरी भाग), चौरासी और छातेर (फतहपुर से दूधी नदी का मध्य भाग) दे दिए गए। उल्लेखनीय है कि फतेहपुर के जागीरदारों को देवगढ़ के बख्तबुलन्द ने भी जागीरें दी थीं।[29]

यह उल्लेखनीय है कि बख्तबुलन्द के अधिकार में अब तक वर्तमान बैतूल और छिंदवाड़ा के पूरे जिले, सिवनी जिले का अधिकांश भाग तथा नागपुर, भण्डारा और बालाघाट जिलों के कुछ भाग आ गए थे। साथ ही होशंगाबाद जिले में सोहागपुर पर भी उसका अधिकार था। बालाघाट जिला का उत्तर-पश्चिमी हिस्सा उसके अधीन था। क्योंकि इस जिले के उत्तर-पश्चिम में स्थित मीरचीनी जमींदारी, जिसमें सम्भवतः मऊ और परसवाड़ा शामिल थे, बख्तबुलन्द द्वारा प्रदान की गई थी।[30] अब उसका राज्य गढ़ा-राज्य से अधिक विस्तृत हो गया। ऐसे ही समय में, जबकि बख्तबुलन्द की शक्ति शिखर पर थी, नरेन्द्रशाह ने अपनी पहली बहिन मानकुँवरि का विवाह बख्तबुलन्द से कर दिया।[31]

इसी प्रकार यह भी उल्लेखनीय है कि इस समय तक छत्रसाल ने मुगल फौजदार को धामौनी से निकाल भगा दिया था।[32] उस क्षेत्र में वही अब प्रबल हो गया। छत्रसाल ने वे पाँचों किले अपने अधिकार में इस समय तक कर लिए होंगे जो नरेन्द्रशाह ने मुगलों

को दिए थे। उनके अतिरिक्त नरेन्द्रशाह द्वारा दिए गए पाँच महाल और मिल जाने से सागर और दमोह के दो तिहाई क्षेत्र पर छत्रसाल का अधिकार हो गया।

विद्रोहों के दमन के उपरान्त सन् 1700 ई. में एक रोचक घटना घटी। इस वर्ष नरेन्द्रशाह ने अपने दीवान वासुदेव वाजपेयी को हजारीखाँ के साथ रतनपुर भेजा। रतनपुर के शासक रायसिंह से युद्ध हुआ और उसे पकड़कर मण्डला लाया गया। फिर रायसिंह (राजसिंह) के साथ नरेन्द्रशाह ने अपनी दूसरी बहिन दानकुँवरि का विवाह करके रतनपुर राज्य उसे लौटा दिया।[33]

नरेन्द्रशाह और मराठे

अब्दुल रहमान और अब्दुल हाजी के जिस विद्रोह का ऊपर उल्लेख किया गया है, उसमें हमें पहली बार गढ़ा-राज्य में मराठा हस्तक्षेप का संकेत मिलता है। यह निश्चित करना कठिन है कि गंगाजी पण्डित कौन था, किन्तु तब राजाराम छत्रपति था। इसके बाद मराठों का हस्तक्षेप क्रमशः बढ़ता गया और अंततः मराठा शक्ति ने ही शताब्दी के अंत में गढ़ा-राज्य को निगल लिया।

गढ़ा-राज्य की सीमा में अगला मराठा हस्तक्षेप उस समय हुआ। जब 1669 ई. में कृष्णाजी सावंत नामक एक मराठा सरदार ने पन्द्रह हजार घुड़सवारों के साथ पहली बार नर्मदा पार की और धामौनी के निकट कुछ स्थानों को लूटकर लौट गया। प्रारम्भिक सुल्तानों के समय से अब तक मराठों ने कभी नर्मदा नदी पार नहीं की थी। इस कृष्णाजी सावंत को देवगढ़ के शासक बख्तबुलन्द ने अप्रैल, 1699 में गिरफ्तार कर लिया था। अनुमान है कि जब हामिद खाँ ने देवगढ़ पर अधिकार किया तब कृष्णाजी सावंत जून 1699 में देवगढ़ से बच भागा। इसके उपरान्त कृष्णाजी सावंत का क्या हुआ यह नहीं मालूम। इस घटना के चार साल बाद 1704 ई. में जब मालवा पर आक्रमण करने वाले आक्रान्ता नीमाजी सिंधिया को मुगल सेनापति फीरोजजंग ने पराजित किया तो बुन्देलखण्ड की ओर यह सोचकर भागा कि वह धामौनी और गढ़ा होकर घर लौट जाएगा। फीरोजजंग ने पीछा जारी रखा और किसी जंगल में उसे धर पकड़ा।[34]

मराठों के ये छुटपुट धावे उस समय हुए जब मराठे राजाराम और ताराबाई के अन्तर्गत मुगलों के विरुद्ध स्वातंत्र्य संग्राम में लगे हुए थे। इन धावों से गढ़ा-राज्य को कोई खतरा पैदा नहीं हुआ। इसके उपरान्त कई वर्ष तक गढ़ा-राज्य को मराठा आक्रमण का सामना नहीं करना पड़ा क्योंकि तब वे अपने आन्तरिक मामलों में व्यस्त रहे। इस अंतराल में छत्रपति साहू के पेशवा बालाजी विश्वनाथ ने अपनी योग्यता से मराठों में नवीन शक्ति का संचार किया। परिस्थिति अनुकूल करने के लिए उसने शक्तिशाली मराठा सरदारों को जागीरें और पदवियाँ देकर उनका सहयोग प्राप्त किया। आगे चलकर इन जागीरदारों ने अपनी अर्द्ध स्वतंत्र स्थिति बना ली। इस आधार पर बालाजी विश्वनाथ ने जिस राज्य का निर्माण किया वही आगे चलकर मराठा संघ (मराठा कन्फेडरेसी) कहलाया।

बालाजी विश्वनाथ के समय तक गढ़ा-राज्य को मराठों से कोई विशेष खतरा नहीं रहा, किन्तु उसके उत्तराधिकारी बाजीराव प्रथम के समय स्थिति में परिवर्तन हो गया। बाजीराव के साथ ही मराठा संघ के विस्तार का एक नया युग प्रारम्भ होता है। अभी तक मराठा आकांक्षाओं का केन्द्र दक्षिण ही था पर बाजीराव ने मराठों के सम्मुख एक नई योजना रखी। उसके विचार से दक्षिण के वीरान और अनुपजाऊ इलाके में शक्ति और धन बहाने की अपेक्षा यदि हिन्दुस्तान (उत्तर भारत) के सम्पन्न इलाकों पर आक्रमण किया जाए तो अधिक उपयोगी होगा। बाजीराव प्रथम की इस योजना के साथ ही उत्तर भारत पर मराठा आक्रमण प्रारम्भ हो गए। सर्वप्रथम बाजीराव ने मालवा में प्रवेश किया और 1726 ई. तक उसने वहाँ अपने प्रतिनिधियों को नियुक्त कर दिया। इसके बाद बाजीराव उत्तर में अधिकाधिक व्यस्त होता गया। यह ध्यान देने योग्य है कि मराठों के विस्तार ने पूर्ववर्ती शक्ति की अपेक्षा कहीं अधिक धन-जन का विनाश किया, सारे देश की अर्थव्यवस्था इससे तहस-नहस हो गई। मराठा शक्ति के सामने जो भी आया उसे उसने विनष्ट कर दिया। गढ़ा राज्य पर मराठों के इस विनाशकारी आघात का प्रारम्भ नरेन्द्रशाह के शासनकाल के उत्तरार्द्ध से हो गया।

नरेन्द्रशाह के शासनकाल के उत्तरार्द्ध में मराठा संकट के देवगढ़ के मार्ग से आने की सम्भावना थी और देवगढ़ में घुसना मराठों के लिए कठिन भी नहीं था। देवगढ़ में उस समय बख्तबुलन्द का उत्तराधिकारी चाँद सुल्तान शासक था। पतनोन्मुख मुगलों का दवाब कम होने के कारण चाँद सुल्तान ने अपनी स्थिति अपेक्षाकृत सुरक्षित देखी और उसने अपनी राजधानी देवगढ़ के पहाड़ी दुर्ग से हटाकर मैदानी भाग में स्थित नागपुर में स्थानान्तरित कर ली थी। गढ़ा-राज्य के दक्षिण और दक्षिण-पश्चिम सीमा से लगे भण्डारा और नागपुर के क्षेत्र देवगढ़ राज्य के अधीन थे। परसोजी भोंसले और कान्होजी भोंसले के समय तो देवगढ़ को मराठों से विशेष खतरा नहीं हुआ। किन्तु हम देखेंगे कि उनके उत्तराधिकारी रघुजी प्रथम के समय स्थिति संकटप्रद हो गई। यहाँ यह भी उल्लेखनीय है कि पेशवा और भोंसला प्रतिद्वंद्वी थे।

इस प्रकार देवगढ़ से होकर पेशवा और भोंसले दोनों गढ़ा राज्य में प्रवेश कर सकते थे। संकट की इस स्थिति में गढ़ा-राज्य की दक्षिणी सीमा में स्थित लांजी का दुर्ग सुरक्षा की दृष्टि से अत्यन्त महत्त्वपूर्ण था। उल्लेख मिलता है कि नरेन्द्रशाह ने अपने ज्येष्ठ पुत्र महाराजशाह को लांजी के किले में नियुक्त किया। सम्भावित मराठा आक्रमणों को रोकने के लिए ही यह कदम उठाया गया था।

1728 ई. में पेशवा बाजीराव की सेना अचानक देवगढ़, सिवनी, छपारा होकर गढ़ा-मण्डला की ओर बढ़ रही थी। यह सेना गढ़ा-मण्डला पर आक्रमण करने नहीं बल्कि किसी भास्करराम की विशाल सेना को गढ़ा-मण्डला से वापिस लौटाने के लिए बढ़ी थी।[35] यह भास्करराम सम्भवतः रघुजी भोंसले का सैन्याधिकारी भास्कर पन्त ही था, जिसे रघुजी ने गढ़ा-मण्डला पर आक्रमण करने के लिए भेजा था। यह उल्लेखनीय है कि इस समय रघुजी भोंसले को सेना साहब सूबा की पदवी नहीं मिली थी। यह पदवी

उसे 1734 ई. में प्राप्त हुई थी। बाजीराव प्रथम की फौज के आगमन का सामाचार सुनकर उसे लौटना पड़ा। भास्करराम की सेना की वापसी को स्थानीय वृत्तांतकारों ने गढा-मण्डला की विजय निरूपित किया है।[36] इधर भास्करराम लौटा और उधर बाजीराव देवगढ़ गया। जनवरी, 1729 ई. में उसने देवगढ़ से अपने भाई चिमनाजी को, जो तब मालवा में था, पत्र लिखा कि ''उधर आवश्यकता हो तो मैं आऊँ या फिर बुन्देलखण्ड बढ़ूँ।'' देवगढ़ के राजा से मेल करने के बाद[37] वह गढ़ा की ओर रवाना हो गया। गढ़ा की ओर जाने का उद्‌देश्य आक्रमण न होकर वहाँ से मालवा या उत्तर की ओर निकलने का था।[38]

जब बाजीराव गढ़ा में था तब फरवरी 1729 ई. में उसे छत्रसाल बुन्देला का पत्र मिला, जिसमें उसने मुहम्द खाँ बंगाश के विरुद्ध बाजीराव की सहायता माँगी थी। बाजीराव तुरन्त छत्रसाल की सहायता के लिए रवाना हो गया और उसने मुहम्मदखाँ को पराजित करके वृद्ध छत्रसाल की मान रक्षा की। इस अहसान के लिए छत्रसाल ने बाजीराव को अपने राज्य का एक बड़ा हिस्सा कृतज्ञता के रूप में समर्पित कर दिया। 14 दिसम्बर, 1731 को छत्रसाल की मृत्यु हो गई। अगले वर्ष अर्थात 1732 में छत्रसाल के पुत्रों ने बाजीराव को कालपी, हटा, सागर गढाकोटा, झाँसी, सिरोंज, कूँच तथा हृदयनगर सौंप दिए। इस प्रकार 1732 में सागर-दमोह का उत्तरी क्षेत्र पेशवा के अधीन हो गया। पेशवा ने गोविन्द पंत बुन्देला को सागर मुख्यालय में अपने प्रतिनिधि के रूप में रखा।[39]

1731 ई. में ही सतारा की ओर से बरार में चौथ वसूल करने के लिए भोंसले रघुजी प्रथम को नियुक्त किया गया। इसका परिणाम यह हुआ कि आने वाले वर्षों में गढ़ा-मण्डला रघुजी की राज्यलिप्सा का शिकार हुआ। रघुजी की गतिविधियों का अपरिहार्य प्रभाव गढ़ा-मण्डला के राज्य पर पड़ने लगा।

नरेन्द्रशाह के समय की कुछ सामान्य बातों की भी जानकारी मिली है। उसके समय कटंगी (जबलपुर जिला में) एक सैनिक चौकी थी जहाँ की सैनिक टुकड़ी का नायक राव चूरामन था जो अहीर जाति का था। चूरामन को उसकी सैनिक सेवाओं के उपलक्ष में कैमौरी (जबलपुर) के आसपास 22 ग्राम दिए गए। यहाँ चूरामन ने अपने पुत्र हमीरदेव को स्थापित किया। यह 1722 ई. की बात है।[40] चूरामन का प्रभाव देवरी (सागर) तक हो गया, जो 1731 ई. तक उसके पास रहा। बाद में 1731 में गौरझामर के नरेन्द्रशाह ने चूरामन से देवरी छीन लिया। यह भी ज्ञात होता है कि वर्तमान भण्डारा जिला (महाराष्ट्र) में साकोली के पास तुरमापुरी के जमींदार को नरेन्द्रशाह ने सनद देकर जागीरें सौंपी थी।[41] इससे प्रमाणित होता है कि नरेन्द्रशाह के समय गढ़ा राज्य की सत्ता भण्डारा जिले के उत्तरी अर्द्धांश तक विस्तृत थी। क्योंकि इस क्षेत्र में स्थित ठाकुरटोला, गण्डई, बरबसपुर, सिलहटी, डोंडी-लोहारा जमींदारियाँ, जिन्हें खलौटी जमींदारियाँ कहा जाता है, सम्भवतः नरेन्द्रशाह द्वारा प्रदत्त की गई थीं।[42] साथ ही सम्भवतः इसी जिले का खैरागढ़ क्षेत्र भी खैरागढ़ रियासत को गढ़ा-मण्डला के

किसी शासक[43] सम्भवतः नरेन्द्रशाह के समय दिया गया था। ये इलाके नरेन्द्रशाह के समय अधिकृत किए गए या पहले से गढ़ा-मण्डला के अधीन थे, कहा नहीं जा सकता।

परिवार और अधिकारीगण

नरेन्द्रशाह की दो बहिनें थीं, मानकुँवरि और दानवकुँवरि। इनका विवाह क्रमशः देवगढ़ के शासक बख्तबुलन्द और रतनुपर के राजा राजसिंह से हुआ था। नरेन्द्रशाह के दो पुत्र थे[44], जिनमें से महाराजशाह सम्भवतः ज्येष्ठ था क्योंकि वही नरेन्द्रशाह का उत्तराधिकारी हुआ। 1698 ई. (संवत् 1755 ई.) की सनद में रानी सोनकुँवरि का उल्लेख है जो सम्भवतः नरेन्द्रशाह की पत्नी थी।

नरेन्द्रशाह के समय के कुछ अधिकारियों के नाम उसकी सनदों[45] से ज्ञात होते हैं। उनका परीक्षण करने से ज्ञात होता है कि पहाड़सिंह की संवत् 1744 ई. की सनद में जिन अधिकारियों के नाम दिए गए हैं, वे नरेन्द्रशाह के समय नहीं थे। नरेन्द्रशाह ने सत्तारूढ़ होते ही नवीन अधिकारी नियुक्त किए। पहाड़सिंह के समय के राव खाण्डेराय, प्रधान स्वामितराय, ठाकुर गोविन्दराय और पाण्डे सुधाकण्ठ अब न थे। खड्गेश्वर ज्योतिषी, जिनके नाम पर नरेन्द्रशाह की पाँच सनदें मिली हैं, राज ज्योतिषी थे। इनमें से तीन सनदों का उल्लेख पहले किया जा चुका है। शेष दो में से एक श्रावण वदी 7, संवत 1756 (अगस्त 1699 ई.) की है जिसके द्वारा उन्हें दिवारा (मण्डला जिला, म. प्र.) नामक ग्राम दान में दिया गया था। दूसरी सनद श्रावण वदी 1, संवत् 1762 (अगस्त, 1705 ई.) की है जिसके द्वारा उन्हें पहले दिए गए गोंझी तथा हरदुआ ग्रामों के बदले कुदवारी तथा बसरिया नामक ग्राम (जिला जबलपुर) प्रदत्त किए गए।

खड्गेश्वर ज्योतिषी के बाद उनके भाई इन्द्रमणि ज्योतिषी 1717 ई. में इस पद पर आए। कार्तिक वदी 1, सं. 1774 ई. (नवम्बर, 1717) में उन्हें नरेन्द्रशाह ने सरही (मण्डला जिला, म. प्र.) नामक ग्राम प्रदत्त किया था।

रामकृष्ण वाजपेयी कुछ समय के लिए दीवान थे। ये 1690 ई. में विद्यमान थे इतना कहा जा सकता है। बाद की सनदों में इनका नाम नहीं है। भोपतिराय सम्भवतः रामकृष्ण के बाद दीवान हुए क्योंकि पहली सनद में इनका नाम दूसरे स्थान पर है, जबकि दूसरी सनद में पहले स्थान पर। भोपतिराय वाजपेयी 1698 ई. तक दीवान रहे क्योंकि अगली 1699-1700 ई. की सनदों में इनका नाम नहीं है। तदनन्तर 1699 और 1700 की सनदों में खिज़्रखाँ (षिदिरखाँ) को दीवान लिखा गया है। 1705 ई. की सनद में किसी राउ नरिन्द का उल्लेख है। सम्भवतः राउ सुन्दरदास बाद में दीवान हुए। सुन्दरदास के उपरान्त वासुदेव वाजपेयी, जो वकील (प्रतिनिधि) थे, पदोन्नत करके दीवान बना दिए गए। इनसे रुष्ट होकर इन्हें कुछ समय बाद नरेन्द्रशाह ने

अपदस्थ कर दिया और फिर जोधी नामक एक साधारण व्यक्ति दीवान बनाया गया।[46] पूर्वोल्लिखित गंगाधर वाजपेयी भी किसी महत्त्वपूर्ण पद पर थे। अहमदखाँ सेनापति रहे यह कहा जा चुका है।

इनके अतिरिक्त त्रिभुवनराय वाजपेयी, नीलकंठ वाजपेयी, लछनराय वाजपेयी, राउ भगवतराय, ठाकुर दूदी, ठाकुर किसुंदास (किशनदास), श्रीकृस्न (श्रीकृष्ण) वाजपेयी, राउ भिमसेनि (भीमसेन), परमेश्वरदास वाजपेयी, राउ सिरीराम (श्रीराम) का उल्लेख सनदों की इबारत में है। निश्चय ही ये राजकीय अधिकारी थे। यह उल्लेखनीय है कि नरेन्द्रशाह के समय के अधिकारियों की उपर्युक्त सूची में वाजपेयी लोगों का प्रधान्य था और मुसलमानों को भी उच्च पद दिए गए। कुछ अन्य कर्मचारियों के नाम इन सनदों में किए दस्तखतों से ज्ञात होते हैं, जो सम्भवतः राजस्व विभाग के थे और ग्रामदान के काम से सम्बन्ध रखते थे। वे हैं– ताराचन्द, उदैभानु, गोपालपति, रायसिंह, त्रिभुवन, भागोत, साहिबराय, अनूप सिंह और कमलनयन वाजपेयी।

मण्डला के अग्रवाल पुस्तकालय में रसमंजरी नामक कृति की पाण्डुलिपि है जिसकी पुष्पिका के अनुसार इसकी रचना भानुदत्त मिश्र ने संवत 1769 (सन 1712 ई.) में की। वे मण्डला के पास बोकर ग्राम के निवासी थे और इनके पिता का नाम अयाची भवनाथ था। इस कृति का रचनाकाल बताता है कि इसकी रचना नरेन्द्रशाह के समय हुई। इसमें साहित्यशास्त्र के अन्तर्गत विभिन्न रसों का और नायक-नायिका भेद का वर्णन है।[47]

मृत्यु और मूल्यांकन

नरेन्द्रशाह की मृत्यु के सम्बन्ध में लेखकों में मतैक्य नहीं है। वैसे उसकी मृत्यु 1731 ई. में मानना सत्यता के निकट होगा। मृत्यु के समय उसकी आयु लगभग पचपन वर्ष की थी।

नरेन्द्रशाह का शासन सिंहासन की रक्षा के लिए किए गए युद्धों से परिपूर्ण रहा। राज्य विस्तार तो दूर, विरासत में प्राप्त राज्य को भी वह मृत्युपर्यन्त न बनाए रख सका। यदि हम स्थानीय वृत्तांतकारों की बातें सच मानें तो नरेन्द्रशाह ने अपने शासनकाल में अपने राज्य की रक्षा के बदले में सहायक राजाओं को तेरह महाल भेंट में दे डाले या कहें कि उसे देने पड़े। ऐसा करने के फलस्वरूप गढ़ा-राज्य का अस्तित्व तो बच गया किन्तु उसकी सीमा संकुचित हो गई और पड़ोसियों को गढ़ा-राज्य की कमजोरी भी मालूम हो गई। इसका स्वाभाविक परिणाम यह हुआ कि मराठों के आक्रमण का मार्ग प्रशस्त हो गया। आगे का इतिहास केवल मराठों से प्राणरक्षा करने का इतिहास है।

नरेन्द्रशाह के लम्बे शासनकाल में कुछ महत्त्वपूर्ण घटनाएँ घटीं। औरंगजेब की मृत्यु दक्खिन में 1707 ई. में हुई और 1710 ई. के कुछ समय बाद प्रबल पड़ोसी

बख्तबुलन्द की भी मृत्यु हो गई। इन दो मृत्युओं से गढ़ा-राज्य पर से बाहरी दबाव अवश्य कम हुआ। यदि नरेन्द्रशाह में योग्यता होती तो वह इस अवसर का लाभ उठाकर अपनी स्थिति दृढ़कर सकता था क्योंकि 1707 ई. से 1731 ई. तक गढ़ा के आसपास के क्षेत्र में राजनैतिक शून्य जैसा पैदा हो गया था। मराठे भी तब तक गढ़ा-राज्य के लिए संकट न बन पाए थे। औरंगजेब के उत्तराधिकारी और मुगल सेनानायक पारस्परिक द्रोह में व्यस्त थे। बख्तबुलन्द का उत्तराधिकारी चाँद सुल्तान[49] अपने पूर्वाधिकारी के समान साहसी न था और बरार मराठे अभी ठीक प्रकार से जम नहीं पाए थे। 24 वर्ष की अवधि में किसी विद्रोह का उल्लेख भी नहीं मिला है। गढ़ा-राज्य में आंतरिक अशांति के चिन्ह भी नहीं मिलते। आश्चर्य है कि इतनी अनुकूल परिस्थिति में भी नरेन्द्रशाह कैसे अपनी शक्ति की पुनर्स्थापना नहीं कर पाया। राज्य का विस्तार न कर पाता तो कम से कम खोए हुए प्रदेश तो वह पुनर्विजित कर ही सकता था। या उतना भी नहीं, तो आने वाले संकटों से लोहा लेने के लिए शक्तिसंचय तो कर सकता था। किन्तु गढ़ा-राज्य कुछ भी न कर पाया। वह औसत योग्यता का शासक था। शासन के प्रारम्भिक वर्षों में, जबकि वह अल्पायु था, उसे अपने अधिकारियों का अच्छा सहयोग मिला। विद्रोहों में उसे जो सफलता मिली उसका श्रेय रामकिशन वाजपेयी, गंगाधर वाजपेयी और सेनापति अहमदखाँ को है। शासन के उत्तरार्द्ध में विद्रोहादि न होना प्रकट करता है कि आंतरिक शासन में नरेन्द्रशाह सफल रहा।

नरेन्द्रशाह की मृत्यु के वर्ष ही बरार में छत्रपति द्वारा रघुजी भोंसले की नियुक्ति की गई। इस महत्त्वाकांक्षी व्यक्ति ने एवं पेशवा की बढ़ी हुई सेनाओं ने नरेन्द्रशाह के उत्तराधिकारियों को साँस न लेने दी।

नरेन्द्रशाह महाकाली का भक्त था यह सुनिश्चित है क्योंकि उसके द्वारा जारी की गई सनदों पर अंकित सरकारी मुद्रा में महाकाली लिखा है।

संदर्भ

1. गढ़ेश, स्लीमेन, वार्ड और कनिंघम के अनुसार नरेन्द्रशाह का सत्तारोहण वर्ष क्रमशः 1713 ई., 1689 ई., 1714 ई. और 1691 ई. है। ये सब त्रुटिपूर्ण हैं। परिशिष्ट छह देखिए।
2. देशपाण्डे तथा लाण्डगे, विदर्भातील ऐतिहासिक लेख संग्रह, खण्ड पहिला, पृ. 27, बादशाहनामा, जिल्द 1, भाग दो, पृष्ठ 230-33 भी देखिए।
3. बादशाहनामा, वही।
4. मासिर-उल-उमरा, दो पृष्ठ 587-88, बादशाहनामा, एक, पृष्ठ 502
5. सरकार, जिल्द 5, पृष्ठ 405, 408-9, पादटि. 2
6. देशपाण्डे, प्रो. ई. हि. का., 1950 पृष्ठ 232, देशपाण्डे और लौंडगे, विदर्भातील ऐति. लेख संग्रह, खण्ड पहिला, पृ. 30
7. सरकार, जिल्द 5, पृष्ठ 406-8

8. वही, पृष्ठ 392, 405, छत्रप्रकाश, अध्याय 10 में सेनापति का नाम बहादुरखान है।
9. गुप्ता, छत्रसाल बुन्देला, पृष्ठ 55-56
10. निजामी, जर्नल ऑफ गंगानाथ झा रिसर्च इन्स्टीट्यूट, अगस्त 1951, जिल्द 8, पृष्ठ 420-22.
11. इम्पीरियल गैजेटियर, इक्कीस, पृष्ठ 281
12. बिलासपुर डिस्ट्रिक्ट गैजेटियर, पृष्ठ 36
13. पाठक पृष्ठ 24 और स्लीमेन, पृष्ठ 633
14. इ. आ. रि. 1967-68, पृष्ठ 55
15. गुप्ता, छत्रसाल बुन्देला, पृष्ठ 55
16. स्लीमेन, पृष्ठ 634, पाठक पृ. 24-25
17. ग्राण्ट, दि गैजेटियर ऑफ सेन्ट्रल प्राव्हिन्सेज ऑफ इण्डिया 1870, पृष्ठ 426, ग्राण्ट इसकी तिथि 1680 ई. देते हैं, जो गलत है क्योंकि नरेन्द्रशाह 1687 में सत्तारूढ़ हुआ था।
18. स्लीमेन, पृष्ठ 635
19. भण्डारा डिस्ट्रिक्ट गैजेटियर, पृष्ठ 211
20. बिलासपुर डिस्ट्रिक्ट गैजेटियर, पृष्ठ 332
21. सनद के पाठ के लिए देखिए परिशिष्ट एक, क्र. 2
22. स्लीमेन, पृष्ठ 634, भावे, ना, यु. ज., 1940, पृष्ठ 96
23. गैजेटियर ऑफ दि सेन्ट्रल प्राव्हिन्सेज़ ऑफ इण्डिया, नागपुर, 1868, पृष्ठ 221
24. स्लीमेन, पृ. 634-35. पाठक, पृष्ठ 25 भी. सरकार, पाँच, पृष्ठ 410
25. सरकार, पृष्ठ 408-9
26. सरकार, पृष्ठ 409-10, पाठक, पृष्ठ 25
27. स्लीमेन, पृष्ठ 635, पाठक, पृष्ठ 25
28. वही,
29. होशंगाबाद डिस्ट्रिक्ट गैजेटियर, 1908, पृष्ठ 102, 313
30. वही, पृष्ठ 146-47
31. पाठक, पृष्ठ 25
32. गुप्ता, छत्रसाल बुन्देला, पृष्ठ 55
33. पाठक, पृष्ठ 25-26, बिलासपुर डिस्ट्रिक्ट गैजेटियर, पृष्ठ 36, 45 और रायपुर डिस्ट्रिक्ट गैजेटियर के अनुसार रतनपुर में उस समय राजसिंह शासन था।
34. सरकार, पाँच, पृष्ठ 382, 409-10, रघुवीर सिंह, मालवा इन ट्रांजीशन, पृष्ठ 54
35. सेलेक्शंस फ्राम पेशवा दफ्तर, जिल्द 13, पृष्ठ 13-14 क्र. 12
36. श्लोका, श्लोक 82, पृष्ठ 273, पाठक, पृष्ठ 26
37. राजवाड़े, मराठ्यांचा इतिहासांची साधनें, पत्रेंयादी वगेरे, जिल्द 3, पृष्ठ 14
38. सरदेसाई, मराठों का नवीन इतिहास, दो, पृष्ठ 131
39. वही, पृष्ठ 132-135
40. जबलपुर डिस्ट्रिक्ट गैजेटियर, 1908 पृष्ठ 357, 360, 304, महाराजसिंह, इतिहास बुन्देलखण्ड, पृष्ठ 58
41. भण्डारा डिस्ट्रिक्ट गैजेटियर, 1909, पृष्ठ 239
42. दुर्ग डिस्ट्रिक्ट गैजेटियर, 1909, पृष्ठ 62
43. इम्पीरियल गैजेटियर (प्राव्हिनिशयल सिरीज़) सेन्ट्रेल प्राव्हिन्सेज़, 1908, पृष्ठ 458
44. गढ़ेश, श्लोक 42, पृष्ठ 196
45. सनदों की इबारत परिशिष्ट एक, क्र. 2-7

46. पाठक, पृष्ठ 23-24
47. करमबेलकर, ज. ए. सो., उन्नीस/1953/क्र. 2, पृ. 141-142 में है। नागपुर यूनिवर्सिटी जर्नल, क्रमांक 6, पृष्ठ 187 भी देखें। यह कृति श्रीकृष्ण निबंध भवन द्वारा सन 1978 में प्रकाशित की गई थी। यह रसमंजरी की टीका है और इसमें कृतिकार भानुदत्त की वंशावली भी दी गई है। मण्डला के श्री गिरिजाशंकर अग्रवाल के पत्र के अनुसार रसमंजरी की एक हस्तलिखित प्रति के कुछ पन्ने और रसमंजरी गोपाल भट्ट कृत टीका उनके पास है। भानुदत्त मिश्र के पूरे विवरण के लिए देखिये बलदेव उपाध्याय, संस्कृत शास्त्रों का अध्ययन, पृष्ठ 263-265. उपेन्द्र ठाकुर, जर्नल ऑफ मध्यप्रदेश इतिहास परिषद, 1980-81, पृष्ठ 37 भी देखें।
48. पाठक, पृष्ठ 26 और स्लीमेन, पृष्ठ 635 और कनिंघम नरेन्द्रशाह का शासनकाल 44 वर्ष तथा गढ़ेश और वार्ड क्रमशः 1731, 1733, 1738, 1736 और 1731 ई. आता है। परिशिष्ट छह की तुलनात्मक तालिका देखिए
49. यूसुफ हुसैन, द फर्स्ट निजाम, 1963 पृ. 96

महाराजशाह और निजामशाह

नरेन्द्रशाह की मृत्यु के बाद 1731 में उसका पुत्र महाराजशाह सत्तारूढ़ हुआ।[1] यदि यह मान लिया जाए कि महाराजशाह का जन्म तब हुआ था जब नरेन्द्रशाह की आयु 20-21 वर्ष की थी तो महाराजशाह का जन्म 1697 ई. के लगभग हुआ था एवं राज्यारोहण के समय उसकी आयु लगभग 34 वर्ष की रही होगी।

सत्तारूढ़ होते ही किसी पानपाटिया सूबेदार ने दक्षिण से गढ़ा-राज्य पर आक्रमण किया। महाराजशाह ने उस पर आंशिक विजय पाई और जब वह बारी नामक स्थान तक पीछे हट गया तो भोपाल के शासक एवं गुनौरगढ़ वालों की सहायता से महाराजशाह ने उसे परास्त कर दिया।[2] भोपाल में उस समय यार मुहम्मद सत्तारूढ़ था। गुनौरगढ़ उसी के अधीन था क्योंकि उसके पूर्ववर्ती शासक दोस्त मुहम्मद ने गुनौरगढ़ की रानी कमलापति की मृत्यु के उपरान्त गुनौरगढ़ अधिकृत कर लिया था।[3] पानपटिया सूबेदार कौन था और कहाँ का था यह कहा नहीं जा सकता।

गढ़ा-राज्य और मराठे

महाराजशाह के समय गढ़ा-राज्य पर मराठों के आक्रमण का उल्लेख मिलता है। महाराज के समय हुए मराठा आक्रमण उस कहानी की भूमिका थे, जो सन् 1782 ई. में मराठों द्वारा गढ़ा-राज्य के पतन में साथ समाप्त हुई। वस्तुतः इस समय तक मराठे भारत की राजनीति के सूत्रधार बन चुके थे और जो कुछ उन्होंने गढ़ा-राज्य के प्रति किया वह उनकी समग्र भारत की गतिविधियों का अंशमात्र था। इस समय से गढ़ा-राज्य का उल्लेख अंग्रेजी और मराठी स्त्रोतों में गढ़ा-मण्डला के नाम से होने लगा। गढ़ा-मण्डला का प्रयोग इन स्त्रोतों में जितने व्यापक ढंग से मिलता है उस कारण आगे गढ़ा-मण्डला का प्रयोग ही उचित होगा।

1731 ई. में सतारा दरबार की ओर से रघुजी भोंसले को बरार की चौथ वसूल करने का कार्य सौंपा गया। इस तिथि के पश्चात गढ़ा-मण्डला से बरार का सम्पर्क बढ़ा। देवगढ़ के राज्य से बरार लगा हुआ था। अतः देवगढ़ की राजनीति में रघुजी का हस्तक्षेप अपरिहार्य था। देवगढ़ के माध्यम से भोंसले का सम्पर्क गढ़ा-मण्डला से हुआ। रघुजी भोंसले के लिए इस समय देवगढ़ और गढ़ा-मण्डला की राजनैतिक निर्बलता अनुकूल

थी। देवगढ़ का शासक चाँद सुल्तान इतना शक्तिशाली नहीं था कि रघुजी की प्रगति रोक सकता। इधर गढ़ा-मण्डला भी इतना प्रबल नहीं था कि मराठों के आक्रमण का सफल प्रतिरोध कर सकता। यह काल मराठों के प्रसार का काल था और मराठा सेनाएँ प्रायः सारे भारत को रौंद रही थीं। जहाँ मुगल नियंत्रण निर्बल हुआ वहाँ अधिकार करने से वे न चूके। जहाँ ऐसा सम्भव नहीं हुआ वहाँ वे यदा-कदा धावे करके लूटमार करते रहे। देवगढ़ और गढ़ा-मण्डला जैसे सुदूर स्थानों पर मुगल नियंत्रण अब केवल नाम के लिए था। ऐसी स्थिति में रघुजी की बन आई।

भोंसले ही नहीं, अपितु पेशवा भी गढ़ा-मण्डला में रुचि रखता था। पेशवा और भोंसले की इस क्षेत्र में समान रूप से रुचि होने के कुछ विशेष कारण थे। भोंसले और पेशवा दोनों उत्तर भारत पर अपना प्रभाव बढ़ाना चाहते थे। बुन्देलखण्ड के उस भाग पर जो, गढ़ा-मण्डला के उत्तर में है और जिसमें सागर तथा उसके आसपास का प्रदेश आता है, पेशवा का अधिकार 1735 ई. से था। ये प्रदेश छत्रसाल को बंगाल के विरुद्ध सहायता देने के उपलक्ष में पेशवा को मिले थे। ऐसी स्थिति में पेशवा के लिए निकटस्थ गढ़ा-मण्डला को अधिकृत करने की इच्छा हो स्वाभाविक था। गढ़ा-मण्डला पर पेशवा का अधिकार होने से भोंसले को उत्तर में बढ़ने से सरलता से रोका जा सकता था। ऐसा करने से उत्तर भारत को भोंसले के हस्तक्षेप से मुक्त रखा जा सकता। दूसरे, गढ़ा और मण्डला मालवा के सूबे की दक्षिणी सीमा की दो प्रमुख चौकियाँ थीं[4], जिन पर पेशवा के प्रभाव वाला मालवा प्रदेश की सुरक्षा भी निर्भर थी।

उधर भोंसले ने बैनगंगा से लेकर नर्मदा तक का क्षेत्र 1737-38 तक अधिकृत कर लिया था और उसने अपनी सीमा मालवा तक बढ़ा ली थी। वह गढ़ा-मण्डला को इसलिए पेशवा के पास नहीं रेख सकता था कि इससे पेशवा भोंसले के उत्तरी प्रदेश पर प्रभाव डाल सकता था। दूसरे, सागर स्थित पेशवा की सेना को दक्षिण की ओर बढ़ने से रोकने के लिए और स्वयं भोंसले को उत्तर भारत की ओर बढ़ने के लिए गढ़ा-मण्डला भोंसले के लिए बड़ा सहायक सिद्ध हो सकता था।

रघुजी भोंसले का आक्रमण

गढ़ा-मण्डला पर अधिकार करने हेतु आक्रमण की पहल रघुजी भोंसले ने की। हम देख चुके हैं कि 1728 ई. में रघुजी ने भास्करराम को गढ़ा-मण्डला पर धावा करने हेतु भेजा था, किन्तु बाजीराव पेशवा की फौज के आने का समाचार जब उसे मिला तब उसे लौटना पड़ा। इसके उपरान्त रघुजी को 1731 ई. में बरार की चौथ वसूल करने हेतु छत्रपति की ओर से नियुक्त किया गया। इससे बरार में पैर जमाकर गढ़ा-मण्डला के लिए प्रयास करना उसके लिए सुगम हो गया।

ऐसा उल्लेख मिलता है कि 1742 ई. में पेशवा के आक्रमण के पहले महाराजशाह के समय रघुजी ने 1739 ई. के लगभग इलाहाबाद के अभियान के समय गढ़ा-मण्डला

पर आक्रमण करके उसे अधिकृत कर लिया था।[5] युद्ध सम्भवतः धूमा (जिला सिवनी, म. प्र.) नामक स्थान पर हुआ था। जब भोंसले का आधिपत्य गढ़ा-मण्डला पर स्थापित हुआ तो यह भी स्वाभाविक है कि भोंसले ने महाराजशाह से क्षतिपूर्ति वसूल की होगी और वार्षिक कर के रूप में कुछ निधि निश्चित की होगी। यहाँ हमें भोंसले के साहस एवं पहल की प्रशंसा करनी होगी क्योंकि बाजीराव प्रथम जैसे प्रबल प्रतिस्पर्धी की इच्छा के विरुद्ध कार्य करना कोई सामान्य बात नहीं थी।

इसी समय हुई एक घटना का उल्लेख भी मिलता है। खोलवा के जमींदार श्यामघन ने 1740 ई. में महाराजशाह के विरुद्ध लांजी के स्वामी की सहायता की जिसमें दोनों की पराजय हुई। महाराजशाह ने लांजी को तो ले लिया किन्तु श्यामघन को अपना करद स्वीकार लिया।[6] यही खोलवा जमींदारी बाद में खैरागढ़ रियासत बनी।

पेशवा की सेना का आक्रमण और महाराजशाह की मृत्यु

गुजरात, मालवा और बुन्देलखण्ड में व्यस्तता के कारण पेशवा बाजीराव प्रथम को रघुजी के विरुद्ध कुछ करने का समय नहीं मिल पाया। बाजीराव प्रथम की मृत्यु 28 अप्रैल 1740 ई. को हो गई। अब यह काम उसके उत्तराधिकारी बालाजी बाजीराव के कन्धों पर आ पड़ा। बालाजी पेशवा गढ़ा-मण्डला पर अपना अधिकार स्थापित करने के लिए केवल अवसर की ताक में था।[7] यह अवसर उसे शीघ्र ही मिल गया। बाजीराव प्रथम की मृत्यु के समय रघुजी भोंसले कनार्टक में त्रिचनापल्ली के विरुद्ध युद्ध का संचालन कर रहा था और अभी भी वहीं था। रघुजी का योग्य सेनानायक भास्कर राम भी इस समय रघुजी के साथ था। यही अवसर बालाजी के लिए उपयुक्त था। उसने कुछ समय पहले ही छत्रपति से नर्मदा के उत्तर के प्रदेशों से कर उगाहने का अधिकार प्राप्त किया था। अब रघुजी की व्यस्तता का लाभ उठाते हुए बालाजी पेशवा की सेना अपने दावों के पुष्टीकरण हेतु गढ़ा-मण्डला पर अधिकार करने चली।

यह अभियान सागर की ओर से किया गया क्योंकि वहाँ पेशवा की सेना मौजूद थी। फरवरी 1741 ई. में इस सेना ने देवरी (सागर) के किले पर धावा बोल दिया जो गौरझामर के दुरगसिंह के पास था। दुरगसिंह ने देवरी को 1731 ई. में चूरामन से ले लिया था।[8] देवरी उस समय गढ़ा-मण्डला राज्य की उत्तर-पश्चिमी सीमा का प्रमुख किला था। यह किला जीतने में अधिक समय नहीं लगा, इससे यह स्पष्ट है कि सीमान्त के उस महत्त्वपूर्ण किले की सुरक्षा की व्यवस्था अच्छी नहीं थी। 8 मार्च, 1741 को किला जीत लिया गया। किले का भार आबजी कबड़े नामक अधिकारी को सौंपकर पेशवा की सेना गढ़ा की ओर बढ़ी। मई-जून 1741 ई. में गढ़ा पर भी अधिकार कर लिया गया।[9] गढ़ा पर अधिकार करने के बाद पेशवा की सेना ने मण्डला के किले को घेरा, यह पाठक के विवरण से संकेत मिलता है। स्थानीय वृत्तांतों के आधार पर पाठक लिखते हैं[10] कि मण्डला राज्य के जागीरदार बिलहरी वाले संभाजी मूंगाराव एवं भेड़ाघाट के महंत

कल्याणपुरी महाराजशाह की सहायता के लिए आए किन्तु इन दोनों ने ही पेशवा की सेना से मिलकर वादा कर दिया था कि पेशवा की सेना को किले में प्रवेश दिला देंगे। युद्ध के दौरान संभाजी ने मण्डला के किले की पश्चिमी बुर्ज में सुरंग लगाकर वहाँ मराठा सेना के प्रवेश के लिए स्थान बना दिया। तब मराठा सेना मण्डला के किले में प्रवेश कर लिया।[11]

मण्डला पर मराठों का यह आक्रमण निश्चय ही 1741 ई. में ही हुआ होगा क्योंकि वीर कवि द्वारा रचित 'सुदामा चरित्र' की साक्ष्य के अनुसार महाराजशाह का उत्तराधिकारी शिवराजशाह फरवरी, 1742 ई. (माघ पंचमी, 1798 वि. सं.) में सत्तारूढ़ था।[12] पेशवा के मण्डला आक्रमण के बाद ही महाराजशाह की मृत्यु हो गई। रघुजी भोंसले के 4 मई 1742 ई. के पत्र के अनुसार महाराजशाह ने पराजय के अपमान से बचने के लिए अग्नि समाधि ले ली।[13] इसके विरुद्ध पाठक कहते हैं कि महाराजशाह के एक सहयोगी बिलहरी वाले संभाजी मूंगाराव ने विश्वासघात करके मराठों के घेरे के समय महाराजशाह की हत्या कर दी।[14] परवर्ती स्रोत 'गजेन्द्रमोक्ष' के अनुसार युद्ध में महाराजशाह की मृत्यु हुई।[15] इन सभी विवरणों में उपरोलिखित रघुजी भोंसले के पत्र में लिखित विवरण ही अधिक विश्वनीय है क्योंकि यह पत्र घटना के कुछ माह बाद का ही है। इस प्रकार शासन के दसवें वर्ष 1741 ई. में महाराजशाह की मृत्यु हो गई।[16]

ऐसा नहीं कि पेशवा की इन गतिविधियों से रघुजी भोंसले बिल्कुल बेखबर था। वह पेशवा की गतिविधियों को ध्यान से देख रहा था और जब पेशवा ने गढ़ा अधिकृत कर लिया तो वह बहुत क्रुद्ध हुआ और इसके विरोध में उसने सतारा स्थित अपने प्रतिनिधि के माध्यम से 4 मई, 1742 ई. को एक पत्र शाहू छत्रपति को लिखा[17] : ''नागपुर लौटने पर मैंने पाया कि पेशवा ने मुझे दिए गए क्षेत्र का अतिक्रमण किया है। उसने गढ़ा और मण्डला की मेरी चौकियाँ अधिकृत कर ली हैं, मेरे प्रदेश को लूटा है और ध्वस्त किया है तथा मेरे परगनों–सिवनी-छपारा को नष्ट कर दिया है। मण्डला के राजा ने अपमान से बचने के लिए अग्नि समाधि ले ली है। उसके उपरान्त पेशवा बुन्देलखण्ड की ओर चला गया। अभी तक तो मैं रास्ते में आने से बच रहा था, किन्तु अब मेरा धैर्य समाप्त हो चुका है। छत्रपति को सूचित कर दीजिए कि मैं बदला लेने का निश्चय कर चुका हूँ। मैंने पेशवा के सेनाधिकारी विश्वनाथ पेठे को अपने प्रदेशों का उल्लंघन करने के कारण गिरफ्तार कर लिया है। इस विरोधपत्र की चर्चा हम आगे यथास्थान करेंगे।''

उल्लेख मिलता है कि सागर के मराठों के विरुद्ध सहायता करने के उपलक्ष में गढ़ा राज्य के शासक ने कवर्धा का इलाका महाबली सिंह को दे दिया। महाबली सिंह पंडरिया के जमींदार पृथीसिंह का भाई था। पहले कवर्धा भोंडा जमींदारी में आता था। कवर्धा के शासक गढ़ा-मण्डला के गोंड राजाओं के वंशज माने जाते हैं। इस घटना की तिथि[18] नहीं मिलती लेकिन अनुमान है कि महाराजशाह के समय सागर के मराठों का जो आक्रमण हुआ था उसी समय की यह घटना होगी।

इस प्रकार महाराजशाह के शासन का अन्त हुआ। बुन्देलों के हाथों गोंड राजाओं का पराभव होने के लगभग एक सदी पश्चात् मराठों द्वारा गोंड राजाओं का यह पराभव हुआ। इस आक्रमण ने गोंड राज्य की रही-सही शक्ति भी समाप्त कर दी। वस्तुतः यदि मराठे चाहते तो गढ़ा-मण्डला राज्य को अधिकृत करके गढ़ा के राजवंश को समाप्त कर सकते थे, किन्तु पेशवा ने ऐसा इसलिए नहीं किया कि इससे रघुजी से उसे निश्चिततः युद्ध करना पड़ता। गढ़ा-मण्डला को विजित करके उसके राजवंश को करद बनाकर मात्र अपने प्रभाव क्षेत्र में लेने से भोंसले नाराज तो होता किन्तु यह सोचकर छत्रपति से शिकायत करके चुप हो जाता कि आगे कभी वह गढ़ा-मण्डला ले लेगा। जैसा कि हम देख चुके हैं रघुजी भोंसले ने छत्रपति से शिकायत की भी।

पेशवा के आक्रमण के बाद गढ़ा-मण्डला के शासक मराठों की कृपा पर निर्भर हो गए। उनका अंत केवल समय की बात थी। राज्य की सीमा वैसे भी संकुचित हो गई थी और पेशवा द्वारा लादे गए भारी वार्षिक कर ने उन्हें और भी विपन्न बना दिया। आगे आने वाली चार दशाब्दियाँ मात्र पतन की दशाब्दियाँ थीं। वृक्ष की जड़ें सड़ चुकी थीं और अनेक शाखाएँ भी कट-छंट चुकी थीं। जड़ों के अभाव में तना कैसे खड़ा रहता। वृक्ष को जीवित रखने का प्रयास किया गया किन्तु ऐसा हो न सका।

विविध

महाराजशाह के परिवार के सम्बन्ध में जानकारी मिलती है कि उसकी तीन पत्नियाँ थीं। विवाहित पत्नी से शिवराजशाह, दूसरी राजपूत पत्नी से धनसिंह और रखैल गोंड पत्नी से निजामशाह थे।[19]

महाराजशाह ने मण्डला के दुर्ग के सामने नर्मदा के दूसरे तट पर 1737 ई. में महाराजपुर[20] ग्राम बसाया, जो अभी विद्यमान है। राजा धार्मिक प्रवृत्ति का था और हरि दीक्षित प्रतिदिन राजा को पुराण सुनाते थे।[21] वह महाकाली का भक्त भी था।[22]

शिवराजशाह

महाराजशाह की मृत्यु के बाद उसका युवा पुत्र शिवराजशाह उसका उत्तराधिकारी हुआ।[23] वह 1741 ई. के उत्तरार्द्ध में सत्तारूढ़ हुआ होगा क्योंकि, जैसा कि पहले कहा जा चुका है, 'सुदामाचरित' काव्यग्रंथ की रचना के समय अर्थात् फरवरी 1742 ई. में शिवराजशाह शासक था।[24]

शिवराजशाह के समय की कुछ स्फुट घटनाओं का उल्लेख मिलता है। उसने अपने पिता के साथ विश्वासघात करने वाले संभाजी मूंगाराव की हत्या करके विश्वासघात का बदला लिया।[25] उसके समय ही बरेला (जबलपुर) के ठाकुरों को पेंदवार तालुका में चौदह ग्राम दिए गए।[26] खोलवा के पूर्वोल्लिखित जमींदार श्यामघन के पुत्र दरयावसिंह की मृत्यु

जल्दी हो गई थी। दरयावसिंह के पुत्र अनूपसिंह के अधिकारों को शिवराजसिंह ने मान्यता दे दी। अनूपसिंह के प्रदेश में 132 गाँव थे जो खोलवा, खैरागढ़ और लछना के परगनों में थे।[27]

मराठों द्वारा मई-जून 1741 ई. में गढ़ा अधिकृत किए जाने के बाद शिवराजशाह को अपनी स्थिति सुदृढ़ करने के लिए एक वर्ष से अधिक समय मिला। इस अवधि में उसने मराठों को पीछे हटाने हेतु कुछ प्रयास किया हो, इसका उल्लेख नहीं मिलता। वस्तुतः इस समय गढ़ा-राज्य में इतनी शक्ति नहीं थी कि वह मराठों का प्रतिरोध कर सकता। पड़ोस में ऐसी शक्तियाँ भी शेष नहीं थीं, जिनसे मराठों के विरुद्ध सहायता ली जा सकती।

अक्टूबर, 1742 ई. में पेशवा की सेना ने मण्डला के दुर्ग को घेर लिया। 26 अक्टूबर, 1742 ई. को दोनों सेनाओं के मध्य युद्ध प्रारम्भ हुआ। मराठों ने 18 नवम्बर, 1742 ई. को मण्डला का जिला जीत लिया। मण्डला के किले की आवश्यक व्यवस्था करने के लिए उपरान्त पेशवा बुन्देलखण्ड की ओर निकल गया। वह वास्तव में रघुजी को बंगाल में धर पकड़ने जा रहा था।[28]

शिवराजशाह के साथ पेशवा की जो संधि हुई उसके अनुसार तुरन्त शिवराजशाह को चार लाख रुपया क्षतिपूर्ति के रूप में देना पड़ा। चूँकि यह राशि तुरन्त नहीं चुकाई जा सकी, अतः शिवराजशाह के भाई निजामशाह को पेशवा ने सागर स्थित अपने प्रतिनिधि विसाजी को सौंप दिया और यह आदेश दिया कि जब एक लाख रुपया चुका दिया जाए तब निजामशाह को वापिस भेजा जाय। इसके उपरान्त शेष तीन लाख रुपया भी वसूल कर लिया जाय। इस क्षतिपूर्ति के वादे के अतिरिक्त पेशवा को लूट में चार लाख रुपयों की सम्पत्ति भी मिली और शिवराजशाह पर एक लाख रुपये वार्षिक चौथ भी आरोपित की गई।[29] विसाजी का पूरा नाम विसाजी गोविन्द चाँदुरकर था और वह महाराष्ट्र के रत्नागिरि नगर से सोलह किलोमीटर दूर चाँदुर ग्राम का था। चाँदुरकर लोगों का वास्तविक उपनाम भट्ट है तथा ये कहाड़े हैं।[30]

इस समय तक पड़ोस की राजनीतिक स्थिति में पर्याप्त परिवर्तन हो चुका था। गढ़ा-मण्डला से लगे देवगढ़ राज्य के शासक चाँद सुल्तान की 1739 ई. में मृत्यु होने के उपरान्त देवगढ़ का सिंहासन बख्तबुलन्द के एक अवैध पुत्र वलीशाह ने हड़प लिया। तब चाँद सुल्तान की विधवा ने अपने दो पुत्रों के अधिकार की रक्षा के लिए रघुजी भोंसले की सहायता माँगी। रघुजी ने वलीशाह को अपदस्थ करके चाँद सुल्तान के दोनों पुत्रों को संयुक्त रूप से देवगढ़ का स्वामी बना दिया। लेकिन दोनों भाई अधिक समय तक संयुक्त रूप से शासन न कर सके और दोनों में मतभेद हो गया। अंत में 1742 ई. में रघुजी ने फिर हस्तक्षेप किया और दोनों में से बड़े लड़के बुरहानशाह को गद्दी पर बिठाया। बुरहानशाह अब सिर्फ नाम के लिए शासक था और रघुजी के हाथ की कठपुतली था। वह पेंशनर के समान रह रहा था तथा अब वास्तविक सत्ता रघुजी के हाथ में चली गई।[31] रघुजी की शक्ति का केन्द्र अब नागपुर हो गया। देवगढ़ के राज्य

के साथ रघुजी के अन्तर्गत छिंदवाड़ा और बैतूल के पूरे जिले, सिवनी जिले का अधिकांश भाग और बालाघाट का तथा होशंगाबाद जिला का कुछ हिस्सा (सोहागपुर तहसील) आ गए।

अपनी स्थिति का लाभ रघुजी भोंसले ने उठाया और उसने गढ़ा-मण्डला राज्य के लांजी के 6 महाल लाफागढ़ (लापागढ़), बाँकागढ़, सोंटागढ़ (संतागढ़) करवागढ़, दियागढ़ और झंझनगढ़ अधिकृत कर लिए।[32] लांजी के अतिरिक्त रघुजी ने खैरागढ़ और पसरिया (सम्भवतः बिलासपुर जिले में स्थित परताबगढ़ पंडरिया) भी अधिकृत किए। यह जानकारी हमें पेशवा के नागपुर स्थित दूत सदाशिवराम के फरवरी 1783 के पत्र[33] से मिलती है। रघुजी ने कब इन महालों को अधिकृत किया यह उल्लिखित नहीं है पर लगता है कि लांजी क्षेत्र पर अधिकार करने के बाद ही रघुजी ने शिवराजशाह के समय खैरागढ़ और पंडरिया अधिकृत किए। यह भी उल्लेख मिलता है कि वर्तमान शहडोल जिले का गिरारी का इलाका शिवराजशाह ने अपने एक सम्बन्धी हीराराय को सन 1748 में दिया।[34]

शिवराजसिंह सात वर्ष राज्य करके परलोक सिधार गया।[35] उसकी मृत्यु 1749 ई. में हुई और तब उसकी आयु लगभग 32 वर्ष की थी। वह अपने पीछे कोई वैध संतान नहीं छोड़ गया था। उसकी पत्नी रानी विलासकुँवरि, जो तब अनुमानतः 25 वर्ष की थी, निस्संतान थी। हाँ, एक वेश्या से शिवराजशाह का दुर्जनशाह नामक पुत्र था और मथुरा नामक राजपूत दाई से मोहनसिंह नामक पुत्र था।[36] कोई वैध उत्तराधिकारी के समय राजज्योतिषी दूदाराय थे, जो खड्गेश्वर ज्योतिषी के पौत्र थे। दूदाराय को आश्विन वदी 4, संवत् 1799 (अक्टूबर 1742) की एक सनद द्वारा कुछ भूमि दान में दी गई थी।[37]

इसी सनद में लोकशाह नामक एक अधिकारी का भी उल्लेख है। लोकशाह दुर्जनशाह के समय दीवान था, अतः शिवराज के समय भी दीवान रहा होगा। शिवराजशाह के समय रचित 'सुदामाचरित्र' नामक एक महत्त्वपूर्ण कृति उपलब्ध है। इस कृति के बारे में विस्तृत चर्चा आगामी संबंधित अध्याय में की जाएगी। शिवराजशाह ने 1743 ई. में मण्डला के किले में श्रीकृष्ण का एक मंदिर बनवाया।[38]

दुर्जनशाह

शिवराजशाह की कोई वैध संतान न होने के कारण उसकी मृत्यु के उपरान्त सिंहासन के लिए बड़ी खींचतान हुई। निजामशाह स्वयं शासक होना चाहता था, क्योंकि उसके मत से दुर्जनशाह और मोहनसिंह दोनों ही सिंहासन के अधिकारी नहीं थे। रास्ते से अपने काँटे दूर करने की निजामशाह ने योजना बनाई और शीघ्र ही मोहनसिंह को मरवा डाला। किन्तु दुर्जनशाह के पक्ष का समर्थन मृत राजा की विधवा रानी विलासकुँवरि कर रही थी। राज्य के कुछ प्रमुख अधिकारी जैसे दीवान लोकशाह, बरगाह, लक्ष्मण पासवान

और नन्दलाल वाजपेयी भी रानी के पक्ष में थे। अन्त में रानी और उसके सहयोगियों के प्रयास से दुर्जनशाह को गद्दी सौंपी गई। सिंहासनारोहण के समय वह किशोरावस्था में था।

निजामशाह ने अनिच्छा से यह सब स्वीकार तो किया, किन्तु सिंहासन प्राप्ति की इच्छा अभी उसके मन में थी। दुर्जनशाह को मार्ग से हटाने हेतु अपने दीवान लोकशाह के पुत्र गुमान और खुमान को अपनी ओर मिलाया और दुर्जनशाह की हत्या की योजना बनाई। बाद में इस योजना में विलासकुँवरि भी सम्मिलित हो गई। लक्ष्मण पासवान दुर्जनशाह के पक्ष में ही रहा।[39] स्लीमेन ने निजामशाह तथा विलासकुँवरि के षड्यंत्र और तदुपरान्त दुर्जनशाह की हत्या का विस्तृत विवरण दिया है। स्लीमेन का विवरण[40] इस प्रकार है–

दुर्जनशाह की प्रतिकूल गतिविधियों से रानी विलासकुँवरि भी दुर्जनशाह के विरुद्ध हो गई। रानी ने देखा कि दुर्जनशाह उसके नियंत्रण में नहीं है ऐसी स्थिति में यदि रानी निजामशाह को सिंहासन प्राप्त करने में सहायता करेगी तो निजामशाह उसके नियंत्रण में रहेगा। अधिकारलिप्सु रानी विलासकुँवरि ने दुर्जनशाह को हटाने के उद्देश्य से निजामशाह से मिलकर एक षड्यंत्र रचा। उसने दुर्जनशाह को निरीक्षण दौरे पर जाने के लिए प्रेरित किया जिससे सेना भी उसके साथ चली जाये। दुर्जनशाह अधिकांश सेना लेकर दौरे पर रवाना हो गया। उसी दिन विलासकुँवरि की प्रेरणा से निजामशाह ने भतीजे दुर्जनशाह से किसी कारण रुष्ट होने का बहाना किया। विलासकुँवरि ने दुर्जनशाह के पास समाचार भेजकर आग्रह किया कि वह तुरन्त आकर रुष्ट चाचा को मनाए। छल की आशंका किए बिना किशोर राजा दुर्जनशाह सेना छोड़कर अपने एक अनुचर लक्ष्मण पासवान को लेकर अपने चाचा निजामशाह के आवास पर आया। जैसे ही उसने घर में प्रवेश किया, प्रवेश द्वार बन्द कर दिया गया और निजामशाह के सहयोगियों–लोकशाह और उसके दो पुत्रों गुमान और खुमान ने दुर्जनशाह की हत्या कर डाली। दुर्जनशाह को बचाने के प्रयास में लक्ष्मण पासवान घायल हो गया।

दुर्जनशाह की हत्या, 1749 ई. के मध्य में हुई। दुर्जनशाह के उत्तराधिकारी निजामशाह के राज्यारोहण की तिथि, जैसा आगे बताया गया है, भाद्र शुक्ल 13, बुधवार सं. 1806 यानी सितम्बर 1749 है। अतः इन्हीं दिनों दुर्जनशाह की हत्या हुई होगी। वह कुछ माह ही राज्य कर पाया।[41] इस अल्पावधि में अपने अत्याचारों और क्रूरता से उसने बहुत बदनामी अर्जित की।[42] दुर्जनशाह के समय की एक सनद मिली है, जिसमें दूदाराय ज्योतिषी को कुछ भूमि दान में दी गई है।[43]

निजामशाह : तत्कालीन परिस्थिति

दुर्जनशाह की हत्या के पश्चात् शिवराजशाह के अनुज निजामशाह ने गद्दी प्राप्त की। उसका राज्याभिषेक भाद्र शुक्ल 13, बुधवार, संवत 1806 (सितम्बर, 1749 ई.) में

हुआ।[44] और उस समय उसकी आयु सत्ताइस वर्ष की थी।[45] निजामशाह ने शिवराजशाह के समय राजकार्य में भाग लिया था और उसे अपने पूर्वाधिकारियों की अपेक्षा शासन का अच्छा अनुभव था। निजामशाह के प्रारम्भिक वर्ष बाहरी आक्रमणों से मुक्त रहे क्योंकि तत्कालीन राजनैतिक वातावरण उसके अधिक प्रतिकूल नहीं था।

हमें ज्ञात है कि गढ़ा-मण्डला राज्य पर 1742 ई. में पेशवा का आक्रमण हुआ था और पेशवा के इस आक्रमण का रघुजी भोंसला ने स्वागत नहीं किया गया था क्योंकि बरार के पूर्व के प्रदेशों को वह अपना प्रभाव क्षेत्र समझता था। उसने इस सम्बन्ध में एक विरोधपत्र भी छत्रपति शाहू को भेजा था। गढ़ा-मण्डला के अतिरिक्त अन्य कई कारणों से पेशवा बालाजी बाजीराव (नाना साहेब) और रघुजी भोंसले के मध्य तनातनी चल रही थी। अन्त में छत्रपति शाहू के प्रयास से दोनों के मध्य 31 अगस्त, 1743 को एक समझौता हुआ। इसके अनुसार बरार से पूर्व का समस्त प्रदेश–कटक, बंगाल और लखनऊ तक–रघुजी के लिए छोड़ दिया गया। पेशवा ने यह स्वीकार किया कि वह उसमें हस्तक्षेप न करेगा। इस रेखा के पश्चिम का समस्त देश अकेले पेशवा का क्षेत्र हो गया।[46] विवादग्रस्त गढ़ा तथा मण्डला के जिलों के सम्बन्ध में एक अलग समझौता किया गया। इस समझौते के फलस्वरूप दोनों के मध्य गढ़ा-मण्डला के लिए जो प्रतिद्वंदिता चली आ रही थी वह कुछ समय के लिए समाप्त हो गई।

ध्यान रहे कि 1745 ई. में रघुजी ने देवगढ़ और चांदा पर अधिकार कर लिया था और रतनपुर के राजा को भी अपदस्थ कर दिया था। आगामी कुछ वर्षों के भीतर लगभग सारे छत्तीसगढ़ पर उसका आधिपत्य जम गया।[47] इस प्रकार गढ़ा-मण्डला दक्षिण-पश्चिम, दक्षिण और दक्षिण-पूर्व में रघुजी के प्रदेश से घिरा था। उत्तर में सागर-दमोह क्षेत्र पर पेशवा का अधिकार पहले से था। वहाँ पेशवा के प्रतिनिधि का मुख्यालय सागर था।

मराठों से सम्बन्ध

शिवराजशाह 1742 ई. के समझौते के अनुसार नियमित रूप से कर देता रहा और इस शर्त का पालन निजामशाह ने भी किया। यद्यपि 1743 ई. में रघुजी भोंसले पेशवा के क्षेत्र पर अतिक्रमण न करने का आश्वासन दे चुका था पर ऐसा लगता है कि गढ़ा-मण्डला पर पेशवा का स्वामित्व उसे भला न लग रहा था। उसने न केवल हस्तक्षेप किया, बल्कि उसने गढ़ा-मण्डला में गड़बड़ी उत्पन्न करने के लिए दूसरों को उकसाया भी।

यह पहले लिखा जा चुका है कि रघुजी ने लांजी शिवराजशाह के समय ही अधिकृत कर लिया था। निजामशाह के समय उसने खैरागढ़ और पसरिया (सम्भवतः बिलासपुर जिले का पंडरिया-परताबगढ़) पर भी अपना अधिकार कर लिया। उस समय खैरागढ़

या खोलवा में पूर्वोल्लिखित अनूपसिंह का पुत्र माधोसिंह या पौत्र खड्गसिंह शासन कर रहा था।[48] यह भी उल्लेख मिलता है कि किसी अजीतसिंह ने गढ़ा-मण्डला के राजाओं की कृपा से पर्याप्त उन्नति कर ली थी। इसने रघुजी की सहायता से गढ़ा-मण्डला का सिंहासन पाने का प्रयास किया और मण्डला के दूसरी ओर नर्मदा तट पर स्थित महाराजपुर को मिलाकर राज्य के एक भाग पर अधिकार करना चाहा। निजामशाह ने उसे अपने मंत्री विश्राम शाह की सहायता से पकड़कर मँगाया और दीवार से टकरवाकर मरवा डाला।[49]

14 फरवरी, 1755 को रघुजी भोंसले की मृत्यु हुई और उसके बाद जानोजी भोंसले सेना साहेब सूभा हुआ। अब स्थिति में परिवर्तन आ गया और जानोजी ने समय-समय पर गढ़ा-मण्डला की सीमा पर धावे करने प्रारम्भ कर दिए। रघुजी ने पहले गढ़ा-मण्डला राज्य के तीन महाल—लांजी, खैरागढ़ और पसरिया (पंडरिया) अधिकृत किए थे, उनसे जानोजी संतुष्ट नहीं था। वह गढ़ा-मण्डला का और भी क्षेत्र अपने अधीन करना चाहता था। अतः उसने नर्मदा के दक्षिण में स्थित गढ़ा-मण्डला के तेरह महालों को भी लेने का उद्योग किया।[50] जानोजी भोंसले द्वारा प्रस्तुत संकट से मुक्ति पाने के लिए निजामशाह ने नन्दलाल वाजपेयी को प्रतिनिधि के रूप में नागपुर भेजकर जानोजी को पचास हजार रुपया सालाना देने का वादा किया और उसे पाँच-सात साल निभाया भी।[51] पेशवा को राजा पहले से एक लाख रुपया सालाना दे रहा था।

पेशवा और भोंसला दोनों के मध्य पिसना निजामशाह को भारी पड़ रहा था, अतः उसने आक्रान्ता भोंसले के विरुद्ध अपने पुराने संरक्षक पेशवा से संरक्षण माँगना ही उचित समझा। यह उल्लेख मिलता है कि उसने नन्दलाल वाजपेयी के पुत्र ब्रजपति वाजपेयी को पूना भेजने का निश्चय किया[52] और नागपुर इस निश्चय का उद्देश्य कर की राशि कम कराना और जानोजी भोंसले के धावों से मुक्ति पाना था। किन्हीं कारणों से ब्रजपति वाजपेयी ने पूना जाने से इन्कार कर दिया। फलतः राजा ने रुष्ट होकर उसकी जागीर का गाँव बधवासर, जो भंवरगढ़ (नरसिंहपुर) परगने में था, जब्त कर लिया और वह ग्राम उसने रघुवंश वाजपेयी को दे दिया। रघुवंश वाजपेयी पूर्वोल्लिखित रामकृष्ण वाजपेयी का पौत्र और कृष्णाकर वाजपेयी का पुत्र था। रघुवंश सम्भवतः मंत्री था क्योंकि ऐसा उल्लेख मिलता है निजामशाह वाजपेयी कुल के मंत्री से परामर्श लिया करता था।

अब रघुवंश वाजपेयी को पेशवा से चर्चा करने के लिए पूना भेजा गया। वहाँ उसने नागपुर के राजा जानोजी भोंसले के अतिक्रमणों को समाप्त करने का आग्रह पेशवा से किया। पाठक[53] लिखते हैं कि रघुवंश वाजपेयी ने पेशवा से आग्रह करके वार्षिक कर में से दस हजार रुपया कम करा लिया और देवरी गौरझामर तथा पनागढ़ (पनागर नहीं) के लिए सौंपकर शेष चालीस हजार के कर से भी मुक्ति पा ली। यहाँ यह उल्लेखनीय है कि शिवराजशाह के समय एक लाख रुपया वार्षिक कर तय हुआ था। ऐसा लगता है कि रघुवंश वाजपेयी के पूना भ्रमण के पहले एक लाख में से पचास हजार रुपये माफ

कराये जा चुके थे। दूसरे समर्पित किए जाने वाले तीन किलों में पनागर ने होकर पनागढ़ होना चाहिए। नरसिंहपुर जिले में स्थित इस पनागढ़ का उल्लेख संग्रामशाह के समय के किलों की सूची में भी है। साथ ही यह देवरी तथा गौरझामर के जो सागर जिले में है, निकट भी है।

पूना से लौटकर रघुवंश वाजपेयी ने पेशवा रघुनाथराव को एक पत्र लिखा। यह पत्र मूल रूप में तो उपलब्ध नहीं है किन्तु उसकी प्रतिलिपि उपलब्ध है और इस प्रतिलिपि की संस्कृत इबारत घटनाओं से मेल खाती है अतः विश्वसनीय लगती है।[54] "पत्र में रघुवंश लिखता है...मल्लार पण्डित के अधिकार में देवरी का किला दे दिया गया है। बालाजी गोविन्द का पण्डित आया है, उसे वे मुद्राएँ दी जा रही हैं। परन्तु जानोजी भोंसले का उपद्रव राज्य में वर्तमान है...जिस प्रकार उपद्रवों का विध्वंस होगा, हम लोग वैसा ही कार्य करेंगे।" बालाजी गोविन्द से तात्पर्य सागर स्थित गोविन्द पंत बुन्देले से है। इस पत्र से प्रकट होता है कि पेशवा से रघुवंश वाजपेयी ने पूना की भेंट में यह अवश्य आग्रह किया था कि तीनों किलों की सौंपने के बदले जानोजी भोंसले के अतिक्रमणों को समाप्त करने की कार्यवाही पेशवा करेगा।

यह विचार करना आवश्यक है कि यह पत्र कब का है। जानोजी की मृत्यु मई 1772 ई.[55] में हुई। अतः यह उसके पहले का होना चाहिए। स्पष्ट है कि यह उस समय का होना चाहिए जब रघुनाथराव पेशवा माधवराव प्रथम का संरक्षक था। उल्लेखनीय है कि बालाजी बाजीराव की मृत्यु जून, 1761 ई. में होने के उपरान्त माधवराव प्रथम पेशवा हुआ था और रघुनाथराव को उसका संरक्षक बनाया गया था।[56] 12 नवम्बर, 1762 में सखाराम बापू तथा रघुनाथराव की शक्ति सर्वोच्च हो गई थी। जब माधवराव और निजामशाह के मध्य 25 सितम्बर, 1763 ई. में संधि हुई तभी माधवराव की शक्ति दृढ़ हुई और तभी रघुनाथराव का संरक्षण समाप्त हुआ और माधवराव की स्वतंत्रता प्रारम्भ हुई।[57] दूसरे शब्दों में रघुनाथराव की सत्ता पूना की राजनीति में 12 नवम्बर, 1762 ई. से 25 सितम्बर 1763 ई. तक रही अतः उपर्युक्त पत्र इसी अवधि का लगता है।[58] अन्ततः पेशवा को तीनों महाल–पनागढ़, गौरझामर और देवरी सौंप दिए गए और पचास हजार रुपयों के वार्षिक कर से मुक्ति पा ली गई।[59]

जानोजी भोंसले का उपद्रव शीघ्र समाप्त नहीं हुआ। आगामी छह वर्षों तक उसे दबाने का अथक प्रयास पेशवा ने किया। 1761 ई. में सिंहासन पर बैठने के बाद से ही पेशवा माधवराव को जानोजी भोंसले के प्रतिरोधी रुख का सामना करना पड़ा था। जानोजी ने पेशवा के विरुद्ध हैदराबाद के निजाम का साथ दिया था।[60] 1766 ई. में जब जानोजी का दमन करने हेतु माधवराव नागपुर पहुँच गया तब जानोजी ने क्षमा माँगकर अपने को बचाया।[61] लेकिन अवसर पाकर फिर जानोजी ने सिर उठाया। जब 1768 ई. में रघुनाथराव ने पेशवा के विरुद्ध विद्रोह किया तो जानोजी ने उनका साथ दिया। रघुनाथराव का दमन करने पेशवा जानोजी की ओर बढ़ा और नागपुर लूटकर

आमनेर, मण्डला के किले छीन लिए।[62] इसके बाद माधवराव तथा जानोजी की भेंट हुई और दोनों में सन्धि हो गई।[63]

पेशवा माधवराव के मण्डला आक्रमण का विस्तृत विवरण हमें उपलब्ध नहीं है। उपर्युक्त विवरण के अनुसार माधवराव ने जानोजी से मण्डला का किला छीना। यह भ्रामक है क्योंकि मण्डला तब पेशवा के सागर स्थित प्रतिनिधि के अधीन था।

सन्धि के उपरान्त जानोजी भोंसले जीवनपर्यन्त माधवराव पेशवा के प्रति निष्ठावान रहा। जानोजी की मृत्यु के छह माह बाद 18 नवम्बर, 1772 को पेशवा माधवराव की भी मृत्यु हो गई। जानोजी के बाद नागपुर का भोंसले राज अशक्त हो गया। अब वह केवल घिसट रहा था और शक्तिहीन होने के साथ ही प्रगति और आत्मरक्षा में असमर्थ था। वह केवल एक ही बात के लिए उत्सुक था कि राज्य किसी प्रकार परिवार के बाहर न जाये।

विविध विवरण

एक विवरण के अनुसार निजामशाह के समय भानपुर (जिला बालाघाट, म. प्र.) के एक जमींदार ने विद्रोह किया। इस पर निजामशाह ने सुजानसिंह नामक एक व्यक्ति को उसका दमन करने भेजा। सुजानसिंह ने विद्रोही को पकड़ लिया और इसके पुरस्कारस्वरूप भानपुर की जमींदारी 'घाटबन्दी' पर दी गई।[64]

इमलई (जबलपुर जिला) के वर्तमान राजा के पूर्वज लल्लू साहिब को निजामशाह ने ही इमलई की जागीर दी थी। इसी प्रकार भांडरा (जबलपुर जिला) के जागीरदार के पूर्वज को निजामशाह ने 36 ग्राम माफी में दिए थे और राजा की पदवी भी दी थी। भांडरा जागीर की नींव डालने वाला यह व्यक्ति भोपाल से आया था। यह भी जानकारी मिलती है कि बिलासपुर जिला में स्थित खंडवारा के एक व्यक्ति जगराजसिंह को निजामशाह ने 24 ग्राम दिए थे और एक व्यक्ति को 33 ग्राम दिए, जिससे कुंडामरदानगढ़ की जागीर की नींव पड़ी। अभाना (जिला जबलपुर, म. प्र.) ग्राम को निजामशाह ने ही बसाया था। एक लोधी को 6 गाँव दिए जाने का उल्लेख मिलता है, जिससे कटरा-बेलखेड़ा (जबलपुर जिला) की जमींदारी की नींव पड़ी।[65] मण्डला जिले में स्थित भंवरताल और निधानी ग्राम निजामशाह के समय 1759 में मण्डला के स्व. विजयदत्त झा के पूर्वजों को माफीदारी में प्रदत्त किये गए थे।[66]

वर्तमान भंडारा जिला में स्थित पलसगाँव (मानगढ़ी परगना) की जमींदारी और दल्ली जमींदारी निजामशाह द्वारा प्रदत्त किए जाने का उल्लेख मिलता है। लेकिन इसका अर्थ यह नहीं है कि निजामशाह की सत्ता भंडारा जिले में थी। हम पहले ही उल्लेख कर आए हैं कि भंडारा जिले पर राघोजी ने 1743 ई. में ही अधिकार कर लिया था। नरेन्द्रशाह के समय भंडारा जिले के उत्तरी अर्द्धांश पर गढ़ा-मण्डला की सत्ता थी। पर नरेन्द्रशाह के बाद या महाराजशाह के बाद भंडारा जिले के भूभाग में

गढ़ा-मण्डला की सत्ता उठ चुकी थी। वहाँ निजामशाह की सत्ता नाममात्र के लिए ही रही होगी। वास्तविक सत्ता तो नागपुर के राजा की थी। वैसे 1772 ई. में दल्ली जमींदारी को भोंसले राजा द्वारा सनद दिए जाने का उल्लेख मिलता है।[67]

निजामशाह के समय सम्बलपुर (उड़ीसा) के महाराजकुमार जैतसिंह ने मण्डला की यात्रा की थी।[68] मण्डला जिले की रामगढ़ जागीरदारी का निजामशाह के समय एक विवरण मिलता है। मण्डला जिला गैजेटियर[69] में इसका विवरण इस प्रकार है– मोहनसिंह और मुकटमन नामक दो साहसी भाई गढ़ा से निजामशाह की सेवा में आए। निजामशाह ने इन दोनों भाइयों को बिदी के जंगल के एक आदमखोर को मारने का काम सौंपा। जब काफी प्रयास के उपरान्त भी वह आदमखोर न मारा जा सका तो एक भाई को उन्होंने गारा बनाने का निश्चय किया। मुकटमन के ऊपर गारा बनाने का कार्य आया और मोहन सिंह मचान से आमदखोर की टोह में बैठ गया। आदमखोर के आते ही मोहनसिंह ने उसे मारा। जब घायल आदमखोर को देखने मुकटमन गया तो घायल आदमखोर ने उसे मार डाला। निजामशाह ने मोहनसिंह को एक सेना का सेनापति बनाया और बिलासपुर के एक आक्रान्ता का दमन करने के लिए भेजा। मोहनसिंह ने उस आक्रान्ता का दमन तो कर दिया पर लौटते समय वह विपक्षी सैनिकों द्वारा धोखे से मार डाला गया। जहाँ वह मारा गया था वह स्थान आज भी मोहननाला (जिला मण्डला) के नाम से जाना जाता है।

मोहनसिंह तथा मुकटमन की मृत्यु के बदले मोहनसिंह के पुत्र गाजीसिंह को निजामशाह ने मुकुटपुर का ताल्लुका दे दिया। इस क्षेत्र में गाजीसिंह का विरोध दो शक्तिशाली गोंडों ने किया। इनका दमन करने में जब गाजीसिंह सफल न हुआ तो उसने छल से उनका अन्त करने का निश्चय किया। उसने उन दोनों गोंडों को सपरिवार भोजन के लिए आमंत्रित किया और उस भवन में उसने आग लगा दी जहाँ वे भोजन कर रहे थे। इस प्रकार विपक्ष के सारे लोगों का विनाश हो गया, केवल एक गर्भवती स्त्री भोजन में नहीं आई थी। इस स्त्री का यह पुत्र आगे चलकर इमलई (जबलपुर) का राजा हुआ।

अपने प्रतिरोधियों के विनाश का समाचार जब गाजीसिंह ने निजामशाह को मण्डला जाकर दिया तो प्रसन्न होकर निजामशाह ने गाजीसिंह को रामगढ़ के राजा की पदवी दी। उल्लेखनीय है कि 1857 के गदर के समय गाजीसिंह का पौत्र विक्रमजीत विद्यमान था। वह चूँकि कुछ समय बाद पागल हो गया था, उसका राज्य कोर्ट ऑफ वार्डस् के अन्तर्गत चला गया। इस विक्रमजीत की रानी अवन्तीबाई ने ही 1857 में अंग्रेजों के विरुद्ध विद्रोह किया था।

निजामशाह के द्वारा ज्योतिषी के नाम जारी की गई दी सनदें प्राप्त हुई हैं।[70] भादों वदी 14, संवत् 1806 (सितम्बर, 1749) की सनद द्वारा दिवारा और आमाडोंगरी ग्राम दान में दिए गए। ये गाँव निश्चय ही निजामशाह के राज्याहोरण के उपलक्ष में दिए गए क्योंकि सनद की तिथि के एक दिन पहले ही निजामशाह का राज्यारोहण हुआ था।

पौष वदी, संवत् 1807 (जनवरी, 1751) की सनद द्वारा भी दो ग्राम उन्हें दान में दिए गए, जिनका नाम नहीं दिया गया है। इनसे कुछ तिथियों और कुछ अधिकारियों के नामों के अतिरिक्त अन्य कोई जानकारी नहीं मिलती। संवत् 1812 (1755-56 ई.) का एक सतीलेख भी प्राप्त हुआ है।[71] गढ़ा (जबलपुर) में पंचमठा के निकट दो शिवमंदिर निजामशाह के समय किन्हीं महन्त बक्तावरगिरि ने और महंत हिरदेवपुरी ने क्रमशः संवत् 1821 (1764-65 ई.) तथा संवत् 1823 (1766-67) में निर्मित कराये थे।[72]

निजामशाह के परिवार के सम्बन्ध में अधिक जानकारी नहीं मिलती। उसके पुत्र का नाम सुमेरशाह था। और भतीजे का नाम नरहरिशाह था। नरहरिशाह निजामशाह के भाई धनसिंह (महाराजशाह की राजपूत पत्नी से उत्पन्न पुत्र) का पुत्र था।[73] महीपालसिंह, निजामशाह का दासीपुत्र था।[74]

निजामशाह के समय के प्रमुख अधिकारियों के सम्बन्ध में हमारे पास पर्याप्त सूचना है। ऐसा उल्लेख मिलता है कि निजामशाह के शासनकाल में तीन दीवान हुए लोकशाह, खाण्डेराव और विश्रामसिंह।[75] इनके अतिरिक्त कृष्णाकर के पुत्र रधुवंश वाजपेयी मंत्री, नन्दलाल वाजपेयी राजदूत और लक्ष्मीप्रसाद दीक्षित धर्माध्यक्ष थे।[76] पाठक[77] कुछ और भी अधिकारियों का उल्लेख करते हैं। जैसे दूदाराय राजज्योतिषी थे। इनकी वंशावली परिशिष्ट चार में है। लक्ष्मण पासवान ने प्रतिनिधि के रूप में काम किया और प्रेमनिधि ठाकुर, सचल मिश्र और शिवराम मिश्र धर्मशास्त्री थे। इनमें प्रेमनिधि ठाकुर, दामोदर ठाकुर के वंशज थे। लीलाधर झा और लोकनाथ झा कर्मकाण्डी थे। लोकनाथ झा हृदयशाह के भाण्डागारिक विशंभर ओझा के वंशज थे और इन्हें निजामशाह ने आमाडोंगरी ग्राम जागीर में दिया था।[78] मनसाराम काशीकर अनुष्ठानी थे और फत्ते बाजपेयी तथा ब्रजनाथ बाजपेयी पुरोहित थे। उनके अतिरिक्त नीलकण्ठ कायस्थ[79] वैद्य थे और पीताम्बर ओझा अधिकारी व्यवस्थापक (न्यायशास्त्री) थे।

निजामशाह ने कुल 26 या 27 वर्ष राज्य किया और तद्नुसार उसकी मृत्यु 1776 ई. में हुई।[80]

मूल्यांकन

निजामशाह का शासनकाल समाप्त होते-होते गढ़ा-मण्डला राज्य की सीमा और संकुचित हो गई। यह निजामशाह का दुर्भाग्य था कि उसके गढ़ा-मण्डला पर भोंसले और पेशवा की दृष्टियाँ लगी थीं। निजामशाह में इतनी शक्ति नहीं थी कि वह इन दोनों में से किसी एक का या दोनों का प्रतिरोध कर सकता। शक्ति न होने पर उसने धन सें इन्हें संतुष्ट करने का प्रयास किया और कम से कम अपने शासनकाल में वह गढ़ा-मण्डला का अस्तित्व सुरक्षित रखने में समर्थ हो पाया। इसके लिए उसने एकाधिक बार अपने प्रतिनिधि पेशवा के पास भेजे। दूसरी ओर यह निजामशाह का सौभाग्य था कि भोंसले और पेशवा दोनों एक-दूसरे के प्रतिद्वंदी थे, इस कारण दोनों

गढ़ा-मण्डला पर पूरा अधिकार करने में हिचक रहे थे। यदि गढ़ा-मण्डला को लेकर दोनों में मतभेद न होता तो सम्भवतः बहुत पहले ही गढ़ा-मण्डला पर किसी एक का पूर्ण स्वामित्व हो गया होता।

गढ़ा-मण्डला के शासकों में दुर्गावती और हृदयशाह के उपरान्त निजामशाह का नाम ही सर्वसाधारण की स्मृति से अब तक विद्यमान है। इससे लगता है कि वह पर्याप्त लोकप्रिय था। उसके समय जनहित के कई कार्य हुए। इन निर्माणों के सम्बन्ध में कोई लिखित प्रमाण तो नहीं है पर गढ़ा-मण्डला क्षेत्र में जहाँ कहीं बावड़ियाँ, तालाब और मंदिर आदि मिलते हैं, उनमें से अधिकांश निजामशाह के समय के बताये जाते हैं।

निजामशाह ने साहित्य को अच्छा प्रोत्साहन दिया और उसके समय संस्कृत तथा हिन्दी काव्य रचना को पर्याप्त बल मिला। उसके समय लक्ष्मीप्रसाद दीक्षित संस्कृत के कवि थे। उन्होंने 'गजेन्द्रमोक्ष' नामक काव्य संस्कृत में लिखा। कवि ने यह काव्य अपने संरक्षक निजामशाह को 1759 में समर्पित किया। इस काव्य में गज-ग्राह की प्रख्यात पौराणिक कथा वर्णित है। नवें सर्ग में कवि अपने परिवार का और प्रेमशाह से लेकर निजामशाह तक गढ़ा-मण्डला के शासकों का भी कुछ वर्णन करता है। कवि लक्ष्मीप्रसाद निजामशाह के समय धर्माध्यक्ष था और राजा की ओर से उसने सागर के मराठा दरबार में राजनीतिक प्रतिनिधि के रूप में भी काम किया।[81]

शिवराजशाह के समय के कवि वीर वाजपेयी निजामशाह के समय भी थे। जैसा कि बताया जा चुका है, उन्होंने शिवराजशाह के समय 'सुदामाचरित्र' नामक प्रबन्ध काव्य की रचना की थी। अपनी दूसरी कृति प्रेमदीपिका[82] की रचना उन्होंने निजामशाह के समय मण्डला में 1761 ई. (संवत् 1818) में किया। वीर वाजपेयी कृष्णाकार वाजपेयी के पुत्र थे और प्रख्यात रघुवंश वाजपेयी के भाई थे।

राजा स्वयं भी काव्य-रचना करता था, ऐसी जनश्रुति है। कुछ कवितायें[83] निजामशाह द्वारा रचित बताई जाती हैं।

संदर्भ

1. श्लोका; श्लोक 82, पृष्ठ 273
2. पाठक, पृष्ठ 26-27
3. भोपाल स्टेट गैजेटियर, पृष्ठ 11
4. सिन्हा, राइज़ ऑफ द पेशवाज़, पृष्ठ 220-21
5. काले, नागपुर प्रान्ताचा इतिहास, पृष्ठ 100, विल्स, ब्रिटिश रिलेशंस विद दि नागपुर स्टेट इन दि एटीन्थ सेंचुरी, पृष्ठ 12. लाइफ ऑफ कोलब्रुक, पृष्ठ 450, पादटि. 2
6. सी. पी. गैजेटियर्स, छत्तीसगढ़ फ्यूडेटरी स्टेट्स, 1909, पृष्ठ 112-13
7. सरदेसाई, मराठों का नवीन इतिहास, जिल्द 2, पृ. 226, 246, 328-31
8. महाराजसिंह, इतिहास बुन्देलखण्ड, पृ. 58

9. राजवाड़े, खण्ड 2, पृष्ठ 91, 93
10. पाठक, पृष्ठ 27
11. राजवाड़े, खण्ड 2, पृष्ठ 96, पाठक, पृष्ठ 27 के अनुसार लड़ाई फाल्गुन संवत् 1799 (मार्च, 1743) को प्रारम्भ हुई और किला वैशाख शुक्ल 3, संवत् 1800 (मई 1743) को टूटा। ये तिथियाँ गलत हैं।
12. वीर बाजपेयी कृत सुदामा चरित्र, 1883 ई. (नवलकिशोर प्रेस)
13. सरदेसाई, जिल्द दो, पृष्ठ 276
14. पाठक, पृष्ठ 27
15. श्लोकाः, श्लोक 85, पृष्ठ 273
16. गढ़ेश, और वार्ड महाराजशाह का शासन 12 वर्ष का और स्लीमेन तथा कनिंघम 11 वर्ष का लिखते हैं। परि. 6 की तालिका देखिए।
17. सरदेसाई, जिल्द दो, पृष्ठ 276
18. ब्रेट, छत्तीसगढ़ फ्यूडेटेरी स्टेट्स, 1988, पृ. 147
19. पाठक, पृष्ठ 29
20. ग्राण्ट, दि गैजेटियर ऑफ दि सेंट्रल प्राव्हिन्सेज ऑफ इण्डिया, 1870, पृष्ठ 242
21. भावे, ए. भं. ओ. रि. ई. 28, पृष्ठ 248
22. श्लोकाः, श्लोक 83 (हरि दीक्षित), पृष्ठ 273
23. श्लोकाः, श्लोक 89, पृष्ठ 274, गढ़ेश, श्लोक 45, पृष्ठ 197
24. पाठक, पृष्ठ 29, में शिवराजशाह के राज्यारोहण की वैशाख शुक्ल 15, सं. 1800 (मई 1743) दी गई है जो गलत प्रतीत होती है। गढ़ेश, स्लीमेन, कनिंघम और वार्ड पर आधारित शिवराजशाह के राज्यारोहण के वर्ष क्रमशः 1750, 1744, 1742 और 1748 है।
25. पाठक, पृष्ठ 28. इसका आभास गजेन्द्रमोक्ष, श्लोक 19, सर्ग 9 (करमबेलकर, ज. ए. सो. ब. 19, क्र. 2, पृष्ठ 143) से भी होता है। श्लोकाः, पृष्ठ 275 में श्लोक 100 में यही श्लोक है।
26. ग्राण्ट, गैजेटियर ऑफ दि सेन्ट्रल प्राव्हिन्सेज ऑफ इण्डिया, 1970, पृष्ठ 27
27. दुर्ग डिस्ट्रिक्ट गैजेटियर, 1972, पृष्ठ 452
28. राजवाड़े, जिल्द दो, पृष्ठ 96, सरदेसाई जिल्द, दो, पृष्ठ 214
29. पाठक, पृष्ठ 29, स्लीमेन कहते हैं कि चार लाख रुपया वार्षिक चौथ लेना तय हुआ। ज. ए. सो. बं., क्र. 68 अगस्त 1837, पृष्ठ 636
30. विदर्भ संशोधन मण्डल वार्षिक, 1964, पृष्ठ 13, 17
31. छिंदवाड़ा डिस्ट्रिक्ट गैजेटियर, 1907, पृष्ठ 30
32. पाठक, पृष्ठ 28-29 और स्लीमेन, पृष्ठ 636
33. नागपुर अफेयर्स, एक, क्र. 177 (फरवरी 1783), पृष्ठ 189-90
34. अग्निहोत्री, रीवा राज्य का इतिहास, 1972, पृ. 362
35. परिशिष्ट छह की तुलनात्मक तालिका देखिए।
36. पाठक, पृष्ठ 29
37. सनद की इबारत हेतु देखिए परिशिष्ट एक, क्रमांक 8, सनद में शिवराजशाह का नाम नहीं है पर तिथि के आधार पर तब वही शासक था।
38. गैजेटेयिर ऑफ दि सेन्ट्रल प्राव्हिन्सेज, पृष्ठ 221, इसमें लिखा सूरजशाह शिवराजशाह ही है।
39. दुर्जनशाह से सम्बन्धित सारा विवरण पाठक, पृष्ठ 29-30 और स्लीमेन, पृष्ठ 637 पर आधारित है।
40. स्लीमेन, वही।

41. गढ़ेश, श्लोक 47, पृष्ठ 192 के अनुसार छह माह। स्लीमेन और कनिंघम त्रुटिपूर्वक दो साल कहते हैं। देखिए परिशिष्ट छह की तुलनात्मक तालिका।
42. गढ़ेश, श्लोक 47, पृष्ठ 192
43. सनद अषाढ़ सुदी 6, सं. 1806 (जुलाई, 1749) की है। इसमें दुर्जनशाह का नाम तो नहीं दिया गया है पर निजामशाह के राज्यारोहण की तिथि के पूर्व की होने के कारण यह निःसंदेह दुर्जनशाह की है। सनद का पाठ परिशिष्ट एक क्र. 9 में देखें।
44. यह तिथि श्लोकाः, श्लोक 19 पृष्ठ 278 में दी गई है और पूर्णतः विश्वसनीय है।
45. स्लीमेन, पृष्ठ 63
46. राजवाड़े, जिल्द 2, पृष्ठ 98-99, सरदेसाई, जिल्द 2, पृष्ठ 283-84
47. विल्स, ब्रिटिश रिलेशंस विद दि नागपुर स्टेट इन दि एटीन्थ सेन्चुरी, पृष्ठ 14
48. दुर्ग डिस्ट्रिक्ट गैजेटियर, 1972, पृष्ठ 452
49. श्लोकाः, श्लोक 107, पृष्ठ 276
50. नागपुर अफेयर्स, जिल्द 1, नं. 117 (फरवरी 1783), पृष्ठ 189-90
51. पाठक, पृष्ठ 31
52. पाठक, पृष्ठ 30-31
53. गढ़ेश, श्लोक 51, पृष्ठ 197
54. पाठक, पृष्ठ 30-31
55. इस पत्र की प्रतिलिपि मुझे महाराजपुर, मण्डला के स्व. पं. कोविदाचरण द्विवेदी के पास प्राप्त हुई थी। पत्र का पाठ परिशिष्ट 2 में देखिए।
56. सलेक्शन्स फ्राम पेशवा दतर, जिल्द बीस, पृष्ठ 300-301
57. खरे, ऐतिहासिक लेख संग्रह, जिल्द एक, पृष्ठ 135-36
58. बनर्जी, पेशवा माधवराव प्रथम, पृष्ठ 23-24
59. पाठक, पृष्ठ 31, स्लीमेन, पृष्ठ 638 के अनुसार महाराजशाह की मृत्यु के बाद जो कर देने का वादा किया गया था उस कर के बदले ये किले सौंपे गए। यह भ्रामक है।
60. सलेक्शन्स फ्राम पेशवा दफ्तर, जिल्द 20, पृष्ठ 168
61. बनर्जी, वही, पृ. 63
62. खरे, ऐतिहासिक लेख संग्रह, जिल्द 3, पृष्ठ 784
63. सलेक्शन्स फ्राम पेशवा दफ्तर, जिल्द बीस, पृष्ठ 216
64. बालाघाट डिस्ट्रिक्ट गैजेटियर, 1907, पृष्ठ 143
65. जबलपुर डिस्ट्रिक्ट गैजेटियर, 1909 पृष्ठ 141-42, 328-362
66. मण्डला के स्व. श्री विजयदत्त झा के पास प्राप्त कागजातों में अंग्रेज दरबार के कुर्सीनशीनो की सूची में उल्लिखित रुद्रदत्त (विजयदत्त के पितामह) के पूर्वजों को, ये दोनों ग्राम दिए जाने का उल्लेख है। श्री रुद्रदत्त झा की वंशावली परिशिष्ट चार (4) में दी गई है। इस वंशावली में उल्लिखित आंवी ओझा को 1804 ई. (सं. 1861) में ये दोनों गाँव भोंसले द्वारा दिए जाने की सनद श्री झा के पास है।
67. भण्डारा डिस्ट्रिक्ट गैजेटियर, पृष्ठ 10-11 में है।
68. पाण्डेय, लोचनप्रसाद, हितकारिणी, जुलाई, 1917, पृष्ठ 132-3
69. मण्डला डिस्ट्रिक्ट गैजेटियर, पृष्ठ 255-57
70. सनदों के पाठ परिशिष्ट एक क्रमांक 10-11 में हैं।
71. यह सतीलेख नागपुर संग्रहालय में है। नटेश अय्यर, डिस्क्रिप्टिव्ह लिस्ट ऑफ एग्ज़िबिट्स इन दि आर्किलॉजिकल सेक्शन ऑफ दि नागपुर म्यूजियम, 1914।

72. शिलालेखों का पाठ परिशिष्ट तीन में देखें।

73. सलेक्शंस फ्राम दि नागपुर रेसिडेन्सी रिकार्ड्स, जिल्द 4 (1818-40), संपा. सिन्हा, पृष्ठ 135. पाठक, पृष्ठ 31. वार्ड, पृष्ठ 17. स्लीमेन, पृष्ठ 640-1 और गढ़ेश, श्लोक 53

74. पाठक, पृष्ठ 31. स्लीमेन, पृष्ठ 638

75. पाठक, पृष्ठ 30, संवत् 1806 की सनद में लोकशाह और खण्डेराय का नामोल्लेख है, यद्यपि इनका पद नहीं दिया गया है। देखिए परिशिष्ट एक क्र. 10।

76. करमबेलकर, ज. ए. सो. बं. 19, पृष्ठ 142, दीक्षितों की वंशावली परिशिष्ट चार में।

77. पाठक, पृष्ठ 30

78. मण्डला डिस्ट्रिक्ट गैजेटियर, 1912, पृष्ठ 100 में इसका उल्लेख है। इनकी वंशावली देखिए परिशिष्ट चार, क्रमांक 4 में।

79. इनके वर्तमान वंशज महाराजपुर, मण्डला के श्री भैयालाल श्रीवास्तव और श्री विपिन बिहारी लाल श्रीवास्तव आदि हैं।

80. गढ़ेश, श्लोक 51, पृष्ठ 197 में 26 (वर्ष और श्लोकाः, श्लोक 120, पृष्ठ 278 में 27 वर्ष है। स्लीमेन और कनिंघम 27 वर्ष देते हैं। परिशिष्ट 6 की तालिका देखिए। निजामशाह की मृत्यु का वर्ष पाठक, पृष्ठ 31, सं. 1833/1776 ई. देते हैं जो ठीक हैं क्योंकि निजामशाह के राज्यारोहण के वर्ष अर्थात् सितम्बर 1749 में 26) या 27 वर्ष जोड़ने पर मार्च 1776 या सितम्बर 1776 आता है। स्लीमेन, कनिंघम, गढ़ेश, और वार्ड क्रमशः 1780, 1778, 1784 ई. और 1777 ई. लिखते हैं, जो ठीक नहीं है। देखिए परिशिष्ट छह की तुलनात्मक तालिका।

81. करमबेलकर, ज. ए. सो. बं., 19, क्र. 2, 1953, पृष्ठ 142-43, भावे, ए. म. ओ. इ. 28, पृष्ठ 248-49 भी।

82. यूनियन प्रेस कं. लि. जबलपुर में पं. काशीप्रसाद चौबे द्वारा मुद्रित और 1897 ई. में प्रकाशित। विस्तृत विवरण अध्याय 9 में दिया गया है।

83. निजामशाह की दो कविताएँ जुलाई 1917 की हितकारिणी पत्रिका में प्रकाशित लोचनप्रसाद पाण्डेय के लेख ''गढ़ा-मण्डला के राजा निजामशाह का समय'', पृष्ठ 132-33 में उल्लिखित है। बाद में अन्य लोगों ने भी इनका उल्लेख किया है।

अवसान

निजामशाह की मृत्यु होते ही गढ़ा-मण्डला राज्य का राजदरबार षड्यंत्रों और आंतरिक द्रोह का केन्द्र हो गया। निजामशाह के उत्तराधिकारियों की निर्बलता, आंतरिक द्रोह, अन्य संकट और मराठों के आक्रमणों से गढ़ा-मण्डला राज्य को सुरक्षित न रख सकी। निजामशाह की मृत्यु के छह वर्ष के भीतर ही गढ़ा-मण्डला राज्य का अवसान हो गया।

महीपालसिंह[1] : रघुवंश वाजपेयी के परिवार का विनाश

निजामशाह की मृत्यु के उपरान्त उसकी इच्छानुसार उसके एक दासीपुत्र महीपालसिंह को गद्दी दी गई। महीपालसिंह उस समय शिशु ही था। सुमेरशाह की उपेक्षा किया जाना यह प्रकट करता है कि या तो राजा निजामशाह सुमेरशाह से रुष्ट था या सुमेरशाह अत्यंत अयोग्य था। शिवराजशाह की विधवा रानी विलासकुँवरि को यह रुचिकर नहीं लगा। वृद्धावस्था की देहरी पर खड़ी इस अधिकारलिप्सु रानी ने अपनी शक्ति स्थापित करने के उद्देश्य से महीपालसिंह के समर्थकों का अंत करने का निश्चय किया। स्लीमेन ने विस्तार से इस रक्तपात का वर्णन किया है जो विलासकुँवरि की दुष्टतापूर्ण योजना की उपज था। वे लिखते हैं कि विलासकुँवरि ने निजामशाह के भाई धनसिंह के 25 वर्षीय पुत्र नरहरिशाह का पक्ष-समर्थन किया। रानी ने दावा किया कि शिवराजशाह की पत्नी होने के नाते उसे यह अधिकार प्राप्त है कि वह किसी को भी राज्य सौंप दें। उसके पक्ष में श्रीनगर (नरसिंहपुर जिला) का पठान जागीरदार शहादत खाँ, पेटेहरा (सागर जिला) का जागीरदार पृथीसिंह थे। महीपालसिंह के पक्ष में रघुवंश वाजपेयी, रघुवंश का पुत्र मुकुन्द वाजपेयी, रघुवंश का भाई विक्रम वाजपेयी, विक्रम का पुत्र गंगा प्रसाद वाजपेयी और कोषाध्यक्ष गणेश पासवान थे।

महीपालसिंह को सत्ताच्युत करने के लिए उसके समर्थकों को नष्ट करना आवश्यक था। विलासकुँवरि ने उन्हें क्रमशः समाप्त करने की योजना बनाकर पहले गणेश पासवान और उसके परिवार को मार्ग से हटाने का निश्चय किया। विलासकुँवरि की योजनानुसार शहादत खाँ ने कोषाध्यक्ष गणेश पासवान, उसके दो पुत्रों गिरधर तथा नुनधा और गणेश के भाई मूरत सिंह को यह कहकर बुलवाया कि सेना को राजकोष से अग्रिम धन देने की व्यवस्था करना है। एक साहूकार गंगागिर महंत गारंटी के रूप में वहाँ उपस्थित किया

गया। धन सम्बन्धी समझौता होने के बाद शहादत खाँ कुछ चर्चा के बहाने गंगागिर महंत को थोड़ी दूर ले गया। इतने में हत्यारों ने योजनानुसार गणेश पासवान और उसके पुत्रों तथा भाई पर आक्रमण करके उनकी हत्या कर डाली।

तदुपरांत शहादत खाँ रानी विलासकुँवरि के पास गया। रानी के आदेश से रघुवंश वाजपेयी को परिवार सहित घेर लिया गया। जब रघुवंश ने समर्पण करने से इंकार किया तो उसके निवास स्थान पर गोली चलाने का आदेश दिया गया। बचने की कोई संभावना न देख रघुवंश वाजपेयी ने अपने परिवार की स्त्रियों की हत्या करके घर में आग लगा दी और फिर बाहर आकर लड़ते-लड़ते परलोकगामी हो गया। रघुवंश वाजपेयी के परिवार के 122 सदस्यों ने इस संघर्ष में अपने प्राणों की आहुति दी। ऐसा लगा कि रघुवंश वाजपेयी के वंश का कोई सदस्य जीवित नहीं बचा। लेकिन बाद में ज्ञात हुआ कि रघुवंश के पौत्र अर्थात मुकुन्द वाजपेयी के नौ वर्षीय पुत्र पुरुषोत्तम को परिवार की एक सेविका बचाकर किसी सुरक्षित स्थान में ले गई थी। विक्रम का पुत्र गंगा प्रसाद भी घायलों में से जीवित बच गया। रघुवंश वाजपेयी के परिवार के दोनों जीवित सदस्य पुरुषोत्तम एवं गंगाप्रसाद कुछ समय गुप्तवास में रहे। रघुवंश वाजपेयी के जो वंशज आज मण्डला के आसपास हैं वे मानते हैं कि यह हत्याकांड भाद्रपद की पूर्णिमा को हुआ था। इस पूर्णिमा को वे आज भी 'जोहरहाई पूनो' (यानी जौहर की पूर्णिमा) कहते हैं। विलासकुँवरि ने रघुवंश वाजपेयी के परिवार की हत्या तो करवा डाली पर बाद में उसे पश्र्चाताप हुआ। उसने इच्छा व्यक्त की कि यदि रघुवंश वाजपेयी के वंश का कोई सदस्य कहीं हो तो उसे खोज निकाला जाय। इस पर पुरुषोत्तम और गंगाप्रसाद दोनों विलासकुँवरि के सम्मुख प्रस्तुत किए गए। विलासकुँवरि ने पुरुषोत्तम वाजपेयी को सरौली का परगना जागीर में दिया, जिससे वह जीवन-यापन कर सके। गंगाप्रसाद का क्या हुआ ज्ञात नहीं है। इस प्रकार विलासकुंवरि ने रघुवंश वाजपेयी और उसके परिवार का विनाश किया। महीपालसिंह का क्या हुआ यह स्पष्ट ज्ञात नहीं होता, लेकिन अनुमान है कि उसे भी समाप्त कर दिया गया। स्लीमेन लिखते हैं कि ऐसा विश्वास है कि महीपालसिंह निजामशाह का पुत्र नहीं था एवं रघुवंश उसे केवल इसलिए लाया था कि जिससे उसका प्रभाव बना रहे।

यह ध्यान देने योग्य है कि महीपालसिंह का नाम गढ़ा-राज्य के राजाओं की सूचियों में नहीं है।[2]

नरहरिशाह : भोंसले का आक्रमण

महीपालसिंह के अन्त के पश्चात विलासकुँवरि ने निजामशाह के भतीजे नरहरि शाह को गद्दी पर बिठाया। वह कब सत्तारूढ़ हुआ इसकी निश्चित तिथि ज्ञात नहीं है। अनुमानतः वह 1776 ई. में ही सत्तारूढ़ हुआ।[3] इस समय उसकी आयु पच्चीस वर्ष की थी।

नरहरिशाह का एक प्रतिद्वंद्वी अभी विद्यमान था। वह था निजामशाह का पुत्र सुमेरशाह। हम आगे देखेंगे कि सुमेरशाह के कारण नरहरिशाह को सिंहासन से वंचित होना पड़ा। सुमेरशाह स्वयं सिंहासन का प्रत्याशी था। जब विलासकुँवरि के प्रयास से नरहरिशाह को गद्दी मिली तो उसे बड़ी निराशा हुई। उसने अपना पक्ष सबल करने के उद्देश्य से नागपुर के भोंसले राजा से नरहरिशाह के विरुद्ध सहायता माँगी।[4]

नागपुर में इस समय जानोजी भोंसले का उत्तराधिकारी रघुजी द्वितीय ''सेना साहेब सूबा'' था और उसका चाचा मुधोजी 'सेना धुरंधर' की पदवी के साथ रघुजी द्वितीय का संरक्षक था। मुधोजी ने अपने भाई जानोजी द्वारा 1769 ई. में पेशवा से किए गए समझौते को ताक पर रख दिया। वह गढ़ा-मण्डला पर अधिकार करने का लोभ संवरण न कर सका। मुधोजी की इस आकांक्षा के कारण गढ़ा-मण्डला को लेकर पेशवा और भोंसले के मध्य खींचतान का जो सिलसिला प्रारम्भ हुआ, वह शताब्दी के अंत तक चलता रहा।

सुमेरशाह का आमंत्रण पाकर मुधोजी ने 1776 ई. में ही गढ़ा-मण्डला पर आक्रमण करने हेतु एक सेना भेजी, किन्तु विलासकुँवरि ने अपने मंत्री को मुधोजी से समझौता करने भेजा। मंत्री ने तीन लाख पचहत्तर हजार रुपये देने के वादे पर भोंसले की सेना को वापिस लौटा दिया। लेकिन नरहरिशाह ने विलासकुँवरि के प्रयास से हुए इस समझौते को स्वीकार नहीं किया और यह राशि वह भोंसले को देने के लिए राजी नहीं हुआ।[5]

भोंसले के लौट जाने पर सुमरेशाह की आशाओं पर तुषारापात हो गया। यहाँ से निराश होकर उसने सागर स्थित पेशवा के प्रतिनिधि विसाजी चाँदोरकर से सम्पर्क किया। विसाजी चाँदोरकर प्रसिद्ध गोविन्द पंत बुंदेले का दामाद था। गोविन्द पंत की मृत्यु 1760 ई. में ही हो गई थी। गोविन्द पंत का पुत्र जब कालपी में रहने लगा तो सागर का प्रशासन विसाजी को सौंप दिया गया।[6] विसाजी ने इस मामले की ओट में धन प्राप्ति का अच्छा मार्ग देखा एवं उसने नरहरिशाह को सुमेरशाह की इच्छा के बारे में लिखा। नरहरिशाह इससे चिंतित हुआ और उसने अपना प्रतिनिधि भेजकर विसाजी से आग्रह किया कि वह उसके प्रतिद्वंद्वी सुमेरशाह को सहायता न दे। इस पर विसाजी ने सवा चार लाख रुपये पाने पर ही सुमेरशाह को सहायता न देने का प्रस्ताव किया। जब नरहरिशाह का प्रतिनिधि यह शर्त लेकर गढ़ा-मण्डला लौटा तो नरहरिशाह ने इतना रुपया विसाजी को देने में अपनी असमर्थता प्रकट की।[7] यह एक ऐसी स्थिति थी जिससे नरहरिशाह का उबरना असम्भव था। वह सुमेरशाह के विरुद्ध सुरक्षा भी चाहता था एवं उसके बदले धन भी खर्च नहीं करना चाहता था। मुधोजी को उसने अभी तक वादे के अनुसार रुपया नहीं चुकाया था। मुधोजी यद्यपि इससे अप्रसन्न था, किन्तु अपनी कमजोर स्थिति के कारण वह कुछ कर नहीं सका। विसाजी में प्रतीक्षा के लिए धैर्य नहीं था। जब नरहरिशाह ने रुपया देने में असमर्थता प्रकट की तो उसने इस स्वर्ण अवसर को न छोड़कर गढ़ा-मण्डला पर आक्रमण करके वहाँ सुमेरशाह को प्रतिष्ठित करने का निश्चय किया।[8]

सागर के विसाजी चाँदोरकर का आक्रमण

सागर स्थित पेशवा के प्रतिनिधि विसाजी चाँदोरकर के आक्रमण के सम्बन्ध में मराठी स्रोतों से विस्तृत जानकारी मिलती है। विसाजी का आक्रमण वैसे एक सामान्य सी घटना लगती है किन्तु विसाजी का गढ़ा-मण्डला अभियान और फिर उस पर अधिकार इतनी सुलझी हुई घटना नहीं है। वास्तव में भोंसले-पेशवा प्रतिद्वंदिता के कारण यह मसला इस समय भी जटिल हो गया। आक्रमण का वर्णन करने से पहले हमें मराठा इतिहास के उस अंश पर दृष्टिपात करना होगा जो इससे सम्बन्धित है।

जब प्रथम मराठा युद्ध के समय मराठों के सम्मुख अंग्रेजों को हटाने की समस्या प्रमुख हो रही थी, उस समय पेशवा को अंग्रेजों के विरुद्ध नागपुर के भोंसले मुधोजी की सहायता की आवश्यकता थी। पेशवा को ज्ञात था कि मुधोजी गढ़ा-मण्डला पर अधिकार करने का इच्छुक है। अतः उसने गढ़ा-मण्डला का लोभ दिखाकर मुधोजी से सौदा करने का निश्चय किया। उसने इस शर्त पर मुधोजी भोंसले को गढ़ा-मण्डला सौंपने का आश्वासन दिया कि मुधोजी की सेना बंगाल जाकर अंग्रेजों को पराजित करे। मुधोजी का पुत्र चिमणाजी (खण्डोजी बल्लाल) बड़ा महत्त्वाकांक्षी और साहसी था। वह कोई भी काम हाथ में लेने को तैयार रहता था, चाहे वह कितना ही खतरनाक क्यों न हो। नागपुर में स्थित पेशवा के प्रतिनिधियों के पत्रों से उसके चरित्र पर अच्छा प्रकाश पड़ता है। मुधोजी ने अपने इस पुत्र की योग्यता का लाभ उठाने, उसे प्रोत्साहन देने तथा उसकी प्रतिभा को ठीक मार्ग में लगाने हेतु 1779 ई. में गढ़ा-मण्डला के अविजित राज्य को उसे जागीर में सौंप दिया। पेशवा ने भी चिमणाजी को खाण्डेराव की पदवी देकर गढ़ा-मण्डला की सनद उसके नाम से जारी कर दी। तदनुसार शीघ्र ही मुधोजी ने उसे कटक अभियान में रवाना कर दिया।[9]

इसी समय एक ऐसी अप्रत्याशित घटना घटी जिसकी सेना बहादुर खण्डोजी बल्लाल को उम्मीद नहीं थी। विसाजी ने जब गढ़ा-मण्डला जागीर के रूप में खण्डोजी बल्लाल को दिए जाने की बात सुनी तो उसके कान खड़े हुए। जब सेना बहादुर कटक बंगाल की ओर गया तो विसाजी ने उसकी अनुपस्थिति का लाभ उठाने का निश्चय किया। संयोग से इसी समय गढ़ा-मण्डला के सिंहासन के लिए सुमेरशाह और नरहरिशाह के मध्य संघर्ष चल रहा था और सुमेरशाह ने विसाजी को आमंत्रित किया। इससे अधिक अनुकूल परिस्थिति अब विसाजी को कभी न मिलने वाली थी। यदि इस समय उसने गढ़ा-मण्डला अपने हाथ में न लिया तो सेना बहादुर शीघ्र ही गढ़ा-मण्डला पर अधिकार कर लेती। इस सारे घटनाचक्र का वर्णन नाना फड़नवीस के नागपुर स्थित राजदूतों द्वारा नागपुर से पूना दरबार को लिखे गए पत्रों में मिलता है।

ऐसे ही एक पत्र[10] से ज्ञात होता है कि विसाजी ने अप्रैल, 1780 के कुछ पूर्व ही गढ़ा-मण्डला पर अधिकार किया। इससे बड़ी विषम स्थिति पैदा हो गई क्योंकि लगभग इसी समय पेशवा के नागपुर स्थित राजदूत सदाशिवराम ने सेना बहादुर को मण्डला का कार्यभार दिया और सनद लाकर सेनाधुरंधर मुधोजी को दी। इसके बाद

ही विसाजी गोविन्द फौज के साथ मण्डला आया, उसने गढ़ा पर अधिकार कर लिया और प्रान्त लूटा। जब विसाजी पंत ने मण्डला को घेरा तो किले के भीतर निजामशाह की स्त्री और गंगागिर महंत था...मोर्चा लगते ही भीतर नरहरिशाह को कैद करके बाहर सुमेरशाह उपस्थित था। उसे लेकर विसाजी भीतर गया, वहाँ सुमेरशाह को सिंहासन पर बैठाया।

गढ़ा-मण्डला के सिंहासन पर बैठाने के बदले विसाजी ने सुमेरशाह से कुल बीस लाख रुपयों की माँग की। इसमें से गढ़ा-प्रांत की वसूली पाँच लाख रुपये और भेंट के पाँच लाख रुपये अर्थात् दस लाख रुपये तो उसने तुरन्त वसूल कर लिए। शेष दस लाख में से दो लाख रुपये के ऊँट, हाथी, घोड़े और जवाहरात लेकर बाकी आठ लाख रुपये चुकाने का भार गंगागिर तथा अन्य किसी प्रमुख राज्याधिकारी के ऊपर सौंपकर विसाजी सागर लौट गया।

ऐसा भी अनुमान है कि विसाजी ने गढ़ा में और मण्डला में सिक्के ढलवाने के लिए टकसाल भी स्थापित की।[11]

सागर रवाना होने से पहले विसाजी ने गढ़ा-मण्डला में अपने पहले अधिकारी के स्थान पर लालशाह नामक एक दूसरा अधिकारी नियुक्त किया।[12] शहादतखान और गंगागिर गोसाईं को प्रशासन से हटा दिया गया और उनके स्थान पर विसाजी ने अपने भाई दादू पण्डित (दादोनारायण महाजनी) को श्रीनगर (नरसिंहपुर) की जागीर देकर प्रधानमंत्री बनाया।[13] इसके बाद जब विसाजी सागर जाने लगा तब वह नरहरिशाह पुरुषोत्तम वाजपेयी, गंगागिर गोसाईं और उसके चेले शिवगिरि को बंदी बनाकर सागर ले गया। ये बंधक तीस लाख रुपये (13 लाख लूट का मुजरा, 3 लाख बंधक और 14 लाख किश्त बंदी) के बदले रखे गए। स्लीमेन सिहोरा का परगना भी पेशवा को देने का उल्लेख करते हैं जो गलत प्रतीत होता है।[14] इस अवसर पर विसाजी ने भोंसले को लांजी का महाल दिया[15] यह गलत है क्योंकि लांजी तो पहले ही रघुजी भोंसले ने ले लिया था।

नरहरिशाह ने चार वर्ष राज्य किया।[16] विलासकुँवरि के सहयोग से सत्तारूढ़ होने के कारण उस पर रानी प्रभाव पूर्ण रूप से था। वह स्वयं एक अदूरदर्शी शासक था क्योंकि उसने भोंसले और पेशवा को क्रमशः पौने चार लाख और सवा चार लाख रुपये देना स्वीकार न किया। यदि वह प्रारम्भ में ही भोंसले को पौने चार लाख रुपये दे देता और उसका संरक्षण स्वीकार कर लेता तो सम्भवतः विसाजी आक्रमण करने के पहले एकाधिक बार सोचता। वह चाहता तो बाद में विसाजी को ही सवा चार लाख रुपये देकर गद्दी पर बना रह सकता था। लेकिन वह या तो निर्णय नहीं कर सका या अपने सहयोगियों के दबाव के कारण वह ऐसा नहीं कर सका।

नरहरिशाह के समय हमें जो नाम सर्वाधिक आकर्षित करता है, वह है गोसाईं गंगागिर (गंगागिरि) का। गंगागिर उन गोसाईं लोगों में से था जो अठारहवीं सदी के अंतिम चतुर्थांश में भारत के मध्य भाग की राजनीति में बड़े सक्रिय हो गए थे। एक

पक्ष से दूसरे पक्ष में जाना इनके लिए साधारण बात थी क्योंकि ये पेशेवर लड़ाके थें गंगागिर ने गढ़ा-मण्डला राज्य के अंतिम दिनों में वहाँ की राजनीति में सक्रिय भाग लिया। अन्य अधिकारियों में पुरुषोत्तम वाजपेयी के दीवान होने का उल्लेख मिलता है, जो संदेहास्पद है क्योंकि पुरुषोत्तम वाजपेयी तब बालक ही था।

सुमेरशाह : विद्रोह और कैद

अप्रैल 1780 ई. में नरहरिशाह के कैद हो जाने के बाद सागर के विसाजी चांदोरकर की सहायता से सुमेरशाह सत्तारूढ़ हुआ।

सुमेरशाह की सहायता के लिए विसाजी द्वारा नियुक्त दो अधिकारी लालशाह और दादू पण्डित थे। शहादतखाँ और गंगागिर गोसाईं प्रभावहीन हो चुके थे। विसाजी इस समय गढ़ा में था और उसने अधिकांश सेना सागर भेज दी थी। रानी विलासकुंवरि अभी जीवित थी और उसकी आयु 56 वर्ष के लगभग थी। विलासकुँवरि की ओर से सुमेरशाह निश्चित नहीं था। नरहरिशाह के सत्तारोहण के समय से ही विलासकुँवरि और सुमेरशाह एक-दूसरे के शत्रु थे। अभी भी सुमेरशाह को भय था कि कहीं मराठों की सहायता से विलासकुँवरि पुनः नरहरिशाह को सिंहासन दिलाने का यत्न न करे। अतः उसने विलासकुँवरि को रास्ते से हटाने का निश्चय किया। सुमेरशाह ने अपने एक अनुचर इन्चासिंह के हाथों एक पत्र विलासकुँवरि को भिजवाया। विलासकुँवरि पत्रों को दूसरे से पढ़वा कर सुनती थी। जब वह इन्चासिंह द्वारा लाया गया पत्र पढ़वाकर सुन रही थी तब इन्चासिंह ने उसकी हत्या कर दी।[17]

विलासकुँवरि की हत्या से एक ऐसे व्यक्तित्व का अंत हुआ जो 1749 ई. से गढ़ा-मण्डला की राजनीति में सक्रिय था। निजामशाह के समय तो विलासकुँवरि अधिक सक्रिय न थी क्योंकि निजामशाह योग्य होने के कारण उसके प्रभाव में न रह सका। लेकिन निजामशाह के पहले दुर्जनशाह और बाद में नरहरिशाह के समय तो वह प्रमुख सूत्रधार थी। लगभग तीस वर्ष के वैधव्य काल में उसने राजनीति में सक्रिय भाग लिया।

विसाजी की कृपा पर शासक बना रहना सुमेरशाह के मन में सदैव चुभता रहा। उसने विसाजी की क्षतिपूर्ति की सारी शर्तें तो मानीं, किन्तु वह मात्र कठपुतली शासक नहीं रहना चाहता था। विसाजी ने शेष रकम वसूल करने हेतु गढ़ा-मण्डला के विभिन्न स्थानों पर चौंकियाँ स्थापित कर दी थीं।[18] लेकिन उसके विरुद्ध सुमेरशाह कुछ नहीं कर सका। वस्तुतः वह नाममात्र का राजा था और प्रशासन में विसाजी का पूरा हस्तक्षेप था। सुमेरशाह यह स्थिति अधिक समय तक स्वीकार नहीं कर सका और उसने विभिन्न जमींदारों से मिलकर विसाजी के विरुद्ध खड़े होने की योजना बनाई। नरहरिशाह के बंदी होने के बाद विसाजी ने शहादतखाँ जैसे फौजदारों को पदच्युत करके गढ़ा की सेना काफी कम कर दी थी। सुमेरशाह ने अब शहादतखाँ से सहयोग माँगा और शहादतखाँ फौजदार और रामगढ़ वाले चंद्रहंस को लेकर मानगढ़ में सेना सहित जा डटा।

विसाजी को सुमेरशाह की गतिविधियाँ मालूम थीं। उसने भी सेना एकत्र की और सुमेरशाह से लोहा लेने के लिए आगे बढ़ा। दोनों पक्षों में मानगढ़ के निकट युद्ध हुआ और उस युद्ध में चंद्रहंस मारा गया। शहादतखाँ भागकर चौरागढ़ चला गया और सुमेरशाह की बुरी तरह पराजय हुई। विसाजी ने सुमेरशाह को गढ़ा बुलवाया और तिलवारा में (जबलपुर के निकट) उसे कैद कर लिया। विसाजी ने अब नरहरिशाह को इस शर्त पर पुनः राजा बनाया कि वह पिछली संधि की शेष राशि चुकाये। महंत गंगागिर को हर्जाने का रुपया पटाने का जिम्मेदार बनाकर रखा गया और मोराजी को मण्डला के किले में निगरानी के लिए रखकर विसाजी चाँदोरकर गढ़ा चला गया।

मोराजी का पूरा नाम मोरो विश्वनाथ डिंगणकर था। पहले वह पाटन (जबलपुर) का कमाविसदार था फिर बाद में उसे गढ़ा विभाग का सूबेदार बना दिया गया था।[19] सुमेरशाह को कैद करके जटाशंकर के किले में रख दिया गया।[20] जटाशंकर का किला दमोह जिले में हटा से सोलह किलोमीटर पश्चिम में है और यह बहुत मजबूत होने के साथ ही प्राकृतिक रूप से सुदृढ़ स्थान पर बना हुआ है। इस प्रकार सुमेरशाह का शासन समाप्त हो गया। सुमेरशाह ने लगभग ढ़ाई वर्ष तक राज्य किया और 1782 के मध्य में उसके शासन का अंत हुआ।[21] उसके एकमात्र पुत्र का नाम शंकरशाह था।[22]

गढ़ा-मण्डला के सम्बन्ध में भोंसले की चिन्ता

गढ़ा-मण्डला पर अप्रैल 1780 में विसाजी के आक्रमण के बाद इधर सुमेरशाह सत्तारूढ़ हुआ, उधर विसाजी की इस कार्यवाही से गढ़ा-मण्डला पर स्वामित्व के अन्य प्रत्याशी मुधोजी भोंसले की चिंता प्रारम्भ हुई। विसाजी के आक्रमण का समाचार जब भोंसले को ज्ञात हुआ तो वह स्तंभित रह गया। उसने तुरन्त पूना नाना फड़नवीस को पत्र लिखा कि गढ़ा-मण्डला का कार्यभार तो मुझे सौंपा गया है और उधर फौज लेकर विसाजी ने गढ़ा-मण्डला पर धावा कर दिया है। पूना से उसे उत्तर दिया गया कि विसाजी पंत को पत्र लिखा जा रहा है और सरकार का आदमी उसके पास भेजा गया है। अब विसाजी गढ़ा-मण्डला में नहीं रहेगा, वहाँ से निकल जायेगा, इसमें संशय नहीं है।[23] जब यह पत्र व्यवहार चल रहा था उसी समय विसाजी ने न केवल गढ़ा-मण्डला पर अधिकार कर लिया बल्कि जैसा कि हम देख चुके हैं, सुमेरशाह को गद्‌दी पर बिठाया और उससे बीस लाख रुपये क्षतिपूर्ति ली।

ऐसी स्थिति में मुधोजी को सारी स्थिति बड़ी उलझी हुई मालूम पड़ी। क्योंकि एक ओर तो उसे गढ़ा-मण्डला का कार्यभार दिया गया था और जब विसाजी ने गढ़ा पर आक्रमण किया तो पूना से समाचार आता है कि विसाजी को सागर लौटने को लिखा जा रहा है और दूसरी ओर पूना के इस आदेश के बावजूद भी विसाजी ने ये सारी कार्यवाही गढ़ा-मण्डला में की। भोंसले ने पेशवा के नागपुर स्थित वकील सदाशिवराम से पूछना शुरू किया कि "नाना फड़नवीस ने अपना आदमी भेजा है और समाचार भेजा

है कि विसाजी जल्द ही सागर लौट जायेगा। ऐसा होने पर भी विसाजी ने पेशवा की आज्ञा का उल्लंघन करके गढ़ा में ये सब किया है। (कहीं ऐसा तो नहीं कि) हमें बहलाने हेतु नाना ने हमें वहाँ पत्र लिख दिया और उधर विसाजी को लिख दिया कि मण्डला का काम पूरा कर लो। आखिर सत्यता किसमें है।''[24] अब सदाशिवराम ने पेशवा से पूछा कि भोंसले को अब क्या उत्तर दिया जाए। भोंसले ने तेरह लाख रुपये के भुगतान के बारे में भी स्थिति स्पष्ट करनी चाही।

तदनंतर 15 मई 1780 को सदाशिवराम ने पुनः नाना फड़नवीस को पत्र लिखकर स्थिति स्पष्ट करने की प्रार्थना की। उसने यह भी लिखा कि ''सेना बहादुर का मत है कि विसाजी ने जो कुछ किया है पेशवा की आज्ञा से किया होगा। किन्तु जब हमें कार्यभार दिया है तो पूना से व्यवस्था के बारे में लिखकर पूछो। इस पर मैंने उत्तर दिया कि सरकार की ओर से आपको जो कार्यभार दिया गया है उसमें गड़बड़ करने की आज्ञा विसाजी को नहीं दी गई है। आपको कार्यभार दिया गया है, सम्भवतः उसकी खबर विसाजी को नहीं होगी। पहले राजा ने विसाजी पंत के महालों में बाधा पहुँचाई इसलिए विसाजी पंत ने आकर उसे समाप्त किया। आपके कार्यभार की सनद आपके पास आ जाएगी, इसमें सरकार की ओर से कोई गड़बड़ न होगी।'' इस प्रकार पत्र लेखक ने भोंसले को समझाने के अपने प्रयास की जानकारी पूना को देते हुए अंत में यह भी प्रार्थना की कि सारी स्थिति को सुलझाने हेतु पेशवा तीन पत्र लिखें–विसाजी को यह लिखें कि मण्डला परगना का कार्यभार सेना बहादुर को दिया गया है। अतः वह उस प्रदेश की देखरेख न करें, भोंसला देखरेख करेगा। दूसरा पत्र सेनाधुरंधर मुधोजी और दिवाकर पंत दादा को लिखें और तीसरा पत्र सेनाबहादुर को इस आशय का लिखें कि विसाजी पंत को पत्र भेज दिया गया है। उसके अनुसार वह आचरण करेगा, तुम सनद के अनुसार अमल करो।[25]

सदाशिव राम के उपुर्यक्त पत्र का अनुकूल प्रभाव हुआ और पेशवा ने पूरक उत्तर भेजा। पेशवा की ओर से जो पूरक उत्तर आया उसे दिवाकर पंत को बताया गया। दिवाकर पंत नागपुर राज्य का दीवान था। पूरक उत्तर में लिखा था कि ''मण्डला राज्य का कार्यभार सेनाबहादुर को दिया ही है, उसमें कोई गड़बड़ नहीं होनी है। किन्तु मण्डला के राजा से विसाजी पंत का झगड़ा गत दो वर्षों से चल रहा है, इसलिए विसाजी ने वहाँ बंदोबस्त किया। इसके मन में कोई संशय नहीं लाना चाहिए।''[26]

पेशवा का यह उत्तर पाकर नागपुर के चतुर दीवान दिवाकर पंत ने पुरानी बात दोहराई कि पेशवा द्वारा पहले पत्र के लिखे जाने पर भी विसाजी ने गढ़ा-मण्डला पर जो अधिकार किया वह समझ में नहीं आता। पेशवा के नागपुर स्थित संवाददाता मल्हार वोरपे से उपर्युक्त स्पष्टीकरण माँगते हुए दिवाकर पंत ने आगे उसे बताया कि ''मण्डला से आए हुए गृहस्थ से ज्ञात हुआ है कि मण्डला से बाईस लाख रुपये[27] कर लिया गया है। इसमें से तेरह लाख रुपये वसूल हो गए हैं। शेष नौ लाख रुपये रह गए हैं। जिन्हें लेकर विसाजी सागर जायेगा।'' दिवाकर पंत ने आगे प्रश्न रखा कि ''विसाजी ने पेशवा

का पत्र एवं संवाददाता पाकर भी आज्ञा का उल्लंघन किया है या उसने उसके पहले ही मण्डला पर अधिकार किया? पेशवा की ओर से उसे इस सम्बन्ध में लिखना छूट तो नहीं गया था या ऐसा तो नहीं है कि विसाजी को इस सम्बन्ध में पेशवा ने लिखा ही नहीं।" दिवाकर पंत से हुई उपर्युक्त चर्चा का सारा विवरण देते हुए मल्हार वीरपे ने पेशवा को लिखा कि "दिवाकर पंत का कथन है कि मण्डला से जो धन वसूल किया गया है, उसमें से विसाजी पंत से हमें कुछ हिस्सा दिलवाया जाय।"[28]

लेकिन इस सारे पत्र-व्यवहार और कूटनीतिक प्रयासों से मुधोजी को कुछ सफलता न मिली। अब मुधोजी ने दूसरी चाल चली।

भोंसले द्वारा अंग्रेजों से संधि

ऐसा लगता है कि पेशवा ने मुधोजी भोंसले को गढ़ा-मण्डला का वास्तविक अधिकार सौंपने में इसलिए हीला-हवाला किया कि भोंसले ने बंगाल के अभियान में सफलता प्राप्त नहीं की थी। किन्तु बंगाल के अभियान में अंग्रेजों के विरुद्ध कार्यवाही न करने के लिए भोंसले के पास भी कुछ कारण थे। एक तो गढ़ा-मण्डला का कार्यभार मुधोजी भोंसले को सौंपने के कुछ समय के बाद ही सागर स्थित पेशवा के अधिकारी विसाजी ने गढ़ा-मण्डला पर अधिकार कर लिया और दूसरे इस अभियान के लिए भेजी गई सेना के लिए समुचित धन पेशवा ने नहीं दिया।[29]

इसका परिणाम यह हुआ कि भोंसले के प्रतिनिधि राजाराम पण्डित ने अंग्रेजों से संधि वार्ता शुरू कर दी। अंग्रेजों को हैदर अली, निजाम और मराठों को अपनी ओर फोड़ना था। जब उन्होंने भोंसले को असंतुष्ट देखा तो उन्होंने भोंसले को अपनी ओर करने का अच्छा अवसर समझा। इसका एक कारण था : "हैदर एवं फ्रेंच के साथ अंग्रेजों के युद्ध के समय अंग्रेजी फौजें उड़ीसा से जा सकती थीं। किन्तु उड़ीसा से अंग्रेजी फौजें गुजरने की अनुमति भोंसले न देता। क्योंकि अंग्रेजों ने बंगाल और बिहार की बारह लाख सरदेशमुखी और चौथ भोंसले को नहीं दी थी। वारेन हेस्टिंग्ज उड़ीसा का मार्ग प्राप्त करने हेतु किसी भी प्रकार भोंसले की मित्रता प्राप्त करना चाहता था।[30]

उधर हैदरअली के विरुद्ध भी अंग्रेज कोई सहायक चाहते थे। अंत में 6 अप्रैल, 1781 को अंग्रेजों एवं नागपुर के राजा के मध्य एक संधि हो गई, जो सेनाबहादुर के प्रतिनिधि राजाराम पण्डित के माध्यम से तय हुई। संधि[31] में तय हुआ कि

1. सोलह लाख रुपयों में से शेष तेरह लाख रुपये सेनाबहादुर की सहायता के लिए अंग्रेजों द्वारा तुरन्त भेजे जाएँ।
2. सेनाबहादुर तुरन्त उड़ीसा छोड़कर ढेंकानेल होकर गढ़ा-मण्डला पर आक्रमण करने रवाना हो जाए और उसकी सहायता हेतु हिन्दुस्तान (उत्तर भारत) में स्थित अंग्रेज अधिकारी एक सेना लेकर गढ़ा-मण्डला लेने में सेनाबहादुर की सहायता करे।

3. अंग्रेज सरकार दस या पन्द्रह लाख रुपया प्राप्त करने में उसकी सहायता करेगी। ये रुपये गढ़ा-मण्डला की विजय से प्राप्त किये जाएँगे।
4. सेनाबहादुर की सेना के दो हजार घुड़सवार कर्नल पियर्स की सहायता हैदरअली के विरुद्ध दिए जाएँगे।

इस संधि पर दोहरी प्रतिक्रिया हुई। भोंसले के विचार से उसने अपनी आकांक्षा के केन्द्र-बिन्दु गढ़ा-मण्डला को प्राप्त करने हेतु अंग्रेजों की सहायता का आश्वासन पाकर अपनी विजय सुनिश्चित कर ली थी। दूसरी ओर वारेन हेस्टिंग्ज की धारणा थी कि "गढ़ा-मण्डला प्राप्त करने में अंग्रेजी सेना का उपयोग पेशवा के एक करद सरदार भोंसले द्वारा किए जाने के फलस्वरूप पूना की सरकार के खिलाफ भोंसले और अंग्रेजों की एक संयुक्त शक्ति निर्मित हो जायेगी या फिर इससे पूना की सरकार भी हमारे साथ आने के लिए बाध्य हो जायेगी।"[32] वस्तुतः अंग्रेजों को चिमनाजी (सेनाबहादुर) की तटस्थता सोलह लाख रुपयों में सस्ते में ही प्राप्त हो गई।[33]

इतना सब कुछ करने पर भी भोंसले को गढ़ा-मण्डला नहीं मिला। सितम्बर 1781 में सदाशिवराम ने पेशवा को लिखा कि "भोंसले को मण्डला नहीं दिया गया...मुझे आपकी इच्छा चाहिए"[34] इस प्रकार भोंसले की योजना सफल न हुई।

जब उपर्युक्त कार्यवाहियाँ चल रही थीं तब सुमेरशाह का शासन था। सुमेरशाह को अपदस्थ करके 1782 के प्रारम्भ में नरहरिशाह को पुनः गद्दी दी गई।

पुनः नरहरिशाह : मराठों द्वारा पराजय और कैद

सुमेरशाह को कैद करके विसाजी ने नरहरिशाह को गढ़ा-मण्डला की गद्दी सौंपी। नरहरिशाह को शासक बनाने के बाद गंगागिर को भी कैद से मुक्त कर दिया गया और क्षतिपूर्ति का रुपया चुकाने का उत्तरदायी बनाया गया।

नरहरिशाह पुनः शासक तो बना किन्तु वास्तविक सत्ता मराठों के हाथ में रही। मोराजी नामक जो मराठा प्रतिनिधि मण्डला में नियुक्त किया गया था, वह एक योग्य अधिकारी था और उसे प्रशासन का पर्याप्त अनुभव था। राजधानी मण्डला में मराठा प्रतिनिधि मोराजी के विद्यमान रहने से नरहरिशाह मात्र कठपुतली बनकर रह गया था। ऐसी अपमानजनक स्थिति को वह अधिक समय तक सहन न कर सका। शीघ्र ही उसने विसाजी चाँदोरकर तथा उसके प्रतिनिधि मोराजी के शिंकजे से स्वयं को मुक्त करने की योजना बनानी प्रारम्भ कर दी। इसमें सम्भवतः गंगागिर ने भी उसे प्रोत्साहित किया और विसाजी के विरुद्ध विद्रोह करने की योजना बनाने में उसने नरहरिशाह को सहयोग दिया। इसमें नरहरिशाह को गंगागिर के साथी भगवंतगिर, चौरगढ़ स्थित शहादतखाँ फौजदार, लक्ष्मणसिंह पासवान और अजितसिंह लोधी से भी समर्थन मिला।[35] योजना को अंतिम रूप देकर नरहरिशाह ने नवम्बर 1782 के प्रारम्भ में मराठों के विरुद्ध युद्ध की घोषणा कर दी और लगभग सात हजार सैनिकों के साथ चल पड़ा।[36]

नरहरिशाह द्वारा युद्ध की घोषणा होते ही विसाजी सागर से एक सेना लेकर नरहरिशाह के विरुद्ध चला। विसाजी के साथ उसका भाई दादोनारायण महाजनी भी था। एक आकस्मिक युद्ध में गंगागिर की सेना ने विसाजी की सेना को परास्त कर दिया। इस युद्ध में विसाजी मारा गया और विसाजी के चार सौ आदमी भी मारे गए। विसाजी के पक्ष का एक भी पैदल सैनिक जीवित नहीं बचा। सौ-पचास घुड़सवार सैनिक भी मारे गए। कितने ही भाग खड़े हुए। गंगागिर की कितनी क्षति हुई, इसका उल्लेख नहीं मिलता।[37] इस युद्ध में सम्भवतः नरहरिशाह नहीं था क्योंकि वर्णन में उसका उल्लेख नहीं है।

मल्हारजी वोरपे आगे लिखता है[38] कि युद्ध के उपरान्त गंगागिर ने गढ़ा ग्राम में घोषणा कर दी थी कि मराठों को जो भी शरण देगा उसे दण्डित किया जायेगा। युद्ध के बाद गंगागिर और भगवंतगिर की भेंट हुई। उस समय मल्हारजी वोरपे (पेशवा का जासूस धावक) भी भगवा वस्त्रों में उनके पास उपस्थित था। गंगागिर अपने साथ तीन लोगों के सिर व धड़ अपने शिविर में लाया। उन्हें भगवंतगिर को उसने दिखाया। वोरपे ने भी उन्हें हाथ लगाकर देखा। कुछ समय बाद भगवंतगिर ने वोरपे से कहा कि अब तुम्हें जहाँ जाना हो वहाँ चले जाओ। वोरपे ने भगवा वस्त्र पहनना ही उचित समझा जिससे उसे गोसाईं समझकर लोग उसकी जान न लें। महंत ने तब वोरपे के साथ अपना एक शिष्य कर दिया जिसने उसे नर्मदा के पार तक पहुँचा दिया। इस कार्यवाही में मल्हारजी वोरपे को छद्म वेश में गंगागिर ने नहीं पहचाना, यह स्पष्ट है।

इस युद्ध में मराठों की बहुत क्षति हुई। विसाजी की मृत्यु से वे नेतृत्वहीन हो गए। विसाजी का भाई दादू पण्डित (दादोनारायण महाजनी) भी इस युद्ध में मारा गया। पहले विसाजी तथा दादोनारायण के शवों को जलाने से गोंडों ने मना कर दिया किन्तु बाद में दोनों को एक चिता में जला दिया गया।[39] विसाजी और उसके भाई की मृत्यु होते ही नरहरिशाह और उसके सहयोगियों का हौसला बढ़ गया और वे हर तरफ सक्रिय हो उठे। सम्भवतः छपारा के जमींदार मुहम्मद अमीर खाँ ने भी मराठों के विरुद्ध शस्त्र उठा लिए। बचई और श्रीनगर की मराठा चौकियों को उठाकर सिंगपुर (तीनों नरसिंहपुर जिले में) ले जाया गया।

उधर मण्डला में स्थित मराठा सरदार मोराजी को महाबली नामक एक जमींदार ने घेर लिया।[40] उल्लेख मिलता है कि यह महाबली सिंह पण्डरिया (बिलासपुर) के जमींदार पृथ्वीसिंह का भाई था और सागर के मराठों से संघर्ष के समय गढ़ा-मण्डला के शासक की सहायता करने के उपलक्ष में महाबलीसिंह को गढ़ा-मण्डला के शासक ने कवर्धा दिया था।[41] यह भी संभावना व्यक्त की गई है कि उसे रघुजी भोंसले प्रथम ने सैनिक सहायता के उपलक्ष में महाबलीसिंह को कवर्धा का प्रदेश जागीर में दिया था, जो पहले भोंडा के जमींदार के पास था।[42] सच क्या है कहा नहीं जा सकता।

नरहरिशाह के पक्ष के अन्य सरदार भी मण्डला पहुँचे और उन्होंने मोराजी की रसद के रास्ते बन्द कर दिए। मोराजी ने निराश होकर प्रतिरोधियों से सागर जाने की अनुमति

माँगी। नरहरिशाह के समर्थकों ने मोराजी को सागर जाने की अनुमति दे दी और वह सागर चला गया।[43] सभी जगह में मराठा सत्ता को चुनौती दी गई और उनकी स्थिति बड़ी संकटप्रद हो गई। लेकिन मोराजी की मुक्ति से मराठों की स्थिति सँभल गई।

वास्तव में मोराजी को सागर जाने की अनुमति देना गढ़ा-मण्डला के शासक की भंयकर भूल थी। मोराजी के मुक्त होते ही बिखरती हुई मराठा शक्ति को एक नेता मिल गया और उससे पुनः जीवन का संचार हो गया। मोराजी ने शीघ्र ही मराठा सैनिकों को एकत्र किया और नरहरिशाह की सेना से युद्ध के लिए सन्नद्ध हो गया। दिसंबर, 1782 के लगभग तेजगढ़ (दामोह जिला में) नामक स्थान में दोनों पक्षों के मध्य युद्ध हुआ, जिसमें गंगागिर गोसाईं और नरहरिशाह की पराजय हुई। सदाशिवराम के जनवरी 1783 के पत्र[44] में इस युद्ध का और उसके बाद की एक-डेढ़ माह की कार्यवाही का विस्तार से वर्णन दिया गया है। इस युद्ध में नरहरिशाह के पक्ष को एक बड़ा नुकसान यह हुआ कि उसमें शहादतखाँ पठान मारा गया। पराजय के बाद गोसाईं और नरहरिशाह भागकर तेजगढ़ के किले में चले गए। मराठा सेना ने उनका पीछा किया और किले को बापूजी नारायण और केसोपन्त (केशव रामचन्द्र चाँदोरकर) ने घेर लिया। बारह दिनों तक तेजगढ़ का घेरा पड़ा रहा। इसके बाद ही एक रात्रि गोसाईं अपने साथियों सहित किसी गुप्त मार्ग से भाग निकला।

दूसरे दिन सुबह मराठा सेना को जब गंगागिर के पलायन की बात ज्ञात हुई तो उसे बड़ी खीझ हुई। तुरन्त मराठा ने गंगागिर का पीछा किया। यह भी ज्ञात होता है कि तेजगढ़ में मराठों ने किसी कुरमतखाँ को भी गिरफ्तार किया। जब मराठा सेना गंगागिर का पीछा करने बढ़ी तभी मार्ग में मराठा सेना का संघर्ष शहादतखाँ के भाई से हुआ। युद्ध चार घड़ी (लगभग डेढ़ घण्टे) तक हुआ, जिसमें शहादतखाँ के भाई की पराजय हुई। युद्ध में अनेक सैनिक मारे गए तथा घोड़े और अनुचर तितर-बितर हो गए। इस संघर्ष के कारण नरहरिशाह, गोसाईं और लक्ष्मणसिंह पासवान को समय मिल गया और रात में जहाँ जिसे रास्ता मिला, भाग खड़ा हुआ। मोराजी की फौज की शक्ति विभाजित करने के उद्देश्य से ये लोग दो अलग-अलग दिशाओं की ओर भागे। गोसाईं छपारा के निकट लखनादौन (सिवनी जिला) नामक स्थान में जाकर रुका। मराठों को उसके वहाँ होने का सुराग मिल गया। फलतः गोसाईं अपनी सेना वहीं छोड़कर रेवामुकुन्दपुर (रीवा) की ओर चला गया। उसे छोड़ शेष सारे लोग अर्थात नरहरिशाह और लक्ष्मण पासवान भाग कर चौरागढ़ पहुँच गए और वहाँ आकर उन्होंने उस किले को मजबूत किया।

सदाशिवराम आगे लिखता है कि तेजगढ़ में अजितसिंह लोदी था। मराठों ने उससे समझौता करके उसे तेजगढ़ की चौकी सौंप दी और मराठा सेना के साथ केसोपंत और बापूजी गढ़ा आ गए। जब मोरो विश्वनाथ को इनके आने का समाचार मिला तो वह भी इनमें आकर मिल गया। सब ने गोंडों से युद्ध किया और उन्हें पराजित किया। तदुपरान्त मोरो विश्वनाथ ने जाकर मण्डला का बंदोबस्त किया। फिर राहतगढ़ वाले

पठान के साथ वह गढ़ा लौट आया। अजीत सिंह लोदी के साथ मराठों का जो समझौता हुआ उसमें मराठों ने उसे टप्पा पिटहरा, मुहार, टड़ा और केसली दिए।[45]

गंगागिर गोसाईं का एक शिष्य नागे गोसाईं बिलहरी (जबलपुर जिला) में था। उसके पास भी कुछ सैनिक थे। नागे गोसाईं और गंगागिर के अन्य चेलों ने मराठों को घेर लिया। घेरे का समाचार सुनकर गंगागिर रेवामुकुन्दपुर से सेना सहित आकर अपने शिष्यों से मिल गया। उनके साथ वह पन्द्रह दिन रहा, फिर पुनः वह धन और कुमुक की व्यवस्था करके रेवामुकुन्दपुर चला गया। बिलहरी के मोर्चे के लिए उसने अपने दो शिष्य छोड़ रखे थे। इन पर केसोपंत और मोरोपंत ने धावा किया। संभवतः तब तक गंगागिर रेवामुकुन्दपुर से लौटकर आ चुका था। यह युद्ध चार-छह घड़ी (लगभग डेढ़ या दो घण्टे) चला। दो-तीन सौ लोग मारे गए और अंत में गोसाईं की सेना की पराजय हुई। कुछ सैनिक जख्मी हुए और कुछ जंगल में भाग गए। गंगागिर का एक शिष्य मारा गया और एक अन्य जख्मी शिष्य को लेकर गंगागिर भाग खड़ा हुआ। विजयी मराठा सेना ने बिलहरी में थाना स्थापित किया और सेना गंगागिर की खोज में लग गई।[46] तेजगढ़ के उत्तर में स्थित दमोह में मराठों ने रघुनाथ बल्लाल को रख दिया और फिर उन्होंने सारी शक्ति गोंडों के विरुद्ध लगा दी। गंगागिर पराजित होकर चौरागढ़ चला गया। चौरागढ़ में तब नरहरिशाह, गंगागिर का पुत्र देवगिर और लक्ष्मण पासवान थे।[47]

इस युद्ध के बाद स्थिति मराठों के पक्ष में हो गई। चौरागढ़ छोड़कर लगभग सारे विद्रोही केन्द्र समाप्त हो गए। वस्तुतः जनवरी, 1783 के पश्चात् ही गढ़ा-मण्डला राज्य पर सागर के मराठों का नियंत्रण स्थापित हो गया। केवल नरहरिशाह और उसके सहयोगी अभी चौरागढ़ में थे।

इस बीच घटनाक्रम के विकास में एक चरण और जुड़ा। विसाजी चाँदोरकर की मृत्यु के बाद जब सागर की सेना की स्थिति कुछ कमजोर हो गई तो उन्होंने सेना धुरंधर से कुछ सहायता की माँग की थी। सेना धुरंधर सहायता देने ही वाला था किन्तु गंगागिर गोसाईं और छपारा के मुहम्मद अमीर खाँ के पास से सेना धुरंधर के पास पत्र आया कि वह चाहे जितना धन ले लें, सागर वालों की सहायता न करें। सेना धुरंधर ने शेष तेरह महाल पाने का यह अच्छा अवसर देखा। उसने सागर के प्रतिनिधि को उत्तर दिया कि जब तक उसकी सेना का खर्च नहीं दिया जायेगा वह सेना आगे नहीं भेजेगा। नागपुर स्थित पेशवा के वकील सदाशिवराम ने मण्डला से आया मोरोपंत का पत्र भी सेना धुरंधर को दिखाया, जिसमें सहायता का आग्रह किया गया था। लेकिन सेना धुरंधर टस से मस न हुआ। स्थिति बड़ी संकटप्रद हो उठी, अतः सदाशिवराम ने पूना की सरकार को सिफारिश की कि भोंसले की सोलह महालों की माँग स्वीकार कर ली जावें।[48] पूना की सरकार ने यह सिफारिश स्वीकार कर ली और मई, 1783 में गढ़ा राज्य में नर्मदा के दक्षिण के सोलह महाल नागपुर के भोंसले को दे दिए गए।[49]

भोंसले को गढ़ा-मण्डला राज्य में से कुछ अंश पूना की ओर से मिल गया इससे उसे बहुत संतोष हुआ। इसके उपरान्त भोंसले ने सागर की सेना को सहायता दी कि

नहीं इसकी सूचना तो नहीं मिलती किन्तु अनुमान है कि उसने माँग पूरी होने पर अवश्य सहायता दी होगी। शीघ्र ही सागर की सेना गढ़ा के राजा नरहरिशाह और उसके साथियों के दमन के लिए तैयार हो गई।

जुलाई 1783 में गोविन्द पंत बुन्देले के पुत्र बालाजी गोविन्द ने, जो कालपी में रहता था, अपने पुत्र रघुनाथ राव आबा साहेब को एक सेना के साथ चौरागढ़ भेजा।[50] सम्भवतः इस अभियान में उसे सफलता नहीं मिली क्योंकि मई 1784 ई. में पुनः एक घेरा डालना पड़ा। आगे के पत्रों से मालूम होता है कि मई, 1784 में जब गंगागिर और नरहरिशाह ने गोंडों से मिलकर गढ़ा क्षेत्र में गड़बड़ मचाई तो मोरोपंत (मोराजी) ने वहाँ जाकर किला घेर लिया। किला काफी मजबूत होने के कारण घेरा कुछ समय तक चला। अंत में, जून 1784 में चौरागढ़ पर अधिकार कर लिया गया।[51] स्लीमेन के अनुसार नरसिंहपुर जिले के दिलहरी के जागीरदार पदमसिंह के विश्वासघात से मराठे चौरागढ़ पर विजय पा सके।[52] इस विजय के बाद नरहरिशाह, गंगागिर गोसाईं और लक्ष्मण पासवान आदि को बंदी बनाकर मण्डला लाया गया। गंगागिर ने सर्वाधिक उत्पात किया था। अतः उसके पैरों में बेड़ी डालकर लाया गया।[53] नरहरिशाह को बंदी बनाकर खुरई (सागर जिला में) के किले में रखा गया।[54] गंगागिरि ने इस युद्ध में महत्त्वपूर्ण भाग लिया था। उसकी मृत्यु बड़ी दुखद हुई। उसे या तो हाथी के पैरों के नीचे कुचलवा दिया गया[55] या उसे ऊँट की गर्दन पर लटका दिया गया और ऊँट के घुटनों की ठोकरों से मर जाने दिया गया। इसके अतिरिक्त कुरमतखाँ को, जो तेजगढ़ युद्ध में बंदी बनाया गया था, सागर भेज दिया गया। वहाँ किसी अधार उपाध्याय ने मराठों को बारह हजार रुपये देकर कुरमत खाँ को छुड़ाया। अधार उपाध्याय ने कुरमत की किसी कृपा के बदले अपनी कृतज्ञता जताने के लिए ऐसा किया था।[56] गंगागिर के पुत्र देवगिर का और लक्ष्मण पासवान का क्या अंत हुआ, यह उल्लेख नहीं मिलता। गंगागिर के सहयोगी भगवंतगिर का नाम भी बाद में नहीं मिलता।

नरहरिशाह के परिवार के सम्बन्ध में कुछ जानकारी उपलब्ध है। उसकी पाँच पत्नियाँ थीं। इनके नाम थे–रानी जेचंदेलिन, चित्रंकुँवरि देवी, रानी बघेलिन वेरेडीवार उत्तमकुँवरिदेवी, रानी यवरिन भंतकुँवरिदेवी, रानी सुरकिन मिलापकुँवरिदेवी और रानी लक्ष्मणकुँवरि। इनमें से सुरकिन मिलापकुँवरिदेवी और यवरिन भंतकुँवरिदेवी ज्येष्ठ रानियाँ थीं और उत्तमकुँवरिदेवी छोटी रानी थी।[57] रानी लक्ष्मणकुँवरि तब बालिका ही थी और 1780 के बाद ही उसका विवाह नरहरिशाह से हुआ था। तब उसकी उम्र 6 वर्ष की थी।[58] सुरकिन मिलापकुँवरिदेवी बघेलखण्ड के सुरकी ठाकुरों की कन्या थी, यह उसके नाम से स्पष्ट है।

नरहरिशाह संतानहीन था। 1779 ई. में उसे नर्मदा तट पर एक शिशु पड़ा मिला था जिसे उसने गोद से लिया था और उसका नाम उसने नर्बदाबख्श रखा।[59]

राजा को परिवार सहित खुरई (सागर) के किले में रखा गया ऐसा अनुमान है। बंदी होने के उपरान्त वह पाँच वर्ष और जीवित रहा तथा 1789 ई. में खुरई के किले

में ही उसकी मृत्यु हो गई। मृत्यु के समय उसकी आयु 38 वर्ष की थी। जब राजा की मृत्यु हुई तब एक रानी सती हो गई किन्तु लक्ष्मणकुँवरि को सती न होने दिया गया क्योंकि उसकी आयु मात्र पन्द्रह वर्ष की थी। सती होने वाली रानी सम्भवतः सुरकिन मिलापकुँवरिदेवी थी। ऐसा अनुमान लगाने के कारण हैं। एक तो सुरकिन ज्येष्ठ रानी थीं। दूसरे, मण्डला क्षेत्र के अनेक परिवारों में रानी सुरकिन को तर्पण करने की परम्परा चली आ रही है, सम्भवतः सती होने के कारण। राजा नरहरिशाह की विधवा रानी लक्ष्मणकुँवरि को सागर स्थित पेशवा के प्रतिनिधि ने पेंशन दे दी और नर्बदाबख्श लक्ष्मणकुँवरि के पास रहा।[60]

नरहरिशाह गढ़ा के गोंड-राजवंश का अंतिम शासक था। संग्रामशाह और दुर्गावती के समय जो गढ़ा-राज्य चरमोत्कर्ष पर पहुँचा था, उसका 1564 ई. में खरजी के सिंहासनारोहण के 344 वर्ष बाद नरहरिशाह के बंदी होने के साथ ही अंत हो गया।

बाद की कहानी

यहाँ दो बातें उल्लेखनीय हैं। प्रथम, गढ़ा-मण्डला प्राप्त करने का भोंसले का प्रयास कहाँ तक सफल हुआ और द्वितीय, नरहरिशाह के उपरान्त गढ़ा के गोंड राजवंश का क्या हुआ।

जब गढ़ा-मण्डला पर सागर के मराठों का अधिकार हो गया तो पूना के कूटनीतिज्ञों नाना फड़नवीस और हरिपंत फड़के ने नागपुर की गढ़ा-मण्डला सम्बन्धी शिकायत का लाभ उठाकर भोंसले को टीपू के विरुद्ध अपने पक्ष में मिलाना चाहा। इसके लिए गढ़ा-मण्डला का लोभ भी उन्होंने मुधोजी को दिया। उससे कहा गया कि चूँकि गढ़ा-मण्डला अधिकृत करने में विसाजी ने अपना जीवन और धन दोनों खोया है, अतः बिना उसकी क्षतिपूर्ति हुए मुधोजी भोंसले को गढ़ा-मण्डला नहीं दिया जा सकता। मुधोजी ने चाहा कि टीपू के अभियान का जो खर्च पेशवा देने वाला है, उससे सागर को तीस लाख रुपये दे दिए जायें किन्तु पेशवा तैयार न हुआ। 1788 में मुधोजी की मृत्यु के पहले के कुछ वर्ष पेशवा के इस रुख के कारण मुधोजी के लिए अत्यंत पीड़ाजनक रहे।[61] अंत में गढ़ा-मण्डला का क्षेत्र नागपुर के राजा रघुजी द्वितीय को 1798 ई. में ही मिल पाया।[62]

नरहरिशाह के उपरान्त गोंड राजवंश के इतिहास का जहाँ तक सम्बन्ध है। लक्ष्मणकुँवरि सागर से प्राप्त पेंशन से नर्बदाबख्श का लालन-पालन और अपना जीवन-यापन करती रही। 1797 ई. में नर्बदाबख्श कहीं भाग गया[63] और कुछ दिनों के बाद ही भोंसले के शासन के समय उसकी पेंशन कम कर दी गई। अंग्रेजी शासन 1818 ई. में प्रारम्भ होने के बाद भी उसकी पेंशन नहीं बढ़ाई गई। सौ रुपया प्रति माह की पेंशन में रानी का काम मुश्किल से ही चलता था।[64]

उधर सुमेरशाह ने 1804 ई. में अपना राज्य पुनः पाने हेतु होल्कर के एक अधिकारी नागोजी की सहायता से प्रयास किया किन्तु उसे असफलता मिली और नागपुर के राजा के प्रोत्साहन से सिंधिया के एक अधिकारी ने उसे मार डाला। उसका पुत्र शंकरशाह कुछ समय तो मीर खाँ के साथ रहा। बाद में वह अपने पिता की सागर स्थित जागीर में रहने लगा।[65]

नर्बदाबख्श जब कई वर्ष तक न आया तो उसे मृत समझकर रानी लक्ष्मणकुँवरि ने शंकरशाह के पुत्र रघुनाथशाह को 1829 में गोद लेकर अपना वारिस बना लिया। इसी बीच 1841 ई. में नर्बदाबख्श लौट कर आ गया तो रानी ने उसे स्वीकार कर लिया। 1842 ई. में रानी की मृत्यु के बाद रघुनाथशाह और नर्बदाबख्श में रानी की सम्पत्ति को लेकर विवाद उठ खड़ा हुआ। निर्णय में जबलपुर के न्यायाधीश कैप्टेन होड ने नर्बदाबख्श को उत्तराधिकारी घोषित किया और जबलपुर के पास के दो गाँव–पुरवा और कौगवाँ उसे मिले।[66] नर्बदाबख्श से संबंधित जानकारी कैप्टेन होड की अदालत के फैसले में दिए गए बयानों और विवरणों से ही मिलती है।

1842 में हुए बुन्देला विद्रोह में एक विद्रोही नर्बदाबख्श का उल्लेख मिलता है[67] और उसे छत्तीसगढ़ तथा कवर्धा के जमींदारों की सहायता से अंग्रेजों द्वारा समाप्त किए जाने का भी उल्लेख मिलता है।[68] बहुत सम्भव है कि यह नर्बदाबख्श वही नर्बदाबख्श हो जिसका पहले उल्लेख किया जा चुका है। जब 1857 का विप्लव हुआ तो अंग्रेजों ने शंकरशाह और रघुनाथशाह के विरुद्ध विद्रोहात्मक कार्यवाहियों का आरोप लगाकर उन्हें जबलपुर में तोप से उड़ा दिया गया।[69]

रघुनाथशाह की पत्नी का नाम मानकुँवरि और पुत्र का नाम लालजू था।[70] डॉ. हीरालाल के अनुसार रघुनाथशाह के पुत्र का नाम लक्ष्मणशाह था, जो दमोह जिले (म. प्र.) के सिलापुरी ग्राम में रहने लगा था। 1919 में रायबहादुर हीरालाल ने जब सिलापरी गाँव का भ्रमण किया था तब लक्ष्मणशाह के दो पुत्र कंकनशाह और खलकशाह अत्यंत दरिद्रता में अपने दिन गुजार रहे थे।[71]

संदर्भ

1. महीपालसिंह से संबंधित पूरा विवरण स्लीमेन, पृष्ठ 638-46 पर आधारित है।
2. परिशिष्ट छह की तुलनात्मक तालिका देखिए।
3. गढ़ेश, स्लीमेन, कनिंघम और वार्ड के अनुसार उसके राज्यारोहण का वर्ष क्रमशः 1784, 1780,1778 और 1777 है। ये त्रुटिपूर्ण हैं।
4. स्लीमेन, पृष्ठ 641 और पाठक, पृष्ठ 31
5. पाठक, पृष्ठ 31, स्लीमेन, पृष्ठ 641, विल्स, ब्रिटिश रिलेशंस ...पृष्ठ 99 में यह राशि तीन लाख लिखते हैं। शेजवलकर, एक, क्रमांक 177 (फरवरी 1783), पृष्ठ 189-90 में साढ़े तीन लाख रुपये लिखा है।
6. सागर डिस्ट्रिक्ट गैजेटियर, 1967, पृष्ठ 57-58

7. पाठक, पृष्ठ 32
8. सेलेक्शंस फ्राम दि नागपुर रेसिडेन्सी रिकार्ड्स चार, पृष्ठ 134-35,
9. शेजवलकर, जिल्द एक, भूमिका, पृष्ठ चवालीस, पैंतालीस. जिल्द दो, पृष्ठ 1, पत्र क्र. 3, जेन्किन्स रिपोर्ट, पृष्ठ 60
10. वही, जिल्द एक, सदाशिवरामयांचे पत्र, 118, अप्रैल, 1780, पृष्ठ 125 सुमेरशाह जुलाई 1780 ई. में राजा बन गया था यह परिशिष्ट दो, क्रमांक 1 में उल्लिखित आषाढ़ वदि 11, सं. 1837 (जुलाई 1780) के पत्र से प्रकट होता है।
11. प्रिंसैप, यूसफुल टेबुल्स, पृष्ठ 29, एलन, केटलॉग ऑफ इण्डियन क्वाइन्स इन ब्रिटिश म्यूजियम, जिल्द 4 (1928), पृष्ठ 351-52 में उद्धृत। प्रिंसेप का कथन है कि पेशवाओं ने गढ़ा-मण्डला में एक टकसाल खोली थी जो 1779 से 1824 तक रही।
12. शेजवलकर, जिल्द दो, पृष्ठ 1, पत्र क्रमांक 3. दि 15-5-1780 का पत्र।
13. स्लीमेन, पृष्ठ 642
14. पाठक, पृष्ठ 32, स्लीमेन, पृष्ठ 642
15. विदर्भ संशोधन मण्डल वार्षिक, 1964, पृष्ठ 24
16. गढ़ेश, श्लोक 52, पृष्ठ 197 के अनुसार नरहरिशाह ने पाँच वर्ष, स्लीमेन तथा कनिंघम के अनुसार तीन साल और पाठक, पृष्ठ 32 के अनुसार दो साल राज्य किया जो गलत है। नरहरिशाह ने 1776 से 1780 तक (चार वर्ष) राज्य किया यह वर्णन से स्पष्ट है। वार्ड (पृष्ठ 17) के अनुसार नरहरिशाह सन् 1774 में गद्दी पर बैठा और सुमेरशाह 1779 में। दोनों का शासन समाप्त होने की तिथि न देकर उन्होंने लिख दिया है कि वे बंदी बना लिए गए।
17. यह विवरण स्लीमेन, पृष्ठ 642 और पाठक, पृष्ठ 22-23 पर आधारित है।
18. शेजवलकर, जिल्द एक, पृष्ठ 229, पत्र क्रमांक 204
19. विदर्भ संशोधन मण्डल वार्षिक, 1964, पृष्ठ 25
20. सलेक्शंस फ्राम दि नागपुर रेसिडेंसी रिकार्डस्, जिल्द 4, पृष्ठ 135 किले के विवरण के लिए देखिए आ.स.रि. सात, पृष्ठ 56, स्लीमेन, पृष्ठ 643 गौरझामर लिखते हैं।
21. मार्गशीर्ष वदी 13, सं. 1839 (दिसम्बर 1782) को मोराजी द्वारा मण्डला से जारी की गई सनद से, जिसका पाठ परि. एक, क्रमांक 12 में दिया गया है, प्रकट होता है कि तब मण्डला में मराठों का अधिकार हो चुका था। इसके पहले नरहरिशाह को शासन के कुछ माह देने से सुमेरशाह ने 1782 के प्रारम्भ तक अर्थात् 2 साल राज्य किया। गढ़ेश, श्लोक 53, पृष्ठ 197 और स्लीमेन, पृष्ठ 625, उसके शासन की अवधि क्रमशः 3 वर्ष और 9 माह देते हैं।
22. सलेक्शंस फ्राम दि नागपुर रेसिडेंसी रिकार्डस् जिल्द चार, पृष्ठ 135
23. शेजवलकर, जिल्द 1, पृष्ठ 125
24. वही।
25. वही, जिल्द दो, पृष्ठ 1, पत्र क्रमांक 3 (15 मई 1780)
26. वही, जिल्द एक, पृष्ठ 229-30, पत्र क्रमांक 204 (25.6.1780)
27. यह बीस लाख होना चाहिए। पहले कहा जा चुका है कि सुमेरशाह से विसाजी ने बीस लाख रुपये लिए।
28. शेजवलकर, जिल्द एक, पृष्ठ 229-30.पत्र क्रमांक 204 (25-6-1780),
29. सिलेक्शंस फ्राम दि स्टेट पेपर्स ऑफ दि गवर्नर्स जनरल ऑफ इंडिया, जिल्द दो, वारेन हेस्टिंग्ज, सम्पादक फारेस्ट, पृष्ठ 200
30. सरकार, पूना रेजिडेंसी रिकार्ड्स, जिल्द 5, नागपुर अफेयर्स (1781-1820) सं. काले की भूमिका, पृष्ठ तीन।

31. सिलेक्शंस फ्राम दि स्टेट पेपर्स आदि, (जिल्द दो), वारेन हेस्टिंग्ज, पृष्ठ 253-54
32. वही, पृष्ठ 258
33. सरकार, पूना रेजिडेंसी रिकार्ड्स, जिल्द पाँच (1781-1820), सं. काले की भूमिका, पृष्ठ चार।
34. शेजलवकर, जिल्द एक, पृष्ठ 175, पत्र क्रमांक 162
35. वही, जिल्द एक, क्रमांक 177 (फरवरी 1783), सदाशिवराम के पत्र में ये नाम उल्लिखित हैं।
36. विदर्भ संशोधन मण्डल वार्षिक, 1964, पृष्ठ 24
37. शेजवलकर, जिल्द एक, पृष्ठ 210, पत्र क्रमांक 196 (1780 ई.) मल्हारजी वोरपे का।
38. वही, जिल्द एक, पत्र क्रमांक 196 (1782 ई.)
39. विदर्भ संशोधन मण्डल वार्षिक, 1964, पृष्ठ 24
40. शेजवलकर, जिल्द 1, पृष्ठ 210 पत्र क्रमांक 196 (1782 ई.) मल्हारजी वोरपे का पत्र देखिए।
41. ब्रेट, ई. ए. डी., छत्तीसगढ़ फ्यूडेटेरी स्टेट्स, द्वितीय संस्करण, 1988 पृ. 147
42. दुर्ग डिस्ट्रिक्ट गैजेटियर, 1972, पृष्ठ 54-55, 147,
43. स्लीमेन, पृष्ठ 643
44. शेजवलकर, जिल्द एक, पृष्ठ 186, पत्र क्रमांक 175, जनवरी 1783।
45. महाराजसिंह, इतिहास बुन्देलखण्ड, पृष्ठ 56-57। ये सभी स्थान सागर जिले में रहली के पास हैं। महाराजसिंह, अजीतसिंह लोदी की मृत्यु 1741 में बताते हैं जो स्पष्टतः गलत है।
46. यहाँ तक का सारा वर्णन सदाशिवराम के जनवरी, 1783 के पत्र (शेजलवकर, जिल्द एक, पत्र क्रमांक 175) पर आधारित है। स्लीमेन, पृष्ठ 644 के अनुसार यह युद्ध भुरुरा (कूम्ही के पास) हिरन नदी के तट पर हुआ।
47. स्लीमेन, पृ. 642.
48. शेजवलकर, जिल्द एक, पत्र क्रमांक 177 (फरवरी 1783), पृष्ठ 189-90, यह भी सदाशिवराम का पत्र है।
49. वही, जिल्द दो, पृष्ठ 219, पत्र क्रमांक 393, (16.7.1783)
50. वही, जिल्द एक, पत्र क्रमांक 180 (25 मई, 1783)
51. वही, जिल्द दो, पृष्ठ 219, पत्र क्रमांक 393, (16.7.1783)
52. वही, पृष्ठ 31, पत्र क्रमांक 62 (16.6.1784)
53. स्लीमेन, पृष्ठ 644
54. शेजवलकर, जिल्द दो, पृष्ठ 140, पत्र क्रमांक 252 (23.6.1784)
55. सिलेक्शंस फ्राम दि नागपुर रेसिडेन्सी रिकार्ड्स, चार, पृष्ठ 33
56. पाठक, पृष्ठ 33
57. स्लीमेन, पृष्ठ 644
58. 1780 ई. (संवत 1837) का पत्र (देखिए, परिशिष्ट दो) इसमें प्रारम्भिक चार रानियों का उल्लेख है जो सुमेरशाह को 'लाला' कहकर सम्बोधित करती हैं। ये निश्चिय ही सुमेरशाह के भाई नरहरिशाह की पत्नी होंगी। लक्ष्मण कुँवरि के लिए देखिए स्लीमेन, रेम्बल्स एण्ड रिकलेक्शंस ऑफ एन इण्डियन ऑफिशियल, पृष्ठ 74, और कैप्टेन विलियम होड, जूनियर असिस्टेन्ट मुन्सरम अमुर प्रिंसपल असि. साहब कमिश्नर का निर्णय दिनांक 10.8.1842, लक्ष्मणकुँवरि विरुद्ध रघुनाथशाह।

    कैप्टेन होड की अदालत का फैसला बहुत महत्त्वपूर्ण है क्योंकि इससे हमें लक्ष्मणकुँवरि के उत्तराधिकार और नर्बदाबख्श के बारे में जानकारी मिलती है। इस फैसले की प्रति मेरे पास है।
59. स्लीमेन, रेम्बल्स एण्ड रिकलेक्शंस, पृष्ठ 74 के अनुसार 1789 में उसकी आयु 15 वर्ष की थी।

60. कैप्टेन होड की अदालत के 10.8.1842 के निर्णय वाले मामले में रानी 1782 कहती हैं और एक गवाह 1779 कहता है। चूँकि 1779 में रानी बालिका थी और गवाह रघुनाथ वाजपेयी अपेक्षाकृत आयुवान था, अतः गवाह रघुनाथ वाजपेयी का कथन सत्य के अधिक निकट है। नर्बदाबख्श से सम्बन्धित सारी जानकारी कैप्टेन होड की अदालत वाले मामले से मिलती है।
61. स्लीमेन, रेम्बल्स एण्ड रिकलेक्शंस ऑफ एन इण्डियन आफिशियल, पृष्ठ 74, स्लीमेन, ज. ए. सो. ब., 1837, पृष्ठ 644, रानी का उपरोल्लिखित मामला भी।
62. शेजवलकर, जिल्द दो, भूमिका, पृष्ठ ग्यारह, बारह।
63. जबलपुर डिस्ट्रिक्ट गैजेटियर, 1909, पृष्ठ 59।
64. 10.8.1842 के मामले में रानी का बयान।
65. स्लीमेन, रैम्बल्स एण्ड रिकलेक्शंस आदि, पृष्ठ 74 में रानी की स्थिति का विस्तृत विवरण देते हैं।
66. वही।
67. कैप्टेन होड की अदालत का मामला 10.8.1842
68. फारेन एण्ड पोलिटिकल करस्पांडेस, 1843, नं. 804
69. एच. एल. गुप्ता, जर्नल ऑफ इण्डिया हिस्ट्री, इकतालीस, भाग एक, अप्रैल, 1963
70. म. प्र. राज्य अभिलेखागार, जबलपुर डिवीजन बण्डल करस्पान्डेन्स, केस फाइल, डिप्टी कमिश्नर का पत्र क्रमांक 117, ऑफ 1859, दिनांक 29 सितम्बर 1859
71. जबलपुर डिस्ट्रिक्ट गैजेटियर, 1909, पृष्ठ 67 हीरालाल, मण्डला मयूख, 1928 पृष्ठ 56

प्रशासन

गढ़ा राज्य समाप्त होने के 16 साल बाद यानी 1801 में जब अंग्रेज यात्री जे. टी. ब्लंट गढ़ा और जबलपुर से होकर निकला तो वह गढ़ा प्रदेश की समृद्धि की तारीफ करते हुए कहता है, ''इस प्रदेश की समृद्धि का परिचय इसकी राजधानी से मिलता है और उन जिलों से इसकी पुष्टि होती है, जिनका हमने भ्रमण किया है। मुझे इस प्रदेश के शासकों की प्रशंसा करनी होगी। नर्मदा में जलमार्ग की सुविधा न होने पर भी और आन्तरिक व्यापार ज्यादा न होने पर भी गोंड राजाओं के अन्तर्गत असंख्य लोग उपजाऊ इलाकों में खेती कर रहे थे और उस समय की समृद्धि के प्रमाण के रूप में आज भी उनके साफ-सुथरे मकान, उनके भव्य मंदिर, उनके जलाशय, अन्य सार्वजनिक निर्माण, कस्बों के आकार और उनके रोपणियाँ मौजूद हैं। इस सबका श्रेय पिछले शासन को जाता है।''[1]

गढ़ा राज्य के अवसान के सिर्फ 16 साल के बाद यह स्थिति बताती है कि अवसान के दिनों में भी गढ़ा राज्य में पर्याप्त समृद्धि थी और यह मानना गलत न होगा कि अपनी उन्नति के दिनों में यानी 16वीं और 17वीं सदी में गढ़ा राज्य और ज्यादा समृद्ध रहा होगा। गढ़ा राज्य की समृद्धि के समकालीन प्रमाण हमारे पास हैं। अबुल फज्ल कहता है कि ''यहाँ के किसान मोहर और हाथी के रूप में अपना लगान चुकाते थे। यहाँ इतना अनाज होता है कि वह गुजरात और दक्कन को प्रदान करने के लिए काफी था।''[2] इससे स्पष्ट है कि गढ़ा-मण्डला के इलाके में अच्छी खेती थी और यह सम्पन्न इलाका था। गढ़ा राज्य की समृद्धि के प्रमाण के रूप में अबुल फज्ल का यह विवरण भी उद्धरित किया जा सकता है कि ''जब आसफखाँ ने चौरागढ़ पर अधिकार किया जो उसे अलाउद्दीन के समय की अशर्फियों से भरे सौ देग प्राप्त हुए।''[3] यह कहने की जरूरत नहीं है कि अच्छे प्रशासन के बिना किसी भी राज्य में समृद्धि नहीं आ सकती। इस तरह गढ़ा राज्य में प्रशासन का एक कुशल ढाँचा जरूर रहा होगा।

यह दुर्भाग्य की बात है कि गढ़ा राज्य के लम्बे आधिपत्य के बावजूद हमारे पास गढ़ा राज्य के प्रशासन का विवरण पर्याप्त रूप से नहीं मिलता। फिर भी अबुल फज्ल के स्फुट उल्लेखों से, गढ़ा राज्य के स्थानीय विवरणों से और सबसे ज्यादा 1818 के बाद के अंग्रेज प्रशासकों और बन्दोबस्त अधिकारियों के विश्लेषणों से गढ़ा राज्य के प्रशासन के सम्बन्ध में एक रूपरेखा बनाई जा सकती है।

केन्द्रीय शासन

गढ़ा राज्य के केन्द्रीय शासन के ढाँचे का कोई व्यवस्थित विवरण हमें उपलब्ध नहीं है पर गढ़ा राज्य के स्थानीय वृत्तांतों और गढ़ा के शासकों के द्वारा जारी की गई सनदों से हमें केन्द्रीय शासन के कुछ पदाधिकारियों के बारे में जानकारी मिलती है। इन्हें देखने पर मालूम होता है कि गढा के शासकों के समय केन्द्रीय प्रशासन का ढाँचा बहुत कुछ राजपूती ढाँचे के समान था। आश्चर्य है कि ऊँचे पदों पर जितने नामों का उल्लेख हमें मिलता है उनमें गोंड एक भी नहीं था।

फौजदार का पद भी महत्त्वपूर्ण था और इसे सेनाध्यक्ष के समकक्ष माना जा सकता है। अबुल फज्ल के विवरण में रानी दुर्गावती के फौजदार अर्जुनदास बैस का उल्लेख है।[4]

एक महत्त्वपूर्ण अधिकारी दीवान होता था। चौरागढ़ के पतन के समय जौहर का जिम्मा भोजसिंह कायस्थ को सौंपा गया था, ऐसा अबुल फज्ल कहता है।[5] स्थानीय वृत्तांतों में भोजसिंह कायस्थ को दीवान बताया गया है। हृदयशाह के समय भागवतराय दीवान, कस्तूर साहनी दीवान, नरेन्द्रशाह के समय खिज्रखाँ दीवान, राव खाण्डेराय दीवान और रामकृष्ण वाजपेयी दीवान, दुर्जनशाह के समय दीवान लोकशाह बरगाह, निजामशाह के समय खाण्डेराय दीवान, विश्रामसिंह दीवान का उल्लेख मिलता है। नरेन्द्रशाह के समय प्रधान के पद का भी उल्लेख मिलता है। उसके समय प्रधान के पद पर स्वामितराय था। इन सबका उल्लेख इस पुस्तक में यथास्थान किया गया है। राज ज्योतिषी के पद का भी उल्लेख मिलता है। खड्गेश्वर ज्योतिषी पहाड़सिंह के समय था और उसके उत्तराधिकारी भी बाद में राज ज्योतिषी के पद पर रहे। इन अधिकारियों के नाम हमें उन सनदों से प्राप्त हुए हैं जिनका विवरण परिशिष्ट एक में दिया गया है।

पुरोहित का भी एक महत्त्वपूर्ण पद था। इस पर दलपतिशाह और रानी दुर्गावती के समय महेश ठाकुर राजपुरोहित के पद पर था। बाद में हृदयशाह के समय रामकिशन वाजपेयी, कामदेव वाजपेयी, निजामशाह के समय कमलादत्त, फत्ते वाजपेयी और ब्रजनाथ वाजपेयी का उल्लेख मिलता है।

राजमहल में भांडागारिक का पद भी होता था क्योंकि हमें हृदयशाह के समय विश्वंभर ओझा भांडागारिक का उल्लेख मिलता है। बाद में यह पद वंशानुगत कर दिया गया। कर्मकाण्डी का भी कोई पद था। निजामशाह के समय विश्वंभर ओझा का वंशज लोकनाथ झा और लीलाधर झा को कर्मकाण्डी नियुक्त किया गया।[6] ज्योतिषी का भी पद था।

निजामशाह के समय धर्मशास्त्री के पद का उल्लेख मिलता है। प्रेमनिधि ठाकुर, सचल मिश्र और शिवराम मिश्र धर्मशास्त्री थे। पीताम्बर ओझा व्यवस्थापक यानी न्यायशास्त्री थे।

राज्य का ढाँचा

सी.यू. विल्स[7] ने गढ़ा राज्य के प्रशासकीय ढाँचे के बारे में कुछ बिन्दुओं पर विस्तार से चर्चा की है और उनका बारीक विश्लेषण किया है। सी.यू. विल्स कहते हैं कि इस

प्रणाली की विशेषता यह थी कि प्रदेश अधीनस्थ स्थानीय सरदारों, राजाओं और ठाकुरों के बीच बँटा हुआ था जो अपने इलाके के भीतर पूरी शक्ति का उपभोग करते थे। और इसके बावजूद सामान्य मामलों में गढ़ा के महाराजा की सत्ता को मानते थे। अधीनस्थ इलाकों के ऐसे जाल के अस्तित्व का सबसे अच्छा प्रमाण अबुल फज्ल के पृष्ठों में है। गढ़ा सरकार के अपने विवरणों में अबुल फज्ल 29 परगना की सूची भी देता है। जिसमें प्रत्येक से मिलने वाली लगान, घोड़े और पैदल सैनिक का कोटा जिसके लिए वह जिम्मेदार था का उल्लेख है। और निःसंदेह यह गढ़ा कटंगा में 16वीं सदी में मौजूद अधीनस्थ स्थानीय राजाओं की सूची है। अपने कथन की पुष्टि के रूप में विल्स, जैरेट, मोरलैंड और यूसुफ अली के विश्लेषणों का उल्लेख करते हैं।

विल्स के उपर्युक्त निष्कर्ष में एक बात उल्लेखनीय है कि आइन-ए-अकबरी में गढ़ा सरकार की सरकारों में महालों की जो सूची दी गई है उसमें पहले कालम के नामों को विल्स ने परगने मानकर गढ़ा सरकार में 29 परगने मान लिए हैं और उन 29 को उन्होंने गढ़ा राज्य के अन्तर्गत स्थानीय राजाओं के इलाकों की सूची मान लिया है। पर विल्स का निष्कर्ष ठीक प्रतीत नहीं होता क्योंकि आइन-ए-अकबरी[8] में मालवा सूबे के कुल परगनों की संख्या 301 बतायी गई है। जबकि मालवा सूबे की सरकारों के विवरण के पहले कालम के स्थानों की संख्या सिर्फ 236 है। यानी मालवा सूबे की सरकारों में महालों की सूची के पहले कालम के नाम परगनों के नाम नहीं हो सकते। और विल्स[9] के इस कथन का भी कोई आधार नहीं है कि गढ़ा सरकार में पहले कालम में वर्णित नाम ''गढ़ा राज्य की उन रियासतों के नाम हैं जिनमें गढ़ा राज्य पहले विभाजित था।''

पर विल्स की यह बात ठीक प्रतीत होती है कि गढ़ा राज्य कई उप-रियासतों में या जागीरों में विभाजित था जो गढ़ा के शासकों के अधीन थीं। इन स्थानीय राजाओं का संकेत अबुल फज्ल के विवरण से मिलता है। अबुल फज्ल लिखता है कि ''पहले यहाँ एक ही राजा नहीं था, बल्कि इसके विपरीत कई राजा और राय थे। वर्तमान समय में जब समय के बदलने से इस इलाके में पुराना शासन नहीं है, अभी भी कई राजागण हैं, उदाहरण के लिए गढ़ा का राजा, गरोला का राजा, हरया का राजा, सलवानी का राजा, दनकी का राजा, खटोला का राजा, मुगदा का राजा, मण्डला का राजा, देवहार का राजा और लांजी का राजा।''[10]

अधीनस्थ राजाओं के जरिए प्रशासन करने की यह प्रणाली राजगोंड काल के अन्त तक चलती रही। 1845 में तैयार की गई सागर और नर्मदा क्षेत्र के देशी राजाओं की सूची से पता चलता है कि सिर्फ 80 साल पहले वर्तमान जबलपुर, सागर, दमोह, मण्डला, सिवनी, नरसिंहपुर और होशंगाबाद के वर्तमान जिलों में कम से कम 25 राजा थे। और वंशानुगत राजाओं के इस वर्ग के जो लोग आज बचे हैं उससे पता चलता है कि पुरानी प्रणाली, जिसमें स्थानीय अगुवा को स्थानीय नियंत्रण दे दिया जाता था, मराठों के आने के पहले तक चलती रही। असल में लोगों की जरूरतों और इस प्रदेश की भौगोलिक विशेषताओं के अनुकूल प्रशासन की अन्य कोई प्रणाली उपयुक्त नहीं थी। राजगोंड

राज्य मुख्यतः एक अर्ध सामंती आधार पर टिका हुआ था। इसे, अस्पष्ट तौर पर ही सही, पर व्यापक रूप से माना जाता था।[11]

गढ़ा राज्य के क्षेत्र में जो वर्तमान जिले हैं उनकी सेटलमेन्ट रिपोर्टों में भी गढ़ा राज्य के प्रशासन के बारे में अनुमान लगाते हुए टिप्पणी की गई है। दमोह जिले में गोंड शासन के बारे में कोई विवरण उपलब्ध नहीं है लेकिन ऐसा विश्वास किया जाता है कि वह पूरी तरह सामंती व्यवस्था पर आधारित थी, जिसमें इलाके कई छोटे सरदारों को दे दिए जाते थे, जो उस कबीले का प्रमुख होता था। और पूरा राजस्व लेता था और सरकार को जरूरत पड़ने पर सैनिक सेवायें देता था। इस स्थानीय सेवा के अलावा उस सामंती सरदार को एक घड़ा घी, या एक-दो बाँस की लकड़ी सालाना कर के रूप में देना पड़ता था।[12] नरसिंहपुर जिले में हिन्दू और मुसलमान अधिकारियों और एजेन्टों के जरिए शासक वंश के पास सीधे इलाके कम ही रहे होंगे और वे महत्त्व के नहीं रहे होंगे क्योंकि माफी वाली जमीनों की जाँच करने पर शायद ही कभी सरकारी अधिकारियों के जरिए व्यवस्था किए जाने के उदाहरण मिलते हैं जबकि राजाओं और जागीरदारों के द्वारा दी गई सनदें बहुत सामान्य बात है। आगे यह भी उल्लेख मिलता है कि "गोंड राजाओं के अन्तर्गत नरसिंहपुर जिले का अधिकांश भाग सामंती सरदारों के बीच बाँट दिया गया था। वे एक निश्चित संख्या के सैनिकों के साथ राजधानी में राजा के सामने हाजिरी देने के लिए बाध्य थे लेकिन वे धन के रूप में बहुत कम लगान देते थे या फिर बिल्कुल नहीं देते थे।"[13]

सेना

गढ़ा राज्य की सेना के मुख्य तीन हिस्से थे–हस्तिसेना, घुड़सवार सेना और पैदल सेना। रानी दुर्गावती पर जब मुगल सेना का आक्रमण हुआ था तब उसके पास बीस हजार अच्छे घुड़सवार और एक हजार हाथी थे।[14] जहाँ तक पैदल सेना का प्रश्न है, इनकी संख्या बहुत बड़ी थी। आइन-ए-अकबरी[15] में गढ़ा राज्य पर मुगलों का अधिपत्य होने के बाद मालवा सूबे की गढ़ा सरकार के जमींदारों के पास कुल 5495 घुड़सवार और 2,54,000 पैदल सैनिक होने का उल्लेख किया गया है, जबकि मालवा सूबे की अन्य सरकारों के घुड़सवार और पैदल सैनिकों की संख्या इससे बहुत कम बतायी गई है। ऐसा लगता है कि ये सैनिक वैतनिक नहीं थे और युद्ध के समय गोंड समुदाय से एकत्र किये जा सकते थे। गढ़ा सरकार की कबीलाई व्यवस्था में ऐसा होना संभव है। यहाँ यह स्मरणीय है कि मुगलों के समय गढ़ा राज्य गढ़ा सरकार के अन्तर्गत था।

गढ़ा राज्य की सबसे बड़ी कमजोरी थी उसके पास तोपखाना न होना। मुगलों के विरुद्ध रानी की पराजय का मुख्य कारण यह था कि आक्रान्ता आसफखाँ के पास तोपखाना था, जिसके सामने रानी की सेना न टिक सकी। नर्रई के युद्ध के विवरण ये यह बात स्पष्ट होती है।

जैसा कि बताया जा चुका है सेना का मुख्य अधिकारी फौजदार होता था।

तालुकेदारी प्रथा

गढ़ा राज्य के समय तालुकेदारी प्रथा भी थी, ऐसा मण्डला जिले की पहली बन्दोबस्त रिपोर्ट में वार्ड कहता है, "देशी शासकों के समय यह प्रदेश ताल्लुकों में विभाजित था, और चूँकि उनके नाम प्रसिद्ध थे, सुविधा के लिए अभी भी वे नाम चालू हैं और गाँवों के नाम सामान्य सूची में ताल्लुकों के अनुसार दर्ज किए जाते हैं...। मण्डला तहसील में ऐसे 13 इलाके हैं जिन्हें ताल्लुका या परगना कहा जाता है। इन अन्तरों का कारण क्या है यह मैं तलाश नहीं कर सका, लेकिन इन शब्दों का सम्बन्ध स्पष्ट रूप से भूमि स्वत्वों से है क्योंकि इनमें से कुछ ताल्लुका ऐसे हैं जो कि कुछ लोगों को विशेष सेवाओं के उपलक्ष्य में दिए गए थे।"[16] इसके अलावा होशंगाबाद जिले के पहले बंदोबस्त अधिकारी इलियट ने लिखा, "...मेरा विश्वास है उस जमाने में राज्य कई ताल्लुकों में विभाजित था जो जागीरदारों के पास थे और जो गाँवों को अपनी तरफ से आबादी के खेतिहर समुदाय को पट्टे पर दे दिया करते थे...जिले के अनुविभाग ताल्लुका कहलाते थे और अभी भी वे जारी रहे हैं...।"[17]

विल्स का कहना है कि किसी भी बन्दोबस्त अधिकारी ने यह अनुभव नहीं किया। ये ताल्लुका सिर्फ बड़ी सामंती रियासत के अनुविभाग हैं। यह तो पता था कि वे एक राजा के अन्तर्गत थे लेकिन स्पष्ट रूप से यह पता नहीं था कि ये ताल्लुका उसी केन्द्रीय सिद्धांत के सामंती रियासत के भीतर काम करते थे, जिनसे ये रियासतें खुद अस्तित्व में आईं। अपनी बात की पुष्टि के लिए वे सतपुड़ा के इलाके में छिंदवाड़ा जिले की विख्यात हर्रई जागीरदारी की सामंती रियासत का उदाहरण देते हैं जो कि ताल्लुकों में विभाजित थी। वे कहते हैं कि हर्रई के सम्बन्ध में कई दस्तावेज छिंदवाड़ा के कोर्ट ऑफ वार्ड्स ऑफिस में हैं। उनमें से एक लम्बा रूबकार या आदेश 18 नवम्बर 1829 का है जो कैप्टन मांटगुमरी, अधीक्षक के जरिए देवगढ़ जिले की सदर निजामत अदालत द्वारा जारी किया गया था। इस पुरानी जागीरदारी की आन्तरिक संरचना का विवरण दिया गया है। 100 साल पहले यह तीन इलाकों में विभाजित थी। जिसमें से पहले में 4 ताल्लुका और दूसरे में 20 और तीसरे में 22 ताल्लुका थे। ऐसा लिखा है कि नागपुर का भोंसला राजा इन इलाकों को मिलाकर एक जागीर मानता था और हर्रई जागीरदार उसका मालिक समझा जाता था। और तीन इलाकों 26 ताल्लुकों का स्वामित्व ठाकुर जसवंत शाह के पास था। और उसे 500 रुपया खर्च के लिए मिलना था। लगान के रूप में तीन सैर चिरोंजी और दस सेर शहद देना तय हुआ। हर्रई जागीरदार को 'मुख्य पूर्वज' कहा जाने से इसके कबीलाई चरित्र का संकेत मिलता है और उसकी सामंती हैसियत और उसके द्वारा दिए जा रहे नाममात्र के कर से स्पष्ट होती है। रूबकार के ज्यादातर हिस्से में परिवार के बहुत से रिश्तेदारों के अधिकारों को परिभाषित किया गया है। जिनके शैतानियों और कानून विरोधी कामों के लिए मुख्य पूर्वज जिम्मेदार था...ये विवरण उन पारम्परिक अधिकारों की जटिलता का कुछ उदाहरण देते हैं जो एक चीफसिप की सीमाओं के भीतर विकसित हुए।[18]

ताल्लुका के स्वामी की क्या जिम्मेदारियाँ और क्या अधिकार थे इसके बारे में देवगढ़ के गोंड राज्य के समय छिंदवाड़ा जिले के इलाके के छोटे ठाकुरों की स्थिति क्या थी, यह सर आर. जेकिन्स के 28 मई 1823 के पत्र में बताया गया है। उसमें लिखा है–"ऐसा लगता है कि पहाड़ी इलाके के ठाकुर अपनी सीमा के भीतर छोटे-मोटे अपराधों की खोज खबर रखते हैं। और वे अपने इलाके के भीतर जुर्माना लगाने का अपना अधिकार भी समझते हैं। उनके स्वीकार किए जाने के लिए एक शर्तनामा का प्रपत्र बनाया गया था जिसमें नीचे लिखी शर्तें शामिल थीं–मैं अपने ताल्लुका से होकर जाने वाले यात्रियों और व्यापारियों को बाधा नहीं पहुँचाऊँगा और हमेशा उनकी सहायता करूँगा और उनकी रक्षा करूँगा। यदि वे मेरे ताल्लुका के भीतर लूटे जाते हैं तो इसके लिए मैं जिम्मेदार रहूँगा...। सरकार को बताये बिना मैं किसी व्यक्ति को न तो मृत्यु दण्ड दूँगा और न ही अंग-भंग करूँगा न उसकी जिन्दगी या अंग को खतरे में डालूँगा और न किसी व्यक्ति को कुछ दिनों से ज्यादा बंदी रखूँगा। मेरे ताल्लुका की रैयत में गालीगालौज, मारपीट, चोरी आदि के लिए दण्ड देश के रिवाज के अनुसार दिया जाएगा।..."[19] इससे यह स्पष्ट है कि ठाकुर देशी प्रणाली में अपने छोटे से ताल्लुका में काफी अधिकार रखता था।

शिकदार थे या नहीं ?

गढ़ा राज्य के प्रशासन के बारे में अबुल फज्ल का एक विवरण विचारणीय है। आसफखाँ द्वारा गढ़ा की विजय के पहले के विवरण में अबुल फज्ल हमें बताता है कि "वहाँ रह चुके अनुभवी लोगों से उसने यह सुना है रानी दुर्गावती के अधिकार में 23,000 खेतिहर गाँव थे और इनमें से 12000 गाँवों में उसके शिकदार थे। बाकी गाँव उसके अधीन थे और उनके प्रमुख रानी के नियंत्रण में थे।" इस सम्बन्ध में विल्स का कथन है कि यह कहना गलत है कि रानी दुर्गावती के राज्य के आधे गाँवों में शिकदार थे, या सरकारी एजेण्ट था। अबुल फज्ल के कथन से वे यही निष्कर्ष निकालते हैं कि (मुगल) विजय के पहले राजा का इलाका बहुत विस्तृत हो गया था और यह विस्तार रानी दुर्गावती के अंतर्गत नियुक्त शिकदारों की अतिशयोक्तिपूर्ण संख्या से परिलक्षित होता है। वे आगे कहते हैं कि दुर्गावती के राज्य में शिकदार या ग्राम अधिकारी होने का उल्लेख असल में गढ़ा-कटंगा की देशी ग्राम प्रणाली (जिसमें गाँव का मुखिया गाँव के लोगों का प्रतिनिधि होता था) का गलत ढंग से पेश किया गया संदर्भ है। इस मुखिया को गाँव के मामलों में महारानी की सहायता करनी पड़ती थी और शायद इसीलिए उसे महारानी का एजेण्ट समझ लिया गया है। अबुल फज्ल ने जो कुछ लिखा है अगर उसका यह स्पष्टीकरण है तो उसकी टिप्पणी कोई कठिनाई पैदा नहीं करती और यह भारत के इस इलाके में प्रचलित पुरानी रैयतवारी भूमि व्यवस्था का सामान्य-सा उल्लेख है। पर अगर अबुल फज्ल का मतलब यह था कि शिकदार

सरकारी आवासी कर्मचारी था यानी एक ऐसा अधिकारी जो रानी की तरफ से गाँव में काम करने के लिए नियुक्त किया गया था (उसने जो लिखा उसकी यह स्वाभाविक व्याख्या की जा सकती है) तो हमें बाध्य होकर यह निष्कर्ष निकालना पड़ेगा कि दुर्गावती गाँव का देशी पुराना जीवन खत्म करने की कोशिश कर रही थीं। गढ़ा-कटंगा के गाँवों में राज्य के कर्मचारियों की नियमित नियुक्ति होना उस आदिम प्रणाली के एकदम विपरीत थी, जिस पर ग्रामीण जगत का पूरा संगठन आधारित था। अगर शिकदार सिर्फ गाँव का मुखिया नहीं था, तो वह बहुत कम समय के लिए ही मौजूद रहा होगा और हम यह अनुमान लगा सकते हैं कि दुर्गावती के पराभव के बाद ही उसे हटा दिया गया होगा।[20]

विल्स आगे कहते हैं कि यह भी ध्यान रखने योग्य है कि भारत के दूसरे भागों में पहले जिस प्रकार के वंशानुगत जिला अधिकारी रहते थे वैसा कोई अधिकारी गढ़ा-कटंगा में नहीं था। उत्तर भारत में जिस प्रकार चौधरी और कानूनगो और दक्कन में देशमुख और देशपाण्डे जैसे जो अधिकारी रहा करते थे वैसे हम गोंडवाना के (और छत्तीसगढ़ के भी) प्रशासन प्रणाली में नहीं पाते। इस वर्ग के जिलाधिकारियों की गैरहाजिरी के कारण ढूँढ़ना कठिन नहीं है। असल में इस इलाके के देसी संगठन में, जो कि पूरी तरह अर्द्ध-कबीलाई, अर्द्ध-सामंती आधार पर आधारित था, इसे स्थान नहीं मिल सका।[21]

परगना

गढ़ा राज्य के शासकों के समय परगना प्रशासन की सबसे छोटी इकाई था और इसके अन्तर्गत कुछ गाँव आते थे। गढ़ा राज्य के शासकों द्वारा समय-समय पर जारी सनदों में जिन गाँवों को दान में दिए जाने का उल्लेख है उसमें यह भी बताया गया है कि वह गाँव किस परगने में था। इस पुस्तक के परिशिष्ट एक में गढ़ा राज्य की सनदों के जो पाठ दिए गए हैं उनमें नीचे लिखे परगनों के गाँव दान में दिए जाने का उल्लेख है–

क्रमांक 2- संवत 1747 (1690 ई.) की सनद में माडोगढ़ के परगने का लखनपुर गाँव
क्रमांक 3- संवत 1755 (1698 ई.) की सनद में मण्डला के परगने का गोंझी गाँव
क्रमांक 4- संवत 1756 (1699 ई.) की सनद में मण्डला के परगने का हरदुवा गाँव
क्रमांक 5- संवत 1756 (1699 ई.) की सनद में मण्डला के परगने का दिवारा गाँव
क्रमांक 6- संवत 1762(1705 ई.) की सनद में बरगी के परगना में मदनपुर गाँव और मण्डला के परगना में गोंझी गाँव और मण्डला के परगना में हरदुवा गाँव
क्रमांक 7- संवत 1774 (1717 ई.) की सनद में मण्डला के परगना में सरही गाँव
क्रमांक10- संवत 1806 (1749 ई.) की सनद में मण्डला के परगने का दिवारा तथा आमाडोंगरी गाँव

इस प्रकार यह सुनिश्चित है कि गढ़ा राज्य में परगनों का अस्तित्व था।

गढ़ा राज्य पर 1784 में मराठों का अन्तिम रूप से अधिकार होने के बाद भी परगना व्यवस्था कायम रही। उदाहरण के लिए पेशवा के सागर स्थित प्रतिनिधि बलवन्तराव ने संवत 1841 (1785 ईस्वी) मे वेदमूर्ति आंषी ओझा को सनद के जरिये गढ़ा परगना का अरछपा गाँव दिया गया था।[22] पेशवा के बाद गढ़ा-मण्डला क्षेत्र पर भोंसले का अधिकार 1798 में हो गया। उपर्युक्त आंषी ओझा को भोंसले द्वारा संवत 1861 (1804 ईस्वी) की सनद के जरिये रामनगर तालुका में निधानी ग्राम और भड़िया तालुका में भौंरताल गाँव धर्मार्थ दिए गए थे।[23]

कृषि

आइन-ए-अकबरी[24] में सूबा मालवा और गढ़ा सरकार का जो विवरण दिया गया है उससे पता चलता है कि गढ़ा राज्य में खेती उन्नत थी और 16वीं सदी के अन्त में वहाँ इतना अनाज होता था कि वह गुजरात और दक्कन को प्रदान करने के लिए काफी था। इसके अलावा सूबा मालवा की अन्य सरकारों की तुलना में गढ़ा सरकार का क्षेत्र बहुत बड़ा था फिर भी गढ़ा सरकार से आए अन्य सरकारों की तुलना में अपेक्षाकृत कम थी। गढ़ा सरकार से आए एक करोड़ दाम से कुछ ही ज्यादा थी, जबकि अन्य सरकारों की आए इससे ज्यादा थी। इसके अलावा गढ़ा सरकार की खेतिहर जमीन की नाप का उल्लेख आइन-ए-अकबरी में नहीं है, यानी इस क्षेत्र में मुगल राजस्व विभाग का काम नहीं हुआ था। इससे यह निष्कर्ष निकाला जा सकता है कि आइन-ए-अकबरी लिखे जाने तक यानी 16वीं सदी के अन्तिम दशक तक भी गढ़ा में मुगल शासन ठीक से स्थापित नहीं हुआ था।

संदर्भ

1. जे. टी. ब्लंट, अर्ली यूरोपियन ट्रेवलर्स इन नागपुर टेरीटरीज, नागपुर 1930, पृष्ठ 215
2. आइन-ए-अकबरी, जिल्द दो, अनु. जैरेट, पृष्ठ 207
3. अकबरनामा, जिल्द दो, पृष्ठ 32
4. वही, जिल्द दो, पृष्ठ 329
5. वही, पृष्ठ 331-32
6. मण्डला जिला गैजेटियर, 1912, पृष्ठ 100
7. विल्स, पृष्ठ 183
8. आइन-ए-अकबरी, दो, पृष्ठ 209
9. विल्स, पृष्ठ 183
10. अकबरनामा, दो, पृष्ठ 324
11. विल्स, पृष्ठ 184
12. रसेल, दमोह सेटलमेंट रिपोर्ट 1866, पैराग्राफ 36
13. ग्राण्ट गैजेटियर, 1870, भूमिका, पृष्ठ उन्यासी-बयासी

14. अकबरनामा, पृष्ठ 327
15. आइन-ए-अकबरी, पृष्ठ 210-11
16. वार्ड, मण्डला सेटलमेंट रिपोर्ट, पृष्ठ 868-69, कंडिका 9, परिशिष्ट 11
17. इलियट, 1867, पृष्ठ 148, 150
18. विल्स, पृष्ठ 187-89
19. निकोल्स, लॉ ऑफ द सेन्ट्रल प्राविन्सेज, पृष्ठ 31-32. विल्स पृष्ठ 190-91 में उल्लिखित।
20. विल्स, पृष्ठ 193-94
21. वही, पृष्ठ 194-95
22. शोध समवेत, जिल्द चार, क्रमांक 2, अप्रैल-जून 1995, पृष्ठ 42
23. शोध-साधना, वर्ष 16, अंक 12, 1995, पृष्ट 70
24. आइन-ए-अकबरी (जैरेट), जिल्द दो, पृष्ठ 207-11

सांस्कृतिक गतिविधियाँ

साहित्य

गढ़ा के गोंड राज्य का इतिहास जिन लेखकों ने लिखने का प्रयास किया उन्होंने उस समय की साहित्यिक गतिविधियों का पर्याप्त उल्लेख नहीं किया है। यहाँ तक कह दिया गया कि उस काल में साहित्यिक क्रियाकलाप शून्य थे।[1] इसका कारण यही था कि उस समय के ग्रंथों के सम्बन्ध में कोई जानकारी लेखकों को नहीं थी। सर्वसाधारण की भी यह धारणा है कि जैसे आज के गोंड पिछड़े हैं वैसे ही गोंड शासक भी पिछड़े थे और गोंडी भाषा की स्वतंत्र लिपि नहीं है और उसका साहित्य नहीं है, वैसे ही गोंड शासकों की राजभाषा की लिपि और साहित्य नहीं था।

वस्तुस्थिति बिल्कुल दूसरी है। गोंड शासक किसी भी अन्य भारतीय शासक के समान साहित्य और विद्या के संरक्षक थे। राजकाज की भाषा गोंडी न होकर स्थानीय हिन्दी थी और उनके समय संस्कृत तथा हिन्दी ग्रंथों का प्रणयन भी हुआ। यह प्रक्रिया संग्रामहशाह के समय से लेकर गढ़ा राज्य के अंत तक चलती रही। कुछ गोंड शासक स्वयं भी कवि या लेखक थे।

संस्कृत साहित्य–गोंड शासकों के समय संस्कृत रचनाओं का पर्याप्त उल्लेख मिलता है। इन राजाओं ने मिथिला से अनेक विद्वान बुलाये। मुस्लिम विजय के बाद मिथिला भारतीय साहित्य-दर्शन का केन्द्र हो गया था। मध्यकाल में मिथिला की प्रतिष्ठा इतनी बढ़ चुकी थी कि गोंड शासकों ने अपने दरबारों की शोभा बढ़ाने हेतु तथा विभिन्न धार्मिक पदों हेतु वहीं से विद्वान आमंत्रित किए। उन मैथिल विद्वानों के अतिरिक्त अन्य विद्वान भी गोंड दरबार में थे।

संग्रामशाह स्वयं लेखक था। उसने संस्कृत काव्य-ग्रंथ रसरत्नमाला[2] की रचना की। रसरत्नमाला के अंत में उल्लिखित है कि इस ग्रंथ की रचना स्वयं संग्रामशाह ने की थी। इस कृति की विषय-सामग्री राजनीतिक और साहित्यिक है। इसमें जहाँ नौ रसों, भावों, निष्ठावान् स्त्रियों आदि के वर्णन हैं, वहाँ कुछ राजनैतिक बातों पर भी चर्चा की गई है। उदाहरणार्थ, सत्तारूढ़ राजवंशों के नाम, अच्छे शासक की योग्यताएँ, शस्त्रादि, राज्य की व्यवस्था, शक्ति, मुक्ति, संग्रह परिच्छेद और शास्त्र, विज्ञान, देश, गृह, मंगल और भाषा। वास्तव में रसरत्नमाला राजाओं के उपयोग का एक लघु विश्वकोष है। संस्कृत प्रबन्धों में रसरत्नमाला अपरिमेय है। सोलहवीं सदी में इस

प्रकार के राजनीतिक ग्रंथ अधिक नहीं रचे गए। संग्रामशाह के समय अनंत दीक्षित नामक कवि भी थे।[3] दलपति शाह और दुर्गावती के समय दो मैथिल बन्धुओं महेश ठाकुर और दामोदर ठाकुर ने संस्कृत में विभिन्न विषयों में अनेक ग्रंथ लिखे। महेश ठाकुर ने नव्यन्याय के ख्यातिलब्ध टीकाकार पक्षधर मिश्र के ग्रंथ आलोक की आलोक दर्पण नामक टीका लिखी। इनकी कृति तिथितत्वचिंतामणि उस काल की सामाजिक और धार्मिक स्थिति पर प्रकाश डालती है। अतिचारनिर्णय में उन्होंने ग्रहों की स्थिति और धार्मिक क्रियाओं पर उनके विपरीत प्रभाव का वर्णन किया है। उनकी कृति सिद्धान्तसुधा में खगोलशास्त्रीय गणनाएँ हैं।[4]

इनके अतिरिक्त इन्होंने दायसार लिखा, जिसमें उत्तराधिकार के नियम हैं। कीर्तिलता नामक ग्रंथ का प्रणयन भी उन्होंने किया। प्रायश्चित प्रकाश, शुद्धतत्वपरिच्छेद जैसे ग्रंथ धर्मशास्त्र पर और एकाग्निविधानपद्धति ग्रंथ कर्मकाण्ड पर भी उन्होंने लिखा।[5] धार्मिक ग्रंथों के अतिरिक्त उन्होंने इतिहास का भी एक ग्रंथ लिखा, जिसका नाम सर्वदेशवृत्तांत संग्रह है।[6] इसमें अकबर के समय का संक्षिप्त इतिहास है।

दामोदर ठाकुर ने संग्रामसाहीय विवेक दीपिका और दिव्यनिर्णय नामक दो कृतियों की रचना की।[7] इनमें राजनीतिक विषयों की चर्चा की गई है। संग्रामसाहीय विवेक दीपिका की एक पाण्डुलिपि एशियाटिक सोसायटी, कलकत्ता में है। केशव लौगाक्षि नामक विद्वान ने नृसिंह चम्पू और मीमांसार्थप्रकाश की रचना की। ये दलपतिशाह के दरबारी कवि थे...वे मीमांसा, न्याय और धर्मशास्त्रों के अच्छे ज्ञाता थे और उनके शिष्यों की संख्या बहुत थी। उन्होंने उपर्युक्त दो ग्रंथों के अतिरिक्त रामकृष्णावतारनष्टम्, न्यायचन्द्रिका और अंत्येष्टि पद्धति नामक ग्रंथ क्रमशः मीमांसा, न्याय और धर्मशास्त्र पर लिखे। इनमें से नृसिंहचम्पू और मीमांसार्थप्रकाश गढ़ा में लिखे गए।[8] इन दोनों ग्रंथों की पाण्डुलिपियाँ नागपुर विश्वविद्यालय पुस्तकालय में हैं।[9]

रानी दुर्गावती के दरबार में एक विद्वान थे पद्मनाथ भट्टाचार्य जिन्होंने रानी के प्रोत्साहन पर दुर्गावती प्रकाश या समयावलोक नामक ग्रंथ की रचना की। पद्मनाभ के पिता का नाम बलभद्र और माता का नाम विजयश्री था। इस कृति के वर्ण्य विषय को स्मृति के अंतर्गत रखा गया है।[10] पद्मनाभ ने 1578 ई. में वीरचम्पू की भी रचना की।[11] अनंत दीक्षित का पुत्र विट्ठल दीक्षित और पौत्र केशव दीक्षित दलपतिशाह, दुर्गावती, चंद्रशाह और मधुकरशाह के समय विद्यमान थे। ये संस्कृत के कवि थे। प्रेमशाह के समय विष्णु दीक्षित कवि थे, ये छत्रशाह के समय तक जीवित रहे।[12]

हृदयशाह के शासनकाल में भट्टोजी दीक्षित नामक एक वैयाकरण हुए जिन्होंने 1620 से 1660 ईस्वी के मध्य संस्कृत के व्याकरण ग्रंथों की और अन्य ग्रंथों की रचना की। उनकी कृतियाँ हैं शब्द कौस्तुभ, वैयाकरण भूषण कारिका, वैयाकरण सिद्धान्त कौमुदी तथा प्रौढ़ मनोरमा। गुह्यसूत्र, मीमांसा और दर्शन पर उन्होंने लगभग 32 पुस्तकें लिखीं। भट्टोजी की सबसे बड़ी उपलब्धि यह है कि उन्होंने संस्कृत भषा को पढ़ने के लिए उसे अति सुगम बनाया जिसके लिए वे हमेशा याद किये जाते रहेंगे।[13] गिरिजाशंकर

अग्रवाल ने यह बताने का प्रयास किया है कि भट्टोजी दीक्षित का कार्यक्षेत्र मण्डला का अंचल ही था।[14]

हृदयशाह के समय रामनगर शिलालेख के रचयिता जयगोविंद संस्कृत के श्रेष्ठ कवि थे। स्वयं हृदयशाह ने संगीत पर हृदय कौतुक और हृदय प्रकाश नामक ग्रंथों की रचना की।[15] इसी शासक के समय उपर्युक्त दीक्षित कवियों के वंशज वैद्यनाथ दीक्षित कवि थे। वैद्यनाथ दीक्षित के पुत्र हरि दीक्षित भी कवि थे और महाराजशाह को पुराण सुनाया करते थे।[16]

हृदयशाह के उत्तराधिकारी छत्रशाह के समय संवत 1729 (सन 1672) में वाजसनेयी संहिता नामक कृति की रचना की गई। इसकी रचना महामहोपाध्याय ज्योतिषराय के पुत्र भगवंतराय ने की थी। यह संभव है कि यह भगवंतराय छत्रशाह के पहले के शासक हृदयशाह का प्रसिद्ध दीवान भगवंतराय ही था और यह छत्रशाह के समय भी इसी पद पर था। यदि ऐसा है तो भगवंतराय ब्राह्मण था और विद्वान भी।[17]

नरेन्द्रशाह के समय रसमंजरी नामक कृति की रचना भानुदत्त मिश्र ने संवत 1769 (सन 1712 ई.) में की। वे मण्डला के पास बोकर ग्राम के निवासी थे और इनके पिता का नाम अयाची भवनाथ था। इसमें साहित्यशास्त्र के अन्तर्गत विभिन्न रसों का और नायक-नायिका भेद का वर्णन है।[18]

निजामशाह के समय हरि दीक्षित के पुत्र कवि लक्ष्मीप्रसाद ने गजेन्द्रमोक्ष[19] की रचना की। इसे कवि ने अपने संरक्षक राजा निजामशाह को 1759 ई. में प्रस्तुत किया। कवि लक्ष्मीप्रसाद अत्यंत प्रखर नक्षत्र के समान थे और उन्हें उनकी श्रेष्ठ काव्य रचना के लिए माघ कवि का दूसरा संस्करण कहा जा सकता है। गजेन्द्रमोक्ष नौ सर्गों का काव्य है, जिसमें कुल 407 श्लोक हैं। इसकी विषय सामग्री गजेन्द्रमोक्ष की प्रख्यात पौराणिक कथा है। यह अत्यंत श्रेष्ठ संस्कृत काव्य का नमूना है और कवि की प्रतिभा का अच्छा प्रमाण है। इस काव्य में कुछ ऐतिहासिक घटनाओं का वर्णन है। अन्तिम सर्ग में प्रेमशाह और उसके बाद के आठ शासकों तथा कवि के कुल का वर्णन है। लक्ष्मीप्रसाद के एक शिष्य और गजेन्द्रमोक्ष की रचना में उसके सहयोगी घनश्याम मिश्र उल्लेखनीय है।[20]

अन्त में कवि रूपनाथ झा का नाम उल्लेखनीय है। ये गढ़ा-मण्डला राज्य के अवसान के समय विद्यमान थे। यद्यपि इन्होंने अपने ग्रंथ रामविजय महाकाव्य[21] और गढ़ेशनृपवर्णनम् की रचना गढ़ा-मण्डला राज्य की समाप्ति के बाद की, इनका उल्लेख आवश्यक है। इनका जन्म 1768 ई. के लगभग हुआ था और 90 वर्ष की आयु में इनकी मृत्यु हुई। रामविजय महाकाव्य की रचना 1800 ई. के लगभग हुई। इसमें गढ़ा-मण्डला के शासकों का नीरस और सीधा वर्णन किया गया है। गजेन्द्रमोक्ष की तुलना में गढ़ेशनृपवर्णनम् शैली और कल्पना दोनों में निम्नकोटि की कृति है।[22]

हिन्दी भाषा और साहित्य—सनदों, ताम्रपत्रों, शिलालेखों और पत्रों के रूप में जो सामग्री प्राप्त है वह सत्रहवीं सदी और अठारहवीं सदी में गढ़ा-मण्डला प्रदेश में प्रचलित भाषा और गद्य-शैली के अध्ययन का मार्ग प्रशस्त करती है। इस सामग्री के आधार पर यह निर्विवाद रूप से कहा जा सकता है कि गढ़ा-मण्डला के शासकों ने तत्कालीन लोकभाषा को अन्य हिन्दू राजाओं की भाँति राज्याश्रय दिया था। गढ़ा के शासकों की जो सनदें और लेख हमें उपलब्ध हैं उनमें तत्कालीन लोक-प्रचलित देवनागरी लिपि का ही उपयोग हुआ है। प्राप्त सामग्री से ज्ञात होता है कि सरकारी कामकाज में प्रयुक्त होने वाली भाषा और तद्नुसार बोलचाल की प्रचलित भाषा में बुन्देलखण्डी और उर्दू-फारसी प्रभाव है।

हिन्दी गद्य के क्षेत्र में गोंड शासकों के समय की कोई भी साहित्यिक कृति उपलब्ध नहीं है। हाँ, हिन्दी काव्य के क्षेत्र में अवश्य कुछ सामग्री मिलती है। गढ़ा के गोंड शासकों में निजामशाह स्वयं काव्य-रचना करता था, यह लिखा जा चुका है। इसके अतिरिक्त अठारहवीं सदी के उत्तरार्द्ध के दो काव्य ग्रंथ सुदामा चरित्र तथा प्रेमदीपिका हमें उपलब्ध है।

सुदामा चरित्र[23] की रचना संवत 1798 में हुई थी यह नीचे लिखी पंक्तियों से स्पष्ट है।

वसु निधि रिषि नवतेश मिनि संवत् सरस पवित्र।
माघ मास की पंचमी जग पर सुखद पवित्र।।

इसके रचयिता थे बीर वाजपेयी। कवि ने अंत में अपना परिचय इस प्रकार दिया है—

रेवा तीर पुनीत भूपविशराज धर्ममय।
माहिषमतीविलासपुरी अति भरी सुयश चय।।
बाजपेय कुल कमल तरणि कृष्णाकरके शुक।
वीर सुमति अनुसार तनक कीन्हों सौ कौतुक।।
प्रभू दीन बन्धु द्विज दीनि को कुछ चरित्र वर्णन करयो।
युद्धबीर कृपा ते होइगो, विदित भक्ति रस सो भरयो।।

सुदामा चरित्र एक प्रबन्धकाव्य है जिसमें बीर कवि ने कृष्ण-सुदामा की कथा का विस्तार से वर्णन करते हुए समस्त कथावस्तु को दस अंकों में विभाजित किया है। प्रत्येक अंक के प्रारम्भ में उस अंक में वर्णित कथा का सारांश एक-एक दोहे में वर्णित किया गया है। बीर कवि ने इस कथा का जो वर्णन किया है वह अत्यन्त सजीव है। ग्रंथ देखने से पता चलता है कि कवि अनेक छंदों का ज्ञाता ही नहीं है, वरन् उनके प्रयोग में भी कुशल है। छंद के औचित्य का उसे पूरा ज्ञान है। संस्कृत वर्णवृत्तों में भुजंगप्रयात, तोमर, मौक्तिकदास, तोटक, लक्ष्मीधर, संयुता, शंखधारी तथा हिन्दी के

मात्रिक छन्दों में दोहा, चौपाई, सोरठा, हरिगीतिका, छप्पय और कुण्डलियाँ आदि छंदों का प्रयोग हुआ है। इसके अतिरिक्त सवैया, धनाक्षरी छंदों का सर्वाधिक प्रयोग हुआ है। संवादों तथा मार्मिक स्थलों का वर्णन प्रायः इन्हीं छंदों में हुआ है।[24] कथा संयोजन, काव्य सौष्ठव, भाषा प्रवाह एवं छन्द योजना को देखने से पता चलता है कि बीर कवि की कृति सुदामा चरित्र एक महत्त्वपूर्ण रचना है और हिन्दी की सुदामा चरित्र परम्परा में एक उल्लेखनीय योगदान है। बीर वाजपेयी ने प्रेमदीपिका[25] का भी प्रणयन किया। यह कृति राजा निजामशाह के समय माहिष्मती (मण्डला का पारंपरिक नाम) में लिखी गई।

गढ़ा देस माहिष्मती नगरी रेवा तीर,
व्यास आसरम सुखद अति, बसत तहाँ है बीर,
पुरी रम्य माहिष्मती रेवा तट अभिराम
करत गढ़ा की राज तँह राजा साह निजाम।
इसकी रचना संवत 1818 (1761 ई.) में हुई
सिधि ससि बसु बसुमति गनित सम्बत सर अति चार,
शुक्ल पक्ष की अष्टमी सुन्दर महिना क्वार।।
बीर बनाई प्रेमदीपिका चित आवे लो सुनियो।

बीर वाजपेयी कृष्णाकर के पुत्र थे–'वाजपेयी बीर कुल कलस कृष्णाकर सुत बीर।' परिशिष्ट 4 में दी गई वाजपेयी वंशावली में बीर वाजपेयी का नाम है। ये प्रख्यात रघुवंश वाजपेयी के भाई थे।

प्रेमदीपिका एक प्रबन्ध काव्य है, जिसमें उद्धव-गोपी-संवाद और कृष्ण-रुक्मिणी परिणय की कथा लगभग पौने तीन हजार छंदों में कही गई है। प्रकाशकीय टिप्पणी में यह विश्वास व्यक्त किया गया है कि इसका संपादन एक ऐसी प्राचीन हस्तलिखित पाण्डुलिपि के आधार पर किया गया है जो कि ग्रंथकार के द्वारा ही लिखाई गई थी। परन्तु ध्यानपूर्वक देखने पर ऐसा प्रतीत होता है कि यह छपी प्रति दो पुस्तकों का समुच्चय है। कदाचित बीर कवि ने उद्धव-गोपी संवाद और कृष्ण-रुक्मिणी परिणय जैसे पौराणिक प्रसंगों पर दो स्वतंत्र ग्रंथों की रचना की होगी, जिन्हें आगे चलकर एक ही ग्रंथ में समाहित कर दिया गया। प्रेमदीपिका की भाषा शैली, भाव व्यंजना और कथा-प्रंसगों की योजना को ध्यान से देखने पर इस कथन की पुष्टि होती है। उद्धव-गोपी प्रसंग में कथा विस्तार का अभाव है और वह हरिगीतिका, कवित्त आदि मध्ययुगीन काव्य के छंदों में लिखा गया है। इसके विपरीत कृष्ण-रुक्मिणी परिणय की कथा में अनेक पौराणिक प्रसंगों को दोहा, चौपाई, पाझरि, कुकुभा, गीतिका, स्रवनानंद, चंचला, धनाक्षरी, मौक्तिकदास आदि विविध छंदों में अंकित किया गया है। इस कथा में युद्ध और प्रेम के प्रसंग रासो शैली में निबद्ध है। अतः प्रतीत होता है कि बीर कवि ने एकाधिक रचनाओं का निर्माण किया था, जिन्हें

लिपिकारों द्वारा प्रेमदीपिका में संकलित कर दिया गया। निस्संदेह यह कृष्ण परम्परा की अनुपम कृति है।

राजा निजाम स्वयं हिन्दी में काव्य रचना करता था ऐसी मान्यता है। नीचे लिखी दो कविताएँ[26] उसके द्वारा रची गई बताई जाती हैं। यदि ये वास्तव में निजामशाह की रचनाएँ हैं तो उसकी और भी कविताएँ होंगी जो अज्ञात हैं।

1. *फरकन लागे अंग होन ये सुगुन लागे*
जागे भाग...अनुराग के समाज सौं
तोरन बंधाये सखी कलस सजावे पोंरि
पाँवड़े डरावे ले सुगंधन के साज सौं
आवै प्रान प्यारे उठि आदर करोंगी आजु
सादर बिलोकि मन भाए सिरताज सौं
आनन्द उलेलनि सौं हिलिहों निस्संक आली
मिलिहों आज ही निजाम महाराज सौं

2. *देखि पतझार सुनि कोकिल पुकार कान*
छोड़ि सब काम उठि बाही धरी धावतो
देखिके पलास फूले कहूँ चहूँ ओर उत
जानि काम-आगि बीच केसहूँ न छावती
प्यारो मन भावन नृपति निजाम साहि आली
केसहूँ न मेरो नेह आजु बिसरावतो
जानतौ दुरंत दुखं मदन असंत को री।
हो तो जो बसत तो तुरंत कंत आवतो।

इतना स्पष्ट है कि गढ़ा के शासकों ने अपने दरबार में कवियों, लेखकों और विद्वानों को राज्याश्रय दिया था। इससे उनकी संस्कारशीलता और विद्यानुराग का पता चलता है।

वास्तुकला

लगभग तीन शताब्दियों के आधिपत्य में गोंड राजाओं के पाँच प्रमुख केन्द्र रहे—सिंगौरगढ़, गढ़ा, चौरागढ़, रामनगर और मण्डला। इन स्थानों में गोंड काल के जो भवन हैं, उनमें हमें उनके समकालीन मुगलों के समान उच्चकोटि की सामग्री और कला के दर्शन नहीं होते। इसकी इमारतें छोटी और प्रायः उपयोगितावादी हैं। गोंड इमारतें अधिक सुन्दर क्यों नहीं हैं और उनमें प्रयुक्त सामग्री उत्कृष्ट क्यों नहीं हैं, इसके कुछ कारण हैं। प्रथम, गोंड राजा लगतार अधिक समय तक स्थिर नहीं हो पाये। कुछ शासकों के काल को छोड़कर सदैव वे अपने अस्तित्व में व्यस्त रहे। दूसरे, जिस क्षेत्र पर उनका राज्य था वह अधिक सम्पन्न नहीं था।

एक तथ्य यहाँ उल्लेखनीय है कि जिस प्रदेश पर इनका राज्य था वहाँ कलचुरि और चंदेल काल में सम्पन्न वास्तुकला और मूर्तिकला विद्यमान थी। लेकिन आश्चर्य है कि गोंड इमारतों में कलचुरि और चंदेल कला की परम्परा नहीं मिलती। इसका कारण यही है कि कलचुरियों और चंदेलों के पतन और गोंड राज्य के उदय के मध्य लगभग दो शतियों का अंतराल रहा। अस्थिरता के इन दो सौ वर्षों में कलचुरियों के समय की सम्पन्न सभ्यता लुप्तप्राय हो गई और उसके साथ ही उनकी सम्पन्न कला-परम्परा भी समाप्त हो गई।

गोंड काल के भवनों में कुछ विशेषताएँ लगभग एक जैसी हैं–

(1) अनगढ़ पत्थरों का प्रयोग,

(2) दीवालों पर गारे का प्लास्टर,

(3) मोटी दीवारें और

(4) चपटे से गुम्बद।

सिंगौरगढ़–सिंगौरगढ़ जबलपुर-दमोह मार्ग पर 53 वें किलोमीटर पर बाईं ओर मार्ग से दो किलोमीटर पर एक ऊँचे पर्वतशिखर पर स्थित है। सिंगौरगढ़ की स्थिति अत्यंत सुरक्षित है। किला अत्यन्त विस्तृत है और एक बड़े तालाब के एक सिरे पर अवस्थित है। किले के भवनों को हम दो भागों में बाँट सकते हैं। पहला तराई के भवन और दूसरा, शिखर के भवन। किले में प्रवेश हेतु जाते समय तालाब के बाईं ओर से जाना पड़ता है। जहाँ तालाब की सीमा समाप्त होती है वहाँ से बाईं ओर किले के भीतर जाने का मार्ग है। यहाँ अब दरवाजे तथा दीवारों के ध्वंसावशेष हैं। इन अवशेषों में अनगढ़ पत्थर, गारे का प्रयोग और ऊँचे दरवाजे उल्लेखनीय हैं। दरवाजों में चौखटें पत्थर की हैं। ये सारे अवशेष पहले प्रकार के भवनों के हैं।

शिखर पर जाने का मार्ग पहाड़ी के किनारे-किनारे होकर जाता है। पहाड़ी के ऊपर पहुँचने पर दो निर्माण उल्लेखनीय दिखते हैं–छोटा सरोवर और एक महल के अवशेष। सरोवर कृत्रिम हैं और चारों ओर से पक्का बंधा हुआ है तथा उसका फर्श पक्का है। चारों ओर सीढ़ियाँ न होकर पक्के किनारे सपाट खड़े हैं। कुछ स्थानों पर उतरने के लिए सीढ़ियाँ हैं। महल विशाल है और भग्नावस्था में है। दरवाजों में मेहराब न होकर पत्थर की चौखट हैं। भवन में अनगढ़ पत्थरों का प्रयोग किया गया है। महल खण्डहर होने पर भी प्रतीत होता है कि यह अपने मूल रूप में प्रभावशाली रहा होगा।

सिंगौरगढ़ के मूल के सम्बन्ध में इतिहासकारों का अनुमान है कि यह नाम सिंहदुर्ग, श्री गजसिंह दुर्ग या श्रीगौरीगढ़ का अपभ्रंश होगा।[27] चौदहवीं सदी के प्रारम्भ में यह प्रतिहार शासक वाघदेव का राज्य था जो चंदेल हम्मीरवर्मनदेव के अन्तर्गत था।[28] बाद में संग्रामशाह ने इसे अधिकृत किया। ऐसी स्थिति में प्रश्न उठता है कि सिंगौरगढ़ किसने निर्मित कराया। ऐसा लगता है कि वाघदेव के समय के निर्माणों के बाद संग्रामशाह ने भी निर्माण कराए। पहाड़ी के सिरे पर स्थित महल और तालाब तथा चढ़ाई प्रारम्भ होने के स्थान के दरवाजे वाघदेव के बाद के ही होंगे और संग्रामशाह ने ही उनका निर्माण

कराया, ऐसा अनुमान है। जिस पहाड़ी पर किला अवस्थित है, उसकी बाहरी तराई में आबादी रही होगी, ऐसा वहाँ के अवशेषों से अनुमान होता है। निकटतम सिंगरामपुर (संग्रामपुर) ग्राम संग्रामशाह ने बसाया था।

गढ़ा—गढ़ा गोंड काल में अत्यन्त महत्त्वपूर्ण स्थान था तथा वहाँ तत्कालीन अवशेष अधिक नहीं हैं। गढ़ा का पुराना किला बहुत भूमिसात हो चुका है और कहा जाता है कि उसकी सामग्री रेल बनाने वाली कम्पनी ने प्रयुक्त कर ली थी।[29] संग्रामसागर के पास स्थित भैरव मंदिर (बाजनामठ), संग्रामसागर के मध्य में स्थित आमखास और हस्तिशाला, मदनमहल और पंचमठा के मंदिर गढ़ा के उल्लेखनीय निर्माण हैं।

भैरवमंदिर, आमखास और हस्तिशाला अत्यंत जीर्णावस्था में हैं। केवल कुछ दीवारें और कुछ मेहराबें ही अब शेष हैं। ये तीनों गोंड काल के भवनों की सामान्य विशेषताओं से युक्त हैं और विशेष आकर्षक नहीं हैं। हस्तिशाला की मेहराबें कुछ आकर्षक हैं।

मदनमहल गढ़ा के निकट एक पहाड़ी पर स्थित है। परम्परा के अनुसार इसे मदनसिंह नामक गोंड शासक ने बनवाया था। मदनसिंह का समय बारहवीं सदी का बताया जाता है। लेकिन प्रारम्भ में वर्णित तथ्यों के अनुसार तब उसका अस्तित्व विश्वसनीय नहीं है। यदि उसका अस्तित्व माना भी जाए तो उसे खरजी के कुछ पहले अर्थात् चौदह सौ ईस्वी के आसपास रखा जा सकता है। संग्रामशाह या उसके बाद के गोंड भवनों से भी मदनमहल काफी मिलता-जुलता है। अतः एक संभावना यह भी है कि इसे संग्रामशाह या उसके बाद के किसी शासक ने अपनी क्रीड़ा हेतु प्रकृति की गोद में बनवाकर कामदेव (मदन) के नाम पर इसका नाम मदनमहल रख दिया हो।

यह एक सामान्य भवन है, जो आंशिक रूप में एक विशाल चट्टान पर बना है...इस इमारत में कई गंदी, छोटी और पास-पास स्थित मेहराबें हैं, जिनके ऊपर दूसरी मंजिल है। ऊपरी मंजिल में एक बरामदा है, जो दो ओर से सामान्य कमरों से घिरा है। पहले संभवतः चारों ओर ऐसे कमरे रहे होंगे...इन कमरों के खंभों के सिरे विकृत आयोनी शैली के हैं। ये खंभे अठारहवीं सदी के पहले चतुर्थांश से अधिक पुराने नहीं हैं, हाँ, नीचे का भाग अवश्य कुछ पुराना है...प्रवेशद्वार की मेहराबें पठान शैली की हैं...और यह केवल अपने भारीपन के कारण प्रभावशाली है।[30] दीवालों पर प्लास्टर है। भवन की स्थिति देखकर ऐसा लगता है कि इस भवन का उपयोग निरीक्षण चौकी या शिकारगाह के लिए भी होता था।

गढ़ा स्थित पंचमठा में राजगोंडकालीन कुछ मंदिर हैं। 1603 ई. (संवत् 1660) में स्वामी चतुर्भुजदास का बनवाया राधाकृष्ण मंदिर अब अपने मूल रूप में नहीं है। इसका जीर्णोद्धार हो चुका है। राधाकृष्ण मंदिर के निकट ही अनेक शिवमंदिर हैं, जो अठारहवीं सदी के उत्तरार्द्ध के हैं। ये मंदिर ऊँचे चबूतरे पर बने हैं और इनमें से प्रत्येक में कलशयुक्त गुम्बद के नीचे के वर्गाकार प्रकोष्ठ के मध्य में शिवलिंग हैं। कुछ मंदिरों में गुम्बद के आसपास चारों कोनों पर चार छोटी छतरियाँ हैं। कुछ मंदिरों के गुम्बदों के

आस-पास आठ छोटी छतरियाँ हैं। मंदिरों के कंगूरेदार छज्जे, जो गुम्बद के आस-पास बने हैं, आकर्षक लगते हैं। अधिकांश मंदिरों में बड़े गुम्बद वाले प्रकोष्ठ के सामने प्रवेशद्वार पर एक छोटा मण्डप बना हुआ है। ये मण्डप किन्हीं मंदिरों में ईंट गारे के और शंक्वाकार बने हैं। ईंट गारे के ये मण्डप प्रभावशाली नहीं दिखते। लेकिन कुछ मण्डप तराशे गए लाल पत्थर के स्तम्भों पर आधारित हैं और सुन्दर हैं। ऐसे मण्डप मंदिर के मूल निर्माण की तुलना में बिल्कुल भिन्न दिखते हैं। मंदिर की सादगी के विरुद्ध ये अलंकृत तो हैं ही, साथ ही ईंट-गारे के मंदिर से संलग्न पत्थर के ये मण्डप ऐसे लगते हैं जैसे इन्हें मंदिर के बनने के बाद जोड़ा गया हो।

उपर्युक्त शिव मंदिरों में से दो शिवमंदिरों की चौखट पर क्रमशः 1764 ई. (1821 सं.) और 1760 ई. (1823 सं.) के शिलालेख हैं, जिनके पाठ परिशिष्ट तीन में दिए गए हैं।

चौरागढ़–चौरागढ़ सतपुड़ा पर्वत पर नरसिंहपुर से 32 किलोमीटर एवं गाडरवारा से 19 किलोमीटर दूर स्थित है। प्राकृतिक रूप से अत्यन्त सुरक्षित यह दुर्ग गोंड राज्य के प्रारम्भ से अन्त तक महत्त्वपूर्ण दुर्ग रहा। प्रेमशाह के पतन के उपरान्त इसका राजनैतिक महत्त्व कम हो गया पर इसकी सामरिक महत्ता कम नहीं हुई। यह नर्मदा की घाटी की सतह से लगभग 240 मीटर की ऊँचाई पर स्थित है। किले के दक्षिण में स्थित एक पहाड़ी जो बुन्देला कोट कहलाती है, बुन्देला आक्रमण का स्मारक है। पश्चिम की पहाड़ी में गोंड राजाओं के महलों के अवशेष हैं और पूर्व की ओर नागपुर के भोंसले शासन द्वारा सेना के लिए निर्मित भवन हैं। भवन सब खण्डहर हो गए हैं। वर्षा एवं पहाड़ों के अपवाहों का जल एकत्र करने के लिए अनेक पक्के तालाब बने हुए हैं, जिससे वर्ष भर जल प्राप्त किया जाता था। यह किले की अपेक्षा एक विशाल किलेबन्द शिखर है। इसके बहुसंख्यक तालाब, कुएँ और खण्डहरों का मलबा बताता है कि एक किले के रूप में इसका क्या महत्त्व रहा होगा।[31]

रामनगर–गोंड राजवंश के सम्पूर्ण निर्माणों में रामनगर के भवन सर्वाधिक आकर्षक और महत्त्वपूर्ण हैं। हृदयशाह ने सत्रहवीं सदी के मध्य में रामनगर को अपनी राजधानी बनाया। रामनगर गढ़ा राज्य की राजधानी के रूप में लगभग आधी सदी तक रहा। नरेन्द्रशाह ने 1698 ई. के लगभग रामनगर से राजधानी हटाकर मण्डला को अपना केन्द्र बनाया था।

रामनगर नर्मदा के दक्षिण तट पर मण्डला से 16 किलोमीटर दूर स्थित है। इसकी स्थिति अत्यन्त आकर्षक है। यह राजधानी दुश्मनों से रक्षा हेतु दुर्गम स्थान पर बनाई गई थी। उत्तर में नर्मदा नदी है और दक्षिण में सघन वन हैं। एक ओर काला पहाड़ नामक ऊँचा पर्वत है। शहर की लम्बाई संभवतः चौड़ाई से अधिक थी...और यह मोटे तौर पर अर्द्धचन्द्राकार था...आजकल तो रामनगर का क्षेत्र एक हजार एकड़ है परन्तु परम्परा के अनुसार पास के 4-5 ग्राम ही रामनगर में आते थे...शहर कम से कम पाँच हजार एकड़ में फैला रहा होगा।[32]

पचास वर्ष की अल्पावधि में रामनगर में अधिक परिवर्तन नहीं हुआ। जो भवन हैं, वे हृदयशाह के ही हैं। मुख्य भवन हैं—मोतीमहल, मंदिर, भगवंतराय का महल, बेगम महल, दल-बादल महल।

मोतीमहल इस स्थान की सुन्दरतम तत्कालीन इमारतों में से एक है। आयताकार यह भवन बाहर से 63 मीटर लम्बा, 60 मीटर चौड़ा है और मध्य का आंगन पचास मीटर लम्बा तथा 46 मीटर चौड़ा है। आंगन के मध्य में एक 12 वर्ग मीटर का सरोवर है जिसमें फव्वारे लगे हुए हैं। भवन के सामने की भुजा चार मंजिल की हैं जबकि शेष तीन भुजाएँ तीन मंजिल की हैं। इस भवन में अनेक कमरे हैं जो भूलभूलैया जैसे भागों से जुड़े हुए हैं। महल के दाहिनी ओर हाथीखाना है। इस महल की दीवारें बहुत मोटी हैं और उन पर गारे का प्लास्टर है। दरवाजे हिन्दू शैली के हैं। कलशयुक्त गुम्बद आनुपातिक और प्रभावशाली हैं। भवन में किसी प्रकार की सजावट नहीं है। प्रत्येक मंजिल में द्वारों के ऊपर पानी की बौछार रोकने के लिए बरसाती हैं। रामनगर का प्रख्यात शिलालेख अब इसी भवन में लगा हुआ है। इस भवन के सामने नदी में एक बाँध के अवशेष हैं। बाँध जलप्रदाय व्यवस्था से सम्बद्ध था।

मंदिर मोतीमहल के 30 मीटर दक्षिण में स्थित है। 16.8 मीटर वर्ग के इस वर्गाकार मंदिर को रानी सुन्दरदेवी ने 1667 ई. में निर्मित कराया था और रामनगर के शिलालेख के अनुसार इसे विष्णु को समर्पित किया। इसमें विष्णु, शिव, गणेश, दुर्गा और सूर्य की मूर्तियाँ प्रतिष्ठत कराई गई थीं।[33] रामनगर का शिलालेख वस्तुतः इसी मंदिर में था, किन्तु सुरक्षा के लिए बाद में उसे मोतीमहल में लगा दिया गया। भवन के मध्य में 5.7 वर्ग मीटर का एक प्रकोष्ठ है जिसके ऊपर धारीदार गुम्बद है। कमरे के चारों कोनों में चार धारीदार गुम्बद वाली कोठरियों में एक-एक खुला बरामदा है। दरवाजे भारतीय शैली के हैं। बाहर से देखने में यह मंदिर मुस्लिम मकबरे के समान या आधुनिक बंगाली पंचरत्न मंदिर के समान दिखता है।[34] इमारत में गारा बहुत अच्छी प्रकार का प्रयुक्त हुआ है।

भागवतराय का महल भी मोतीमहल के पीछे निकट ही स्थित है। हृदयशाह के मंत्री भागवतराय का यह महल तिमंजला है और इसमें ईंट की अपेक्षा पत्थर का प्रयोग अधिक किया गया है। आकार में यह मोतीमहल से लगभग आधा है। कहा जाता है कि पहले यह मोतीमहल से ऊँचा बना किन्तु बाद में तोप से इसकी अधिक ऊँचाई गिरा दी गई।[35] इस भवन में सामने के भाग में श्वेत पत्थर का प्रयोग और बाहरी दीवाल के कंगूरे उल्लेखनीय हैं। ब्रेकेट युक्त मुख्य प्रवेशद्वार के ऊपर बनी मंजिलें प्रभावोत्पादक हैं। भवन के चारों कोनों में धारीदार गुम्मद और बरसाती वाले कमरे हैं।

बेगम महल मोतीमहल से लगभग ढाई किलोमीटर पूर्व की ओर स्थित है। यह एक प्रभावशाली और सुन्दर निर्माण है। इसमें एक विस्तृत प्रकोष्ठ है जिसके चारों ओर कुछ कमरे और मेहराबदार गलियारे हैं। मुख्य विस्तृत प्रकोष्ठ के ऊपर जो कमरा बना है उसकी छत राजपूत शैली की अर्द्धचन्द्राकार है। चारों कोनों के कमरों के ऊपर कमरों की दूसरी मंजिल भी है जो धारीदार गुम्बद वाले हैं। गुम्बदों के चारों ओर बरसाती

निकली हैं। भवन से लगी एक गहरी बावड़ी है। जिसके प्रवेशद्वार की छत अर्द्धचन्द्राकार है। इमारत के निकट सुन्दर उद्यान होने के चिन्ह हैं। दल बादल महल में कोई उल्लेखनीय तत्व नहीं हैं।

मण्डला–गढ़ा राज्य के उदय के समय से ही मण्डला एक महत्त्वपूर्ण स्थान रहा है। नरेन्द्रशाह ने जब 1698 ई. के लगभग मण्डला को अपनी राजधानी बनाया तब मण्डला का महत्त्व बहुत बढ़ गया। तब से गढ़ा-राज्य के पतन तक मण्डला राजधानी रहा। राजकीय और प्रशासकीय आवासों के लिए राजधानी मण्डला में एक किला बनवाया गया, जिसके अवशेष आज भी विद्यमान हैं। यह दुर्ग नरेन्द्रशाह ने बनवाया था और भीतर के भवन नरेन्द्रशाह और उसके उत्तराधिकारियों के समय बने।

नर्मदा नदी के दिशा-परिवर्तन से बने मोड़ पर किला बना है। नदी पूर्व से पश्चिम की ओर बहती हुई अचानक दक्षिण और फिर उत्तर की ओर मुड़ जाती है। किला नदी के घुमाव पर ही स्थित है और इसके तीन ओर नदी है। चौथी ओर अर्थात् उत्तर की ओर किला एक गहरी तथा चौड़ी खाई द्वारा सुरक्षित किया गया है। पहले इस खाई से होकर नदी का पानी बहता था। 1878 में यह स्थिति थी कि गर्मी के दिनों को छोड़कर साल के अन्य महीनों में इससे होकर पानी बहता था। अब यह काफी उथली हो गई है और सिर्फ नदी में बाढ़ आने पर पानी इससे बहता है। इस प्रकार किला नर्मदा के एक कृत्रिम द्वीप पर स्थित है। खाई (परिखा) अपने मूल रूप में कम से कम 22 मीटर गहरी और 24 मीटर चौड़ी रही होगी।[36] किले के चारों ओर साढ़े तीन मीटर ऊँची चहारदीवारी थी, जो अब ध्वस्त हो चुकी है। कहीं-कहीं, विशेषकर पश्चिम की ओर की चहारदीवारी अभी शेष है।

ऐसा लगता है कि किले में दो प्रवेशद्वार थे। एक उत्तर में तथा दूसरा दक्षिण में। अभी भी इनके अवशेष दिखाई देते हैं। दक्षिण का दरवाजा अभी ठीक है। ये मुस्लिमोत्तर काल के दरवाजों के समान हैं। जिनमें दोनों बाजुओं में रक्षकों के लिए स्तंभयुक्त कमरे थे। प्रवेश द्वार की मेहराबें तराशे गए रेतीले पत्थर की थीं। मार्बल वाले स्तम्भ-शीर्ष जौनपुर शैली के हैं जबकि खम्भे प्रारम्भिक मुगल शैली के दिखते हैं। इसे प्रवेश द्वारों के दोनों ओर बनी बुर्जियों द्वारा और बाहरी चहारदीवारी द्वारा सुरक्षित किया गया है। बाहरी दीवार में भी दरवाजे थे। बाहरी चहारदीवारी के दरवाजे से प्रवेश करने के उपरान्त ही मुख्य प्रवेश द्वार आते थे।

चहारदीवारी में कुल चौदह बुर्जियाँ थीं। चार कोनों में, चार दोनों प्रवेश द्वारों के बाजुओं पर, चार प्रवेश द्वार की बुर्जियों और कोनों की बुर्जियों के बीच एवं दो बुर्जियाँ शेष भुजाओं के मध्य में। बुर्जियों में अब केवल तीन बुर्जियाँ शेष हैं, बाकी सब ध्वस्त हो चुकी हैं। इनमें दक्षिण की बुर्ज सबसे अच्छी हालत में है। बुर्जियाँ नौ मीटर से साढ़े दस मीटर तक व्यास की हैं और खोखली हैं। बुर्जियों की दीवाल की भीतरी मोटाई से होकर सीढ़ियाँ ऊपर के चबूतरे तक गई हैं। ऊपर के फर्श के चारों ओर कंगूरे हैं, जिनमें विभिन्न कोणों पर बने छोटे-बड़े छेद हैं जो बन्दूक से मार करने के लिए थे। तोपों के

लिए बुर्जियों में कोई व्यवस्था नहीं दिखती। अतः लगता है कि बुर्जियों से केवल बन्दूकों का प्रयोग किया जाता था। फसीलें सिर्फ आधा मीटर मोटी हैं और सिरे पर आड़मात्र 12-15 से.मी. मोटी है। बुर्जियों के भीतर के कमरे किले के भीतर खुलते हैं। मण्डला के दुर्ग को देखकर लगता है कि यह कभी भी तोपों के सम्मुख मजबूत सिद्ध नहीं हुआ और यद्यपि गहरी नदी से तीन ओर से घिरा होना इसे प्राकृतिक रूप से शक्तिशाली बनाता था, आकार के सुभीते के लिए इस महान प्राकृतिक लाभ का बलिदान कर दिया गया है क्योंकि किला नदी के घुमाव के सिर्फ एक छोटे भाग में है।[37]

दुर्ग के भीतर सब ध्वस्त हो गया है। किन्तु दुर्ग के मध्य में एक महल के अवशेष अभी विद्यमान हैं। दक्षिण की ओर दो मंदिरों के अवशेष हैं। ये मंदिर अनगढ़ पत्थरों की मोटी प्लास्टर युक्त दीवालों के हैं और ऊपर गुम्बद हैं। दक्षिणी भाग में ही नरेन्द्रशाह द्वारा बनवाया गया राजराजेश्वरी मंदिर है। ऐसा अनुमान है कि अब यह कुछ परिवर्तित रूप में है। इसके निकट एक शिवमंदिर भी है जिसमें भोंसले शासन के समय अंताजी बलवंत ताँबे ने, जो तहसीलदार थे, बनवाया था।[38] किले के भीतर कहीं-कहीं कलचुरिकाल की मूर्तियों के टुकड़े या इमारती पत्थर मिले हैं, जिनसे यह अनुमान किया जा सकता है कि दुर्ग जहाँ बना वहाँ या तो कलचुरियों के समय कोई भवन रहा होगा या दुर्ग के निर्माण के लिए कलचुरिकालीन अवशेषों की सामग्री प्रयुक्त की गई थी।

दुर्ग के पूर्वी भाग में नर्मदा तट पर एक विशाल भवन है, जिसे सतखण्डा कहते हैं। भूमि के ऊपर तीन मंजिलें तो स्पष्ट दीखती हैं। शेष चार मंजिलें नदी की बाढ़ के कारण मिट्टी से भर गई हैं। इमारत बाहर से देखने में प्रभावशाली हैं एवं इसमें वास्तुशिल्प का अच्छा प्रदर्शन किया है। प्लास्टरयुक्त मोटी दीवारों वाले इस भवन में भीतर छोटे प्रकोष्ठ हैं और पत्थर की शहतरों से बनी छतों पर एकाधिक मंजिलें बनी हैं। भीतर अच्छे किस्म की छपाई है। दरवाजे, कहीं चौखट वाले और कहीं कोणों पर गोलाई लिए हैं। सामने की ओर बने सफेद पत्थरों ब्रेकेट प्रकट करते हैं कि कभी उन पर बरसाती ठहरी थी। इस भवन की ऊपरी मंजिल के झरोखे से नर्मदा का दृश्य अत्यंत मोहक दिखता है। निश्चय ही यह भवन पहले अपनी स्थिति के कारण आकर्षण का केन्द्र रहा होगा। संभवतः स्नान और दृश्यावलोकन के लिए राजपरिवार के लिए इसका प्रयोग किया जाता था।

विविध निर्माण—गढ़ा-मण्डला क्षेत्र में नदियों के तट पर अनेक घाट गोंड काल में बने।[39] आज भी ये घाट उपयोग में आते हैं। इसी प्रकार यंत्र-तंत्र अनेक तत्कालीन बावड़ियाँ मिलती हैं। पानी तक पहुँचने के लिए सीढ़ियाँ और उन पर मेहराबदार दरवाजे और उन दरवाजों के ऊपर छतरीयुक्त छोटे कमरे या झरोखे इन बावड़ियों की विशेषता है। सैनिक महत्त्व के स्थानीय प्रशासकों के मुख्यालयों में अनेक छोटे किले उस समय थे। ऐसे अनेक किले खण्डहरों के रूप में सारे क्षेत्र में विद्यमान हैं।

मण्डला जिले में पिण्डरई रोड पर झिरिया गाँव में एक बावड़ी है जो गोंड काल की है। होशंगाबाद जिला में बरमान में नदी तट पर एक मंदिर है जिसे रानी दुर्गावती का

मंदिर कहा जाता है। वास्तव में अब जो मंदिर विद्यमान है वह आधुनिक है। संभवतः बाढ़ से या किसी प्राकृतिक प्रकोप से ध्वस्त मूल मंदिर के स्थान पर यह नवीन मंदिर बना है।

मूर्तिकला

गोंड काल की जो मूर्तियाँ मिली हैं उन्हें देखने से ज्ञात होता है कि इस समय तक कलचुरिकालीन उत्कृष्ट मूर्तिकला की सम्पन्न परम्परा लुप्त हो चुकी थी। गोंड काल में निर्मित अन्य बहुसंख्यक मूर्तियाँ कला की दृष्टि से हीन हैं। उनमें प्रायः उसी प्रकार का अनगढ़पन मिलता है जैसा कि उस काल में निर्मित अन्य निर्माणों में।

रामनगर के मंदिर में हृदयशाह की रानी सुंदरीदेवी ने विष्णु, शिव, गणेश, दुर्गा तथा सूर्य की जो मूर्तियाँ स्थापित की थीं, उनमें केवल गणेश, सूर्य तथा नंदी की मूर्तियाँ उस मंदिर में मिली हैं। मण्डला के पुरातत्व संग्रहालय में रखी ये मूर्तियाँ गोंड काल की सबसे पुरानी उपलब्ध मूर्तियाँ हैं। गणेश की मूर्ति में चार हाथ हैं जिनमें एक हाथ में लड्डू रखे हुए दिखते हैं। मूर्ति के नीचे गणेश जी का वाहन चूहा बना है। सूर्य की मूर्ति में सूर्य पद्मासन मुद्रा में घोड़ों के रथ पर विराजमान हैं। सूर्य की इस सादी मूर्ति का अंग-संयोजन प्रभावहीन है एवं किरीट के पीछे प्रभामंडल बना है। मूर्ति के ऊपरी भाग में बाईं ओर कमल पर ब्रह्मा बैठे हैं और उसके नीचे दो मानवाकृतियाँ हैं। दाहिनी ओर भी दो मानव आकृतियाँ हैं। जिनकी वेशभूषा दृष्टव्य है। नीचे रथ के घोड़े बने हैं। नदी की मूर्ति प्रभावशाली हैं।

उपर्युक्त मूर्तियों के अतिरिक्त विभिन्न खण्डहरों में भी टूटी-फूटी मूर्तियाँ मिली हैं जो विशेष उल्लेखनीय नहीं हैं। इनके अतिरिक्त मण्डला के गोंडकालीन राजराजेश्वरी के मंदिर के गर्भगृह के बाहर गई मूर्तियाँ हैं पर उन्हें निश्चिततः गोंड काल की नहीं कहा जा सकता। इनमें से कुछ संगमरमर की और कुछ रेतीले भूरे पत्थर की हैं। ये गोंडकाल के बाद की भी हो सकती हैं, अतः उनका उल्लेख यहाँ नहीं किया जा रहा है।

संगीत कला

गढ़ा-मण्डला के शासकों के समय संगीत कला की भी पर्याप्त उन्नति हुई। हृदयशाह के समय संगीतकला अपने चरम उत्कर्ष पर थी। इसकी पुष्टि इस बात से होती है कि हृदयशाह स्वयं संगीत का ज्ञाता था। उसके पहले संगीत कला की प्रगति की निश्चित जानकारी हमें नहीं मिलती। किन्तु हृदयशाह की संगीत सम्बन्धी उपलब्धियों को देखकर यह अनुमान सत्यता के निकट प्रतीत होता है कि हृदयशाह के पहले भी राजगोंड दरबार में संगीत की सम्पन्न परम्परा विद्यमान थी, जो हृदयशाह के समय अपने शिखर पर पहुँची।

हृदयशाह स्वयं उच्चकोटि का संगीतज्ञ था।[40] उसने संगीत सम्बन्धी दो महत्त्वपूर्ण ग्रंथों–हृदय कौतुक और हृदय प्रकाश की रचना की। व्ही. एन. भातखण्डे ने अपने एक निबंध में इनका विवरण दिया है।[41] हृदयशाह की कृतियों की महत्ता उस शैली में है जिसमें उसने शुद्ध एवं विकृत स्वरों के ठीक स्थान निश्चित किए हैं। इसके अतिरिक्त उसने हृदयराग नामक एक नवीन राग का आविष्कार किया, जिसमें वह दो नए स्वरों का प्रयोग करता है–त्रिसुति या एवं त्रिसुति नि। उसने इन स्वरों से युक्त इस राग के लिए एक नवीन थाट स्थापित किया।

हृदयकौतुक की पाण्डुलिपि का प्रारम्भ इस प्रकार होता है :

संगीत कौतुक राज्ञा हृदयेशेन कथ्यते ।।1।।
गढ़ादेश नरेशेन हृदयेशेन धीमता
संगीत सरमाकृष्य कथ्यते रागसंस्थिति।।2।।
सोमकन्याजनुर्मूल गढ़ादेशाधिपेन च
क्रीयतेहृदयेशेन भयासौं स्वःसंग्रहः ।।3।। और अंत में लिखा है,

इति गढ़ा देश नरेश की हृदयसाहि विरचित हृदयकौतुकम्।
हृदयप्रकाश की पाण्डुलिपि का प्रारम्भ इस प्रकार होता है :

संगीतशास्त्रसर्वस्वमसाधारण गोचरम्।
वीणादौ रागमेलादिहृदयेशेन कथ्यते।।
आकरे बहवोमेला द्वादशैहोपयोगिनः।।
मेलः स्वरसमूहः स्याद्रागव्यंजनशवितमान्।।

जिसका तात्पर्य है कि संगीतशास्त्र का मार्ग चूँकि कुछ ही लोग समझते हैं, हृदय उन्हें वीणा की सहायता से स्पष्ट करेगा। संगीत रूपी सागर में अनेक मेल अथवा थाट है किन्तु यहाँ केवल बारह उपयोगी हैं। राग उत्पन्न करने में समर्थ स्वरों का समूह थाट कहलाता है। ऐसा अनुमान है कि हृदयशाह के बाद गोंड राज्य के राजाओं ने संगीत को कोई उल्लेखनीय प्रश्रय नहीं दिया और न उसमें व्यक्तिगत रुचि ली।

संदर्भ

1. मण्डला डिस्ट्रिक्ट गैजेटियर, पृष्ठ 35
2. करमबेलकर, ज.ए.सो. नं., 19, पृष्ठ 137-44
3. भावे, ए. भ. ओ. रि. इं. 28, पृष्ठ 249
4. बिहार थ्रू दि एजेज, (सं. आर. आर. दिवाकर) पृष्ठ 414, 520 और 547
5. सर्वदेशवृत्तांत संग्रह की भूमिका पृष्ठ 17 में सुभद्र मिश्र।
6. सुभद्र झा द्वारा सम्पादित और पटना यूनिवर्सिटी द्वारा प्रकाशित, 1884 शकाब्द।
7. हिन्दी विश्वकोष (सं. नगेन्द्रनाथ बसु) जिल्द 24, पृष्ठ 573, थियोडोर आयूश्त, केटलागस केटलागरम, जिल्द एक, पृष्ठ 254 में दिव्य निर्णय का उल्लेख है।

8. करमबेलकर, ज. ए. सो. बं. 19, 2, 1953, पृष्ठ 140, पृष्ठ 262 के केशव वस्तुतः केशव लौगाक्षि है।
9. वही, केटलाग ऑफ संस्कृत मेन्युस्क्रिप्ट इन दि नागपुर यूनिवर्सिटी लायब्रेरी, पृष्ठ 211 एवं 327
10. शंकर भट्ट, द्वैतनिर्णय, एनल्स ऑफ भण्डारकर ओरियण्टल रिसर्च इन्स्टीट्यूट, तीन (1922) पृष्ठ 71.
    हिन्दी विश्वकोष (बसु), 28, पृष्ठ 574. एशियाटिक सोसायटी बंगाल, कलकत्ता में समयावलोक की पाण्डुलिपि है, (बस्ता क्रमांक 111)। एशियाटिक सोसायटी की प्रोसीडिंग्ज, 1869, पृष्ठ 140 के अनुसार समयावलोक की पाण्डुलिपि बीकानेर संग्रहालय में है और उसका क्रमांक 2414 है। समयावलोक का उल्लेख थियोडोर आफ्रेश्त के केटलाग पृष्ठ 69 में भी है।
11. 'वीर चम्पू' की पाण्डुलिपि सरस्वती भण्डार, किला, रीवा में है। इसका प्रकाशन प्राच्य विद्या, 2, फेडरेशन स्ट्रीट, कलकत्ता द्वारा किया गया है।
12. भावे, ए. भ. ओ. रि. इं., 28, पृष्ठ 248-49, 260-61, 263-64, 270
13. सूर्यकान्त बाली, भट्टोजी दीक्षित, दिल्ली 1976, पृष्ठ 2-6.
14. युगयुगीन मध्यप्रदेश (संपा. सुरेश मिश्र), खण्डवा, 1998, पृष्ठ 64-69
15. भातखण्डे, ए कम्परेटिव्ह स्टडी ऑफ सम ऑफ दि लीडिंग म्यूजिक सिस्टम्स ऑफ फिफ्टीन्थ, सिक्स्टीन्थ एण्ड एटीन्थ सेंचुरीज, पृष्ठ 22-30 में विस्तृत विवरण है। अध्याय 4 भी देखिए।
16. श्लोकाः पृष्ठ 248-49 और 268-69, 273
17. इसकी एक पाण्डुलिपि मण्डला के अग्रवाल पुस्तकालय में है। एक प्रति (संवत 1728) मण्डला के श्री गिरिजाशंकर अग्रवाल के पास भी है।
18. करमबेलकर, ज. ए. सो., उन्नीस, 1953, क्र. 2, पृ. 141-142. नागपुर यूनिवर्सिटी जर्नल, क्रमांक 6, पृष्ठ 187 भी देखें। यह कृति श्रीकृष्ण निबंध भवन द्वारा सन 1978 में पंकाशित की गई थी। यह रसमंजरी की टीका है और इसमें कृतिकार भानुदत्त की वंशावली भी दी गई है। मण्डला के श्री गिरिजाशंकर अग्रवाल के पत्र के अनुसार रसमंजरी की एक हस्तलिखित प्रति के कुछ पन्ने और रसमंजरी गोपाल भट्ट कृत टीका उनके पास है। भानुदत्त मिश्र के पूरे विवरण के लिए देखिये बल्देव उपाध्याय, संस्कृत शास्त्रों का अध्ययन, पृष्ठ 263-265. उपेन्द्र ठाकुर, जर्नल ऑफ मध्यप्रदेश इतिहास परिषद, 1980-81, पृष्ठ 37 भी देखें।
19. वही, ज. ए. सो. बं. 19, 1953, पृष्ठ 142-3, श्लोकाः, पृष्ठ 249
20. श्लोकाः, पृष्ठ 253 और पृष्ठ 269
21. रामविजय महाकाव्य (सं. पं. गणपतिलाल झा, गव. संस्कृत कॉलेज, बनारस) सरस्वती भवन लायब्रेरी बनारस द्वारा प्रकाशित है। गढ़ेशनृपवर्णनम्, जी. व्ही. भावे द्वारा नागपुर यूनि. जर्नल, नं. 6, 1940, पृष्ठ 181-201 में प्रकाशित।
22. भावे वही और श्लोकाः, पृष्ठ 252 और करमबेलकर, ज. ए. सो. बं. 19, 1953, पृष्ठ 144
23. सुदामाचरित्र का दूसरा संस्करण 1883 ई. में मुंशी नवलकिशोर के छापाखाने में छपा था। इस ग्रंथ का सर्वप्रथम उल्लेख डॉ. पुत्तूलाल शुक्ल से बंगीय हिन्दी परिषद, कलकत्ता द्वारा प्रकाशित एवं डॉ. बल्देवप्रसाद मिश्र द्वारा सम्पादित "जनभारती" अंक 3, संवत् 2017 में किया था। उन्होंने यह लेख "सुदामाचरित्र" के पहले संकरण के आधार पर लिखा था। पुनः डॉ. लक्ष्मीशंकर मिश्र "निशंक" ने "नवजीवन" साप्ताहिक (लखनऊ) परिशिष्टांक 4 जुलाई, 1971 में इस पर विस्तृत लेख लिखकर इस ग्रंथ का विवेचन किया। इनका लेख दूसरे संस्करण पर आधारित है।
24. लक्ष्मीशंकर मिश्र "निशंक", नवजीवन, लखनऊ, 4.7.1971, साप्ताहिक परिशिष्टांक, पृष्ठ 2-3

25. श्यामसुन्दरदास द्वारा सम्पादित और काशी नागरी प्रचारिणी सभा द्वारा सं. 1980 में प्रकाशित हस्तलिखित हिन्दी पुस्तकों का संक्षिप्त विवरण, भाग 1, पृष्ठ 93 में इसकी दो पाण्डुलिपियों का उल्लेख है। इनमें से पहली का लिपिकाल सं. 1839 (1782 ई.) और दूसरी का लिपिकाल सं. 1840 (1783 ई.) है। इन्हीं लिपिकालों वाली दो पाण्डुलिपियों का उल्लेख दि फर्स्ट टेरेनियल रिपोर्ट ऑफ दि सर्वे फार हिन्दी मेन्यूस्क्रिप्ट्स,सं. श्यामसुन्दरदास, 1912, पृष्ठ 64, क्र. 140, प्रेमदीपिका यूनियन प्रेस कं. जबलपुर द्वारा 1897 सं. में मुद्रित और जगन्नाथ प्रसाद चौधरी द्वारा प्रकाशित हुई है। ग्रंथ के अंत में लिखा है—''इति श्री बीर बिरचिता प्रेमदीपिका समाप्ता शुभमस्तु।''

26. भावे, ए. भं. ओ. रि. इं., 28, पृष्ठ 260, श्लोक 3 में कहा गया है कि दलपतशाह सिंहदुर्ग में रहता था।

    आ. स. रि., 9, पृष्ठ 49-50 में कनिंघम कहते हैं कि चूँकि किले में प्राप्त एक शिलालेख में श्री गजसिंहदुर्ग लिखा है अतः सिंगौरगढ़ ''श्रीगजसिंहदुर्ग'' का अपभ्रंश है। दमोह दीपक, पृष्ठ 112 में हीरालाल कहते हैं कि चूँकि दमोह किला श्री गौरिकुमारिका क्षेत्र कहलाता है। अतः सिंगौरगढ़ ''श्रीगौरिगढ़'' का अपभ्रंश है।

27. हितकारिणी, जबलपुर 1917, पृष्ठ 132-33 में लोचनप्रसाद पांडेय के लेख में उद्धृत।
28. बम्हनी शिलालेख (सं. 1365), एपि. इण्डि., 16, 1921-22, पृष्ठ 10, पाद-टिप्पणी 4। सलैया शिलालेख, एपि. इण्डि., 16, 1921-22, पृष्ठ 11, सिंगौरगढ़ सतीलेख (सं. 1366), हीरालाल, दमोह दीपक, पृष्ठ 95।
29. आ. स. रि., सात, पृष्ठ 54
30. वही।
31. ग्राण्ट, सी. पी. गैजेटियर, पृष्ठ 361, नरसिंहपुर डिस्ट्रिक्ट गैजेटियर, पृष्ठ 210
32. भावे, नागपुर यूनिवर्सिटी जर्नल, 1943, 9, पृष्ठ 95
33. रामनगर शिलालेख, श्लोक, 40 हाल, पृष्ठ 12
34. आ. स. रि., सत्रह, पृष्ठ 47.
35. भावे, नागपुर यूनिवर्सिटी जर्नल, 1943, पृष्ठ 99, भावे, भं. ओ, रि. इ. 28, श्लोक 43, पृष्ठ 267
36. ए. रि. आर्क. सर्वे. सात (1878), पृष्ठ 104, ब्लेकर, मेम्वायर्स ऑफ दि आपरेशन ऑफ दि ब्रिटिश आर्मी इन इण्डिया ड्यूरिंग मराठा वार ऑफ, 1817, 18 एण्ड 1819, पृष्ठ 337-38
37. वही, पृष्ठ 105-6
38. गैजेटियर ऑफ दि सेंट्रल प्राव्हिन्सेज, प्रथम संस्करण, 1868, पृष्ठ 221, अंताजी के वंशज अभी मण्डला में विद्यमान हैं।
39. मण्डला में 1868 में कुल 37 घाट विद्यमान थे जो 1680 से 1858 के मध्य निर्मित हुए थे। गैजेटियर ऑफ दि सेंट्रल प्राव्हि. प्रथम संस्करण, 1868 पृष्ठ 221, अब तो बहुत कम घाट शेष रह गए हैं।
40. रामनगर शिलालेख, श्लोक 37, हाल, पृष्ठ 10, ए. भं. ओ. रि. इं. 23, श्लोक 47, पृष्ठ 267
41. विस्तृत विवरण के लिए देखिए व्ही. एन. भातखण्डे, ए कम्परेटिव्ह स्टडी ऑफ सम ऑफ दि लीडिंग म्यूजिक सिस्टम्स ऑफ फिफ्टीन्थ, सिक्स्टींथ, सेवन्टीन्थ एण्ड एटीन्थ सेंचुरीज, पृष्ठ 22-30। इन ग्रंथों की पाण्डुलिपियाँ महाराजा बीकानेर के ग्रंथालय में हैं। इन्हें 1918 में द. के. जोशी ने प्रकाशित कराया था।

    भगवतशरण शर्मा, भारतीय संगीत का इतिहास, पृष्ठ 134-35 एवं लक्ष्मीनारायण गर्ग, हमारे संगीत रत्न (प्रथम भाग), पृष्ठ 72 भी।

लोकस्मृति में गढ़ा के शासक

गढ़ा राज्य के शासकों में तीन शासकों को लोक स्मृति में कायम रखा गया है और उन्हें केन्द्र बनाकर इस अंचल में लोकगीत प्रचलित हैं। ये शासक हैं रानी दुर्गावती, राजा प्रेमशाह और प्रेमशाह का पुत्र राजा हृदयशाह। राजा प्रेमशाह को लोकगायकी में पेमलशाह कहा गया है। इन सभी लोकगायकियों में शासकों के शौर्य और उनकी गौरव गाथा का गान किया गया है। इन गीतों से इन गोंड शासकों के इतिवृत्त का ही नहीं बल्कि गोंड प्रदेश में प्रचलित अनुष्ठानों, रीति-रिवाजों, मेला-बाजार और विवाह विधियों का भी परिचय मिलता है। इसके अलावा आम गोंड आबादी की जीवन प्रणाली का भी संकेत मिलता है।

रानी दुर्गावती से संबंधित लोकगीत[1]

गढ़ा-मण्डला अंचल में रानी दुर्गावती आज भी लोकस्मृति में जीवित हैं। उन्हें केन्द्र में रखकर इस अंचल में लोकगीत गाये जाते हैं। रानी के बारे में एक लोकगीत जस या भगतें के रूप में है। जस या भगतें लोकगीत बुन्देलखण्ड और नर्मदांचल में दुर्गा देवी की आराधना के रूप में गाये जाते हैं और इनमें देवी के रूप श्रृंगार के वर्णन के साथ ही उसके शौर्य का भी वर्णन होता है। प्रस्तुत लोकगीत में रानी दुर्गावती को देवी दुर्गा का प्रतिरूप माना गया है। यह इस प्रकार है–

एरी माँ। जुज्झ रचो है, गढ़खों, गढ़े, हो माँ। टेक।
कहना के तुम चले उगहुआ, कहाँ उगाहन जाँय।
गढ़ दिल्ली में चले उगहुआ, नगर उगाहन जाँय।।
मारे कूटे चले उगहुआ, दुरगन पतियाँ छुडाँय।
तुम का राज करत हो अकबर, दुरगन पतियाँ छुडाँय।।
इतना सुन के उठे अकबर, तुरतई घोड़ा पलान।
झपट के घोड़ा पलाने अकबर, लपट के भये असवार।।
गढ़ दिल्ली से चलो सहजादो, पाँचों पीर मनाय।
छोटे पीरखें मिढ़वा, बकरा बड़े पीरखें देय।।
जीत भवन घर आऊँ मेरी माता, दोहरे देऊँ चढ़ाय।
पहिलो डेरो परो बमतर, गहरो हनो है निसान।।
दूजो डेरो परो बाग में, घूमें तबल निसान।

तीजो डेरो नदी सतरंज, तमुआ दये हैं तनाय।।
सात कोस नदी सतरंज बाढ़ी, केहि विधि उतरों पार।
सत्य धर्म की नैया बनाये, धर्म बनाये किरवार।।
बैठे अकबर हो गए पेले, लये हैं सिंगुरगढ़ घेर।
ऐसे घेरे सिंगुरगढ़, माया, कुकरा न बाहर जाय।।
कुकरा जाए पकड़ मोरी माया, केवल के दरबार।
सोवे कि जागे, मोरी आदि भवानी, चढ़े अकबर साहि।।
आवन बारे खें आवन दइयो, भलो करो सनमान।
बीबी उनकी खुदई बुलाहै, अकबर पनिया भराय।।
कै लख उनके भइया भतीजे, कै लख पाँव पयाद।
एक लख उनके भैया भतीजे, दो लख पाँव पयाद।।
कै लख उनके हथिया घुड़ला, कै लख दिल्ली असवार।
नौ लख उनके हथिया घुड़ला, दस लख दिल्ली असवार।।
नौ लख उनके हथिया घुड़ला, मोरी सिखरना अकेल।
पवन गंगा खें आज्ञा देहों, देहें जलाय।।
हथिया उनके सिंघा लादेहैं, घुड़ला भोंरा लोग।
जर गए हथिया जर गए घुड़ला, दल में परे अल्लाह।
जर गए तमुआँ जरी कनातें, बीबी खुदा-खुदा निर्राय।
आगे अकबर चढ़े टोरिया, ओही बन लग गई आग।।
उठ उठ रे मोरे लंगुंरवा, अकबर खें ल्याओं बाँध।
सई साँझ से चलो बारे लंगुरे अकबर ले आए बाँध।।
काँच की चुरिया, पाट को फरिया, अकबर दये पहराय।
सोने छयलवा, रूपे गुड़रिया, अकबर पनियाँ जाँय।।
जहाँ-जहाँ अकबर भरे घयलवा, ओही पत्थर हुई जाय।
अबकी चूक वगस मोरी माता, अब न आउँ तोरे देस।।
चट्ट के भरे घयलवा अकबर, पट्ट के लये उठाय।
बावन गंगा की ऊँची घटिया, अकबर चढ़ो न जाय।।
घयलवा धरे घिनोंची अकबर, गुड़री पोंर दुआर।
सुमर सुमर जस गइये माता, रहे चरन चित लाय।।
ए री माँ, जुज्झ रचो है, गढ़ खों, गढ़े, हो माँ ।। टेक।।

रानी दुर्गावती से संबंधित दूसरा गीत सैला लोकगीत के रूप में है और इसमें भी रानी के शौर्य का वर्णन है। यह गीत इस प्रकार है—

तरी नाना मोर नाना रे नाना
रानी महारानी जो आय। माता दुर्गा जो आय।
रन माँ जूझे धरे तलवार। रानी दुर्गा कहाय।। टेक।।

राजा दलपत के रानी हो, रनचण्डी कहाय।
डगर डगर माँ डोलों हो, गढ़ मण्डला बचाय।
हाथन माँ सोहे तरबार, भाला चमकत जाय।
सरपट सरपट घोड़े भागें, दुर्गे भईअसवार।।1।।
गरे माँ पहिरे मूंगा-मोतिया, कम्मर पोतिया सजाय।
पाँवन माँ सोहे पेजनियाँ, लम्बे केस बनाय।
नाकन माँ पहिरे नथुनियां, माथे टिकुली सजाय।
दमक दमक रानी गरजे, फौजी देय ललकार।।2।।
गोंडी फौजी रेम लगे, छत्री चमकत जाय।
हुकुम रानी के पाय के, सबे बाना खनखनाय।
अंखियन से बरसे अगिया, तन से रकत के धार।
बैरी दुश्मन के खातिर, फौजी सबै तैयार।।3।।
काली को रूप बनाय के, दुर्गा झपटत जाय।
रक्त लोहू के नदिया हो, तुरतै दईस है रे बहाय।
जीत के डंका बजाय के, माता मनमुस्काय।
अड़े रहो सब मग में, हो, या सबै ला सिखाय।।4।।
नाम आसफ दुश्मन के, गईस घरी-घरी हार।
सजधज के आवै तिसरइया, फौजी धरै हथियार।
ताक निसाना महारानी के हो, नहीं कोई उपचार।
जख्मी चोट लगिस सतन माँ, बहे रकतन के धार।।5।।
जोर फिरंगी माथा माँ, मोहे नहिं जावे आंच।
"नारी के तन आए बचाहूँ" ये ही हवे मोला साँच।
कहत कहत माता गिरगे, पावे गति निर्वान।
अमरित चोला ला करके हो, परलोके सिधार।।6।।
चलो चली गढ़ा माँ मितवा, करबो तन निसार।
हाथ जोर बिनती करें हो, जय जय होवे तुम्हार।
अमर रहे माता प्रिथवी में, हो जस रहे तुम्हार।।7।।
रानी महारानी जो आय। माता दुर्गा जो आय।।
रन माँ जूझे धरे तरवार। माता दुर्गा कहाय।।
तरी नाना मोर नाना रे नाना।।

गोंडवानी लोकगायकी में प्रेमशाह और हृदयशाह[2]

गोंडों की लोकगायकी 'गोंडवानी' में राजा पेमलसाह (प्रेमशाह) और राजा हिरदेशाह (हृदयशाह) की कथाएँ गायी जाती हैं। कथा छत्तीसगढ़ी बोली में गायी जाती है और इसमें गद्य और पद्य दोनों का प्रयोग किया गया है। गोंडवानी गायकी का प्रचार

छत्तीसगढ़ क्षेत्र में है और इसे मंच पर एकल अभिनय से लोकवाद्यों के साथ गायन और वाचन के जरिये प्रस्तुत किया जाता है। गोंडवानी का प्रचार अब कम हो गया है लेकिन महाभारत की कथा पर आधारित पंडवानी बेहद लोकप्रिय है। नीचे गोंडवानी लोकगायकी की प्रेमशाह और हृदयशाह की कथाओं का सार संक्षेप दिया गया है–

राजा पेमलसाह (प्रेमशाह या प्रेमनारायण)–सतजुग की बात है ब्रह्मा ने संसार की रचना की और ब्राह्मण, क्षत्रिय और गोंड की भी रचना की। एक दिन ब्रह्मा ने सोचा कि मैंने इतने बड़े संसार की रचना कर दी है पर इसका पालन करने का भार किसको दूँ? ब्रह्मा ने ब्राह्मण, क्षत्रिय और गोंड तीनों को अपने पास बुलाया। उसने ब्राह्मण से कहा कि तुम मेरी संतानों में सबसे ज्यादा पढ़े-लिखे हो इसलिए तुम इस पृथ्वी का भार सँभालो। ब्राह्मण ने कहा कि महाराज मुझसे बात करा लें, पोथी बंचवा लें पर तुम्हारे संसार का पालन करना मेरे बस का नहीं है। तब ब्रह्मा ने क्षत्रिय को बुलवाया और उससे कहा कि बेटा तुम बहुत बलवान हो इसलिए मेरे संसार के पालन का भार अपने ऊपर ले लो। क्षत्रिय ने कहा कि मुझसे मार-काट करा लो पर संसार के पालन का बोझ मैं नहीं सम्हाल सकता। मैं गुस्सैल आदमी हूँ, अगर किसी ने तीन-पाँच किया तो मैं उसे तलवार से काट डालूँगा। अगर मुझे पालन का काम दोगे तो संसार में एक भी जीव नहीं बचेगा। अब ब्रह्मा ने गोंड को बुलवाया। गोंड से जब उसने संसार के पालने का जिम्मा लेने के लिए कहा तो गोंड ने कहा जो आप कहेंगे मैं करूँगा। तब ब्रह्मा ने खुश होकर उसे एक हल और एक जोड़ी बैल दिए और कहा कि धरती को जोतकर अनाज पैदा करो और संसार के जीवों को पालो।

अब गोंड कन्धे पर हल रखकर और बैलों को हाँकते हुए चला और उसने गढ़ा जबलपुर में एक ऊँची पहाड़ी पर अपना डेरा डाल लिया। अब गोंडों की संख्या बढ़ने लगी और वे आपस में झगड़ा करने लगे। ब्रह्मा ने सोचा कि ऐसे में तो ये लड़कर मर जाएँगे और मेरे संसार को कौन पालेगा? इनमें से एकाध राजा पैदा करता हूँ। ब्रह्मा ने गोंड के शरीर को मथने का तय किया। साल्हें के पेड़ से मथानी बनायी, साँप की डोरी बनायी और सात कोटी देवताओं ने मथना शुरू किया। पहले भील तीर कमान लिए निकला। देवताओं ने कहा कि यह राजा बनने लायक नहीं है ये तो रैयत को लूट कर खा जाएगा। उन्होंने उसे नर्मदा नदी के पार के जंगलों में भगा दिया। फिर से गोंड के शरीर को मथा गया। अब बैगा देवार निकला। उसके हाथ में जमीन खोदने का खन्ता और चुलगी थी। ब्रह्मा ने उससे कहा कि तुम तो वन के निवासी हो, तुमसे राज्य कैसे होगा। जा भाग जा। इसके बाद गोंड के शरीर को फिर से मथा गया। अब कन्धे में हल लिए गोंड निकला। ब्रह्मा ने कहा कि यह तो मेरा कमैया पुत्र है ये कहाँ से राज-पाट सम्हालेगा। यह तो खेती-किसानी करेगा। फिर कोल और भरिया निकले। उन्हें भी ब्रह्मा ने अयोग्य ठहरा कर भगा दिया।

अब ब्रह्मा को चिन्ता हुई। फिर से गोंड को मथा गया। अब राजगोंड निकला जिसके हाथ में कुर्रा था। ब्रह्मा ने कहा कि यह होगा राजा। कुर्रा लेकर सबको हाँककर

एक रास्ते पर ले जाएगा। इस प्रकार राजगोंड राज्य करने लगा। इसी घराने में राजा पेमलशाह प्रसिद्ध हुआ। उसके भाई थे दूधनशाह, बूड़न शाह, शंकरशाह और दलपतशाह। ये अपने-अपने घरों में सपरिवार रहते थे।

पेमलशाह के राज्य में अच्छी खेती होती थी और प्रजा आनन्द से थी। एक बार पेमलशाह पर विपत्ति आ गई। कई साल तक सूखा पड़ा जिससे खेतों में दाना नहीं हुआ, बीमारी आई, मवेशियाँ मर गईं और लोग अपना घर छोड़कर भाग गए। सारी सम्पत्ति चोर ले गए। राजा को खाने के लाले पड़ गए। वह जंगल के फलों और कन्द-मूल से अपनी गुजर करने लगा। एक दिन रानी ने उससे कहा कि जाकर अपने दीवान और अधिकारियों से तथा अपने भाई-बन्दों से सहायता माँगो। राजा इन सभी के पास गया पर किसी ने सहायता नहीं की।

तब राजा ने रानी से कहा कि तुम्हारा मायका बहुत धनी है। वहाँ से कुछ माँग क्यों नहीं लाती। रानी पोहपाल ने कहा कि मेरे मायके में दहेज की भैंस, घोड़ा, बैल और अनाज है। पर मेरे पास पहनने ओढ़ने के कपड़े नहीं हैं और ऐसे ही जाने में मुझे शर्म लगती है। बहुत दिन बाद मायके जा रही हूँ तो भाभी के लिए कुछ शराब तो ले जाना ही होगा। खाली हाथ कैसे जा सकती हूँ? रानी ने राजा से कहा कि तुम जंगल से कुछ लकड़ी काटकर ले आओ और कलार की दुकान में उसे बेचकर उसके बदले शराब ले आओ।

राजा टंगिया लेकर जंगल चला। लकड़ी काटकर सिर पर रखकर चला। रास्ते में एक तालाब के किनारे उसने लकड़ी का बोझ पटक दिया और तालाब में मुँह-हाथ धोकर पानी पीकर पेट भरने लगा। तालाब की मेड़ पर हंसों का जोड़ा बैठा था। उन्हें राजा पर दया आई। वे उड़कर समुद्र गए और वहाँ से मोती बीनकर लाए। उन्होंने राजा को अपने पास बुलाया और कहा कि राजा ये हीरा मोती लो और जाओ। इससे तुम्हारी विपत्ति दूर हो जाएँगी राजा ने कहा कि इन कंकड़-पत्थरों का मैं क्या करूँगा? कुछ अनाज वगैरह होता तो पेट भरता, कुछ चीथड़े होते तो शरीर ढंकता। हंसों ने राजा को बहुत समझाया लेकिन पेमलशाह ने वे हीरा-मोती नहीं लिए और लकड़ी का बोझ लिए कलार के घर पहुँचा। वहाँ शराब की महक से वह अपने को रोक नहीं सका और उसने दुकान में लकड़ी दी और कलार से शराब ली। उसने खूब शराब पी और घर की ओर चला। रास्ते में उसे याद आया कि रानी ने शराब लाने के लिए कहा था। तब राजा ने साजा का एक पेड़ काटा और उसे घर लाकर पटका और रानी से कहा कि तुम इसे कलार के यहाँ बेचकर शराब ले आओ।

रानी लकड़ी लेकर कलार के यहाँ गई और उससे चुनिया भर शराब माँगी। कलार ने उस चुनिया में भट्टी की सब शराब डाली पर चुनिया नहीं भरी। रानी ने बड़े देव का स्मरण किया और चुनिया भर गई। रानी अपने घर आई। उसने अब मायके जाने की तैयारी की। कई प्रकार के जंगली कन्द-मूल और फल लेकर रानी मायके पातालकोट को चली। पातालकोट बहुत बड़ा शहर था और वहाँ के बाजार में बहुत रौनक थी। आगे

उसके भाई का भव्य महल था जिसमें पहरेदार थे। रानी अपने भाई भोजा बल्लारे के महल के भीतर जाने लगी तो पहरेदारों ने उसे भीतर नहीं घुसने दिया और उसकी हँसी उड़ाने लगे। लोग एकत्र हो गए और वहाँ हल्ला होने लगा। भोजा बल्लारे की दो पत्नियों ने यह दृश्य अटारी से देखा और सिपाहियों से कहा कि इस औरत को मुर्गियों के दड़बे में बन्द कर दो।

पेमलशाह की रानी पोहपाल ने कैदखाने में बड़ादेव का स्मरण किया। बड़ादेव एकदम सतर्क हो गए और देखा कि उस पर रानियाँ हँस रही हैं। गढ़ा की रानी की दुर्दशा देखकर बड़ादेव रोने लगे। वे उड़कर सीधे पोहपाल रानी के भाई के पास पहुँचे और उसे फटकारा कि उसकी बहन को दड़बे में बंद क्यों करा दिया है। राजा दौड़ा-दौड़ा दड़बे में गया और अपनी बहन पोहपाल को देखा और उससे बहुत माफी माँगी और बहन-भाई बहुत प्यार से मिले। फिर भोजे बल्लारे महल में आया और उसने गुस्सा होकर अपनी रानियों को कोड़े से पीटने लगा। उसकी बहन ने उसे बहुत मुश्किल से उसे रोका। फिर भोजे बल्लारे ने अपनी बहन पोहपाल को नहलाया, धुलाया और उसका श्रृंगार कराया और उसे कई तरह के पकवान खिलाए। पोहपाल रानी अपने साथ जो कुछ खाने-पीने का सामान लाई थी उसे भोजे बल्लारे ने बड़े प्रेम से खाया।

भोजे बल्लारे ने रानी पोहपाल की गरीबी का हाल सुनकर कहा कि वह जो चाहे मायके से ले जाए। रानी ने कहा कि वह सिर्फ अपना हिस्सा ले जाएगी–एक चाँदी भैंस, एक मुण्डी छेरी, हीरा, नगीना, बैल और सतगजरा दाना। भाई ने बहुत मनाया कि और भी कुछ ले जाओ पर रानी नहीं मानी। उसने अपने भाई से कहा कि अनाज से मेरी छोटी चुनिया भर दो बस। पर दर्जनों कोठियों का अनाज चुनिया में भरने पर भी चुनिया नहीं भरी। राजा घबरा गया। तभी बड़ादेव आए और उन्होंने राजा से कहा कि पोहपाल रानी सतवन्ती रानी है। मैं पातालकोट में रहते-रहते उकता गया हूँ और अब मैं इस सतवन्ती रानी पोहपाल के साथ जाऊँगा। बड़ादेव को गोद में रखकर और अपने दहेज के हिस्से का सामान लेकर पोहपाल रानी अपने घर पहुँची। राजा पेमलशाह बहुत खुश हुआ। बड़ादेव के लिए झूला बनाया गया।

दूसरे दिन सुबह पेमलशाह भैंस, बैल और छेरी को लेकर जंगल चले और रानी से कहा कि पेज (चावल से बना भोजन) लेकर मेरे हल की फाल की रेखा के आधार पर चलकर मेरे पास आ जाना। राजा हवेली में यानी मैदानी इलाके में पहुँचा और जमीन जोतने की कोशिश करने लगा। पर काँस, कीचड़ और मोवा घास के कारण हल चलाना मुश्किल हो गया। तब राजा ने सोचा कि हवेली इलाके में खेती करना मेरे बस की बात नहीं है। चलो पहाड़ जंगल चलें। पर वहाँ काँस और कोदों में हल उलझता था और वहाँ भी बैल हल नहीं खींच सके। तब राजा ने झाड़ी झंखाड़ काटकर उसमें आग लगा दी जिससे जंगल साफ हो गया और जमीन निकल आई। अब पेमलशाह ने उसे जोतना शुरू किया।

जिस समय पेमलशाह ने जंगल में आग लगायी तो उसकी लपटों से रूम बादशाह की दाढ़ी में आंच लगी। बादशाह ने पूछा ये कौन जंगल जला रहा है? जब पेमलशाह

हल चला रहा था तो रूम बादशाह का तख्त खिसकने लगा। अब तो रूम बादशाह ने घोड़ा कसाया और गढ़ा की ओर रवाना हो गया। गढ़ा पहुँचकर बादशाह ने देखा कि पेमलशाह हल जोत रहे हैं। रूम बादशाह बोला कि इतना बड़ा मैदानी इलाका छोड़कर तुम इस पथरीली जमीन पर हल चला रहे हो। इससे कितना कमा सकोगे? राजा ने बादशाह को सलाम करके कहा कि यहाँ खेती करना मेरे लिए सरल है। राजा ने कहा कि यहाँ भी कुछ तो उपजेगा ही। मुझे ज्यादा कुछ जोड़ कर नहीं रखना है।

रूम बादशाह ने कहा कि यहाँ गढ़ा में तो मैदानी इलाका नहीं है इसलिए तुम चौरादादर[3], गढ़ा-मण्डला जाओ। वहाँ तुम्हें काटने के लिए खूब जंगल मिलेगा। राजा ने कहा कितना जमा देना होगा। बादशाह ने कहा पाँच कुड़े चावल और पाँच कुड़े सिंघाड़े के बीज साल भर में दे देना। फिर रूम बादशाह घोड़े पर बैठकर दिल्ली चला गया। राजा हल चलाने लगा।

रानी पोहपाल ने सुबह उठकर रोटी बनायी और हण्डी में पेज भरकर तथा दोना में भाजी लेकर सिर पर रखकर राजा को भोजन देने चली। वह रास्ते में हल के फाल से बनी रेखा देखती जा रही थी। चलते-चलते दोपहर हो गई। रानी ने पहुँचकर देखा कि राजा ने 12 कोस का खेत बना लिया है और बैलों को हल से मुक्त कर दिया है। राजा तमाखू पी रहे हैं। रानी लपक कर राजा के पास पहुँची। रानी ने भोजन परोसा और दोनों हँस-हँसकर भोजन करने लगे। तभी राजा की नजर रानी के पैरों की पैरी (पैर का जेवर) पर पड़ी। उसने देखा कि एक पैर की पैरी सोने की और दूसरे पैर की पैरी चाँदी की है। अब राजा के मन में शंका हुई। उसने रानी से कहा कि कल तो दोनों पैरी चाँदी की थीं पर आज तो एक सोने की हो गई है। क्या तुम्हारा किसी से रिश्ता है जिसने कि तुम्हें सोने की पैरी दे दी। रानी ने चौंककर पैरी की ओर देखा तो सचमुच एक पैरी सोने की थी। उसने राजा से कहा कि उसे पता नहीं कि यह कैसे हो गया। घर से चलते समय तो दोनों चाँदी की थीं, रास्ते में कैसे एक सोने की हो गई यह मुझे पता नहीं।

राजा गुस्से से भर उठा। कहा कि सच-सच बताओ, किसने तुम्हें यह सोने की पैरी दी है! रानी ने बड़ादेव की कसम खाई तब राजा शान्त हुआ। पर उसने कहा कि यह तो पता लगाना होगा कि ऐसा हुआ कैसे? राजा ने कहा कि तुम जिस रास्ते से आई थी उसी रास्ते से घर की तरफ चलो और रास्ते के पत्थरों को चाँदी की पैरी छुलाते चलो, शायद कुछ पता चले। रास्ते में एक पत्थर से रानी के पैर को ठोकर लगी और उसने देखा कि चाँदी की पैरी सोने की हो गई। राजा ने अपने हल का फाल उस पत्थर से छुलाया तो वह भी सोने का हो गया। वे समझ गए कि उन्हें बड़े देव के प्रताप से पारस का पत्थर मिल गया है।

अब राजा और रानी अपना डेरा रखकर चौरादादर में बसने के लिए रवाना हो गए। राजा ने काँवड़ में एक तरफ पारस पत्थर रखा और दूसरे में बड़ादेव को रखा। साथ में चाँदी भैंस, मुण्डी छेरी और हीरा नगीना बैल थे। कई जंगल पार करके नर्रई नाला, हिंगना नाला और नरबदा नदी को पार किया और आठ दिन नौ रात में चौरादादर पहुँच

गया। बड़ादेव ने कहा कि यही है चौरादादर, यहाँ ठहर जाओ। राजा से बड़ादेव ने कहा कि सात हाथ की साजा की थूनी काट लाओ और यहाँ गाड़ दो। राजा थूनी काटकर लाया और बड़ादेव के सामने पटक दिया। बड़ादेव ने कहा कि नरबदा नदी की तरफ मुँह करके मेरे नाम से होम लगाकर बमीठा में थून ठोक दो। उस बमीठा में एक प्रेत रहता था। थूनी उसे सिर में घुस गई और खून की धार ऊपर निकल आई। राजा घबड़ा उठा। बड़ादेव ने कहा कि राजा तुम्हारा राज हमेशा रहता पर अब ये दुर्घटना होने से गोंडों का राज कभी न कभी खत्म हो जाएगा।

राजा-रानी ने सोचा कि पहले महल बनवा लिया जाय। जिस पत्थर पर पेमलशाह हाथ लगाते वह खुद ही लुढ़कने लगता और इस प्रकार ढेर सारे पत्थर नर्मदा नदी के किनारे एकत्र हो गए। बिना किसी मजदूर और कारीगर से महल बनने लगा।

एक दिन राजा पेमलशाह ने हंसी में रानी से कहा कि देख रानी मेरे पुण्य प्रताप से पत्थर गाय गोरू की तरह दौड़ने लगे। रानी ने कहा कि पति का सत नहीं होता, पत्नी का सत होता है। राजा ने कहा कि तुम्हारी बात पर मैं कैसे विश्वास कर लूँ। मैं तो पत्थरों को हाँक के लाया हूँ तुम तो घर में बैठी रहती हो। रानी ने कहा कि पत्नी कहीं भी रहे उसकी मर्यादा और प्रताप से गृहस्थी चलती है। राजा ने कहा कि मैं नहीं मानता और वह चौरादादर चला और पत्थरों को छूने लगा और पत्थर लुढ़कने लगे। तभी रानी ने खाना खाया और उधर सभी पत्थर वहीं के वहीं रुक गए और उनका ढेर लग गया। एक पहाड़ बन गया। शहतीरों की तरह पत्थर एकत्र हो गए और उसे ही आज करिया पहाड़[4] कहा जाता है।

पत्थरों के रुक जाने पर राजा दौड़ा-दौड़ा रानी के पास आया। रानी ने पूछा पत्थर नहीं लाए। राजा ने बताया कि पत्थर तो रुक गए। तब रानी ने कहा कि तुम्हें बिना भोजन कराये आज मैंने भोजन कर लिया जिससे मेरा पुण्य खत्म हो गया और पत्थर रुक गए। अब राजा ने माना कि पत्थर तो रानी के प्रताप से लुढ़क रहे थे।

राज मिस्त्री और मजदूर लगा के राजा ने महल बनवाया और बारह कोस की परिधि में नामनगर (रामनगर) बस गया। चौरादादर के पठार में खेती होने लगी और दूर-दूर से रैयत आकर वहाँ बसने लगी। और राजा पेमलशाह का राज स्थापित हो गया।

राजा हिरदेसाह (हृदयशाह) चौरादादर में राजा पेमलशाह का राज बस गया। खेती होने लगी। गाँव गन्ना बन गए। दूर-दूर से रैयत आकर बसने लगी और राजा को जमा देने लगी।

बारा कोस के चौगिरदा में नामनगर बस गया और राजा राज करने लगे। दरबार लगने लगा। पेमलशाह के अच्छे दिन लौट आए और उसके पास के पारस के पत्थर ने सोना ही सोना कर दिया। महल अटारी बन गए। रिश्तेदार आकर बसने लगे। शंकरशाह, दूधनशाह, बूड़नशाह और दलपतशाह आ आकर भाई के आश्रय में बस गए। रानी पोहपाल रोज बड़ादेव की पूजा करती थीं

एक दिन बड़ादेव ने देखा कि रानी उदास है। उन्होंने पूछा कि अपने मन का भेद बताओ। रानी ने कहा कि आपसे क्या छिपा है। राज-पाट है पर एक बच्चा नहीं है।

उसके बिना सब निरर्थक लगता है। तब बड़ादेव ने कहा कि जा रानी तुम्हारी इच्छा पूरी होगी। कुछ समय के बाद रानी के पुत्र हुआ। वह हृदय भेदकर पैदा हुआ। बहुत खुशी मनाई गई। पुत्र का नाम हिरदेशाह रखा गया।

धीरे-धीरे हिरदेशाह बड़ा हुआ। लड़कों के संग हिरदेशाह शिकार खेलने लगा। एक दिन हिरदेशाह लड़कों के साथ खेल रहा था। तभी उसे करोंदा का काँटा चुभ गया। वह रोते-रोते रानी के पास गया और कहने लगा कि मेरे लिए जूते बनवा दो। उसने जिद की कि उसका जूता सोने का हो और ऐसा बने जैसी रूम बादशाह की सूरत है। सुनार ने सोने का जूता बनाया जिस पर रूम बादशाह का चेहरा बना था। अब हिरदेशाह के उस जूते को हिरदेशाह के पिता पेमलशाह ने जब देखा तो कहा कि ऐसा जूता क्यों बनवाया बेटा? रूम बादशाह को इसका पता चलेगा तो वह जान से मरवा डालेगा। पर हिरदेशाह ने नहीं माना। हिरदेशाह 16 साल का हो गया और उसकी कचहरी अलग लगने लगी।

अब नेगी भगवतराय का हाल सुनो। भगवतराय ने सोचा कि 12 साल से मैं अपने जजमान राजा पेमलशाह के यहाँ नहीं गया। सुना है कि राजा बड़ा आदमी हो गया है। नेगी भगवतराय चौरागढ़ में नामनगर पहुँचा। उसने देखा कि नामनगर 12 योजन में बसा है। महल-अटारी, बाग-बगीचे सभी हैं वहाँ। महल में पहुँचकर भगवतराय ने अपने आने की खबर भीतर भेजी। सुनकर रानी निकल कर आई और उसे ससम्मान भीतर ले गई। राजा ने भी उसका सत्कार किया। उसे बढ़िया पकवान खिलाए। फिर राजा ने कोटवार के जरिए गाँव भर के लोगों को बुलवाया कि वे भगवतराय का बाना गीत सुने। तखत पर बैठकर जिस समय भगवतराय ने अपनी किंगरी में सुर भरा तो उसकी आवाज गूँज उठी। उसने गोंडी कथा सुनाना शुरू किया।

उसने गाया कि ब्रह्मा ने धरती बनाई और फिर आदमी बनाने का सोचा अपनी मुँह की खकार से उसने बाह्मन को पैदा किया। छाती के मेल से उसने क्षत्रिय को पैदा किया और पैर से गोंड पैदा हुआ। ब्रह्मा ने गोंड से कहा कि तुम मेरे सबसे प्यारे हो और पृथ्वी का भार तुम पर ही है। उसे एक हल और एक जोड़ी बैल दिया और उसे एक सतगजरा दाना दिया और कहा कि धरती को जोतकर दुनिया का पेट पालो।

इसके बाद नेगी भगवतराय को राजा ने खूब सारे उपहार देकर विदा किया। नेगी ने कहा कि आपने सब कुछ तो दिया लेकिन पाँव में पहनने के लिए जूते नहीं दिए, राजा ने कहा कि तुम जैसा जूता माँगोगे वैसा ही दूँगा। कैसा जूता चाहिए तुम्हें? भगवतराय ने कहा कि मुझे हिरदेशाह का जूता चाहिए। राजा ने कहा कि उसके बदले में तुम जितना चाहो सोना-चाँदी ले लो, मैं सोने के जूते बनवा दूँगा पर हिरदेशाह का जूता नहीं माँगो। पर नेगी अड़ गया, अंत में राजा को हिरदेशाह का जूता देना पड़ा।

राजा-रानी सोचने लगे कि नेगी घूमते-घूमते कहीं दिल्ली के रूम बादशाह के यहाँ पहुँचेगा तो गजब हो जाएगा। इसलिए इस नेगी को यहीं पर बसा दें, उसका महल बना दें और खाने-पीने का इंतजाम कर दें, ऐसा सोचकर राजा और रानी ने भगवतराय से

कहा कि हम नामनगर में ही तुम्हारे लिए घर बना देते हैं। भगवतराय ने इस बात को खुशी से स्वीकार कर लिया और घर लौटकर अपनी पत्नी को लेकर चौरागढ़ में आ गया। राजा ने हिरदेशाह के महल के सामने भगवतराय का महल बना दिया। भगवतराय ने अपने महल के कलश के ऊपर सोने का मुर्गा बनवा दिया इससे हिरदेशाह को ईर्ष्या हुई और उसने अपने तीर से भगवतराय के महल के मुर्गे को गिरा दिया।

नेगी भगवतराय ने मन में ठाना कि वह हृदयशाह से इसका बदला लेगा। ऐसा सोचकर उसने हिरदेशाह के साथ खुद होकर गहरी दोस्ती कर ली। दोनों क्षण भर के लिए अलग नहीं होते थे। एक दिन मौका देखकर भगवतराय ने हृदयशाह से कहा कि अगर तुम अपने नाम का एक शहर बसा दो और आकाश दीप जला दो तो संसार भर में तुम्हारा नाम फैल जाएगा। हृदयशाह को यह बात पसन्द आई और उसने चौरादादर गढ़ा-मण्डला में हृदयनगर बसाया। वहाँ दूर-दूर से लोग आकर बसने लगे। अब नेगी भगवतराय बोला कि अब आकाश दीप जला दो। हजारों कारीगर लगाकर बारह साल में हृदयशाह ने आकाश दीप बनवाया, अपने बेटे की बढ़ाई सुन-सुनकर रानी और राजा बहुत खुश हुए पर राजा ने जब देखा कि हृदयशाह आकाश दीप जलाने वाले हैं तो बूढ़े राजा ने कहा कि बेटा ज्यादा बढ़ने में गिरने के डर रहता है। ऐसा चलो कि किसी की आँख में न खटको लेकिन हृदयशाह नहीं माना और भगवतराय के साथ सलाह करके उसने आकाश दिया को जला दिया।

आकाश दीप का प्रकाश चारों तरफ फैल गया उसकी आंच जब रूम बादशाह की दाढ़ी में लगी तो वह अल्लाह-अल्लाह कहकर उठ बैठा। अपने दरबारियों से वह बोला कि आकाश दिया कहाँ जल रहा है। लोगों ने बताया कि यह चौरागढ़ में जल रहा है। वहाँ पेमलशाह का बेटा हृदयशाह है। रूम बादशाह ने नीलामन भाट को बुलाया और कहा कि तुम चौरागढ़ जाओ और यह देखो कि किसने आकाश दीप बनवाया है। वहाँ से कर वसूल करके भी ले आना। नीलामन भाट जंगल-पहाड़ पार करते हुए चौरागढ़ को चला। चौरागढ़ पहुँचकर उसने देखा कि वह बारह कोस में बसा है और वहाँ बहुत से महल-अटारी हैं। दिल्ली के भाट के आने की खबर सुनकर राजा ने उसका खूब स्वागत सत्कार किया। भाट ने राजा की कचहरी, हृदयनगर की बसाहट और आकाश दीप की बात का पता लगा लिया और कहा कि तुम्हारे लड़के हृदयशाह को हम देखना चाहते हैं हृदयशाह की सुन्दरता को देखकर भाट आश्चर्यचकित हो गया। राजा से कर वसूल करके नीलामन भाट भगवतराय के महल में गया, जहाँ उसका बहुत सत्कार हुआ। वहाँ भी भाट ने हृदयशाह और आकाश दीप का हाल पूछा। भगवतराय ने खूब नमक-मिर्च लगाकर हाल बताया। जाते वक्त नीलामन भाट जब अपनी गठरी बाँधने लगे तब पलंग के नीचे उसकी नजर पड़ी। पूछा क्या है वहाँ? तो भगवतराय ने कहा कि ये जूते हैं जो हृदयशाह ने बनवाकर मुझे दिये हैं।

नीलामन भाट ने देखा कि सोने के जूते में रूम बादशाह की सूरत बनी है और उसने इन जूतों को रख लिया तो भगवतराय ने एतराज किया। इस पर भाट ने कहा

कि यह कर के साथ जा रहे हैं। इसे देखकर बादशाह बहुत खुश होंगे। फिर नीलामन भाट दिल्ली पहुँचा। अपनी गठरी खोलकर उसने अपने घर में सोने-चाँदी का ढेर लगा दिया और पत्नी से कहा कि इन्हें नापने के लिए कुड़ो माँग कर ले आओ। महल वालों ने कुड़ो की पेंदी में रार लगाकर भाट को दे दिया। जब यह कुड़ो वापस महल में पहुँचा तो कुड़ो की पेंदी में दो-चार सिक्के चिपके रहे, उसे देखकर राजा के सिपाही ने भाट की तकदीर सराही।

नीलामन भाट सोने का जूता लेकर बादशाह के दरबार पहुँचा। वहाँ बादशाह ने पूछा तो नीलामन भाट ने उसे बताया कि पेमलशाह के पुत्र हृदयशाह ने हृदयनगर बसाया है और इसी के आँगन में खम्बे पर आकाश दीया जल रहा है। राजा ने पूछा कि हृदयशाह और उसका राजपाट कैसा है? नीलामन भाट ने बताया कि ऐसा राजा तो पृथ्वी में नहीं है उसके बड़े-बड़े महल अटारी हैं। राजा ने मेरा तलवाना सोने-चाँदी के सिक्कों में कुड़ो में नाप के दिया और उनका नेगी भी इतना धनवान है कि उसने भी कुड़ो में नापकर सोना-चाँदी तलवाना में दिया है। भाट ने बादशाह को वहाँ से लाया सोने का जूता दिखाया जूते में अपनी सूरत बनी देखकर बादशाह को बहुत गुस्सा आया। बादशाह ने पूछा हिरदेशाह कैसा है? तो भाट ने कहा वह बहुत सुन्दर है। बादशाह ने अपने अत्ते खाँ और फत्ते खाँ से कहा कि जाओ और हिरदेशाह से कहो कि वह 16 करोड़ रुपया तलवाना दे, और अपनी बहन भी दे, नहीं तो हाथी से लड़ाई करें। और यदि ऐसा नहीं करता तो अंगिया फरिया और चूड़ी पहनकर स्त्री का वेश धारण करके राज करें।

बादशाह की सेना नामनगर के पास पहुँची। अब चुल्लम खाँ, हिरदेशाह के दरबार में पहुँचा और बादशाह का संदेश उसे दिया। हिरदेशाह ने अपने पिता पेमलशाह को बादशाह का संदेश बताया तो पेमलशाह ने कहा कि बेटा हम इसीलिए कह रहे थे कि ज्यादा ऊँची बात न करो, पर तुम भगवतराय की बात में आ गए। मेरे पास जुर्माना देने के लिए पैसा नहीं है। तुम हारो चाहे जीतो। जाकर हाथी से लड़ाई करो। रानी पोहपाल विलाप करने लगी की मेरा एक तो बेटा है और वह भी हाथी से लड़ने जा रहा है।

हिरदेशाह अस्त्र-शस्त्र से सजकर भूत-प्रेत और मटिया की सेना लेकर दिल्ली रवाना हुआ। जंगल पहाड़ पार करके वह दिल्ली पहुँचा। अत्ते खाँ और फत्ते खाँ ने राजा को उसके आने की खबर दी और बताया कि वह मामूली गोंड राजा है और जुर्माना देने की उसकी हैसियत नहीं है, वह हाथी से लड़ने आया है। रूम बादशाह ने जब यह सुना कि ऐसा कहता है यह गोंड, इसको मैंने चौरादादर बसाने के लिए दिया और यह मुझ से उलझ रहा है। जाओ जौरामल हाथी को लड़ने के लिए तैयार करो। हिरदेशाह ने बड़ी बहादुरी से हाथी को मार डाला। तब अत्ते खाँ और फत्ते ने जाकर बादशाह को बताया कि राजा हिरदेशाह ने जौरा हाथी को मार डाला है।

फिर बादशाह ने हिरदेशाह के खिलाफ एक के एक बाद कई फौजें भेजीं और उसे भी हिरदेशाह ने हरा दिया। अब रूम बादशाह हिरदेशाह को लेने के लिए चला और उसे शाबाशी दी। बादशाह ने कहा कि तुमको हमने चौरागढ़ का राजा मान लिया।

राजा ने दरबार में 12 हाथ गहरा कुँआ खुदवाया और उसके ऊपर दरी बिछाई और उसके ऊपर बैठने की माची रख दी। और उसे माची पर बैठने के लिए कहा, माची पर बैठते ही हिरदेशाह कुँए में गिर गया। राजा ने कुँए को पत्थर से पाट दिया और सिर्फ हवा जाने के लिए एक झरोखा छोड़ दिया। उसे कुछ खाने-पीने को वह नहीं देता था अब राजा हिरदेशाह ने बड़ादेव को याद किया और संकट में सहायता करने की प्रार्थना की।

इस समय बड़ादेव नामनगर के महल में झूला झूल रहे थे। हिरदेशाह की विनती सुनकर वे तेजी से दिल्ली पहुँचे और वहाँ जमीन में लोट-पोट कर एक बड़ा चूहा बन गए। फिर उन्होंने धरती को खोजना शुरू किया और हिरदेशाह के कुँए तक पहुँच गए। वहाँ बड़ादेव ने देखा कि हिरदेशाह सूखकर काँटा हो गया है। बड़ादेव ने जैसे ही हिरदेशाह के शरीर पर हाथ फेरा तो हिरदेशाह फिर जैसे के तैसा सुन्दर हो गया। बड़ादेव ने अब एक सुरंग खोदी जो रूम बादशाह की बेटी के महल में खुलती थी। उसमें चिन्नामोती रानी रहती थी। बड़ादेव ने हिरदेशाह से कहा कि मैंने तुम्हें महल तक पहुँचा दिया अब मैं नामनगर लौटता हूँ।

जब रूम बादशाह की कन्या चिन्नामोती और हिरदेशाह ने एक-दूसरे को देखा तो वे एक-दूसरे पर मोहित हो गए। हिरदेशाह ने बताया कि मैं चौरागढ़ का हूँ और तुम्हारे पिता के बुलाने पर आया हूँ। कन्या ने कहा कि हिरदेशाह का नाम तो मैंने सुन रखा है और उनकी बहादुरी के बारे में सुना है, लेकिन देखा आज ही है। अब हिरदेशाह चिन्नामोती के महल में ही रहने लगे। वह गर्भवती हुई और उसके बेटा हुआ, लेकिन यह सब बात दोनों ने गुप्त रखी। एक दिन बादशाह का लड़का नुंगडुंग वहाँ से निकला तो अपनी बहन के महल में बच्चे का रोना सुनकर ऊपर पहुँचा वहाँ देखा कि बहन हिरदेशाह के साथ पलंग पर बैठी है और बच्चा झूले में पड़ा है और बहन उसको झूला झूला रही है।

नुंगडुंग भागकर उसके पिता के पास पहुँचा और बताया कि हिरदेशाह तो बहन के पास बैठा है। यह सुनकर बादशाह गुस्से भरकर कहा कि उसे पकड़ कर कत्ल कर दो फिर बाद में बोला कि कैसे कत्ल करें। अब तो हिरेदशाह मेरा दामाद बन गया है। तब रूम बादशाह ने हिरदेशाह को बुलाया और कहा कि हम तुम को मान गए कि बहुत बहादुर हो। और हमने तुमको अपनी बेटी दी। पर एक बात है कि हमारे कुल में यह रीत है कि तुम प्रण पूरे कर दो तो हम तुमको पक्का दामाद मान लेंगे। पहला, कायर घोड़े को शायर कर दो, दूसरा, शायर घोड़े को कायर कर दो और तीसरा, एक ही बार में बकरे के तीन टुकड़े कर दो। यह तीनों बातें पूरी करके मेरी कन्या को ब्याह कर ले जाओ।

हिरदेशाह को बहुत चिंता हुई कि बादशाह की कन्या ने उससे कहा कि बड़ादेव का ध्यान करके पहले दो प्रण पूरे कर दे। बकरे के तीन टुकड़े करने के लिए बकरे की पूँछ पर नमक लगा दो और जब बकरा अपनी पूँछ को चाटने लग जाए तभी तलवार

मारकर उसके तीन टुकड़े कर दो। हिरदेशाह ने बड़ादेव का ध्यान किया और कायर घोड़े को सायर बना दिया और सायर घोड़े को कायर बना दिया। फिर नमक वाली तरकीब से बकरे के तीन टुकड़े कर दिए। इस पर खुश होकर रूम बादशाह ने चिन्नामोती का विवाह हिरदेशाह से कर दिया और हिरदेशाह चिन्नामोती को लेकर नामनगर रवाना हो गया। नामनगर पहुँचने पर राजा पेमल शाह ने अपने बेटे को छाती से लगा लिया। फिर माता पोहपाल ने भी अपनी बहू का स्वागत किया। नामनगर में बड़े समारोह के साथ हिरेदशाह और चिन्नामोती का ब्याह हुआ। हिरदेशाह ने रानी के रहने के लिए एक महल बनवाया। यह महल अब रानी महल कहलाता है और अभी भी नामनगर में है।

लोककथाओं में प्रेमशाह (प्रेमनारायण) और हृदयशाह[5]

प्रेमशाह और हृदयशाह के बारे में गोंडों में लोककथाएँ मिलती हैं। ये इस प्रकार हैं। प्रेमनारायण की कथा को यथावत दिया गया है लेकिन हृदयशाह की कथा को थोड़ा संक्षिप्त कर दिया गया है।

प्रेमनारायण–चौरागढ़ में एक राजा रहता था। वह गोंड था और उसका नाम प्रेमनारायण था और वह मराबी गोत्र का था। उसकी पत्नी का नाम निंगलपालो था। तेरह साल तक वे सिंघाड़े के बीज और शुकला घास खाकर रहे। जब दिल्ली में मुसलमान बादशाह हुआ तो उसने प्रेमनारायण को बुला भेजा। प्रेमनारायण महुए की शराब और चार चिरोंजी लेकर दिल्ली गया। जब वह वहाँ पहुँचा तो उसका बादशाह ने स्वागत किया और उसे सब कुछ बताया। जब भोजन का समय हुआ, बादशाह ने उससे पूछा कि वह क्या खाता हैं। प्रेमनारायण ने उसे महुए की शराब और चार चिरोंजी दिखा दी। बादशाह चकित रह गया और उसने प्रेम नारायण से कहा कि वह काली चट्टानों वाली जगह पर अपना तम्बू गाड़ ले और चुला लकड़ी का खम्भा बना ले। प्रेमनारायण ने आठ घण्टे में यह कर लिया। जब बादशाह ने देखा कि वह कितना चतुर है तो उसने अपनी बेटी का विवाह उससे कर दिया। प्रेमनारायण चौरागढ़ वापिस चला गया। जब निंगलपालो ने नयी पत्नी को देखा तो वह बहुत नाराज हुई और वह अपने पीहर जाने के लिए तैयार हो गई। पर उसके पास पैसा नहीं था। उसने अपने पति से कहा, "मुझे एक बर्तन में शराब दो।"

पर प्रेमनारायण के पास भी पैसा नहीं था। वह जंगल गया और कुछ लकड़ी काट लाया और एक गाँव में उसे बेच आया। फिर वह शराब की दुकान गया। ठेकेदार ने कहा, "तुम बहुत छोटा बर्तन लाए हो।" उसने उसे भर दिया, लेकिन उसने कितना भी उसमें शराब डाली, वह बर्तन भरा ही नहीं। फिर वे मिट्टी के 12 बड़े घड़े लाए और अन्त में वे भर गए। दूसरे दिन निंगलपालो बर्तन लेकर अपने घर गई। उसके माता-पिता बादलों के ऊपर अदार-कुण्ड में रहते थे। वहाँ पहुँचने में उसे 9 माह लगे।

वहाँ पहुँचकर उसने पाया कि वे काम पर गए हैं। घर में सिर्फ उसकी भौजी थी। उसने उससे बात नहीं की और उसे गोबर के गड्ढे में बैठने के लिए कहा। कुछ समय के बाद उसके माता-पिता आए। जब उन्होंने निंगलपालो को देखा तो वे दौड़कर उससे मिले और रोए। फिर उन्होंने गोबर धोया और उसे नये कपड़े दिए। उसने बर्तन अपने भाई को दिया और उसने खूब शराब पी, लेकिन बर्तन की शराब खत्म नहीं हो रही थी। निंगलपालो वहाँ 8-10 दिन रही और फिर अपने घर जाने के लिए तैयार हो गई। उसके भाई ने उसे चन्देल नाम की एक भैंस दी और हीरा-रूपा नाम के दो बैल दिए। उन्हें लेकर वह 8 दिन और 9 रातों में अपने घर वापस आई। उसके साथ श्री भगवान की एक बटैया भी आई।

प्रेमनारायण ने पिछले साल भर नदी के किनारे जमीन को जोता था लेकिन उसे उससे कुछ नहीं मिला। उसने नए बैलों की सहायता से फिर से कोशिश की और धान बोयी और फिर बढ़िया फसल हुई। उस समय निंगलपालो ने एक बच्चे को जन्म दिया। उसका नाम हिरदेशाह था। उसने अपने बच्चे को कन्धे पर रखा और खेत की निंदाई करने गई। उन्होंने फसल काटी, अनाज निकाला और उसे घर ले गए। उनके पास इतना ज्यादा चावल हुआ कि गाँव वाले उनसे जलने लगे। फिर उन सबको कर देना पड़ा।

कुछ समय बाद बादशाह ने एक सिपाही को यह देखने भेजा कि प्रेमनारायण कैसा है। उसने खबर दी कि गोंड राजा धनवान हो गया है। तब बादशाह ने कुछ सोचा, और 16 हजार रुपये का कर्ज लेने के लिए दो सिपाहियों को उसके पास भेजा। प्रेमनारायण ने इसके लिए इंकार कर दिया और उसके बदले अपने बेटे को दिल्ली भेज दिया। बादशाह नाराज हुआ और उसे एक कुंए में रखकर एक बड़ी पत्थर से उसका मुँह बन्द कर दिया। उस पत्थर पर वह स्नान करता था। उस कुँए में राय लिंगा नामक एक देवता रहता था। उसने चूहे का रूप धरकर बादशाह की बेटी के कमरे तक एक सुरंग बना दी। वह हर रात को वहाँ हिरदेशाह को ले जाता था। शाहजादी उसकी मालिश करती थी और उसे भोजन कराती थी और उसके साथ सोती थी। सुबह वह उसे कुँए में वापस भेज देती थी। एक दिन देवता ने गोंड लड़के को बादशाह से लड़ने के लिए कहा। उसने ऐसा ही किया और लड़की को लेकर चौरागढ़ आ गया। वहाँ से वह रामनगर आया और वहाँ एक बड़ा किला बनवाया। जब वह पूरा हो गया तो ढाई दिन तक आकाश से सोना और चाँदी बरसता रहा। इस प्रकार हिरदेशाह बड़ा राजा हो गया और अपने आनन्द के लिए हर प्रकार के जानवर रखता था।

हृदयशाह–गोडबंका में लोढा सरदार राज करता था। उसका भाई था गोविन्दशाह, उसका भाई बोधन शाह था, उसका बेटा दलपतशाह था। बोधनशाह गढ़ा का शासक था और उसके तीन पत्नियाँ थीं–करगरमोती, पोहपईमोती और दम्मेमोती। औरंगजेब ने बुधनशाह को राज्य दिया था। उस समय उस इलाके में जंगल के सिवा कुछ नहीं था। बुधनशाह औरंगजेब को टिकोरी नामक कर के रूप में पाँच कुड़ो जंगली चावल, पाँच

कुड़ो तेंदू और सिंघाड़ फल, पाँच कुड़ो चार चिरोंजी और पाँच कुड़ो शहद देता था। नारियल के बदले उसने बेल का फल और सुपाड़ी के बदले गोटिया फल दिया। बुधनशाह पक्का शराबी था।

एक दिन औरंगजेब ने गढ़ा देखने के लिए एक फकीर को जासूस के रूप में भेजा। यह व्यक्ति अफीमची था। जब वह महल के दरवाजे पर पहुँचा तो वह इतना बड़ा था कि उसे 12 भैंसे ही खोल सकते थे। संतरी फकीर को अपनी तलवार से मारने ही वाला था। लेकिन बूढ़ा व्यक्ति हाथ जोड़कर खड़ा हो गया और बोला, "मैं तो एक साधारण फकीर हूँ; दया करके राजा को मेरे आने की सूचना दो।" राजा ने हुक्म दिया कि उस व्यक्ति के साथ ठीक से व्यवहार किया जाय।

तीन माह बाद फकीर ने दिल्ली वापिस जाना चाहा। राजा ने उसे जाते समय भेंट में एक गलीचा, एक घोड़ा दिया और कहा, "तुम क्या चाहते हो?" फकीर ने कहा, "मुझे अपने सोने के जूतों की जोड़ी और चुन्नट दे दो।" जूते की एक जोड़ी में पानी पीते 12 राजाओं का चित्र था और दूसरे में औरंगजेब का चित्र था। राजा उसे इंकार न कर सका और उसने सोने के वे जूते फकीर को दे दिए। फकीर दिल्ली पहुँचा।

दिल्ली में फकीर ने बादशाह को बुधनशाह के राज्य के बारे में सब कुछ बताया और सोने के वे जूते बादशाह को दिखाये। राजा बहुत क्रुद्ध हुआ और तुरन्त बुधनशाह को हुक्म भेजा कि वह सोने की चक्की और भौरानन्द हाथी भेजे, अन्यथा उसे अपने राज्य से हाथ धोना पड़ेगा। बुधनशाह ने आदेश नहीं माना।

औरंगजेब 52 लाख सैनिकों को लेकर दिल्ली से चला। उस समय हृदयशाह 12 साल का था। मुगल सेना ने महल को घेर दिया और बुधनशाह डर गया। उसने अपनी तीनों पत्नियों को पुरुष वेष में हाथी पर बिठाकर तथा प्रधानमंत्री को महावत बनाकर रवाना कर दिया। मुगल सैनिकों के पूछने पर प्रधान ने कहा कि वह तो साधु है और ये भी साधु हैं तथा उन्हें राजा ने हाथी दिया है। मुगल शिविर पार करने में उन्हें तीन दिन लगे। तीसरे दिन पठानों ने उन्हें फिर रोका। तब गोंड रानियों ने धरती माता से प्रार्थना की और एक तूफान और बाढ़ में हजारों सैनिक मर गए और हाथी रानियों को बचाकर झारखण्ड ले गया। इस प्रकार रानी और प्रधान बच गए।

जब हृदयशाह ने सुना कि उसकी माताएँ सुरक्षित रूप से पठानों की पहुँच के बाहर हो गई हैं, तो उसने पिता की अनुमति लेकर पठानों को मारना शुरू किया। तभी महल में उसके पिता बुधनशाह ने आत्महत्या कर ली। यह देखकर हृदयशाह जोर से रोया और अपनी माँ को पुकारा। इसे औरंगजेब ने सुना और कारण पता लगाने के लिए अपने जासूसों को भेजा।

औरंगजेब ने शहर पर आक्रमण किया और बालक हृदयशाह को बन्दी बनाकर ले गया। कैद में उस बालक ने मदनपत और बड़ादेव का स्मरण किया और गोंडबंका में रह रहे अपने चाचा लोढ़ा सरदार को एक पत्र भेजा और तुरन्त आने के लिए कहा। गोडबंका रवाना हो गया। वह अकेले ही लड़ा। उसने दुश्मन की लाशों के ढेर लगा दिए

और खून की नदियाँ बहने लगीं। एक पठान ने धोखे से लोढा सरदार के घोड़े के पिछले पैरों को काट दिया। उसने फिर मारकाट शुरू की लेकिन वह हार गया।

हृदयशाह को दिल्ली ले जाया गया तो लोढ़ा सरदार चिल्लाकर बोला कि मुझे मार डालो। उसे पठान ने मार डाला और जलाशय में फेंक दिया। दिल्ली में जब यह खबर आई कि लोढ़ा सरदार मर गया तो अब हृदयशाह से राजकुमार के समान बर्ताव करना बन्द कर दिया क्योंकि अब वे उससे डरते नहीं थे। वे उसे खाने के लिए रोज मुट्ठी भर पानी और मुट्ठी भर चना देते थे पर हृदयशाह ने खाने से इंकार कर दिया और वह 6 माह तक बिना भोजन के रहा। पठान उससे डरने लगे और उसे उसकी गर्दन में पत्थर बाँधकर कुँए में फेंक दिया लेकिन वह बाहर आ गया और बैठ गया।

औरंगजेब की बेटी की सहेलियाँ पानी लेने के लिए कुएँ में आईं और उन्होंने शाहजादी को हृदयशाह की खूबसूरती के बारे में बताया। शाहजादी हिन्दू वेष रखकर एक सुरंग से होकर हृदयशाह के पास पहुँची। वह उस पर इतनी आसक्त थी कि उसने गोंड होने, सूअर का या लाश का मांस खाने तक का वादा किया। पहले हृदयशाह तैयार नहीं हुआ लेकिन बहुत मनाने पर वह मान गया और शाहजादी उसे महल में ले गई। वहाँ सूअर का मांस पकाया गया और गोंडी शराब लाई गई। दोनों ने खाया और शराब पी। एक माह के गुप्त प्रेम के बाद अकबर के बेटे औरंगजेब ने उन्हें पकड़ लिया। वह उन्हें मारने ही वाला था कि शाहजादी ने एक मुस्लिम शपथ दिलाकर उसे रोक दिया।

फिर वे दोनों रामनगर भाग गए। औरंगजेब की सेना ने उनका पीछा किया। पर शाहजादी ने मुस्लिम शपथ के द्वारा सेना को वापस भेज दिया और राजा का राज्य बचा लिया। जब उसकी मृत्यु हुई तो वह अदृश्य और अमर हो गया।

संदर्भ

1. रामभरोस अग्रवाल, गढ़ा-मण्डला के गोंड राजा, द्वितीय संस्करण, संवत 2042, पृष्ठ 72-75.
2. शेख गुलाब, 'गोंडवानी' प्रकाशक आदिम जाति अनुसंधान एवं प्रशिक्षण संस्था, छिंदवाड़ा (मध्यप्रदेश), 1965, पृष्ठ 3 से 136

3. चौरादादर का पठार डिण्डोरी जिले के दक्षिणी में है और रामनगर से करीब एक सौ किलोमीटर पूर्व की ओर है। 'गोंडवानी' में आगे हिरदेशाह की कथा में कहीं चौरादादर है और कहीं चौरागढ़। चौरागढ़ गोंडों की प्रसिद्ध राजधानी और किला रहा है। संभव है कि नाम में समानता होने के कारण लोकस्मृति में चौरागढ़ और चौरादादर को लेकर भ्रम हो गया।
4. गोंड राज्य की राजधानी रामनगर के पास करिया पहाड़ है जहाँ काले पत्थर की अठपहली शहतीरों के ढेर हैं। ये अठपहली शहतीरें प्राकृतिक रूप से बनी हैं और भूगर्भीय संरचना हैं।

5. वेरियर एलविन, फोक टेल्स ऑफ महाकोशल, पृष्ठ 101 से 106.

कबीले से राज्य की ओर

कोसांबी जैसे इतिहासकारों ने भारतीय इतिहास के स्वरूप को तय करने में जनजातीय कबीलों की भूमिका पर जोर दिया है। कोसांबी का जहाँ तक मानना था कि संपूर्ण भारतीय इतिहास में कबीलाई व्यवस्था से राज्य व्यवस्था का संक्रमण एक सतत चलने वाली प्रक्रिया थी।[1]

कबीलाई राजनैतिक व्यवस्था और राज्य की व्यवस्था में कई बुनियादी अंतर होते हैं। कबीला बंधुत्व रिश्तों से बंधा होता है और कबीले के सारे सदस्य एक पूर्वज के वंशज माने जाते हैं–अतः एक हद से ज्यादा कबीले का कोई भी मुखिया किसी दूसरे पर हुकुम नहीं चला सकता है। कई कबीले ऐसे भी होते हैं जिनमें मुखियाओं की कोई खास भूमिका नहीं होती है (इन्हें शीर्षहीन समाज कहते हैं)। कबीला छोटे-छोटे अन्वयों में बँटा होता है जिसके अपने-अपने मुखिया होते हैं। लेकिन कई कबीलों में केन्द्रीय नेतृत्व भी विकसित होता है जो पूरे कबीले को एक सूत्र में बाँधने का प्रयास करता है। इनमें कबीले का मुखिया महत्त्वपूर्ण होता है।[2]

दूसरी बात यह है कि कबीले के राजनैतिक ढाँचे का कार्यक्षेत्र कबीले के सदस्यों तक ही सीमित है और वह उन पर लागू होगा चाहे वे जहाँ भी निवास करें। लेकिन राज्य की एक भौगोलिक सीमा होती है और उसके अंदर जो भी लोग रहते हैं उनपर उसका हुकुम चलता है, चाहे वे राजा के कबीले के हों या नहीं।

कबीले में धन का संचयन एक सीमित मात्रा में ही हो सकता है और कबीले के मुखिया से अपेक्षा रहती है कि वह अपना धन बाकी सदस्यों में बाँटे या जरूरत पड़ने पर उनकी मदद करे। इसके विपरीत राजा के धन संचयन पर कोई पाबंदी नहीं होती और न ही उससे अपेक्षा रहती है कि वह अपनी सारी सम्पत्ति जरूरतमंदों में बाँटे।

कबीले का मुखिया अपने कबीले के लोगों से जो भी धन लेता है उससे अपेक्षा रहती है कि वह उनमें बाँटे यानी मुखिया जितना धन लेगा उतना ही लौटाएगा। अतः अपने कबीले के लोगों का वह शोषण नहीं कर सकता है। इसके विपरीत राजा एक तरफा धन संचयन कर सकता है और उस धन को किसी प्रकार से लौटाए बिना लोगों से वसूली कर सकता है।

कबीलाई नेतृत्व या तो अपनी परम्पराओं से बँधा होता है या फिर अगर कोई नया निर्णय लेना हो तो सबको मनाना पड़ेगा। वह एक राजा की तरह अपने दम पर निर्णय

नहीं ले सकता है न ही नए कानून बना सकता है।

राज्य में राजा के निर्णयों को लागू करने के लिए राजा के पास सैनिक शक्ति रहती है जो पूर्ण रूपेण राजा के प्रति जवाबदेह है। इसके विपरीत कबीले में पूरा कबीला खुद एक विशाल सेना के रूप में काम करता है और मुखिया की कोई विशेष सेना नहीं होती है।

कबीला वर्गों में बँटा नहीं होता जबकि राज्य में कई वर्ग होते हैं और राजा को एक जटिल विविधतापूर्ण समाज का नियंत्रण करना होता है।

भारतीय इतिहास में कबीले से राज्य के संक्रमण के कई मॉडल देखने को मिलते हैं। एक मॉडल है जो राजस्थान के राजपूत इतिहास के मिथकों व कई पूर्व मध्यकालीन अभिलेखों में देखने को मिलता है। इनके अनुसार एक शक्तिशाली क्षत्रिय राजवंश के लोग एक क्षेत्र के पहले से रहते आए जनजातियों (अहीर, भील, मेव, मेड आदि) को खदेड़कर उस इलाके में बाहर से कृषकों, ब्राह्मणों, व्यापारियों तथा कारीगरों को लाकर बसाते हैं और पूरे इलाके पर अपना आधिपत्य स्थापित करते हैं।[3] यह भी देखा गया है कि लंबे समय में अकसर नए राजवंशों व आदिवासी कबीलों के बीच कुछ समझौता हो जाता है जिसके तहत नई राज्य व्यवस्था में इन कबीलों की कुछ न कुछ भूमिका तय की जाती है। उदयपुर के सिसोदियों के संदर्भ में कहा जाता है कि हालांकि वह राज्य छल से भीलों को खदेड़कर स्थापित किया गया था, फिर भी वहाँ राजा के राज्याभिषेक में राजा को तिलक लगाने का अधिकार भील मुखिया का ही था।[4] कुछ इसी प्रकार की बात नागपुर के भोंसला राजाओं व गोंड राजाओं के संदर्भ में कही गयी है।[5]

इस मॉडल के विपरीत एक और मॉडल मिलता है जिसे हम 'नाग कन्या' मॉडल की संज्ञा दे सकते हैं। इस मॉडल के उत्पत्ति मिथकों के अनुसार कोई बाहरी समाज का नवजवान (ब्राह्मण, ऋषि, राजा या राजकुमार) किसी स्थानीय कबीलाई कन्या (जिसे अकसर नाग कन्या कहा जाता है) से प्रेम विवाह कर लेता है और उनकी संतान नया राज्य स्थापित करती है। इस प्रकार के मिथक पल्लव राजवंश के संदर्भ में मिलते हैं और समूचे दक्षिण पूर्व एशिया के राजघरानों के संदर्भ में भी मिलते हैं।[6] वास्तव में ये मिथक कबीलाई समाज में बाहरी तत्वों के मेल-जोल से आंतरिक परिवर्तनों की ओर इशारा करते हैं जिनके फलस्वरूप कबीलाई परम्पराओं की जगह नई राज्य व्यवस्था ने ले ली।[7] इनमें न कबीले के लोगों को खदेड़ने की बात आती है न ही बाहरी लोगों के वर्चस्व स्थापना की बात है। ये मिथक साथ में एक और प्रक्रिया की ओर इशारा करते हैं–दक्षिण भारतीय समाज आमतौर पर द्रविड़ बंधुत्व रिश्तों पर आधारित रहा है।[8] इनके तहत समाज में महिलाओं का स्थान महत्त्वपूर्ण होता है। इनमें आम तौर पर शादी लड़के की मामा की बेटी या बुआ की बेटी से होती है जिस कारण लड़की व उसके माँ-बाप की हैसियत परिवार में महत्त्वपूर्ण रहती है।[9] कुछ समूहों में मातृसत्ता या मातृअन्वय व्यवस्था भी देखी जा सकती है। यानी एक तरह से सत्ता शादी करने वाली कन्या के माध्यम से उसके प्रेमी या पति को प्राप्त होती है। पल्लव राजवंश के वेलूरपालैयम

ताम्रपत्र में कहा गया है कि एक पूर्वज राजा वीरकूर्च ने अपनी नागवंशी पत्नी से शाही चिह्न प्राप्त किया। इन मिथकों को एक मातृसत्तात्मक व्यवस्था से पितृसत्तात्मक व्यवस्था की ओर संक्रमण का द्योतक भी माना जा सकता है।

तो हमारे समक्ष दो प्रमुख मॉडल हैं कबीले से राज्य बनने के सम्बन्ध में– एक जिसमें कबीलों को खदेड़कर बाहरी विजयी योद्धा अपनी हुकूमत स्थापित करते हैं और दूसरे में बाहरी तत्वों की प्रेरणा से कबीलाई समाज में आंतरिक परिवर्तन होकर राज्य स्थापित होता है। गढ़ा के गोंड राज्य के मिथकों व इतिहास से यही प्रतीत होता है कि वह दूसरे मॉडल का एक प्रकार था। इस दूसरे मॉडल में उभरने वाले राज्यों पर कबीलाई परम्पराओं की छाप दिखने की संभावना काफी अधिक है।

मध्यकाल के कबीलाई राज्यों का अध्ययन

गोंड राज्य के उदय को समकालीन राजनैतिक व सामाजिक प्रक्रियाओं से जोड़कर देखने की जरूरत है। लगभग सन् 1999 के बाद दक्षिण एशिया में कई तरह के राजतंत्र मौजूद थे। एक तरफ वंश आधारित राजपूत राजतंत्र (जो कि अपने पूर्व मध्यकालीन स्वरूप को बदलकर परवर्ती स्वरूप धारण कर रहा था), दूसरी ओर योद्धा-नौकरशाही आधारित देहली सल्तनत जो कि 1999 के आसपास विघटित होकर क्षेत्रीय राजतंत्रों में परिवर्तित हो रही थी और सुदूर दक्षिण में स्थानीय स्वशासी इकाईयों पर आधारित राजतंत्र जो अपने आपको सल्तनत की चुनौती का सामना करने के लिए परिवर्तित कर रहा था (विजयनगर साम्राज्य के रूप में)। यानी, 1949 के बाद की दो शताब्दियाँ हर प्रकार के राजतंत्र के लिए एक महत्त्वपूर्ण आंतरिक परिवर्तन का दौर था। इस कालखण्ड में इन विभिन्न राजतंत्रों के अंशों को मिला-जुलाकर नई व्यवस्थाएँ स्थापित करने के प्रयास हो रहे थे। जो भी राज्य उभर रहा था उसके पास कई सारे माडलों से प्रेरणा लेने का मौका था।

लगभग उसी समय आंतरिक बदलाव की प्रक्रियाओं से भारत में कई कबीलाई राज्य उभर रहे थे। उत्तर पूर्व में अहोम राज्य की स्थापना हो रही थी, बिहार और झारखण्ड में चेरो राज्य की स्थापना हो रही थी और बंगाल में भूमिज राज्य की। ये सारे कबीलों से ही उभर कर आ रहे थे। (कुछ हद तक यह भी कहा जा सकता है कि देहली का लोदी साम्राज्य भी अफगान कबीलों के बीच में से ही उभरा।) अतः उनका तुलनात्मक अध्ययन काफी फायदेमंद रहेगा।

कबीलों की पृष्ठभूमि से उभर रहे राज्यों के संदर्भ में कुछ महत्त्वपूर्ण सवालों पर गौर करना होगा :

1. राज्य किस हद तक कबीले के बंधुत्व रिश्तों से उभरकर एक स्वतंत्र सत्ता स्थापित करता है?
2. राज्य कबीले के ढाँचों का किस हद तक उपयोग करता है?

3. राज्य के आय के स्रोत कैसे सुनिश्चित किये जाते हैं–किस हद तक कबीले के लोगों का श्रम और धन पर राज्य का नियंत्रण बन सका?
4. राज्य किस प्रकार अपनी ही प्रजा के बीच वैधता और वर्चस्व स्थापित करता है और किस प्रकार अन्य राज्यों के बीच अपनी वैधता स्थापित करता है?

मध्यकालीन, मध्य भारतीय कबीलाई राज्यों का इस संदर्भ में अध्ययन सबसे पहले सी यू विल्स ने 1998-1992 में किया था।[10] एक लंबे अंतराल के बाद इस काम को जारी रखा प्रसिद्ध नृशास्त्री सुरजित सिन्हा[11] और सुरेश सिंह ने।[12]

छत्तीसगढ़ के राजपूत राज्यों के संदर्भ में विल्स का कहना था कि वे वास्तव में एक कबीलाई समाज पर आरोपित किये गए थे। इस कारण केन्द्रीय सत्ता अधिक सशक्त नहीं बन सकती थी। राज्य को अपने आपको समाज के अनुरूप ढालना पड़ा। इस कारण पुराने कबीलाई संगठन व मुखियाओं को राज्य में स्थान देना पड़ा। उनका मानना था कि छत्तीसगढ़ के गढ़ वास्तव में पुराने कबीलाई कुनबों के क्षेत्र पर आधारित थे जिन्हें राजपूतों ने व्यवस्थित किया। मगर उनका मूल तत्व पुराना कबीलाई कुनबा क्षेत्र ही रहा। उनके अनुसार इसका नतीजा यह हुआ कि ''एक पुरानी कबीलाई संरचना पर एक सामंती व्यवस्था को आरोपित किया गया।''[13] जहाँ तक गढ़ा राज्य का सवाल था, विल्स का मानना था कि उसने अपने कबीलाई पृष्ठभूमि को काफी हद तक नकार दिया और राजपूत राज्यों के बीच में एक और राजपूत राज्य के रूप में स्थापित होने का प्रयास किया।[14] (लेकिन चाँदा और देवगढ़ के गोंड राज्यों ने अपनी गोंड पहचान को बनाए रखा।)

विल्स की ही बात को आगे बढ़ाते हुए सुरजित सिन्हा लिखते हैं कि हालांकि चेरों, या भूमिज या गढ़ा राज्य कबीले के आंतरिक परिवर्तन के परिणाम थे, जो राज्य व्यवस्था उभरी वह काफी हद तक हिन्दू-राजपूत राज्य की अवधारणा से प्रेरित थी। ये राजा अपने आपको राजपूत स्थापित करने का प्रयास करते रहे और उन्होंने ब्राह्मणों को बड़े पैमाने पर दान और आश्रय दिया। इन ब्राह्मणों ने भी राजपूत आदर्शों को फैलाने में अपनी भूमिका निभायी।। फलतः जो राज्य स्थापित हुआ उसका आधार तो कबीलाई था मगर उसके ऊपर की संरचना सामंती थी। सिन्हा इस बात की ओर ध्यान आकर्षित करते हैं कि इस तरह के राज्य उन्हीं कबीलों के बीच उभरे जिन्होंने स्थायी कृषि को अपनाया। स्थायी कृषि अपनाने का एक नतीजा यह रहा कि सामाजिक संरचना केवल खून के रिश्तों पर आधारित न होकर उसमें क्षत्रीयता को भी एक आधार बनाया गया। (मण्डला क्षेत्र की गोंडों के सामाजिक संरचना में गढ़ों का महत्त्व इस संदर्भ में उल्लेखनीय है; गोंड राज्य के प्रशासन में भी गढ़ों का खासा महत्त्व रहा।) जो समाज अभी भी झूम खेती पर निर्भर थे वे ऐसे राज्य का भार वहन नहीं कर सके (जैसे बस्तर के पहाड़ी माड़िया) सिन्हा मानते हैं कि इन राज्यों की स्थापना का एक महत्त्वपूर्ण नतीजा यह था कि कबीलाई समाज विघटित होने लगा और उनमें ऊँच-नीच की भावना के आधार पर विभेद उत्पन्न होने लगे।[15]

विल्स और सिन्हा दोनों गढ़ा राज्य द्वारा कल्पित पहचान पर अत्यधिक जोर देते हैं और लोक परम्परा, जिसने इस राज्य को लगातार गोंडों का राज्य माना, को नजरंदाज करते हैं। यह याद रखने योग्य है कि सन् 1857 में भी जब गोंड सतपुड़ा क्षेत्र में बड़े पैमाने पर विद्रोह करने लगे, तो गढ़ा राज्य परिवार उसका एक केन्द्र बिन्दु बना और कंपनी हुकूमत ने शंकर शाह को तोप के मुँह से उड़ाया। यानी गढ़ा राज्य के खत्म होने के लगभग एक शताब्दी बाद भी गोंडों में उस राज परिवार के प्रति श्रद्धा बनी रही। कहने का मतलब यह है कि हमें उन राज्यों द्वारा कल्पित पहचानों के अलावा दूसरे स्रोतों पर भी ध्यान देना होगा।

यह कहना कि गढ़ा के शासकों ने राजपूत मॉडल को स्वीकार किया एक सीमित हद तक ही ठीक है। यह सही है कि गढ़ा के राजाओं ने राजपूतों से शादी की और जौहर जैसी राजपूत प्रथाओं को स्वीकार किया, उन्होंने राजपूतों का अनुकरण करते हुए मंदिर बनवाए, ब्राह्मणों को अनुदान दिया और अपने राज्य में महत्त्वपूर्ण स्थान दिए। लेकिन राजपूत माडल का अभिन्न अंग है जमीन पर एक खास राजपूत वंश या भाईचारे (जैसे, कछवाहा, राठौर, चंदेल, बुंदेला आदि) का सशस्त्र नियंत्रण। इस तरह का नियंत्रण गढ़ा राज्य में मौजूद होने के प्रमाण नहीं हैं।

राज्य के संसाधन व आय के स्रोतों के संदर्भ में विल्स कहते हैं कि गढ़ा राज्य का स्वरूप सामंती था। राज्य कई छोटी जमींदारियों में बँटा था जहाँ के जमींदार शायद खुद गोंड कुनबों के मुखिया थे और अपनी जमींदारी में लगभग स्वतंत्र थे। उन्हें गढ़ा के राजाओं को केवल समय-समय पर सैनिक सहायता व भेंट देना पड़ता था। राजा की अपनी खालसा जमीन थी जिसकी आय पर राजा का अधिकार था। (इसी को वे कबीलाई आधार पर सामंती बाह्य ढाँचा कहते हैं)। यह गौरतलब है कि विल्स एक तरफ राज्य के राजपूतीकरण की बात करते हैं और दूसरी तरफ कबीलाई कुनबों के मुखियाओं के स्थानीय प्रशासन पर नियंत्रण की। जाहिर है कि यह विरोधाभासी है।

अगर हम यह मान भी लें कि गोंड राज्य किसी अन्य राजपूत राज्य की तरह था और गोंड समाज से उसका कोई विशेष सम्बन्ध नहीं था, फिर भी राज्य और उसके घटक समूहों के बीच के रिश्ते पर गौर करना होगा। राज्य अपने द्वारा शासित लोगों में अपनी हुकूमत की वैधता को कैसे स्थापित करता है वह भी एक जटिल और दिलचस्प मुद्दा है।

पिछले दो दशकों में उड़ीसा और छत्तीसगढ़ के राज्यों का गहन अध्ययन हुआ है और वहाँ का कबीलाई जनसामान्य और राज्य के बीच के रिश्ते पर विशेष काम हुआ है। हरमन कुल्के ने उड़ीसा में राज्यों के विकास का अध्ययन किया है। वे बताते हैं कि किसी भी राज्य को दो स्तरों पर वैधता प्राप्त करनी पड़ती है। एक तो अपने ही राज्य की प्रजा के बीच और दूसरा अपने समकक्ष अन्य राजाओं के बीच। अपनी प्रजा को राज्य से जोड़ने के लिए वे स्थानीय देवी-देवताओं को वृहद राजकीय धर्म में सम्मिलित करते हैं और दूसरे राजाओं के बीच अपने को स्थापित करने के लिए ब्राह्मणों

को दान देकर बसाते हैं। राज्य में कुशल प्रशासकों को लाने व एक केन्द्रीय सत्ता कायम करने में ब्राह्मणों की भूमिका महत्त्वपूर्ण थी।[16] हाल में प्रकाशित एक अध्ययन में नन्दिनी सुन्दर ने बस्तर के आदिवासी व काकतीय राजाओं के बीच के रिश्तों की विवेचना की है। उनके अनुसार आदिवासी प्रजा में यह धारणा प्रचलित थी कि राजा विभिन्न धार्मिक क्रियाएँ करके राज्य को खुशहाल रखता है। इन धार्मिक क्रियाओं में हर गाँव के देवी-देवता व राजकीय देवी-देवता शामिल होते थे। वे लोग यह भी मानते थे कि सभी लोगों को इस काम में राजा की मदद बेगार व लगान के माध्यम से करनी चाहिए। लेकिन वे यह नहीं स्वीकार करते थे कि जंगल व जमीन के उपयोग के लिए वे राजा को लगान दे रहे हैं। उनका मानना था कि जमीन और जंगल पर अधिकार तो आदिवासी लोगों का ही है। जब कभी लोगों को यह लगा कि राजा को कोई बाहरी ताकत भ्रमित करती है और जनहित के विपरीत काम करवाती है तो प्रजा का कर्त्तव्य है कि वह राजा को बलपूर्वक सही रास्ते पर लाए।[17] इस अध्ययन से राजा और प्रजा के बीच एक घनिष्टता दिखती है जो उस राज्य को वैधता प्रधान करती थी और उसकी ताकत थी और जो उसकी सीमा भी थी जिसके अंदर ही राजा को काम करना था। निरंकुश राज्य इस संदर्भ में स्थापित होना मुश्किल था। एक कबीलाई राज्य और एक निरंकुश राज्य के बीच की खाई को पाटने के लिए इस रिश्ते को लाँघना जरूरी था। गढ़ा राज्य के संदर्भ में हम आगे देखेंगे कि कुछ इसी प्रकार की घनिष्टता लोक परम्परा में गोंड राजाओं व गोंड लोगों के बीच उभरती है। हमें यह देखना है कि किस हद तक लोक परम्परा में व्यक्त यह घनिष्टता व्यवहार में थी और किस हद तक उसने एक निरंकुश राज्य के विकास को प्रभावित किया।

एक निरंकुश राज्य के विकास के लिए आय के स्रोतों पर नियंत्रण बहुत महत्त्वपूर्ण था। विकसित राज्यों में यह कृषकों से निश्चित लगान का स्वरूप लेता है। जो राज्य मध्य भारत के कबीलाई समाजों के बीच उभरे उनमें भू राजस्व व्यवस्था कितनी विकसित थी, यह एक महत्त्वपूर्ण सवाल है। बस्तर के संदर्भ में सुंदर बताती हैं कि वहाँ की प्रजा विभिन्न तरह के बेगार के माध्यम से राजा को संसाधन मुहैया कराती थी–बेगार ही वह मुख्य तरीका था जिसने राज्य को पोषित किया, धार्मिक क्रियाओं में (दशहरा) और लौकिक क्रियाओं में (रक्षा, सार्वजनिक निर्माण में)। काकतीय राज्य की सफलता इस बात में निहित था कि वह लोगों को मना पाया कि दोनों तरह के बेगार एक से हैं और राजा और राज्य की सेवा एक कर्त्तव्य भी है और प्रजा का अधिकार भी।[18] एक तो वे प्रत्येक गाँव में एक डाक बंगला की व्यवस्था करते थे जहाँ दौरे पर अधिकारी ठहरते थे, राजमहल की जरूरतों (लकड़ी लाना, महल की साफ-सफाई, आदि) को पूरा करते थे, राजा व जमींदारों के निजी जमीन पर कम से कम तीन दिन काम (जुताई, बुआई और कटाई पर) करते थे आदि। इनके अलावा जंगल व खेतों के उत्पादन का कुछ हिस्सा भी लगान के रूप में (कुछ अनाज और कुछ कौड़ियों में) दिया जाता था।[19]

1892 में भू-राजस्व व्यवस्था के बारे में लिखते हुए बेडन पौवेल कहते हैं कि गोंड राज्यों में (खासकर चुटिया नागपुर में) हर गाँव में राजा की कुछ जमीन होती थीं जिस पर लोगों को बेगार करना पड़ता था और जिसका उत्पादन राजकीय गोदाम में जाता था।[20] कुछ इसी तरह की व्यवस्था बंगाल के बाराभूम के भूमिज राज्य में थी।[21] शाहबाद और पलमाऊ के चेरो राज्य में राजा के अपने खालिसा गाँव थे। बाकी गाँव के लोगों को खालिसा गाँव के खेतों में बेगार करना होता था, प्रत्येक परिवार को लगभग 16 दिन इस तरह बेगार करना होता था। इसके अलावा कई छोटे बड़े भुगतान करने पड़ते थे।[22] इन बातों से लगता है कि कबीलाई समाज में अपने मुखिया के माध्यम से सार्वजनिक उपयोग के लिए कबीले के लोग जो श्रमदान करते थे उसने ही परिवर्तित होकर राजाओं के लिए बेगार का रूप ले लिया। लेकिन इस तरह की व्यवस्था केवल तब तक चल सकती थी जब तक गाँव के लोग इस तरह का बेगार करना स्वीकार करते क्योंकि गाँव के खेतों पर निगरानी रखने या उनका प्रबंधन के लिए कोई व्यवस्था थी, ऐसा नहीं प्रतीत होता है।

कुछ कबीलाई राज्यों (जैसे देवगढ़ राज्य और बिहार के चेरो राज्य) में राजा लगान के रूप में जंगली उत्पादन का एक हिस्सा ले लेते थे। लेकिन इस बात पर कोई स्पष्टता नहीं है कि क्या गढ़ा के राजाओं ने किसी वनोपज पर शासन का एकाधिकार स्थापित किया। ऐसा मुगल बादशाहों ने समय-समय पर किया। बीसवीं सदी में कई निजी व्यापारी कंपनियों ने बस्तर में इस तरह के एकाधिकार प्राप्त करने का प्रयास किया।

अगर हम यह स्वीकर करें कि गढ़ा का राज्य गोंड समाज के आंतरिक परिवर्तनों का नतीजा था और यह देखना चाहें कि गोंड समाज और गढ़ा राज्य के बीच क्या रिश्ता था, तो यह आवश्यक हो जाता है कि हम उस समाज के बारे में कुछ जानें।

राज व्यवस्था की ओर गोंड समाज

आज जिन्हें हम गोंड कहते हैं वे एक काफी विस्तृत इलाके में बसे हैं और कई तरह की भाषा व बोलियाँ बोलते हैं और सांस्कृतिक रूप से भी एक-दूसरे से काफी भिन्न हैं। एक तरफ बस्तर के रहने वाले माड़िया व मुड़िया हैं तो दूसरे तरफ मण्डला के गोंड हैं, और सागर दमोह, शहडोल आदि जिले के छत्तीसगढी बोलने वाले कृषक हैं, और पश्चिम में सतपुड़ा और उसके दक्षिण में दक्कन के पठार में रहने वाले लोग हैं। वे सब एक-दूसरे से काफी फर्क हैं फिर भी अपने आप को गोंड मानते हैं। हालांकि वर्तमान में एक बड़े क्षेत्र के गोंड छत्तीसगढ़ी भाषा को अपनाए हैं, उनमें भी कुछ सीमित मात्रा में गोंडी भाषा का चलन है। पूर्व, पश्चिम व दक्षिण के गोंडी में काफी अंतर है, फिर भी इनमें एक बुनियादी समानता है। गोंडी भाषा मुख्यतः द्रविड़ भाषा परिवार का सदस्य है। अगर सारे गोंडों में कोई एक और विषय पर समानता है तो वह है, उन सबका द्रविड़ बंधुत्व संगठन को स्वीकार करना जिसके तहत लड़का अपनी भाँजी, अपने मामा

की लड़की या बुआ की लड़की से शादी करता है, लेकिन मौसी की लड़की या चाचा या ताऊ की लड़की को अपनी बहन मानता है।[23] यह बुनियादी पहचान गोंडों को कोरकू या भीलों से अलग करता है। ये लोग न केवल मुंडा या इंडो आर्यन भाषा बोलते हैं, वे द्रविड़ नियमों के अनुरूप शादी नहीं करते।

हाल के अध्ययनों से पता चलता है कि जनजातियों के बनने व विघटित होने की प्रक्रियाएँ इस उपमहाद्वीप के इतिहास में सतत चल रही थीं। इरफान हबीब बताते हैं कि चर्चित अफगान कबीले सल्तनत काल तथा उसके बाद ही सुगठित होकर इतिहास के पटल पर प्रवेश पाते हैं।[24] कुछ इसी तरह गोंड कबीले भी संभवतः मध्य काल में सुगठित हुए होंगे क्योंकि इनका प्राचीन काल के स्रोतों में कोई उल्लेख नहीं मिलता है। स्पष्ट उल्लेख मध्यकालीन इस्लामी स्रोतों से ही मिलने लगता है। परन्तु कई प्राचीन व पूर्व मध्यकालीन ऐतिहासिक साक्ष्यों से इस बात की पुष्टि होती है कि मध्य भारत में द्रविड़ बंधुत्व रिश्तों को स्वीकार करने वाले लोग काफी तादाद में रहते थे। अतः इस बात की प्रबल संभावना है कि सल्तनत व उसके बाद के काल में द्रविड़ भाषी व द्रविड़ बंधुत्व वाले ये लोग आपसी मेल-जोल से संगठित हुए और एक नई कबीलाई पहचान को स्वीकार किया और अपने आप को गोंड कहने लगे।[25] गोंड कबीलों का गठन और गोंड राज्य की स्थापना दोनों साथ में ही विकसित होने वाली प्रक्रियाएँ रही होंगी और इन्होंने एक-दूसरे को बल दिया होगा। (इस मुद्दे पर हम आगे और चर्चा करेंगे।)

गोंड समाज मुख्य रूप से एक खेतिहर समाज है। लेकिन गोंडों के आर्थिक जीवन में जंगलों का काफी महत्त्व था और जंगल का दोहन (शिकार, कंद-मूल, फल व लकड़ी का संग्रहण) उनकी जीविका का एक महत्त्वपूर्ण साधन था। यानी इसे एक पूर्ण रूप से कृषि आधारित समाज नहीं कहा जा सकता है।

बाहरी दुनिया ने इस प्रक्रिया से विकसित हुए गोंड समाज को असभ्य माना। इस तरह की छवि बनाने में आसपास के उच्च वर्णों का हाथ जरूर रहा होगा। गोंडों के बारे में जो टिप्पणी अबुल फज़्ल करता है वह इसी मानसिकता की उपज है —"ये लोग जंगली इलाकों में रहते हैं और अपना समय खाने-पीने और बच्चे पैदा करने में जाया करते हैं। यह एक अतिनिम्न स्तर की कौम है और हिन्दुस्तान के लोग इन्हें हेय दृष्टि से देखते हैं और उनके लिए गोंड जातिभ्रष्ट लोग हैं जो उनके धर्म और कानूनों को नहीं मानते हैं।"[26]

लेकिन गौर करने की बात यह है कि इसी प्रक्रिया से गोंडों की जो आत्म छवि बनी वह मुगलों व राजपूतों की छवि से काफी भिन्न थी। यह आत्म छवि आज भी गोंडों की लोक गायकी व मौखिक परम्पराओं में देखी जा सकती है। हम खुशकिस्मत हैं कि 1965 में आदिमजाति अनुसंधान और प्रशिक्षण परिषद ने गोंडवानी गायकी का संकलन करके प्रकाशित किया। इसमें गोंडों व राज गोंडों की उत्पत्ति के बारे में जो मिथक समाविष्ट हैं वह उनकी मानसिकता को समझने में काफी मदद करते हैं।[27]

मण्डला जिले से संग्रहीत यह उत्पत्ति मिथक आदिलाबाद के राजगोंडों के उत्पत्ति मिथकों से अलग हैं और इन पर ब्राह्मणों की पौराणिक कथाओं का काफी असर देखने को मिलता है। संक्षेप में यह कहानी इस प्रकार है : संसार की रचना करने के बाद ब्रह्मा विचार करते हैं कि इसका पालन कौन करेगा। वे क्रमशः ब्राह्मण, क्षत्रिय और गोंड को बुलाकर पूछते हैं। ब्राह्मण कहता है कि मैं खुद दूसरों से माँगकर खाता हूँ, मैं कैसे सबका पालन कर सकता हूँ। क्षत्रिय भी मना कर देता है, यह कहकर कि अगर किसी को मारना हो तो मुझे बताओ, दुनिया में कोई जीव नहीं बचेगा, लेकिन पालन करना मेरे बस की बात नहीं है। अंत में वे गोंड को बुलाकर पूछते हैं। गोंड को न कहना नहीं आता है, सो उसने ब्रह्मा से कह दिया, कि मैं पालन करूँगा, आप चिंता छोड़ो। ब्रह्मा खुश होकर उसे हल और एक जोड़ी बैल देकर किसानी करने को कहते हैं। लेकिन अब समस्या यह खड़ी हो गई कि सारे गोंड एक-दूसरे से लड़ने लगे। अब एक बार फिर ब्रह्मा आते हैं और गोंड के शरीर को मथते हैं। उससे तरह-तरह के लोग निकलते हैं, तीर कमान लिए भील जिसे नर्मदा के अंतिम सिरे के पहाड़ियों में भेजा जाता है जहाँ वह रैयत को लूटकर खा सकता है—कुल्हाड़ी के साथ बैगा निकलता है जिसे नर्मदा के दूसरे सिरे की पहाड़ियों में कंद-मूल खोदकर खाने को भेज दिया जाता है—फिर हल लेकर गोंड निकलता है जिसे खेती-बाड़ी करने को भेजा जाता है, फिर निकलते हैं कुदाल और कुल्हाड़ी लिए कोल और भरिया जिन्हें गोंड की मदद के लिए भेज दिया जाता है। अंत में राजगोंड कुर्रा लेकर निकलता है और उसे राजा घोषित किया जाता है।[28]

मिथक का ढाँचा ब्राह्मणों के पौराणिक उत्पत्ति मिथकों से जरूर लिया गया है, खासकर पृथु वैण्य मिथक से (जहाँ वेण के शरीर को मथने से तरह तरह के लोग निषाद आदि निकलते हैं और अंत में पृथु निकलता है जिसे पृथ्वी की रक्षा का जिम्मा सौंपा जाता है)। फिर भी उसका मूल भाव दक्षिण भारतीय कृषक समाजों (जैसे वेल्लाल) की आत्म छवि से काफी मेल खाता है। इसमें हल चलाकर अन्न पैदा करने वाले किसान को सर्वश्रेष्ठ दर्जा दिया गया है और उसे संसार के समस्त जीवों का आधार माना गया है। अन्य समकक्ष जातियों को (भील, बैगा, कोल आदि) को उसके सहायक या अनुज के रूप में दर्शाया गया है। यहाँ तक कि राजा को भी गोंड समाज की ही एक शाखा माना गया है। यह विचारधारा सुदूर दक्षिण के वेल्लाल समाज की आत्म छवि से काफी मेल खाता है।[29]

गोंडों के सामाजिक संगठन को लेकर कई विरोधाभासी वर्णन हैं। संभवतः इसका एक कारण यह भी है कि विभिन्न विद्वान अलग-अलग क्षेत्रों में रहने वाले गोंडों का अध्ययन कर रहे थे। सागर से लेकर आदिलाबाद तक रहने वाले गोंडों को एक सूत्र में बाँधना शायद उचित नहीं होगा। फिर भी गोंड जहाँ भी रहते हों, कुछ निश्चित पितृअन्वय वाले कुनबों में बँटे होते हैं। ये सारे कुनबे दो या चार धड़ों में विभाजित हैं (जिन्हें अंग्रेजी में फ्रेट्री कहते हैं) और उनके अंदर शादी वर्जित है और एक धड़े के सारे लोग भाई-बहन माने जाते हैं। प्रत्येक कुनबे के कुछ खास मिथक हैं और एक

खास संख्या के देवी-देवताओं को पूजते हैं और पूजनीय जानवर या पौधे होते हैं। आदिलाबाद क्षेत्र में हैमेन्डार्फ बताते हैं कि प्रत्येक कुनबे का अपना मुखिया होता है और एक पुजारी भी होता है। आपसी झगड़े सुलझाना और बाहरी समूहों (दूसरे कुनबे, गोंड राजा, अन्य राजा, दूसरी जातियाँ आदि) से लेन-देन में मुखिया की भूमिका अहम होती है।[30] लेकिन यह स्पष्ट नहीं है कि क्या इस तरह की व्यवस्था दूसरे जिलों में भी है।

स्टीफेन फुश बताते हैं कि मण्डला क्षेत्र में गोंड कुनबे गढ़ों के इर्द-गिर्द संगठित हैं।[31] हर कुनबे का अपना गढ़ होता है और उस गढ़ के किसी खास राजा को वे याद करते हैं। फुश द्वारा दी गई सूची से पता चलता है कि कुछ गढ़ों से एक से अधिक कुनबे सम्बन्धित हैं और कुछ कुनबे कई गढ़ों से अपना नाता जोड़ते हैं। (उनकी सूची से एक महत्त्वपूर्ण जानकारी मिलती है कि गोंड राज्य के कुछ प्रमुख गढों (जैसे, गढ़ा, लांजी, चौरागढ़, देवगढ़, चाँदा, पालीगढ़ आदि) पर मरावी कुनबे का अधिकार था। हैमेन्डार्फ बताते हैं कि मरावी सात देवता वाला कुनबा है जिसे अन्य कुनबों की तुलना में वरीयता प्राप्त थी।[32] संभवतः इस कुनबे और गोंड राजवंश के बीच कुछ विशेष रिश्ता रहा होगा। इस विषय पर और खोजबीन करने से शायद गोंड राजवंश और गोंड कबीले के बीच की खोई हुई कड़ी मिल सकती है।)

बहरहाल मुख्य बात यह है कि गोंड कबीला केवल खून के रिश्तों से नहीं बल्कि क्षेत्रीयता से भी बंधा था जिसने कि राज्य व्यवस्था की ओर बढ़ने में उनकी मदद की। इस बात का गोंड राज्य की प्रशासन व्यवस्था के लिए भी काफी महत्त्व था, जिसके बारे में हम आगे चर्चा करेंगे।

उपरोक्त बातों से लगता है कि गोंड समाज एक बिखरा हुआ या खंडित कबीला न होकर एक सुगठित समाज के रूप में विकसित हुआ था और वह एक हद तक केन्द्रीकृत सत्ता की ओर भी बढ़ रहा था। इसमें कुनबों के मुखिया, गढ़ों से सम्बन्धित कुनबों के मुखिया (राजा) काफी महत्त्वपूर्ण थे।

मालवा सल्तनत के स्रोतों से पता चलता है कि पंद्रहवीं शताब्दी तक कई प्रबल मुखिया हो गए थे, जिनसे मालवा के सुल्तान तोहफे देकर दोस्ती करना चाहते थे ताकि उन्हें हाथियों का एक सुनिश्चित प्रदाय होता रहे।[33]

एक सुगठित और स्तरीकृत कबीले के रूप में गोंडों के उभरने के पीछे केवल स्थायी खेती ही नहीं थी बल्कि एक विकसित व्यापार तंत्र भी होगा। इस बात का अंदाज़ हमें कई साक्ष्यों से मिलता है। पहला तो यह है कि गोंड राजा अपने संचयित धन के लिए काफी प्रसिद्ध थे। अबुल फज्ल बताता है कि सामाजिक तौर पर संग्रामशाह निम्न श्रेणी का होते हुए भी चंदेल राजपूतों ने उससे वैवाहिक सम्बन्ध स्वीकार इसलिए किया क्योंकि वह बहुत धनी था। बाद में अबुल फज्ल ही बताता है कि चौरागढ़ से कल्पनातीत धन हासिल हुआ जिसमें उल्लेखनीय था अलाउद्दीन खल्जी के सोने के सिक्के से भरे कई घड़े।[34] यह एक स्वाभाविक सवाल है कि जहाँ एक तरफ अलाउद्दीन

ने दक्षिण के राज्यों के संचयित धन को लूटकर सिक्के ढलवाया, वे ही सिक्के बिना किसी बड़े राज्य को हराकर या लूटकर चौरागढ़ में कैसे पहुँचे। संग्रामशाह ने कम से कम तीन बार सोने के सिक्के जारी किए।[35] यह ध्यान देने योग्य है कि मेवाड़ जैसे समकालीन राजपूत राज्यों के सिक्के नहीं मिलते हैं जबकि सुदूर वनांचल के गोंड राजाओं के सिक्के मिलते हैं। तो सवाल फिर उठता है कि यह सारा धन कहाँ से व कैसे आया। इस सवाल का कुछ हद तक जवाब के. एस. लाल देते हैं। वे हमारा ध्यान 1903 में मदन महल के पास मिले सिक्कों के एक ज़खीरे की ओर आकर्षित करते हैं। संभवतः यह दलपतिशाह या रानी दुर्गावती के समय में छिपाया गया था क्योंकि इसमें जो सबसे बाद का सिक्का मिला है वह 1533 का है। इस ज़खीरे के बारे में लाल लिखते हैं–गढ़ा व मदन महल के बीच में खोजे गए एक जखीरे में दिल्ली, कश्मीर, गुजरात, मालवा, बहमनी राज्य व जौनपुर के मुसलमान शासकों के सिक्के मिले हैं जिनकी तारीखें 1311 से लेकर 1533 तक की हैं।[36] इससे अनुमान लगाया जाता है कि इस क्षेत्र का पूरे भारत के साथ व्यापारिक रिश्ता रहा होगा, और यहाँ से निर्यात अधिक और आयात कम होता होगा। अब सवाल है कि इस अंचल से व्यापार किन चीज़ों का होता होगा। जैसा हमने शुरू में देखा था इस अंचल के दो प्रमुख संसाधन थे, जंगल और उपजाऊ घाटियाँ। अबुल फज्ल के अनुसार यहाँ से हाथी पकड़कर काफी बड़ी तादाद में बाहरी राज्यों को भेजे जाते थे। हमें याद रखना होगा कि प्रशिक्षित युद्ध हाथी उस जमाने में उतना ही महत्त्व रखता था जितना आजकल के लड़ाकू विमान या टैंक। अबुल फज्ल यह भी बताता है कि यहाँ का कृषि उत्पादन दक्कन और गुजरात की जरूरतों को पूरा कर सकता था। इसके अलावा हम अन्य वनोपज को जोड़ें तो देखेंगे कि यहाँ का निर्यात व्यापार काफी सशक्त रहा होगा। इन सब बातों का यह मतलब निकलता है कि कबीले के आम सदस्य तक इस व्यापार में किसी न किसी रूप में शामिल रहे होंगे, और उसका असर पूरे कबीले की संरचना पर पड़ा होगा। इसकी पुष्टि कुछ हद तक इस बात से होती है कि संग्रामशाह ने इस क्षेत्र में पहली बार त्रिधातु आधारित मुद्रा व्यवस्था कायम करने का प्रयास किया। इसके तहत राज्य में समानान्तर सोना, चाँदी और ताँबे के सिक्के चलन में थे। हालांकि यह व्यवस्था दिल्ली सल्तनत में स्थापित हुई थी, पर यह बीच में सोना व चाँदी की कमी के कारण शिथिल पड़ गयी थी। इसे फिर से 16वीं सदी में शेरशाह ने लगभग संग्रामशाह के ही समय में पुनःस्थापित किया। संग्रामशाह द्वारा शेरशाह के समय या उससे भी पहले त्रिधातु मुद्रा व्यवस्था स्थापित करना दो महत्त्वपूर्ण बातों की ओर इशारा करता है–पहला यह कि उसके राज्य में सोना व चाँदी का पर्याप्त आगमन था। दूसरा मुद्रा आधारित लेन-देन जन सामान्य तक पहुँच गया था जिसके कारण तांबे का सिक्का भी सोना व चाँदी के साथ चलने लगा था।

अगर हम इन महत्त्वपूर्ण तथ्यों को जोड़कर देखें और विचार करें कि इनका एक कबीलाई समाज पर क्या प्रभाव पड़ा होगा, तो स्पष्ट होगा कि वह समाज एक तेज़

परिवर्तन के दौर से गुजर रहा होगा। कबीलाई समाज बाहरी समाज व व्यवस्थाओं से लेन-देन के लिए खुलने के लिए तैयार हो रहा होगा और एक बंद कबीलाई व्यवस्था विघटन की ओर बढ़ रही होगी। यानी गोंड समाज एक व्यापक व्यवस्था में अपनी भूमिका देख रहा था और उससे फायदा उठाने के लिए अपने आप को खोलने के लिए तैयार हो रहा था। इसका एक स्वाभाविक नतीजा था समाज का स्तरीकरण और इस बात को स्वीकार करना कि गोंड राज्य केवल गोंड समाज का नहीं होगा बल्कि एक समग्र समाज का होगा। यह जरूर था कि इस राज्य में गोंडों का वर्चस्व होगा, मगर यह उनकी एकलौती बपौती नहीं बना रहेगा। संग्रामशाह और दुर्गावती के समय में जो परिवर्तन देखने को मिलते हैं वे इसी बात के द्योतक हैं।

साथ ही हमें ध्यान रखना चाहिए कि कबीलाई समाज विघटन के कगार पर था लेकिन अभी विघटित नहीं हुआ था। आगे मुगल स्रोतों के संदर्भ में हम देखेंगे कि कैसे गोंड मुखियाओं की शक्ति का आधार अभी भी कबीलाई परम्परा थी न कि कोई स्वतंत्र राज सत्ता।

गढ़ा राज्य की उत्पत्ति के मिथक और राज्य का स्वरूप

गढ़ा राज्य एक गोंड राज्य था यह बात उस राज्य के किसी दस्तावेज से नहीं पता चलती है, न ही समकालीन मुगल दस्तावेजों से। यह बात हमें बाद के मराठी दस्तावेजों से तथा स्थानीय लोक परम्परा से पता चलती है। निश्चय ही यह एक आश्चर्यजनक बात है और एक विडम्बना भी कि उस राज्य के राजाओं ने खुद को गोंडों से नहीं जोड़ना चाहा था[37] लेकिन जनमानस उन्हे गोंड मानता रहा। लेकिन साथ में एक उल्लेखनीय बात भी है। अगर गढ़ा के राजाओं ने अपने आपको गोंड नहीं कहा तो उन्होंने अपने राज्य के लिए कोई और संज्ञा का भी उपयोग नही किया। (यह व्यवहार देवगढ़ या चाँदा के राजाओं के व्यवहार से काफी अलग था। उन दोनों ने अपने गोंड होने की बात पर जोर दिया। यहाँ तक कि देवगढ़ के राजा ने अपने धर्मांतरण के बाद भी अपने समाज से नाता नही तोड़ा और शादी-ब्याह में गोंड रस्मों को प्रधानता दी।) किसी राज्य को अपने आपको किसी वंश या कबीले से न जोड़कर एक स्थान (गढ़ा) से जोड़ना उसके स्वरूप के बारे में एक महत्त्वपूर्ण कथन है। इस बात के महत्त्व पर हम आगे समीक्षा करेंगे।

आमतौर पर किसी राजवंश का शिलालेख खासकर उसके मध्यम चरण में उस वंश की उत्पत्ति के बारे में कुछ कहानियाँ या मिथक प्रस्तुत करता है। इस मिथक के सहारे वह राज्य अपनी वैधता तो स्थापित करने का प्रयास करता है, साथ ही उस राज्य की संरचना के बारे में महत्त्वपूर्ण सुराग भी देता है। रामनगर शिलालेख इसका अपवाद है।[38] उसमें कोई उत्पत्ति मिथक नहीं है, केवल लंबी वंशावली है और ऐतिहासिक राजाओं की प्रशंसा है। यानी गढ़ा के राजाओं ने अपनी वंशावली को ही

अपनी वैधता का आधार माना। लेकिन इस राज्य की उत्पत्ति के बारे में मिथक प्रचलित हैं, कुछ गोंड समाज के बीच और कुछ उस राज्य के ब्राह्मण पुरोहितों व मंत्रियों के वंशजों के बीच।

गोंडवानी गीतों के संदर्भ में हमने गोंड लोगों के बीच प्रचलित गोंड राज्य के उत्पत्ति मिथक के बारे में पढ़ा। इसके अनुसार ब्रह्मदेव ने गोंडों को संसार के पालन पोषण का जिम्मा दिया क्योंकि वह खेती करता था। लेकिन शीघ्र ही पाया कि वे आपस में लड़ने लगे और कोई भी किसी की भी बात नहीं मान रहा है। ऐसे में एक राज्य की जरूरत महसूस हुई और प्रथम राजगोंड एक गोंड के शरीर को देवताओं द्वारा मथने से पैदा हुआ और उसे संसार की रक्षा का काम सौंपा गया। जैसा कि हम पहले ही कह चुके हैं यह पौराणिक पृथु वैण्य मिथक से काफी मेल खाता है। एक पौराणिक अंदाज में इसमें राजगोंडों के राज करने के अधिकार पर चर्चा है केवल गढ़ा राज्य की स्थापना पर नहीं। इसका एक कारण यह हो सकता है कि गोंड समाज में गढ़ा राज्य की वैधता को लेकर चिंता नहीं थी, बल्कि धरती पर गोंडों की भूमिका और सत्ता, उनके चिंता के केन्द्र में थे।

ब्राह्मणों में प्रचलित मिथक हम तक अंग्रेज अफसरों के माध्यम से प्रेषित होकर आते हैं।[39] तो इसमें ब्राह्मणों ने क्या सोचा और वे अंग्रेजों को क्या बताना चाहते थे और अंग्रेज उसे कैसे प्रस्तुत करना चाहते थे, ये सभी बातें इन मिथकों पर अपनी छाप छोड़ती हैं।

अंग्रेज अफसर-इतिहासकारों के अनुसार इस राज्य के उदय के बारे में दो प्रमुख मिथक प्रचलित हैं। पहले मिथक में एक गोंड कन्या एक चमत्कारी नाग युवक से शादी करती हैं—इस गोंड-नाग युगल का प्रपौत्र था यादवराय जो गढ़ा का पहला राजा बना। दूसरे, और शायद अधिक प्रचलित मिथक के अनुसार गोदावरी तट से आए यादवराय को सपना आया कि वह एक ब्राह्मण सर्वे पाठक की मदद से राजा बनेगा। फिर यादवराय ने स्वयंवर में गोंड राजा की कन्या से शादी कर ली। राजा का कोई और उत्तराधिकारी न होने के कारण उसकी मृत्यु के बाद यादवराय राजा बना। उसने सर्वे पाठक को अपना आमात्य बनाया।

दोनों मिथकों में एक मुख्य समानता है—दोनों में गढ़ा राजवंश के प्रवर्तक को गैर गोंड मानना—लेकिन गोंडों से उसका सम्बन्ध गोंड कन्या से शादी के द्वारा बना। यह सम्बन्ध उसके शासक बनने के लिए जरूरी समझा गया। यह एक महत्त्वपूर्ण बात है। किसी कबीलाई व्यवस्था में कबीले का मुखिया या कोई भी सदस्य उस कबीले की परम्पराओं व रीति-रिवाजों से बंधे होते हैं। उन्हें तोड़कर नई परम्पराएँ (जो राज्य स्थापित करने के लिए जरूरी है) स्थापित करना उनके लिए खासा मुश्किल है। अतः जहाँ भी राज्य जैसी नई परम्पराओं को स्थापित करने की बात आती है तो किसी बाहरी व्यक्ति की (वास्तविक या काल्पनिक) जो कबीले के नियमों से बँधा नहीं है, आवश्यकता पड़ती है।

यहाँ पर एक और उल्लेखनीय बात है। यहाँ एक बाहरी व्यक्ति का जिक्र है न किसी वंश या कबीले का। यानी उसकी स्थिति एक साहसिक की थी। अतः इस क्षेत्र में उसकी सत्ता गोंडों से बने विवाह सम्बन्ध पर निर्भर थी।

शुरू में जो विडम्बना हमने पेश की थी–उसका कुछ हद तक उत्तर हमें इस चर्चा से मिल जाता है। इस राजवंश का प्रवर्तक गोंड नहीं था–सो इसे गोंड राजवंश कहना शायद पूर्णतया सही नहीं होता। न ही इसे गैर गोंड-राजवंश कहा जा सकता था। शायद इसी कारण इस राजवंश ने किसी राजपूत-क्षत्रिय वंश का नाम नहीं अपनाया और ये राजा राय या सिंह का प्रत्यय न लगाकर 'शाह' का उपयोग करते रहे।

इन मिथकों में गढ़ा राज्य का स्वरूप कुछ हद तक इंगित होता है–यह गोंड कबीलों पर आधारित राज्य था जो कबीलाई परम्पराओं से कुछ हटकर एक राज्य का स्वरूप ले रहा था।

अगर हम इस मिथक की तुलना राजस्थान के राजघरानों के मिथकों से करें तो काफी दिलचस्प फर्क नजर आते हैं। राजस्थान का एक सामान्य मिथक पेटर्न इस प्रकार है। शुरू में एक क्षेत्र में मीणा या भील कबीलों का आधिपत्य होता है। राजपूत वंश उनसे लड़कर उन्हें परास्त करके या तो उस क्षेत्र से खदेड़ देते हैं या इनसे समझौता करके उनपर राज्य करते हैं। इन मिथकों में राजूपत वंश और आदिवासी कबीलों के बीच संघर्ष, और आदिवासियों की पराजय महत्त्वपूर्ण है। यहाँ जो नए राज्य बनते हैं उनका आधार जमीन पर राजपूत वंशों का आधिपत्य है।

गढ़ा राजवंश से सम्बन्धित दूसरे मिथक में एक और अत्यंत महत्त्वपूर्ण बात है। इस मिथक के अनुसार राज्य की स्थापना में ही ब्राह्मणों की महत्त्वपूर्ण भूमिका है। इस मिथक में राज्य के गठन के तीन प्रमुख हिस्सेदार उभरते हैं–गोंड, बाहरी वीर पुरुष तथा ब्राह्मण। ब्राह्मणों की भूमिका–पंडिताई या पुरोहितगिरी तक सीमित नहीं रही इस राज्य में वे इस राज्य के आमात्य/मंत्री बने–यानी इस राज्य के तंत्र का निर्माण और चलाने में उनकी महत्त्वपूर्ण भूमिका थी।

आगे चलकर हम देखते हैं कि इस राज्य में मिथिला जैसे दूरगामी क्षेत्रों से ब्राह्मणों को लाकर बसाया गया और धर्मशास्त्र और कर्मकाण्ड सम्बन्धित साहित्य रचे गए। सर्वे पाठक के वंशज आमात्य बने रहे। कई आमंत्रित ब्राह्मण व ज्योतिषियों को ग्राम दान भी दिए।

इस संदर्भ में संग्रामशाह का अपने आपको 'पुलत्स्यवंशी' कहना काबिले गौर है। एक तरफ यह संज्ञा अपने आपको रावणवंशी मानने वाले गोंडों की तरफ इशारा करती है। दूसरी ओर वह अपना नाता एक ब्राह्मण ऋषि से जोड़ता है। (यह एक प्राचीन दक्षिण भारतीय परिपाटी का अनुसरण है जिसमें नए राजा अपने आपको 'ब्रह्मक्षत्र' घोषित करते थे।)[40]

अगर हम फिर से राजस्थान के मिथकों से तुलना करें तो पाते हैं कि वहाँ मीणा या भीलों से त्रस्त ब्राह्मण राजपूतों को आमंत्रित करते हैं–अपनी रक्षा के लिए। राजपूत

उनकी रक्षा तो करते हैं, मगर शासन में ब्राह्मणों की बहुत महत्त्वपूर्ण भूमिका नहीं बन पाती।

चूँकि इस तरह के मिथक किसी वास्तविक घटना की जानकारी हमें नहीं देते, उन्हें नजरंदाज नहीं किया जा सकता है। अकसर वे उस राज्य के बनने की प्रक्रिया और स्वरूप की ओर इशारा करते हैं। समाज के विभिन्न तबके उस प्रक्रिया व स्वरूप के बारे में क्या सोचते थे और उसमें अपनी भूमिका कैसे देखना-दिखाना चाहते थे, इन सबका खुलासा इन मिथकों के अध्ययन से हो सकता है। मिथकों का उपयोग राजसत्ता व उससे जुड़े लोग अपनी वैधता स्थापित करने के लिए भी करते हैं। गोंड समाज और गढ़ा राज्य से जुड़े ब्राह्मणों में गढ़ा राज्य की उत्पत्ति के बारे में जो मिथक प्रचलित हैं उनसे कबीले से राज्य बनने की जटिल प्रक्रिया के कुछ पहलू उजागर होते हैं।

कबीले से राज्य की ओर गढ़ा की यात्रा में ब्राह्मणों के अलावा कायस्थों की भी महत्त्वपूर्ण भूमिका थी। अबुल फज्ल के अलावा गढ़ेशनृपवर्णनम् जैसे गढ़ा के स्रोत में भी उनकी भूमिका पर विशेष टीप है। ये दोनों समूह उस काल के शिक्षित समूह थे जो प्रशासनिक कार्य में निपुण तो थे ही मगर साथ में राज सत्ता को धार्मिक व सांस्कृतिक वैधता प्रदान करने में समर्थ थे। इस तरह सत्ता के शीर्ष में गोंड मुखियाओं की जगह अन्य समूहों को लाना उस राज्य को एक व्यापक सामाजिक आधार देने के प्रयास का द्योतक है। रानी दुर्गावती ने इस आधार को और व्यापक बनाते हुए मियाना व बिलूच अफगानों को भी राजसत्ता में भागीदार बनाया। रानी खुद चंदेल राजवंश से जुड़ी थी। इस तरह बाहरी समूहों को शासन व सत्ता में जोड़ने का सीधा परिणाम शासन पर गोंडों के एकाधिकार को समाप्त करना और राजा को बंधुत्व रिश्तों के बाहर समर्थन उपलब्ध करना था।

गढ़ा राज्य को वैधता प्रदान करने के प्रयास

हमने शुरू में कहा था कि मध्यकाल में उभर रहे राज्यों के सामने राज सत्ता के तीन प्रमुख मॉडल उपलब्ध थे, राजपूत, सल्तनत और दक्षिण भारतीय। यह एक महत्त्वपूर्ण बात है कि गढ़ा के राजाओं ने इनमें से किसी एक को पूरी तरह न मानकर इनके एक मिश्रण को अपनी सत्ता का आधार बनाया। ऐसा प्रतीत होता है कि कबीलाई सत्ता से राज्य के इस परिवर्तन में संग्रामशाह का महत्त्वपूर्ण योगदान था। उसके कई कदम इसके परिचायक हैं—पहला, अपना नाम आम्हणदास से बदलकर संग्रामशाह रखना। अबुल फज्ल के अनुसार यह नाम गुजरात के बहादुर शाह ने रायसेन विजय में आम्हण दास के योगदान को देखते हुए उसे यह उपाधि दी थी।[41] यह सही नहीं लगता है क्योंकि यह बहादुर शाह द्वारा रायसेन विजय की घटना 1532 में घटी थी, जबकि संग्रामसाहि नाम के सिक्के 1516 व 1519 के मिले हैं।[42] नाम परिवर्तन के जो भी संदर्भ रहे हों, इससे जो सांस्कृतिक प्रतीक संप्रेषित हुए वो काफी स्पष्ट और दिलचस्प हैं। पहला तो

यह आम राजपूत नाम से भिन्न है–अगर राजपूत नाम होता तो संग्राम सिंह होता। शाह उपाधि आम तौर पर हिंदू-राजपूत राजा नहीं अपनाते थे, उत्तर पश्चिम के शाहियों को छोड़कर। मध्यकाल में यह उपाधि मुस्लिम सुल्तान ही अपनाते थे। इस नाम के माध्यम से संग्रामशाह ने अपने राजवंश को गोंड समाज राजपूत व मुस्लिम सल्तनत–तीनों से एक ऐसा रिश्ता स्थापित किया जो निकट होते हुए भी कुछ दूरी बनाए हुए था। यह उल्लेखनीय है कि शाह की उपाधि, बाद के सभी गोंड राजाओं ने बनाए रखा, चाहे वे गढ़ा के हों या चाँदा या देवगढ़ के हों। (संभवतः इसका केवल एक अपवाद वीरनारायण था जो रानी दुर्गावती का पुत्र था।) यहाँ एक रोचक बात उल्लेखनीय है। मुगल स्त्रोतों में आमतौर पर गढ़ा के राजाओं के नाम के आगे शाह की उपाधि नहीं लगाई जाती है। कोई छोटा गैरमुस्लिम जमींदार यह उपाधि धारण करे यह शायद मुगल बादशाहों को स्वीकार नहीं था।

अपने राज्य की वैधता स्थापित करने के लिए संग्रामशाह ने कुछ और कदम उठाये जिनका उल्लेख यहाँ उपयुक्त होगा। उसने अपने नाम से सोना, चाँदी और ताँबे के सिक्के जारी किए। तुर्क-इस्लामी संप्रदाय में राजा के नाम से खुत्बा पढ़ना और उसके नाम से सिक्का जारी करना उसकी सत्ता की वैधता को स्थापित करने वाले चिह्न थे। मध्यकाल में कुछ ही हिन्दू राजपूत राजाओं ने अपने नाम से सिक्के जारी किये। संग्रामशाह यह कदम उठाकर इस्लामी शासक मंडल में अपना एक स्थान बना रहा था। इस कदम के आर्थिक पक्ष के बारे में हम पहले ही टिप्पणी कर चुके हैं। संग्रामशाह के बाद मधुकरशाह ने भी सिक्के जारी किए, बावजूद इसके कि वह मुगलों के अधीन मात्र एक जमींदार का हैसियत रखता था। देवगढ़ के गोंड राजाओं ने भी सिक्के जारी करने की परम्परा को बनाए रखा।

मध्यकालीन राजतंत्र में सत्ता को वैधता प्रदान करने में वास्तुकला का खासा महत्त्व था। भव्य धार्मिक इमारतों (मंदिर व मस्जिद) का निर्माण, भव्य राज प्रासादों का निर्माण तथा प्रभावी किलों का निर्माण, राजसत्ता को जनसामान्य के बीच महिमामण्डित करने के अलावा, एक व्यापक राजकीय संस्कृति से उसे जोड़ता था। दिल्ली सल्तनत और मुगलों के प्रभाव में मेहराब और गुंबदों तथा खंभों का सुंदर सामंजस्य विकसित हुआ जिसे लगभग पूरे दक्षिण एशिया में अपनाया गया। गढ़ा राज्य में भी हम देखते हैं कि मुगल शैली के भव्य इमारत बड़ी तादात में बने। मदन महल, मण्डला, चौरागढ़ तथा खासकर रामनगर के खण्डहर इस बात के प्रमाण हैं। इनमें से कुछ इमारत धार्मिक हैं मगर ज्यादातर राज प्रासाद हैं। दोनों तरह की इमारतों में मुगलों के मिश्रित वास्तुशैली का प्रभाव दिखता है। मंदिरों में ज्यादातर मुगल शैली के गुंबद व मेहराबों का उपयोग है। उत्तर मध्यकाल में ये राजकीय संस्कृति के चिह्न बन चुके थे–इनका मूल स्रोत दिल्ली सल्तनत-मुगल सत्ता तो थे मगर इन्हें समूचे उपमहाद्वीप के सारे राज्यों ने अपनाया हुआ था। इस तरह के भवनों का निर्माण करके गढ़ा के राजा भी इस राजकीय संस्कृति में सम्मिलित होने का दावा कर रहे थे।[43] इन भवनों के निर्माण में काफी धन खर्च होता

था और वह उस राज्य की समृद्धि को दर्शाता था। साथ में निर्माण कार्य के लिए बाहरी वास्तुशास्त्री व कारीगरों की आवश्यकता थी जिनकी उपस्थिति से राज्य की शोभा और बढ़ती थी। प्रमाणों से ऐसा प्रतीत होता है कि इस तरह का भवन निर्माण संग्रामशाह के समय में शुरू हुआ और बाद के राजाओं के समय तक चलता रहा।

हालांकि गढ़ा राज्य में भारतीय मुस्लिम राज्यों के प्रतीकों को अपनाया गया, फिर भी उसका रुझान ब्राह्मण धर्म और उससे सम्बन्धित राजकीय संस्कृति की ओर ही था। जहाँ बुंदेल राज्य को हिन्दी साहित्य के विकास से जोड़ा जाता है वहीं गढ़ा राज्य को मध्यकालीन संस्कृत साहित्य के विकास से जोड़ा जा सकता है। गढ़ा राजाओं के संरक्षण में रचे गए संस्कृत काव्यों, नाटकों, स्मृति, कर्मकाण्ड व विधि साहित्य, संगीत पर ग्रंथ, तर्कशास्त्र और नव्यन्याय टीकाओं की सूची काफी लंबी है। उल्लेखनीय है कि संग्रामशाह और हृदयशाह जैसे राजा खुद संस्कृत में लिखने का दावा करते थे। तत्कालीन संस्कृत अध्ययन के केन्द्र मिथिला में थे और उस प्रदेश के ब्राह्मणों से गढ़ा राज्य का घनिष्ठ सम्बन्ध थे। बड़ी तादाद में मैथिल ब्राह्मण गढ़ा राज्य में जमीन पाकर बस गए। मैथिलों के अलावा तिलंग ब्राह्मणों को भी बड़ी संख्या में बसाया गया। उल्लेखनीय है कि इन ब्राह्मण परिवारों ने गढ़ा राजवंश के विलुप्त होने के सदियों बाद भी उस परिवार से अपने परिवार के सम्बन्धों का इतिहास संजोकर रखा है। संभवतः गढ़ा राज्य की वैधता को तत्कालीन राजपूत राजमंडल में तथा ब्राह्मणवादी सास्कृतिक केंद्रों में स्थापित करने में इन ब्राह्मणों का बड़ा योगदान रहा होगा। इस बात का सीधा प्रभाव गढ़ा राज्य के राजकीय धार्मिक आचरण में दिखता है।

संस्कृत साहित्य को आश्रय देने की बात इसलिए भी महत्त्वपूर्ण है क्योंकि गढ़ा राज्य ने स्थानीय भाषा व साहित्य को बढ़ावा देने का प्रयास नहीं किया, चाहे वह गोंडी हो या हिन्दी की कोई आंचलिक बोली। इस कारण वे अपने राज्य के लिए एक आंचलिक पहचान का निर्माण नहीं कर पाए। लेकिन अगर हम उत्तर मुगल कालीन सफल विद्रोही राज्यों को देखें (जैसे बुंदेले या मराठे) तो पाएँगे कि स्थानीय भाषा व साहित्य के माध्यम से इस आंचलिक पहचान का निर्माण काफी महत्त्वपूर्ण हो रहा था। संभवतः संस्कृत और ब्राह्मणों पर जोर देने के कारण गढ़ा एक आंचलिक शक्ति के रूप में नहीं उभर पाया।

गढ़ा के राजा वाजपेय आदि यज्ञ नियमित रूप से करवाते थे और उन्होंने ब्राह्मण धर्म के देवी-देवताओं के लिए मंदिर बनवाए। इसका विशेष उल्लेख उनकी प्रशस्तियों में मिलता है। मुगल काल में राजपूत हिन्दू राजाओं तथा बनिया व्यापारियों के बीच में कृष्ण उपासना खासकर वल्लभ संप्रदाय तेजी से फैलने लगा था। संभवतः इसे मुगल बादशाहों का शासकीय समर्थन भी प्राप्त था। सत्रहवीं शताब्दी तक आते-आते यह संप्रदाय एक राजकीय संप्रदाय के रूप में विकसित हो चला था। मेवाड़ के शैव-शाक्त राणा भी इस नए संप्रदाय से प्रभावित हो गए थे। इस संप्रदाय के शुरुआती चरण से ही इसे गढ़ा का राज्याश्रय प्राप्त हुआ। यानी गढ़ा राज्य केवल राजपूत राज्यों का

अनुकरण ही नहीं बल्कि अगुवाई भी कर रहा था। इन बातों से पता चलता है कि गढ़ा राज्य के राजाओं ने धार्मिक मामलों में ब्राह्मणवादी व उससे प्रेरित संप्रदायों को अपनाया और इस तरीके से अपने राज्य के लिए राजपूत राज्यों के बीच एक व्यापक वैधता प्राप्त करने का प्रयास किया। यह प्रयास कितना सफल रहा यह चर्चा का विषय हो सकता है। एक तरफ वे चंदेल, परिहार व गौतम राजपूतों से वैवाहिक सम्बन्ध स्थापित करने में सफल रहे। लेकिन अन्य महत्त्वपूर्ण राजघरानों के बीच उनकी हैसियत बराबर की नहीं मानी गयी। जनश्रुति के अनुसार पहाड़सिंह बुंदेला के आक्रमण का उद्देश्य था गोंडवाना की गायों की रक्षा करना क्योंकि गोंड लोग गायों को हल में जोत रहे थे। बुंदेलों व गढ़ा के राजाओं के बीच संघर्ष का एक और पहलू था प्रणामी संप्रदाय के प्रति गढ़ा के राजाओं की उदासीनता। कहा जाता है कि उन्होंने प्राणनाथ के मुगल विरोधी अभियान में कोई रुचि नहीं दिखाई और वे विवश होकर बुंदेलों के पास चले गए जहाँ उन्हें राज्याश्रय मिला। सच्चाई जो भी हो इस बात का खण्डन नहीं किया जा सकता है कि बुंदेल जैसे राजपूत राज्यों के नजर में गढ़ा राज्य की धार्मिक पहचान संदिग्ध थी।

गढ़ा राज्य के ब्राह्मणवादी धर्म के प्रति रुझान का गोंड समाज पर क्या प्रभाव पड़ा होगा, यह भी विचार करने की बात है। एक नतीजा तो यह हुआ कि कम-से-कम गढ़ा मण्डला क्षेत्र के गोंड ब्राह्मणवादी-हिन्दू धर्म के प्रभाव में आए और उन्होंने उसकी कई बातों को अपनाया।[44] लेकिन एक कबीलाई समाज दूसरे देवी-देवताओं को अपनाते हुए अपने देवी-देवताओं को त्यागता नहीं है और गोंड समाज इसका अपवाद नहीं था। तो सवाल उठता है कि गढ़ा के राजा गोंड देवी-देवताओं व धार्मिक रीतियों के प्रति क्या रवैया अपनाते थे। यह सवाल महत्त्वपूर्ण है क्योंकि इस पर राज्य और गोंड समाज के आपसी रिश्ते निर्भर थे। अगर उस राज्य को गोंड समाज के विभिन्न घटकों का समर्थन चाहिए था तो उसे उनके देवी-देवताओं के प्रति श्रद्धा दर्शानी पड़ती। लेकिन गोंड समाज के धार्मिक अनुष्ठान व देवी-देवताओं का उल्लेख हमें गढ़ा राज्य से सम्बन्धित राजकीय स्रोतों से नहीं मिलता है। यह आश्चर्य की बात है क्योंकि अन्य गोंड राज्यों में गोंड समाज के पारम्परिक धर्म के प्रति राजकीय श्रद्धा के प्रमाण मिलते हैं और यहाँ तक कि बस्तर के काकतीय राजवंश के राजकीय धार्मिक आचरण में स्थानीय कबीलों के देवी-देवताओं का स्थान सुनिश्चित था। गढ़ा राज्य के राजकीय स्रोतों में गोंडों के पारम्परिक धर्म का न दिखने के पीछे एक कारण यह भी हो सकता है कि ये सारे स्रोत ब्राह्मणों के माध्यम से संप्रेषित हुए हैं। परन्तु गोंड लोक परम्पराओं में गढ़ा के राजाओं का गोंड देवताओं (खासकर बड़ादेव) के प्रति श्रद्धा का विशेष उल्लेख है, और यह जताने का प्रयास दिखता है कि इन राजाओं को कठिन परिस्थितियों से उबारने में इन देवताओं का बड़ा योगदान था।[45]

कुल मिलाकर इस चर्चा से यह निष्कर्ष निकलता है कि गढ़ा के राजाओं ने एक कबीलाई समाज से उभरकर एक वैध राजसत्ता स्थापित करने के लिए समकालीन

राजकीय प्रतीकों को अपनाने का प्रयास किया। इस प्रयास में उनका मुख्य ध्येय अन्य राजपूत राज्य व सल्तनतों के बीच अपने आपको एक बराबर का राज्य स्थापित करना था। इन्हीं बातों के प्रभाव में आकर सी. यू. विल्स जैसे विद्वान इस निष्कर्ष पर पहुँचे कि गढ़ा के राजा अपनी गोंड पहचान को पूरी तरह से नकारकर राजपूत पहचान को अपनाने का प्रयास कर रहे थे। लेकिन इस निष्कर्ष पर पहुँचने से पहले हमें कुछ और बातों पर गौर करना होगा। सबसे पहले हमें इस सवाल का जवाब देना होगा कि इस राजपूतीकरण के बावजूद गोंड समाज ने इस राजवंश को अपना क्यों माना और मराठों ने भी उन्हे गोंड क्यों माना?

गोंड मौखिक साहित्य परम्परा में गढ़ा के राजाओं को काफी आत्मीयता के साथ गोंड समाज का अभिन्न अंग माना गया है। दुर्दशा में गोंड राजाओं को उसी तरह चित्रित किया गया है जैसे कि किसी सामान्य गरीब गोंड किसान को। जब वे संपन्नता हासिल करते हैं तब उनकी संपन्नता पर नाज किया जाता है। इन राजाओं को महिमामंडित न करके उन्हें सामान्य गोंड पुरुष या स्त्री की मानसिकता के साथ चित्रित किया जाता है। उन्हें सफलता कड़ी मेहनत और ईश्वरीय कृपा से मिलती है। यह एक आश्चर्य की बात है कि गढ़ा के तमाम राजाओं में से गोंड लोक साहित्य में केवल प्रेमशाह व हृदय शाह को ही याद रखा गया है। एल्विन और शेख गुलाब दोनों ने इन दो राजाओं के बारे में लगभग एक सी कहानी का दस्तावेजीकरण किया है, भले ही इन दो शोधकर्त्ताओं के बीच कई दशकों का अंतराल है। इन दो राजाओं की लोकप्रियता के पीछे शायद यह कारण रहा होगा कि उन्होंने दुर्गावती के बाद लुप्त गढ़ा राज को पुनः स्थापित किया और उसके लिए वे दिल्ली (माण्डू) तक गए। दूसरा कारण यह भी हो सकता है कि उन्होंने अत्यंत सामान्य परिस्थितियों से उभरकर राज्य को फिर से स्थापित किया और उनकी गरीबी की दुखद कहानी व कठिन प्रयास और सफलता लोक साहित्य के लिए उपयुक्त विषयवस्तु प्रदान करते थे। इसके अलावा इन दो राजाओं के बारे में आम मान्यता है कि उन्होंने मण्डला-रामनगर क्षेत्र में विभिन्न जाति के कृषकों को बुलाकर बसाया और वहाँ खेती फैलायी। कुछ इसी तरह की बात प्रेम शाह से सम्बन्धित गोंडवानी में भी दर्ज है।[46] इसका लंबे समय का प्रभाव गोंडों का उस क्षेत्र पर एकाधिकार को समाप्त करना और समय के साथ उनका उपजाऊ जमीन से खदेड़ा जाना था। लेकिन 'गोंडवानी' में इस बात का कोई क्षोभ नहीं है। जो भी हो, गोंड लोक साहित्य से यह निर्विवाद स्थापित होता है कि गढ़ा के राजवंश और गोंड समाज के बीच घनिष्ठ सम्बन्ध थे जो उनके राजकीय दस्तावेजों में नहीं दिखता है। इन सम्बन्धों के बारे में और क्या ऐतिहासिक सुराग मिलते हैं, और उनसे क्या निष्कर्ष निकाला जा सकता है, आइए आगे देखें।

गढ़ा के बारे में सबसे महत्त्वपूर्ण स्रोत तो आइन-ए-अकबरी का विवरण है।

आइन-ए-अकबरी[47] में गढ़ा सरकार के बारे में जो विवरण दिया गया है उसका अध्ययन करने पर यह बातें उभरती हैं–

1. एक सामान्य सरकार की तुलना में गढ़ा काफी विशाल था जिसमें 57 महाल थे। उज्जैन सरकार में 10 महाल, रायसेन में 31, सारंगपुर में 24, बीजागढ़ में 24, माण्डू में 16, हण्डिया में 23, नंदुरबार में 7, मंदसौर में 17, आदि महाल थे। केवल चंदेरी में इससे अधिक 61 महाल थे।
2. क्षेत्र विशाल होने पर भी यहाँ से आय अपेक्षाकृत कम थी। उज्जैन से 43,827,960 दाम, चंदेरी से 31,037,783 दाम, सारंगपुर से 32,994,880 दाम, बीजागढ़ से 12,249121 दाम, माण्डू से 13,788,994, हण्डिया से 11,610,969 दाम आय होती थी। इसकी तुलना में गढ़ा से केवल 10,077,080 दाम मिलते थे। नंदुरबार जो 7 महालों का सरकार था 50,162,250 दाम कर देता था। इन बातों से स्पष्ट है कि गढ़ा में या तो खेती और व्यापार सीमित था या फिर मुगलों का आधिपत्य पर्याप्त रूप से जमा नहीं था। या दोनों भी सही हो सकते हैं।
3. पूरे मालवा में केवल गढ़ा और मंदसौर की खेतिहर जमीन की नाप आइन में नहीं है, यानी इस क्षेत्र में मुगल राजस्व विभाग का काम स्थापित नहीं था। इस बात से भी उपरोक्त कथन की पुष्टि होती है कि गढ़ा में मुगल शासन ठीक से स्थापित नहीं हुआ था।
4. इन सबके बावजूद गढ़ा के जमींदारों के पैदल सैनिकों की संख्या प्रभावशाली है–2,54,000 जबकि उज्जैन में केवल 11,170 थे और चंदेरी में 60,085 थें। किसी भी परिदृश्य में यह बल महत्त्वपूर्ण है। अन्य सूबों में जैसे–चित्तौड़ में 82,000 थे और जोधपुर में 50,000 थे। यह एक आश्चर्यजनक बात है।
5. आइन-ए-अकबरी के अनुसार पूरे गढ़ा राज्य में हर महाल में गोंडों की ही जमींदारी थी। केवल एक महाल में कुछ ब्राह्मण भी थे। समूचे मालवा में एक जातीय सरकार यही थी। अन्य सरकारों में जमींदारी मिली-जुली जातियों के हाथ थी। यह जानकारी तीन दृष्टि से महत्त्वपूर्ण है–
    - ऐसा लगता है कि गढ़ा राज्य की स्थापना के पूर्व और साथ-साथ इस पूरे क्षेत्र में गाँव स्तर पर गोंडों का वर्चस्व स्थापित हो चुका था–और उन सबका गढ़ा राज्य से गहरा रिश्ता था।
    - जिन्हें पैदल सैनिक कहा जा रहा है–सम्भवतः वे सामान्य गोंड लोग थे जो जरूरत पड़ने पर अपने मुखियाओं के लिए लड़ने जाते थे। उदाहरण के लिए रसूलिया (होशंगाबाद) नाम के महाल से 12000 दाम मिलता था जबकि वहाँ 5000 सैनिक थे। यानी वहाँ से मिलने वाला लगान और सैनिकों की संख्या के बीच तालमेल नहीं है। यह तभी सम्भव है जब हम यह मानने को तैयार हो जाएँ कि ये सैनिक वैतनिक नहीं थे। अगर यह तर्क सही है तो गढ़ा राज्य का आधार कबीलाई व्यवस्था था यह कहने में कठिनाई नहीं है।

- गढ़ा के शासकों व इन तमाम जमींदारियों में क्या रिश्ता था–यह एक महत्त्वपूर्ण अध्ययन का विषय हो जाता है। यह ध्यान रखना चाहिए कि मुगल प्रशासक अक्सर कबीलाई मुखियाओं को भी जमींदार कहते थे। अतः जमींदार शब्द से हमेशा वही तात्पर्य नहीं बनता जो उत्तर के मैदान के बहुजातीय गाँवों में था। अतः यह संभव है कि विभिन्न गोंड कुनबों व वंशों के मुखियाओं को आइन-ए-अकबर में जमींदार माना गया।

आइन-ए-अकबरी से प्राप्त इस जानकारी को अगर हम देवगढ़ व चाँदा के गोंड राज्यों के विवरणों से जोड़कर देखें तो गढ़ा राज्य का कबीलाई आधार और स्पष्ट होगा। ये राज्य भी छोटी जमींदारियों में बँटे हुए थे और ये छोटे जमींदार संभवतः विभिन्न गोंड कुनबों के मुखिया थे। (गोंड परम्पराओं के अनुसार राज्य में 41 गढ़ थे और प्रत्येक गढ़ से सम्बन्धित कोई कुनबा या गोत्र था और उस कुनबे का एक राजा या जमींदार था।) ये लोग अपने अधिपति राजा को कोई नियमित कर तो नहीं देते थे मगर उसके बुलावे पर उसकी मदद के लिए अपनी सेना भेजते थे और समय-समय पर कुछ भेंट देते थे। ये भेंट आमतौर पर वनोपजों के प्रतीक थे (चिरौंजी, मक्खन, बांस, आदि)। वे अपनी-अपनी जमींदारियों में स्वतंत्र थे। लेकिन कुछ न्यायिक मामलों में राजा का फैसला अंतिम था, जैसे मृत्युदण्ड, जात बाहर करना या वापस लेना, आदि। अंग्रेज भूराजस्व अधिकारियों व इतिहासकारों ने इस व्यवस्था को सामंती व्यवस्था कहा जहाँ एक राजा अपने राज्य को अपने सामंतों के बीच स्वतंत्रता से भोगने के लिए बाँट देता था। लेकिन वास्तव में यह सामंती न होकर कबीलाई व्यवस्था थी क्योंकि इन जमींदारों को गाँव राजा के तरफ से नहीं मिला था मगर उनके अपने कुनबे की ताकत के आधार पर मिला था। इस कारण इन जमींदारों की स्थिति मैदानी जमींदारों से काफी फर्क थी–वे किसानों से उस तरह की वसूलियां नहीं कर सकते थे जिस तरह मैदानी जमींदार करते थे। मैदानी जमींदार किसानों से लगान वसूल करके राजा या जागीरदार को देते थे और उसमें से अपना कुछ हिस्सा रख लेते थे और साथ में किसानों से कुछ वसूलियां समय-समय पर करते थे। चूँकि गढ़ा राज्य में राजा को लगान देने की प्रथा शायद नहीं थी, तो उस तरह किसानों से लगान वसूली की भी प्रथा नहीं रही होगी। अंग्रेजों ने कई जगह यह पाया था कि गोंड जमींदार या राजा किसानों से लगान न लेकर अपनी जमीन पर बेगार करवाते थे। शायद गढ़ा सरकार के अपेक्षाकृत कम राजस्व की यह एक महत्त्वपूर्ण कारण रहा होगा, जिसका उल्लेख आइन-ए-अकबर में मिलता है। इस इलाके में जब अंग्रेजों का अधिकार हुआ उन्होंने नई भूराजस्व व्यवस्था के अंतर्गत गोंड जमींदारों से वही अपेक्षा रखी जो वे मैदानी जमींदारों से रखते थे। लेकिन उन्होंने पाया कि अधिकांश गोंड जमींदार इस अपेक्षा को पूरा नहीं कर पा रहे थे और अंग्रेज नियमों के कारण अपनी जमींदारी खोने लगे। इसके फलस्वरूप गोंड जमींदार व किसान 1840से लगातार विद्रोह करते रहे जिसका चरम 1857 में गढ़ा राजवंश की पुनर्स्थापना का प्रयास था।

हमने ऊपर देखा कि आइन-ए-अकबर में गढ़ा सरकार का भूमि मापन उपलब्ध नहीं है और यह परिस्थिति औरंगजेब के समय तक बनी रही। गढ़ा राज्य के अपने भूमि अनुदान दस्तावेजों से भी जो जानकारी प्राप्त होती है वह भी इसी बात की ओर इशारा करती है कि राज्य में भूराजस्व व्यवस्था विकसित नहीं थी और गाँव से राजा को क्या आय मिलती थी या गाँव के संसाधनों पर राज्य का क्या अधिकार था, यह सुस्पष्ट नहीं किया गया था। इसी कारण इन दस्तावेजों में बहुत ही सीमित शब्दों में कहा जाता है, "सजलसकाष्टं सजिनस प्रजासहित सो पावै।" (पानी, जंगल, फसल तथा प्रजा सहित)।[52] यह नहीं बताया जाता है कि जिन्हें दान में दिया गया उनमें से प्रत्येक पर राजा के क्या अधिकार थे और एक तरह से दान प्राप्तकर्ता और वहाँ के लोगों के बीच तय करने छोड़ दिया जाता है।

इस पूरी चर्चा से यही निष्कर्ष निकलता है कि बावजूद इसके कि गढ़ा राज्य अपने आपको राजपूत-मुगल साँचे में ढालने का प्रयास कर रहा था, उसका वास्तविक आधार गोंड कबीलाई समाज और उसकी परम्पराओं में था। शायद इसी कारण गोंड समाज उन राजाओं के प्रति आत्मीयता प्रगट करता रहा। इसका एक मतलब यह भी है कि गढ़ा राज्य में अन्य राज्यों जैसी निरंकुश राजसत्ता विकसित नहीं हो सकती थी और वह अन्य राज्य जैसी प्रशासनिक व सामरिक शक्ति हासिल नहीं कर सकता था। लेकिन यह सामान्यीकरण शायद कुछ त्रुटिपूर्ण होगा अगर हम संग्रामशाह और दुर्गावती के प्रयासों को नजरंदाज कर दें। मुगल विजय के पूर्व ये दोनों शासक इसी प्रयास में थे कि गढ़ा राज्य में निरंकुश सत्ता विकसित हो और एक प्रशासनिक व सैनिक ढाँचे पर आधारित हो न कि कबीलाई परम्पराओं पर। हमने देखा था कि कैसे वे ब्राह्मणों, कायस्थों, विभिन्न राजपूत वंशों व अफगानों को सत्ता में शामिल कर रहे थे ताकि गोंडों पर उनकी निर्भरता कम हो जाए। अबुल फज्ल बताता है कि रानी दुर्गावती के राज्य में 23 गाँव थे जिनमें से 12 गाँव में रानी के शिकदार या अधिकारी थे जबकि बाकी में अधीनस्थ मुखिया थे।[53] विल्स इस जानकारी को असंभव करार देते हुए नजरंदाज कर देते हैं।[54] लेकिन यह संभव है कि गढ़ा राज्य के इस दौर में गाँव से अधिकारियों के माध्यम से सीधे लगान वसूल करने के प्रयास हो रहे थे। संग्रामशाह द्वारा त्रिधातु सिक्का प्रणाली अपनाना भी शायद इसी उद्देश्य से प्रेरित था। आइन-ए-अकबर में इस बात का उल्लेख है कि गढ़ा के किसान मुहरों व ताँबे के सिक्कों में लगान देते हैं।[55] तो ऐसा प्रतीत होता है कि निरंकुश राज्य की ओर गढ़ा राज्य की यात्रा मुगल आक्रमण के कारण रुक गयी और वहाँ की राजसत्ता अपेक्षाकृत शिथिल व कमजोर हो गयी। बाद के राजा जिन्होंने इस राज्य को पुनःस्थापित किया वे अपने कबीलाई आधार पर अधिक निर्भर हो गए। कबीलाई रिश्तों पर निर्भर होने का मतलब था सत्ता में कबीले के अन्य लोगों की भागीदारी और उनकी सहमति के आधार पर राजकाज चलाना या उन्हें अपने-अपने क्षेत्र स्वायत्तता देना। प्रेमशाह और उसके उत्तराधिकारी संभवतः इस राजनैतिक व्यवस्था के अंतर्गत राज्य चला रहे थे। राजसत्ता के कमजोर होने के कारण

ही शायद वे बुंदेलों को रोक नहीं पाए और लगातार अपने केन्द्र को इधर से उधर करते रहे।

लेकिन इसका दूसरा पक्ष भी था—कबीलाई रिश्तों से बंधने के कारण बाद के राजा खासकर प्रेमशाह व हृदयशाह गोंड समाज में लोकप्रिय हुए और उस समाज की स्मृतियों में हमेशा के लिए समा गए।

संदर्भ

* मेरे मित्र श्री सी. एन. सुब्रह्मण्यम (एकलव्य, होशंगाबाद) द्वारा लिखे एक विस्तृत लेख को इस अध्याय के रूप में प्रस्तुत किया जा रहा है।

1. डी. डी. कोसाम्बी, एन इन्ट्रोडक्शन टु द स्टडी ऑफ इण्डियन हिस्ट्री, बाम्बे, पृ. 27
2. मार्शल डी. साहलिन्स, ट्राइब्समैन, पेरेन्टिस हाल 1968, पृ. 20-27
3. बी. डी. चट्टोपाध्याय, द मेकिंग ऑफ अर्ली मेडीवल इण्डिया, नई दिल्ली
   रीमा हूजा, कान्टेक्ट्स, कानफ्लिक्ट्स एण्ड कोएग्जिस्टेन्स : भील्स एण्ड नान भील्स इन साउथ ईस्टर्न राजस्थान, ब्रिजेट एल्चिन (संपा.) लिविंग ट्रेडीशन्स स्टडीज इन द एथ्नोआर्किलाजी ऑफ साउथ एशिया, 1995, पृ. 131-33 में।
4. रीमा हूजा, वही
5. पी. जी. वेलनकर, द गोंड किंगडम ऑफ देवगढ़ : इट्स राइज़ एण्ड फॉल (नागपुर विश्वविद्यालय की अप्रकाशित शोधप्रबंध), पृ. 162
6. सी. मीनाक्षी, एडमिनिस्ट्रेशन एण्ड सोशल लाइफ अन्डर द पल्लवाज़ (मद्रास विश्वविद्यालय, 1977) पृ. 41-42; 363-373
7. इस तरह के मिथकों व राजपूत मिथकों का एक मिला-जुला स्वरूप भी मिलता है—उदाहरण के लिए गुजरात के चालुक्य राजवंश की शुरूआत मूलराज ने अपने मामा, जो कि वहाँ का स्थानीय राजा था, को मारकर गद्दी छीनी। उसका पिता दक्षिण राजस्थान से सोमनाथ की यात्रा पर निकला था और प्रवास में उस राजा की बहन से शादी की थी। आर. एस. शर्मा और के. एम. श्रीमाली, काम्प्रीहेन्सिव हिस्ट्री ऑफ इण्डिया, जिल्द चार, नयी दिल्ली, 1992, पृष्ठ 435-37
8. टी. आर. ट्राटमेन, ड्रवीडियन किनशिप, नयी दिल्ली, 1995.
9. यू. आर. एहरनफल्स, मेट्रीलाइनियल फेमिली बैकग्राउण्ड इन साउथ इण्डिया, मद्रास यूनिवर्सिटी जर्नल, तेईस, 1, 2. 1952.
10. सी. यू. विल्स, ''द टेरीटोरियल सिस्टम्स ऑफ द राजपूत किंगडम्स ऑफ मेडीवल छत्तीसगढ़'' जर्नल ऑफ एशियाटिक सोसायटी ऑफ बंगाल, 1919, जिल्द 15 में। द राजगोंड महाराजाज़ ऑफ द सतपुड़ा हिल्स, नागपुर, 1923.
11. सुरजीत सिन्हा, 'स्टेट फारमेशन एण्ड राजपूत मिथ इन ट्राइबल सेन्ट्रल इण्डिया' (1962), एच. कुल्के (संपा.), द स्टेट इन इण्डिया, 1000-1700. 1997, पृष्ठ 304-342 . (संपा.) ट्राइबल पालिटिक्स एण्ड स्टेट् सिस्टम इन प्री कोलोनियल ईस्टर्न एण्ड नार्थ ईस्टर्न इण्डिया, सी. एस. एस. एस, कोलकाता, 1987.
12. के. सुरेश सिंह, 'ए स्टडी इन स्टेट फारमेशन एमन्ग ट्राइबल कम्युनिटीज़', आर. एस. शर्मा (संपा.) इण्डियन सोसायटी : हिस्टारिकल प्रोबिंग्ज़ इन मेमोरी ऑफ डी. डी. कोसाम्बी. नयी दिल्ली, 1974, पृ. 317-336 में।

13. विल्स, 1919, पृ. 199
14. वही, 1923, पृ. 207-14
15. सुरजित सिन्हा, (1962) पृ. 333-341 इस मुद्दे पर हरमन कुल्के के विचार भी देखें, उपरोक्त, पृ. 40-45
16. एच. कुल्के, 'रायल टेम्पल पोलिसी एण्ड द स्ट्रक्चर ऑफ मेडीवल इण्डियन किंगडम्स', एच. कुल्के, एश्चमेन, त्रिपाठी (संपादकगण) द कल्ट ऑफ जगन्नाथ एण्ड द रीजनल ट्रेडीशन ऑफ ओरिसा, 1986, पृ. 135

    'द अर्ली एण्ड द इम्पीरियल किंगडम' : 'द प्रोसेसुअल माडल ऑफ इनटीग्रेटिव स्टेट फारमेशन इन अर्ली मडीवल इण्डिया' कुल्के (संपा), द स्टेट इन इण्डिया, 1000-1700, नयी दिल्ली, 1997, पृ. 237-240 में।
17. नन्दिनी सुन्दर, सबाल्टर्न एण्ड सावरेन्स एन एन्थ्रापालाजिकल हिस्ट्री ऑफ बस्तर, 1854-1996, नयी दिल्ली, 1999, पृ. 55-59, 79-103
18. नन्दिनी सुन्दर, वही, पृ. 55-56
19. वही, पृ. 56-57, 94-96
20. बी. एच. बेडन पावेल, द लेंड सिस्टम्स ऑफ ब्रिटिश इण्डिया, जिल्द दो, 1892, पृ. 444। यह स्पष्ट नहीं है कि पावेल छोटा नागपुर की बात कर रहे हैं या गोंडवाना की।
21. सुरजीत सिन्हा, 1997, पृ. 314
22. के. एस. सिंह, 1974, पृ. 332-3
23. रसेल और हीरालाल, ट्राइब्स एण्ड कास्ट्स ऑफ सेन्ट्रल इण्डिया, जिल्द दो, पृ. 71.

    थामस आर. ट्राटमैन, ड्रविडियन किनशिप, नयी दिल्ली, 1995, पृ. 136-40, 197-200
24. इरफान हबीब, 'द इव्होल्यूशन ऑफ द अफगान ट्राइबल सिस्टम', इण्डियन हिस्ट्री कांग्रेस, 2001
25. तुलना कीजिये, सी. एफ. हेमेन्डार्फ, गोंड्स ऑफ आन्ध्रप्रदेश, नयी दिल्ली, 1979, पृ. 2-3
26. अकबरनामा, दो, (बेवरिज) , पृ. 323
27. शेख गुलाब, ठा. भा. नायक एवं सुरेन्द्र कुलश्रेष्ठ, गोंडवानी, आदिमजाति अनुसंधान एवं प्रशिक्षण संस्था, छिंदवाड़ा, 1965
28. वही, पृ. 4-9
29. तुलना कीजिये, एरेळुपदु। माना जाता है कि प्रसिद्ध कवि कंबन ने इसकी रचना की थी।
30. हेमेन्डार्फ, पूर्वोल्लिखित कृति, पृ. 122.
31. स्टीफेन फुश, द गोंड्स एण्ड भूमियाज़ ऑफ ईस्टर्न मण्डला, 1960, पृ. 140-45
32. वही, पृ. 100, 110
33. मुहम्मद हबीब और के. ए. निजामी, (संपा.) दिल्ली सल्तनत, नयी दिल्ली, 1982, पृ. 912.
34. अकबरनामा, दो, पृष्ठ 332
35. न्यूमिस्मेटिक क्रानिकल एण्ड द जर्नल आ न्यूमिस्मेटिक सोसायटी, पाँचवीं सीरीज, जिल्द 17 (1937), पृ. 300।

    एन्युअल रिपोर्ट ऑफ आर्किलॉजिकल सर्वे ऑफ इण्डिया, 1913-14, पृष्ठ 253-255।

    नेविल, एशियाटिक सोसायटी ऑफ बंगाल (न्यू सिरीज़ अंक 21)
36. के. एस. लाल, द ट्वाइलाइट ऑफ द सल्तनत, 1962, पृ. 280, 282
37. यह व्यवहार देवगढ़ या चाँदा के राजाओं के व्यवहार से काफी फर्क था। उन दोनों ने अपने गोंड होने की बात पर जोर दिया। यहाँ तक कि देवगढ़ के राजा ने अपने धर्मान्तरण के बाद भी अपने समाज से नाता नहीं तोड़ा और शादी-ब्याह आदि गोंड रस्मों को प्रधानता दी।
38. ई. फैल, एशियाटिक रिसर्चेज़, जिल्द 15, 1825, पृ. 436-443

फिट्ज एडवर्ड हाल, जर्नल ऑफ अमेरिकन ओरियण्टल सोसायटी, जिल्द 7, 1860, पृष्ठ 47-54
कनिंघम, एन्युअल रिपोर्ट ऑफ आर्किलॉजिकल सर्वे ऑफ इण्डिया, सत्रह, 1881-82, पृष्ठ 47-54

39. देखिये अध्याय 2
40. रोमिला थापर, अर्ली इण्डिया, लन्दन, 2002, पृष्ठ 418-19
41. अकबरनामा, जिल्द दो, पृष्ठ 32
42. आर. आर. भार्गव, न्यूमिस्मेटिक डाइजेस्ट, अंक 6, (1982), पृष्ठ 63 और पृष्ठ 63. और अंक 15 पृष्ठ 119-121.
43. गोंडवानी लोकगीतों में भी भवन निर्माण के माध्यम से मुगलों को चुनौती देने की बात है। दूसरी ओर इस बात का भी उल्लेख है कि ऊँचे महल बनाने का अधिकार गोंड राजाओं को ही प्राप्त था। अन्य लोग-दरबारी भी उनकी बराबरी रहीं कर सकते थे। शेख गुलाब, गोंडवानी, पृष्ठ 91-94
44. विल्स, राजगोंड महाराजाज़ इत्यादि, 1923, पृष्ठ 212-13.
45. शेख गुलाब, गोंडवानी, पृष्ठ 31-32, 127-28.
46. वही, पृ. 67.
47. आइन-ए-अकबरी (जैरेट), जिल्द दो, पृष्ठ 210-11.
48. तुलना कीजिए बीजागढ सरकार, जहाँ भील कबीलों की जमींदारियाँ थीं, के विवरणों से, एच एस. जैरेट, (अनुवाद), आइन-ए अकबरी, जिल्द 2, पृ. 215-16.
49. विल्स, राजगोंड महाराजाज़ इत्यादि, 1923, पृ. 182-99.
50. बैडेन पॉवेल, उपरोल्लिखित कृति, पृष्ठ 44.
51. डेविड बेकर, कलोनियलिज़्म इन एन इण्डियन हिन्टरलेंड, ऑक्सफोर्ड यू. प्रेस, नयी दिल्ली, 1993, अध्याय 2, पृष्ठ 43 से 106.
52. देखिये परिशिष्ट एक
53. अकबरनामा, (बेवरिज) , जिल्द दो, पृष्ठ 324
54. विल्स, राजगोंड महाराजाज़ इत्यादि, 1923
55. इरफान हबीब, एग्रेरियन सिस्टम ऑफ मुगल इण्डिया, आ. यू. प्रे., 1999, पृ. 278-79. जैरेट जैसे अन्य इतिहासकार इसका अनुवाद 'मुहरों व हाथियों' के रूप में करते है। हबीब इसे फारसी मूल का त्रुटिपूर्ण वाचन मानते हैं।

परिशिष्ट एक

सनदों के पाठ

क्रमांक 1

राम

।। श्री।।

गुररागभासिवस
त्रिकालस्पर्श...द्यहं श्री
...गणपतिसहाय...श्री सिद्ध
योगिन्द्र महेश्वर श्री महा...
राजाधिराज माहिन्द्र वीर पहार
सिंह देव विजई भोमवह...

(बाघ की आकृति)

।। श्री भद्रकाली।।

।। संवत 1744 वर्षे भादों सुदि 15 कंह अद्याहे श्री महाराजाधिराज श्री महाराजा श्री राजा पहारसिंघजू देव ।। एतौ।। षगेस्वर जोतषी तथा इंद्रमनि जोतषी जोतषी जोग्य पटोप्रदंत सास्था अैसी जो गाउ पे पषार दवो सो पावें ताके विद्यमान राउ षाडेराय तथा श्री प्रधान स्वामितराय तथा ठाकुर गोविंदराय तथा पांडे सुधांकंठ पटोसही गढ़ा बैठें लिषोतेजी...

। सास्था -

। गाउ पे पषार प्रथम को आइसो अवेकेरिदवो सजलकाष्टं सजिनस प्रजासहित सो पावे,
- वाः प्रधान स्वामित राय ---
। परियट पार में गाउ । एकु लेलमाँ -
। प....रुपैयानाहीं पावो

मुद्रा

पीछे -

सही स्वामितराय की, सही पांडे सुधांकंठ की, सही गोविंदे की सही अभैराम की

क्रमांक 2

।। राम ।।

सही रामजू की
श्री महाराजा नरेन्द्रसाह देव
(बाघ की आकृति)

।। संवत् 1747 वर्षे नाम प्रथम वैसाष सुदि 8 खौ कहं ।। अद्याहे श्री महाराजाधिराज श्री महाराजा श्रीनरेन्द्रसाहि देव ।। एतौ ।। अवस्थी खरगेस्वर जोतिषी जोग्य पटोप्रदंत सास्था अैसी जे गाउ एकु संकल्पि दौ सो पावे ।। श्री जू सो प्रस्न कही की पहारसिंघ सो जूझू जीतब औ पहार सिंघ को मूंडु काटो वैसाष वः 3 ... गुरौ कह सों ते ही कोनती जाघह गाउ दो।। संकल्पि दवो सो पोवे ।। ताके विद्यमान वाजपेयी रामकृस्न तथा वाजपेयी भोपतिराय तथा वाजपेयी त्रिभुवनराय तथा वाजपेयी नीलकंठ तथा वाजपेयी लछनराय तथा राउ भागवतराय राउ ... सिंघ तथा ठाकुर दूदी तथा ठाकुर किसुंदास तथा ठाकुर... नि।। गढ़ा बैठे लिषे दुरगादास पटोसही सस्था ।। -

गाउ । एकु कठोतियामाडोगढ़ के परिगने में लषनपुर के तपें।। वुदिकागाउपास ।। संकल्पि दओ सजल सजनकाष्ठसप्रजसद्रविसहित संकल्पि दौ।।

(मुद्रा)

पीछे -

सही षरगराय की । सही षाडेराइ की
सही ताराचंद की
सही षरगे की

सही रामकृस्न के गाउ एक कठोतिया संकल्पि दौ
सही लछन के गाउ एकु कठोतिया संकल्पि दौः
सही उदेभान की - ।। सही गोपालपति की
। सही भोपति राय के
।। सही नीलकंठ के गाउ कठोतिया दौ
सही रायसिंघ की सही त्रिभुवन के
सही भागोत की सही सिरीराम की गाउ एक कठोतिया दौ।
सही दूदी के सही साहिबराय की

क्रमांक 3

राम

सही ।।

श्री महाराजा

धिराजा नरेन्द्र

साहिबदेव

।। संवत् 1775 वरषनाम वैसाष वादि 13 मोमेकहअदेहे ।। श्री महाराजाधिराज श्री महाराजा श्री राजा नरेन्द्रसाहि देव एतो।। षरगेस्वर जोतषी जोग्य पटोप्रदंत।। सास्था अैसी जो गाउ। एक संकल्प दवो सो पावे ताके विद्यमान वाजपेई भोपतिराइ तथा वाजपेई श्रीकृस्न तथा राउ भिंमसेन लिषो कुसलसिंघ बहिवार महगाँव बैठे पटोसही -

सस्था ।। -

मडिला के परिगने मे गाड एकु गोझी सजलसजिनससकाष्ठ सप्रजासदर्विसहित संकल्पि दो वैसाषि वदि 30 कह सं. 1755 ।। की श्राध भई तव संकल्पो मडिला पार नर्मदा के तीर

बाजू में

राजनी सोनकुँवरि

(मुद्रा)

पीछे -

सही षरगेसहनी की — सही षरगराय की गाउ गौझी पे पषार दौ - सही रामसहार की

।। सही भोपति के गोझी गाउ संकल्पि दौ ।। सही राउ भिंमसेनि की गाँव गोझी पेपषार दौ संकल्पि दौ दसकत अनूपसिंघ के

क्रमांक 4

राम

सही ।।

श्री राज...

महाराजाधिराजा

नरेन्द्रसाहि देव

।। संवत 1756 नाम मार्ग सुदि 2 खौं कह ।। अद्याहे श्री महाराजाधिराज श्री महाराजा श्री राजा नरेन्द्रसाहि देव।। एतौ ।। जोतषी जोग्य पटो प्रदंत सास्था ऐसी

जो श्री ।। ... ।। केहूवे की प्रस्नं कहीती ताकी रीझ को गांउ एकुपैपषार दो सो बैठे षाई अशीर्वादु देई।। ताके विद्यमान दिवान षिदिरषां तथा राउ भिमसेनि लिष्यतं ताराचंद महिगाव बैठे-

। सास्था -

। मडिला के परिगने मह -

। गांउ। हरदुबा लिंगा पास सजलसजिनसप्रजासकाष्ठसदर्व सहित संकलपि दी मार्ग वदि 4 कइतृसिक की संग्राति में तब संकलपि दौ

(मुद्रा)

पीछे -

।। सही कमलनयन के गाउ हरदुवा।।

सही षरगेसहनी की

।। सही राउभिमसेनि की -सही उदैभान की

क्रमांक 5

असल की
नकल मुहर

।। संवत 1756 वर्षेनाम श्रीवन वदि 7 कह अछेहे श्री महाराजाधिराज श्री महाराजा श्री राजा नरेन्द्रसाहि देव एतौ।। षगेस्वर जोतषी पटो प्रदंत सास्था ऐसी जो गाउ ऐक पेपषार संकल्पी दौ सो पावे घर बैठे आसिर्वादुदेइ ताके विद्यमान दीवान षेदीरीषां तथा राउ सिरीराम तथा राउ भीमसेनी लिषो भोपतिराउ गढ़ा बैठे।।

।। सास्था

मडीला के परिगने में गाउ ऐक पे पषार संकल्पी दौ सो पावे।।

गाउ। देवांरा गगोरा पास सजल सजिनिस सकष्टसप्रजसदर्वी सहित संकल्पी दौ अषाढ़ सुः 12 कहतषत वेठे मदनमहल परतव

(मुद्रा)

पीछे

सही षरगैस हनी की, सही षरगराय की, सही नाउ सिरीराम की एकु

क्रमांक 6

राम
सही।।

(मुद्रा)

।। संवत 1762 वर्षे नाम श्राउन वदि 1 कह अद्याहे श्री महाराजाधिराज श्री महाराजा श्री राजा नरेन्द्रसाहि देव एतौ।। षरगेस्वर जोतषी जोग्यपटोप्रदंत सास्था ऐसी जो गांउ दोई पेपषार दए ऐसो पावे ताके विद्यमान राउ नरिंद लिषो पूरन...अमरगढ़ बैठे पटो सही -

। सास्था

वरगी के परिगने में मदनपुर केतपे गांउ 2 दोइ सजलसजिनसकाष्ट सप्रजा सहित संकल्पि दऐ।

वाजपेयी	तो ताको बदला
कमल नेन	गांउ। वसरिया प्रथम मडिला के परिगने मेहरदुवा गांउ दो
तथा	तो ताको बदला
राउ	ठिका गांउ 2 दोई

(मुद्रा)

सुन्दरदास

पीछे -

सही षरगेसहनी की (सही उदेभान की)

सही नरिंद की।। सही कमल नैन की।। सही सुन्दर की गाउ दोइ वरगी के परिगने में संकल्पि दवो मडिला के परिगने में पावत तें ताको बदला दौ।।

क्रमांक 7

सही

(मुद्रा)

।। संवत 1774 वर्षे नामकातिकवदि। कह अद्याहे श्री महाराजाधिराज श्री महाराजा श्री राजा नरेन्द्रसाहि देव एतौ। इन्द्रमनि जोतषी जोग्य पटोप्रदंत सास्था अैसी जो गाउ ऐक पेपषार दो सो पावै आसीवादु देंइ ताके विद्यमान वाजपेई परमेस्वर दास तथा राउ नरिंद तथा राउ जोधी राइ लिषो पूरनमल मडिला बैठे पटोसही

सास्था

मडिला के परिगने में गांउ। सरही माझीपुर पास सजलसजिनसकाष्टसप्रजासहित संकल्पि दौ छोटी घुघरी को बदला

(मुद्रा)

पीछे

सही जोधी की	सही धरनीधर की
सही परमेस्वर के	गाउ एक सरही सही नीरंद की

(मुद्रा)

क्रमांक 8

राम
सही

(मुद्रा)

(रजाईसु ।। वाजेजगाती तथाथर्रोईषुटोइघटोइन कह।। अपर।। दुदाराई जोतषी कह वेलपाच की जगात इनामकरि दई है सो कोउ मुज़ाहिम ने होई है।। अस्वनि वदि 4 कहसं. 1799

(मुद्रा)

पीछे

सही लोकसाहि की   सही कस्तना कर के सही   सीध की

क्रमांक 9

राम
सही

(मुद्रा)

।। राजाइसु ।। वाजे जगातीघरोईनषुटोइन कह अपर।। दुदाराइ जोतकी कह वेल 5 पाच की जगात इनाम के देहे सो राहवाट में कोउ मुजाहिमन हूजो।। अषाढ़ सु 6 कह सं. 1806

क्रमांक 10

।। राम ।।

सही

श्री महाराजा जातद मोर

(पशु आकृति)

।। संवत 1806 वर्षे नाम दुती भादो वदि 14 कह अद्याहे श्री महाराजाधिराज श्री महाराजा श्री राजा निजामसाहि देव एतो।। दूदाराइ जोतिषी जोग्य पटो प्रदंत सास्था अैसी जो गाउ दुई पेपषार संकल्पि दौ सो पावे घर बैठे आसिर्वाद देइ ताके विद्यमान राउ लोकसाहि तथा राउ षाडेराइ लिषो मनीराम मडिला गढ़ बैठे पटो सही

सास्था

मडिला के परगने में गांउ दुई पैपषार संकल्पि दौ सो पावे गांउ।
देवारा तथा गाउ। आमाडोंगरी सजलसजिनिसकाष्ठ सप्रज सदर्वीसहित संकल्पि दौ

(मुद्रा)

क्रमांक 11

राम

सही

(मुद्रा)

।। श्री महाराजाधिराज श्री महाराजा श्री राजा निजामसाहि देव की सिरकारतें सनधि लिष दई जोतकी दुदाराई कह अैसी जो मडिला के परिगने में गाउ 2 दोई धर्मार्थ दए आलाकलाम चौथ सुधान लगे सो पावे असीस दए जाई ताके विद्यमान राउ षांडेराइ लिषो पूरन मडिला गढ़ बैठे सनंधि सही।।

पौष वदि 1 कह सं. 1807

(मुद्रा)

क्रमांक 12

(मुद्रा)

।। पं. श्री पंडित मोरोजी।। दिवारागांउ के नवल पटेल जोग्य।। अपर।। दिवारा गांउ जोतकी पुरुषोत्तम कों वहाल कर दवो है सो तुम इन कहं नूज हूजौ ऐसिषापनुद्रेइ सो कीजो मार्ग वदि 13 कहं संः 1839 मुः मडिला

(मुद्रा)

परिशिष्ट दो

दो समकालीन पत्रों के पाठ

(1) सुमेरशाह को लिखा गया सं. 1837 (1780 ई.) का पत्र

श्री महारानी श्री रानी जेचदेलिन चिकुंवरि देव्य।। तथा श्री महारानी लहुरी बघेलिनवेरेडीवार उत्तम कुँवरि देव्य।। तथा श्री महारानी श्री रानी जेठीयवरिन भंतकुवरि देव्य।। तथा श्री महारानी श्री रानी जेठी सुरकिनमिलापकुँवरि देव्य।। ऐतौ।। श्री महाराजाधिराज श्री महाराजा श्री राजा लाला सुमेरसाह देव कह असीस।। अपर।। इहा की छेमता भली है।। उहा की छेमता भली चाहिजे।। अपर।। इहा सुन परी है के जौन वस्त वीसा साथ ले गौ है तौन वस्त कह साथ ले जाई कहत है।। ताकह तुम स्यानै हौ जे मे वीसा वस्त ने ले जाई पावे सो की जो।। ओ सब कह छाती से लगांऐ राषहो संत्रुर्मित्रसुधा।। ओ जे मे जो काम पंको दिषाइ सो कीजो उताइल को काम ना होई बहुत समझ के कीजो।। अपर ।। अपने सरीर की जापता करे रेहो।। ओ इहा के मामलो बहुत सुचित रेहो।। अपर ।। पान और सामा पठेहे सो पहुँच है।। औ।। ।। कह वीसा को कागद आवो हतो सो वा कागद उपने आगू वाच के विसा कह कागद गऐ है सो वा कागद को निकास ले लीजौ।। अपर ।। अषाढ़ वदि 11 कह सं. 1837।

। सामा ।

पान सैय पंद्रह 1500

सामा

। सुपारी। जाइफर। जाइपत्री। लोगे।

श्री निवाजिसरओ तथा श्री निवाजिस भगोत तथा श्री निवाजिस दिवका की असीस तसलीम गडुला टहलवो की तथा मेना टहुलवी की।।

पार्श्व में - श्री वैया धनोती तथा श्री वाई विजो की असीस

श्री वैया तेजकुंवरि देव्यकी तसलीम

श्री दुलही सुरतानकुँवरि की असीस

(2) रघुवंश वाजपेयी का पत्र

स्वस्ति श्री मत्सकलगुणगणालंकृत श्री चंद्रचूडचरणांबुजमकरंदमत्तमधुकरेषु। उद्‌दंडचंडिम-चलद्‌भेजदण्डखण्डितारोतिवर्ग शिरस्तोममालाऽर्च्चनसंतोषित श्री शंकरेषु। वहलप्रतापता-पतापितारिनिवहेषु। प्रवलतरयवनकुल प्रलयजलनिधिनिमग्नमहीसमुद्ररणयज्ञ वाराहेषु। समस्तदिक्वान्ताकर्णताटंकितर्कीर्त्तिकुसुमेषु। श्री मत्पण्डितरघुनाथरायवाजेरायेषु। रघुवंश वाजपेयिनोनमस्कार पूर्वकाशिषांराशयस्समुल्लसंतु। शमत्र। श्रीमतभनुदिनमुपचीयमानमा-शास्प्रहे। प्रस्तुततंच। श्रीमन्निकटादागत्यसर्वराज्ञेनिवेदितं। तत्ध्रुवत्वाराज्ञास्वकीयमिष्टम-निष्टंवाकिमपिनविचारितं श्रीमदुक्तमेवसंपादितं। देवरीदुर्ग्गमल्हारपंडिताधीनंकृतं। मुद्रार्थ वालाजीगोविंदस्यपण्डितस्समागतस्ताअपदीयंते। परन्तु जानोजी भोंसलेरद्यस्योद्रवोज्ये-वर्त्ततेत।

श्रीमदग्रेकधितमेवश्रुत्वाचश्रीमद्‌िमराज्ञाकृतेवयथोपद्रवध्वंसोभविष्यति तथेवास्माभिवि-थियंशंकानकायूर्येति। परंतु । इदानींदेशोपद्रवस्तथैवर्त्तते। अतः परंश्रीमतामाज्ञाप्रमाणं। उक्तंचप्रांचैः।। रामोद्विर्न्नैवभाषते। किं सर्वज्ञेषु बहुलेख्यं।

परिशिष्ट तीन

शिलालेखों और ताम्रपत्र के पाठ

(1) पंचमठा, गढ़ा (जबलपुर) के राधाकृष्ण मन्दिर का शिलालेख

जयति श्री हितहरिवंश अयं देवालयः श्री वंशीधरस्यास्ति अमुं श्रीस्वामिना चतुर्भुजदासनाम्नाविरचयित्वा गंगासागरस्य गढ़ा ग्रामस्थानेऽस्य समीचीनाचल्प्रतिष्ठाकृत अस्थापनदिष्टः श्री वि. शुभं सं. 1660 प्रमितेगताब्देभाद्रपदमास्य शुक्लाष्टम्या इति।

(2) पंचमठा के दो शिवमंदिरों के शिलालेख

(अ) एक शिवमंदिर के चौखट में उत्कीर्ण दो लेख

लेख संवत 1821 माघसुदिपंचमी शनिवार कह शिव स्थापन वसंतगिरि महंत के प्रीत्यर्थ वक्तावर गिरि मंहत करो भ,

लेख क्षमाचक्षणगल। मिरिहसुघरितेवत्सरेमन्मथाख्येनक्षत्रेचौत्तरामारविसुतदिवसेमासिभाद्यै गढ़ाख्ये। दुर्ग्गेपक्षेऽज्जुनेवेविजयतिधरणीपति नीजामशाहे पंचम्या-सिद्धि योगेषवति पतिमहत्तास्थापितेशानमूर्तिः।। ।।

वक्तावरगिरिमहतास्वगुरोः प्रीतपर्मश्वरप्रतिष्ठा।।
पुराया परमसुक्खतिनोऽकांरिवसंतगिरेर्म्भहतो हि ।। 2।।

टिप्पणी लेख 1 बांई चौखट पर और लेख 2 निचली चौखट पर हैं।

(ब) दूसरे शिवमंदिर में एक शिला पर उत्कीर्ण शिलालेख

श्री गणेशायनमः।। श्री विक्रम शाके संवत 1823 के मास फागुन वदि पंचमी। गुरो कह शिव पंचायतन स्थापना करी श्री महंत गुसाईं हिरदेवपुरी जी ने श्री राजा निजामसाहि राज्ये शुभमस्तु।

(3) संग्रामपुर में ठाकुरों की बहर (बावड़ी) का शिलालेख

संवत 1735 अषड वदी 12 कह तीहाअरजाही श्री महाराजा छत्रसह...न भोंवही...बनवई यह लक्ष्मी हजाना के सगर...सीप राधेरक गुमसूवक षडेरय की सही वीदन...जी ठाकुर मदन 2001 षरचुडगे।। जागमनी कारीगर बनाई।

(4) दलपतशाह के समय का ताम्रपत्र (बालचन्द्र जैन, उत्कीर्ण-लेख, रायपुर 1961 ई., पृष्ठ 178-79)

ताम्रपत्र का पाठ-

पंक्ति

1 ।। राम।।
2 श्री बाबा कपुर साहिब
3 सही
4 ।। सं 1487 के वषे (वर्षे) नाम कातिक वदि 5 कः अ
5 ।। अदाहे।। श्री महाराजाये राजा।। श्रीमहारा
6 ।। जा श्री राजा दलपतसादेव पटे प्रदंत सास्य
7 ।। अैसी जो।। ।। केनत्तर करो गढा के परगनै
8 ।। के गाऊ कूडा 1 कचनारी 1 जगात पै रोजा 8
9 ।। परगनै 8 । अधेला घर पाछे सो हमेसा
10 ।। हमेस पाऐ जा (ए) ऐमै आन तरा नै होहे। औ गढा
11 ।। को कोउ राजा होऐ (आ) गावजा (घ) लेऐ तौ वन
12 ।। संकर होऐ और आगव जा कीऊ पैसा कोही
13 ।। लेऐ तो सीवनै माऐ होऐ गाउ मारे कौ पाप आ
14 ।। र ऐनके बेटा चेला नाती सें तक सो रषतावन
15 ।। आवै तो सीरकार सै माफ ताके विदवान सरका
16 ।। र के पाँच लीषो अधरसींध गढ़ा बैठ पटौ सही

परिशिष्ट चार

वंशावलियाँ

(1) **महेश ठाकुर**–महेश ठाकुर के पूर्वजों के नाम श्री रमेश दत्त पाठक के पास की पाण्डुलिपि और उनके पास की वंशावली से प्राप्त किये गए हैं। मतभेद की स्थिति में मैंने पाण्डुलिपि को सही माना है। मतभेद चंद्रपति के पहले की दो पीढ़ियों के नाम में है। महेश ठाकुर के उत्तराधिकारियों की जानकारी 'मिथिला दर्पण' से ली गई है।

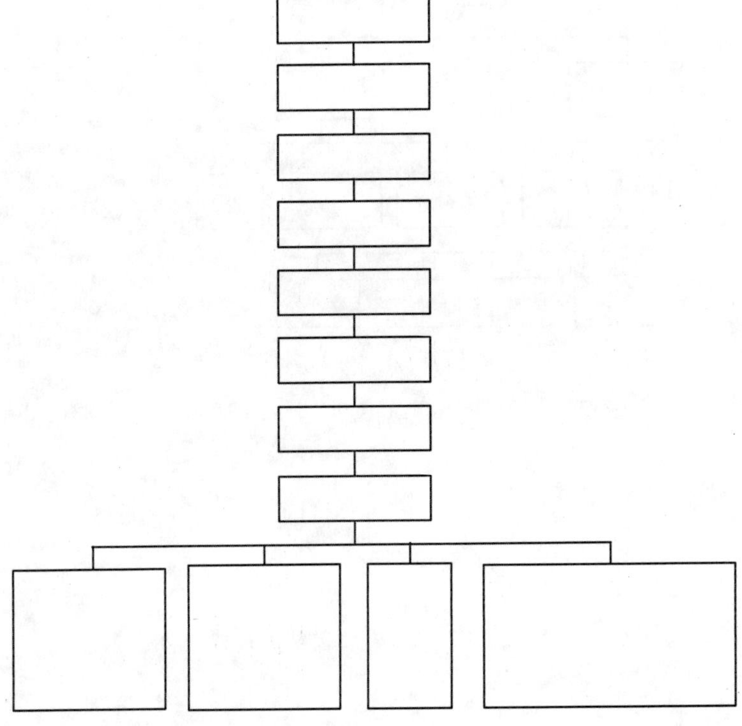

(2) **प्रेमनिधि ठाकुर, सचल मिश्र और शिवराम मिश्र–** इनके सम्बन्ध में सारी जानकारी श्री रमेशदत्त पाठक के पास की पाण्डुलिपि से ली गई है। सचल मिश्र प्रेमनिधि की बुआ के पुत्र थे। बुआ के पति का नाम रघुदेव मिश्र था। कोष्ठक में जो नाम हैं वे जामाता हैं।

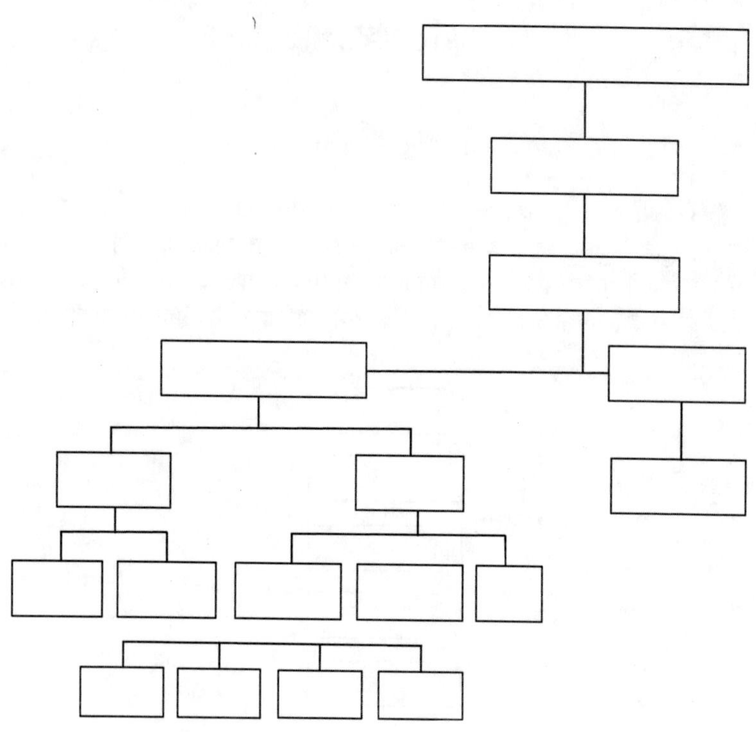

टिप्पणी– दुर्गादत्त मिश्र की मृत्यु क्वांर वदी 9, शुक्रवार सं. 1881 (1831 ई.) को हुई।

(3) **वाजपेयी वंश**–इस वंश की वर्तमान समय तक की विस्तृत वंशावली के लिए देखिए इस लेखक की कृति 'गढ़ा के गोंड राज्य का उत्थान और पतन', जबलपुर 1986, पृष्ठ 213-16.

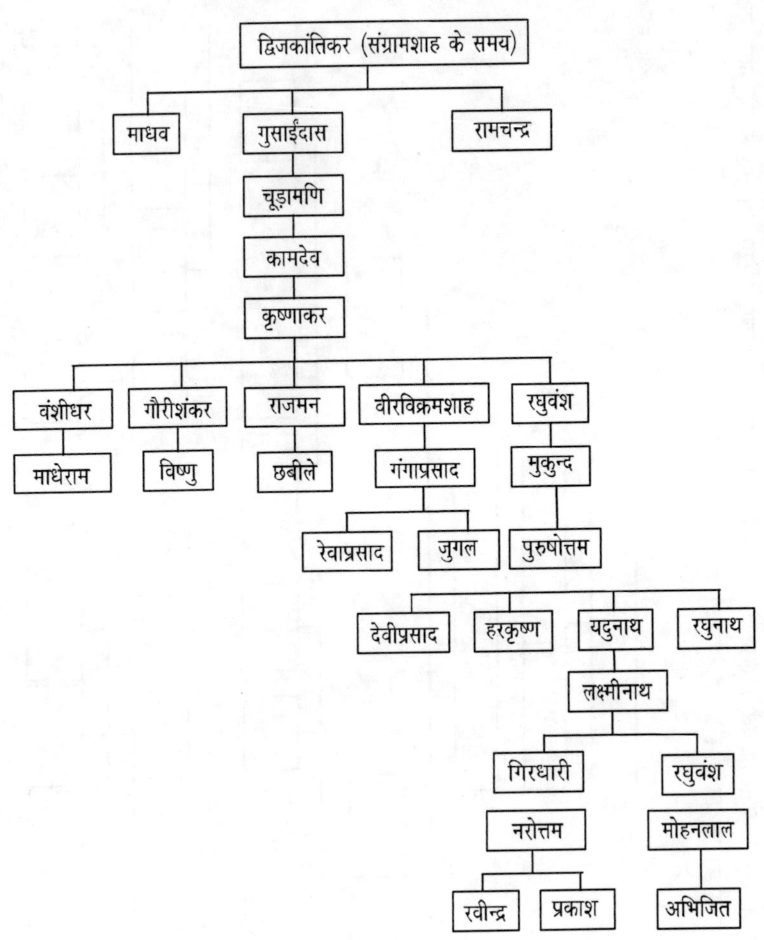

(4) **लोकनाथ ओझा**–इस वंश की वर्तमान समय तक की विस्तृत वंशावली के लिए देखिए इस लेखक की कृति 'गढ़ा के गोंड राज्य का उत्थान और पतन', जबलपुर (1986), पृष्ठ 217.

(5) **रुद्रदत्त ओझा**–इस वंश की वर्तमान समय तक की विस्तृत वंशावली के लिए देखिए इस लेखक की कृति 'गढ़ा के गोंड राज्य का उत्थान और पतन', जबलपुर (1986), पृष्ठ 218.

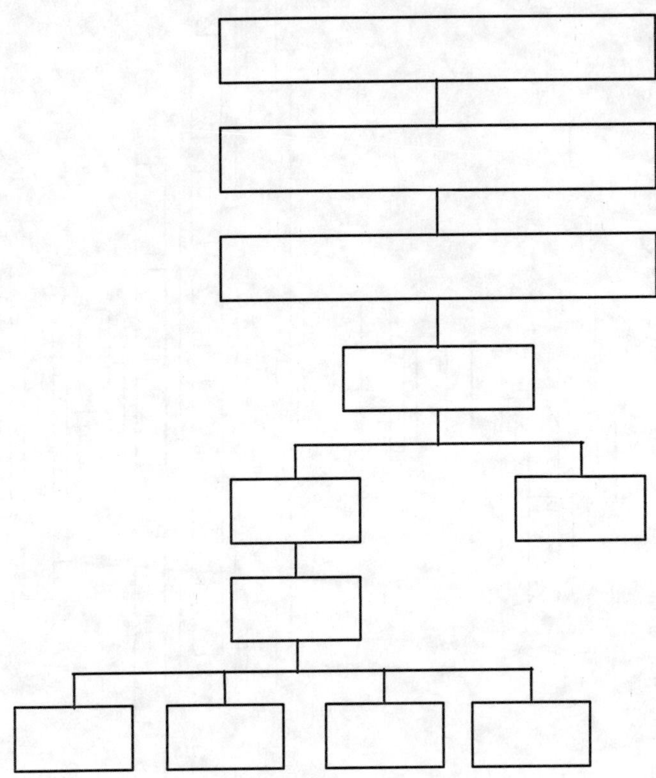

(6) **ज्योतिषी वंश**–यह वंशावली दिवारा (मण्डला, म. प्र.) के श्री नर्मदा प्रसाद ज्योतिषी से प्राप्त हुई थी। विस्तृत वंशावली के लिए देखिए इस लेखक की कृति 'गढ़ा के गोंड राज्य का उत्थान और पतन', जबलपुर 1986, पृष्ठ 219-224.

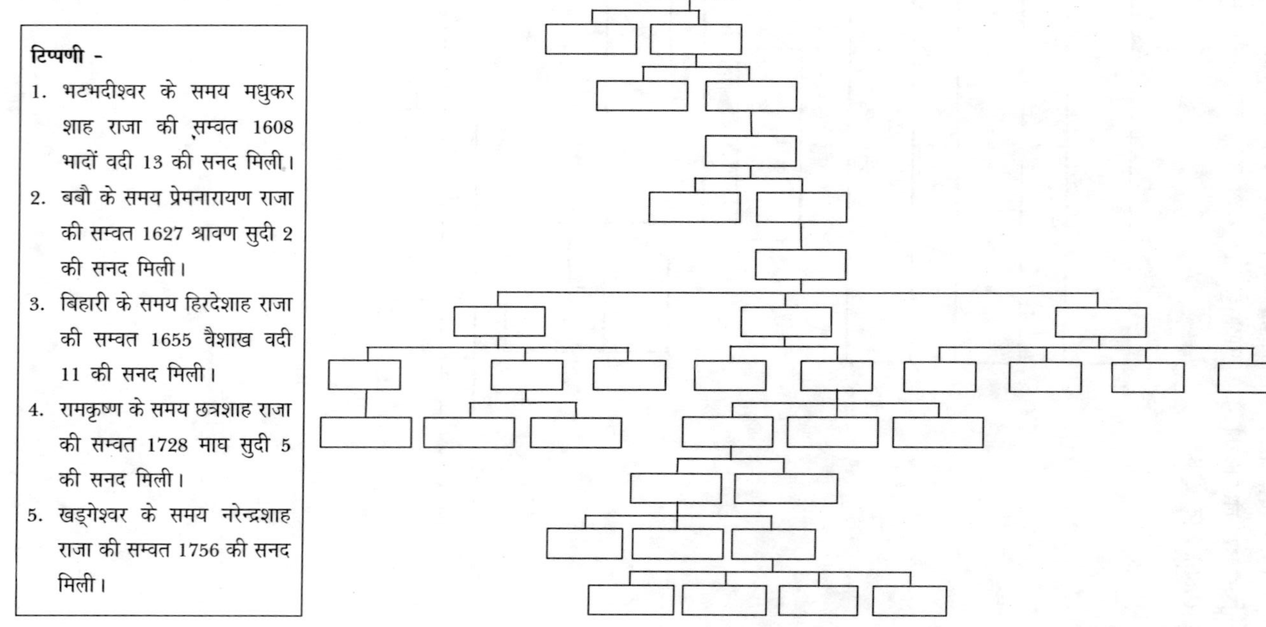

टिप्पणी -

1. भटभदीश्वर के समय मधुकर शाह राजा की सम्वत 1608 भादों वदी 13 की सनद मिली।
2. बबौ के समय प्रेमनारायण राजा की सम्वत 1627 श्रावण सुदी 2 की सनद मिली।
3. बिहारी के समय हिरदेशाह राजा की सम्वत 1655 वैशाख वदी 11 की सनद मिली।
4. रामकृष्ण के समय छत्रशाह राजा की सम्वत 1728 माघ सुदी 5 की सनद मिली।
5. खड्गेश्वर के समय नरेन्द्रशाह राजा की सम्वत 1756 की सनद मिली।

(7) गढ़ा-राज्य के गोंड शासकों की वंशावली और उनका कालक्रम

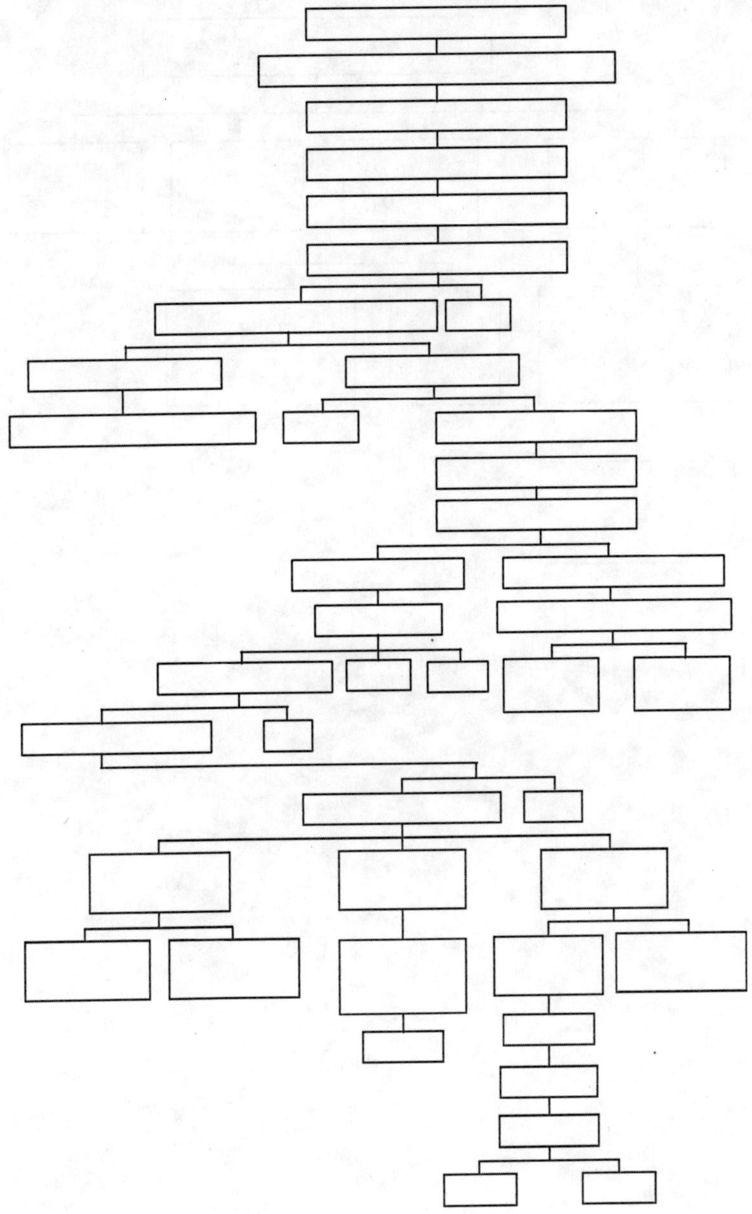

(8) नागपुर के भोंसले राजा–

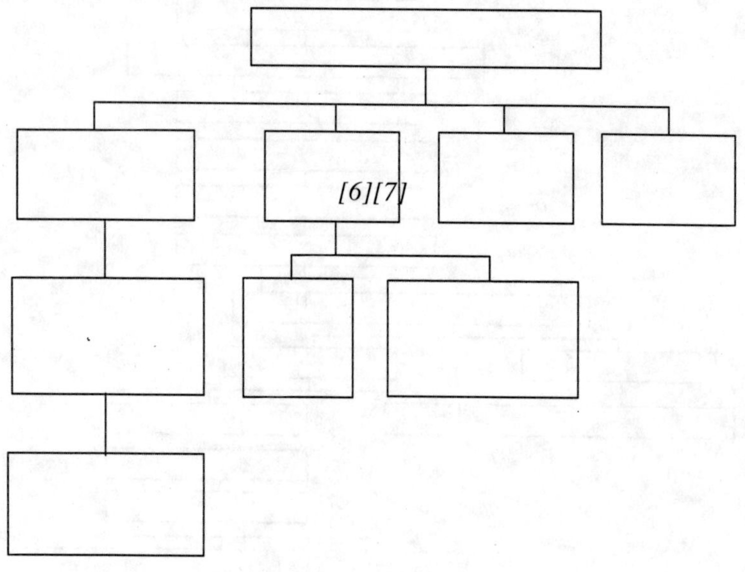

परिशिष्ट पाँच

गढ़ा राज्य के शासकों के सिक्के

संग्रामशाह-

सोना

संग्रामशाह के निम्नलिखित तीन सोने के सिक्कों की जानकारी है–

1. संवत 1600 (1543 ईस्वी) का गोल सिक्का–न्यूमिस्मेटिक क्रानिकल एण्ड द जर्नल ऑफ न्यूमिस्मेटिक सोसायटी, पाँचवीं सिरीज, जिल्द 17 (1937), पृ. 300.
2. संवत 1588 (1531 ईस्वी) का वर्गाकार सिक्का–डॉ. वा. वि. मिराशी, संशोधन मुक्तावलि (सर चौथा), 1961, पृ. 181.
   - डॉ. हीरालाल, एन्युअल रिपोर्ट ऑफ आर्किलॉजिकल सर्वे ऑफ इण्डिया, 1913-14, पृष्ठ 253-255 के अनुसार यह संवत 1570 (1513 ईस्वी) का है।
   - इण्डियन म्यूजियम, कलकत्ता के सिक्कों के केटलाग का सप्लीमेन्ट, विद्याविनोद, कलकत्ता पृ. 100 में इस सिक्के की तिथि को संवत 1566 (1509 ईस्वी) पढ़ा गया है।
3. संवत 1600 (1543 ईस्वी) का गोल सिक्का– नेविल, एशियाटिक सोसायटी ऑफ बंगाल (न्यू सिरीज़, अंक 21). वा. वि. मिराशी, संशोधन मुक्तावलि (सर चौथा), 1961, पृष्ठ 181, पादटिप्पणी 3 में भी उल्लिखित।

चाँदी

संग्रामशाह के निम्नलिखित चार चाँदी के सिक्कों की जानकारी है–

तीन सिक्के–हीरालाल, एन्युअल रिपोर्ट ऑफ आर्किलॉजिकल सर्वे ऑफ इण्डिया, 1913-14, पृष्ठ 253-255

एक सिक्का–चन्द्रशेखर गुप्ता, जर्नल ऑफ एकेडेमी ऑफ इण्डियन न्यूमिस्मेटिक्स एण्ड सिगिलोग्राफी, तीन, पृ. 49. पत्रिका के सम्पादक के अनुसार इस सिक्के में सिर्फ श्री स अंकित होने के कारण उसे संग्रामशाह का सिक्का नहीं माना जा सकता।

पीतल

संग्रामशाह के निम्नलिखित 6 चौकोर सिक्कों की जानकारी है–

सिक्का 1. तिथि नहीं है।

सिक्का 2. संवत 159-

सिक्का 3. संवत (1) 591 (1534 ईस्वी)

सिक्का 4. संवत 1588 (1531 ईस्वी)

सिक्का 5. संवत 1588 (1531 ईस्वी)

सिक्का 6. (1) 573 (1516 ईस्वी)

आर. आर. भार्गव, ''ब्रास क्वाइन्स ऑफ द गोंड रूलर संग्रामशाह'', न्यूमिस्मेटिक डाइजेस्ट, अंक 6 (1982), पृष्ठ 59-63।

ताँबा

संग्रामशाह के निम्नलिखित दो ताँबे के सिक्कों की जानकारी है जो देवगढ़ टकसाल से जारी किये गए थे–

1. संवत (1) 576 (1519 ईस्वी) का गोल सिक्का
2. संवत 1586 (1529 ईस्वी) का वर्गाकार सिक्का,
   आर आर भार्गव, ''काइन्स ऑफ सम गोंड रूलर्स'', न्यूमिस्मेटिक डाइजेस्ट अंक 15 (1991) पृ. 119-121

मधुकरशाह

मधुकरशाह के पीतल के दो सिक्कों की जानकारी है–

संवत 1664 (1607 ईस्वी) गढ़ागढ़ से जारी।

आर. आर. भार्गव, ''क्वाइन्स ऑफ मधुकरशाह द गोंड रूलर ऑफ गढ़ा'' न्यूमिस्मेटिक डाइजेस्ट, अंक 5 (1981), पृष्ठ 46-48

परिशिष्ट छह

गढ़ा-राज्य के गोंड शासंकों के कालक्रम की तुलनात्मक तालिका

क्र. राजाओं के नाम	गढ़ेशनृपवर्णनम् शासन के वर्ष	तद्नुसार ई. सन् में तिथि	स्लीमेन शासन के वर्ष	तद्नुसार ई. सन् में तिथि	कनिंघम शासन के वर्ष	तद्नुसार ई. सन् में तिथि	वार्ड शासन के वर्ष	तद्नुसार ई. सन् में तिथि
1. यादवराय	5	158.163	5	358.363	5	382.387	5	185.163
2. माधव सिंह	33	163.196	33	363.396	33	387.420	33	163.196
3. जगन्नाथ	25	196.221	25	396.421	25	420.445	25	196.221
4. रघुनाथ	74	221.295	64	421.485	64	445.509	74	221.295
5. रूद्र सिंह	28	295.323	28	485.513	28	509.537	28	295.323
6. बिहारी सिंह	31	323.354	31	513.544	31	537.568	31	323.354
7. नरसिंहदेव	33	354.387	33	544.579	33	568.601	33	354.387
8. सूर्यभानु	29	387.416	29	579.608	29	601.630	29	387.416
9. वासुदेव	18	416.434	18	608.626	18	630.648	28	416.444
10. गोपालसिंह	42	434.476	21	626.647	21	648.669	42	444.486
11. भूपालसिंह	60	476.536	10	647.657	10	669.679	60	486.546
12. गोपीनाथ	37	536.573	37	657.694	37	679.716	37	546.583
13. रामचन्द्र	13	573.586	13	694.707	13	716.729	13	583.596
14. सुरतानसिंह	29	586.515	29	707.736	29	729.758	29	596.625
15. हरिहरदेव	17	615.632	17	736.753	17	758.775	17	625.642
16. कृष्णदेव	54	632.686	14	753.767	14	775.789	54	642.696
17. जगतसिंह	9	686.695	9	767.776	9	789.798	9	696.705
18. महासिंह	23	695.718	23	776.799	23	798.821	23	705.728
19. दुर्जनमल्ल	19	718.737	19	799.818	19	821.840	19	728.747
20. यशःकर्ण	36	737.773	36	818.854	36	840.876	36	747.783
21. प्रतापादित्य	24	773.797	24	854.878	24	876.900	24	783.807
22. यशश्चन्द्र	14	797.811	14	878.892	14	900.914	14	807.821
23. मनोहरसिंह	49	811.860	29	892.921	29	914.943	29	821.850
24. गोविन्दसिंह	35	860.895	25	921.946	25	943.968	55	850.905
25. रामचन्द्र	21	895.916	21	946.967	21	968.989	21	905.926
26. कर्ण	16	916.932	16	967.983	16	989.1005	26	926.942
27. रत्नसेन	31	932.963	21	983.1004	21	1005.1026	31	942.973
28. कमलनयन	22	963.1005	30	1004.1034	6	1026.1032	40	973.1013

29. नरहरिदेव	26	1006.1031	7	1034.1041	7	1032.1039	26	1013.1039
30. वीरसिंह	7	1031.1038	26	1041.1067	26	1039.1065	7	1039.1046
31. त्रिभुवन राय	38	1038.1076	28	1067.1095	28	1065.1093	39	1046.1085
32. पृथ्वीराय	21	1076.1097	21	1095.1116	21	1093.114	20	1084.1105
33. भारतीचन्द्र	32	1097.1129	22	1116.1138	22	1114.1136	32	1105.1137
34. मदन सिंह	20	1129.1149	20	1138.1158	20	1136.1156	20	1137.1157
35. उग्रसेन	36	1149.1185	36	1158.1194	36	1156.1192	36	1157.1193
36. रामसाहि	30	1185.1215	24	1194.1218	24	1192.1216	30	1193.1223
37. ताराचन्द	33	1215.1248	34	1218.1252	34	1216.1250	34	1223.1257
38. उदयसिंह	15	1248.1263	15	1252.1267	15	1250.1265	15	1257.1272
39. भानुमित्र	16	1263.1279	16	1267.1283	16	1265.1281	16	1272.1288
40. भवानीदास	12	1279.1291	12	1283.1295	12	1281.1293	12	1288.1300
41. शिवसिंह	26	1291.1317	26	1295.1321	26	1293.1319	26	1300.1326
42. हरीनारायण	6	1317.1323	6	1321.1327	6	1319.1325	15	1326.1341
43. सबलसिंह	39	1323.1362	29	1327.1356	29	1325.1354	30	1341.1371
44. राजसिंह	41	1362.1403	31	1356.1387	31	1354.1385	31	1371.1412
45. दादोराय	37	1403.1440	37	1387.1424	37	1385.1422	33	1412.1443
46. गोरक्षदास	46	1440.1486	26	1424.1450	26	1422.1448	46	1445.1491
47. अर्जुनसिंह	32	1486.1518	32	1450.1482	32	1448.1480	32	1491.1523
48. संग्रामसाहि	50	1518.1568	50	1482.1532	50	1480.1530	40	1523.1563
49. दलपतशाह	18	1568.1586	18	1532.1550	18	1530.1548	18	1563.1581
50. वीरनारायण	15	1586.1681	15	1550.1565	15	1548.1563	15	1581.1596
51. चन्द्रशाह	23	1601.1624	12	1565.1577	12	1563.1575	9	1596.1605
52. मधुकरशाह	28	1624.1652	20	1577.1597	24	1575.1599	28	1605.1633
53. प्रेमनारायण	19	1652.1671	11	1597.1608	11	1599.1610	19	1633.1652
54. हृदयशाह	32	1671.1703	71	1608.1679	71	1610.1681	52	1652.1704
55. छत्रशाह	7	1703.1710	7	1679.1686	7	1681.1688	7	1704.1711
56. केशरीशाह	3	1710.1713	3	1686.1689	3	1688.1691	3	1711.1714
57. नरेन्द्रशाह	25	1713.1738	44	1689.1733	44	1961.1731	22	1714.1736
58. महाराजसिंह	12	1738.1750	11	1733.1744	11	1731.1742	12	1736.1748
59. शिवराजसिंह	7	1750.1757	7	1744.1751	7	1742.1749	7	1748.1755
60. दुर्जनशाह		1757	2	1751.1753	2	1749.1751	.	1755
61. निजामशाह	26	1757.1784	27	1753.1780	27	1751.1778	22	1755.1777
62. नरहरिशाह	5	1784.1789	3	1780.1783	3	1778.1781	2	1777.1779
63. सुमेरशाह	3	1789.1792	=	1783.1784		1781	.	1779

टिप्पणी—उपर्युक्त सूचियाँ निम्नलिखित स्थानों से ली गई हैं।

गढ़ेशनृपवर्णनम् - जी. व्ही. भावे, नागपुर, यूनिवर्सिटी जर्नल नं. 6, 1946, पृष्ठ 181-201 इसमें शासनावधि दी गई है।

स्लीमेन - जर्नल ऑफ एशियाटिक सोसायटी ऑफ बंगाल, नं. 6, अगस्त 1837, पृष्ठ 621-47

कनिंघम - आर्किलॉजिकल सर्वे ऑफ इंडिया रिपोर्ट, 17, 1881-82, पृष्ठ 47-54 इसमें शासनावधि स्लीमेन से ली गई है।

वार्ड - रिपोर्ट आन दि लैंड रेवेन्यू सेटलमेंट ऑफ दि मण्डला डिस्ट्रिक्ट, 1868-69, पृष्ठ 13-19, इसमें शासनारोहण के वर्ष दिए गए हैं।

परिशिष्ट सात

इस पुस्तक के अनुसार गढ़ा के गोंड शासकों की कालक्रमानुसार सूची

शासक का नाम	शासन काल
यादवराय	14वीं सदी का उत्तरार्द्ध
कुछ अन्य शासकगण	14वीं सदी के उत्तरार्द्ध से 1440 ई.
खरजी	1440 ई. से 1460 ई.
गोरक्षदास	1460 ई. से 1480 ई.
सुखनदास (संगिनदास)	1480 ई. से 1500 ई.
अर्जुनदास	1500 ई. से 1510-13 ई.
संग्रामशाह	1510-13 ई. से 1543 ई.
दलपतिशाह	1543 ई. से 1550 ई.
वीरनारायण (दुर्गावती)	1550 ई. से 1564 ई.
चंद्रशाह	1564 ई. से 1576 ई.
मधुकरशाह	1576 ई. से 1586 ई.
प्रेमशाह	1586 ई. से 1634 ई.
हृदयशाह	1634 ई. से 1671 ई.
छत्रशाह	1672 ई. से 1684 ई.
केशरीशाह	1684 ई.
हरीसिंग (विद्रोही)	1684 ई. से 1686 ई.
पहाड़ सिंह (विद्रोही)	1686 ई. से 1687 ई.
नरेन्द्रशाह	1687 ई. से 1731 ई.
महाराजशाह	1731 ई. से 1741 ई.
शिवराजशाह	1741 ई. से 1749 ई.
दुर्जनशाह	1749 ई.

निजामशाह	1749 ई. से 1776 ई.
महिपालसिंह	1776 ई.
नरहरिशाह	1776 ई. से 1780 ई.
सुमेरशाह	1780 ई. से 1782 ई.
नरहरिशाह	1782 ई. से 1784 ई.

परिशिष्ट आठ

रामनगर शिलालेख का हिन्दी अनुवाद

संवत 1724 (1667 ईस्वी) में उत्कीर्ण रामनगर (जिला मण्डला, मध्यप्रदेश) के संस्कृत शिलालेख के प्रकाशन का विवरण नीचे लिखे अनुसार है–

1. ई. फैल, एशियाटिक रिसर्चेज, जिल्द 15, 1825, पृष्ठ 436-443, विलसन के अवलोकन सहित।
2. फिट्ज एडवर्ड हॉल, जर्नल ऑफ अमेरिकन ओरियण्टल सोसायटी, जिल्द 7, 1860, पृष्ठ 1-18.
3. कनिंघम, एन्युअल रिपोर्ट ऑफ आर्कलाजिकल सर्वे ऑफ इण्डिया, 17, 1881-82, पृष्ठ 47-54

श्लोक 1 - श्री गणेशायनमः उनकी जय हो जिनके कर्म विचित्र और सुन्दर हैं। आपको प्रणाम। आप जो कि अपनी मन्त्रशक्ति से, विभिन्न प्रकार से तथा संकट के समय किसी भी रूप से आविर्भूत होते हैं और इस प्रकार सबके द्वारा जाने जाते हैं।

श्लोक 2 - गढ़ा देश में, गुणों के समुद्र यादवराय राजा हुए। उनका पुत्र माधवसिंह। उनका पुत्र जगन्नाथ।

श्लोक 3 - उनका पुत्र रघुनाथ हुए। उनका पुत्र रुद्रदेव था। उनका पुत्र बिहारी सिंह। उनका पुत्र नरसिंहदेव।

श्लोक 4 - उनका पुत्र सूर्यभानु। उनका पुत्र वासुदेव हुए। उनका पुत्र गोपाल सिंह हुए। उनसे भूपालसाहि हुए।

श्लोक 5 - उनसे गोपीनाथ उनके पुत्र रामचन्द्र हुए। रामचन्द्र के पुत्र सुरतान सिंह नाम के थे।

श्लोक 6 - उनके पुत्र हरिहरदेव थे। उनके पुत्र कृष्णदेव थे। उनसे जगतसिंह पैदा हुए। उनसे महासिंह हुए।

श्लोक 7 - उनसे दुर्जनमल्ल हुए। उनसे यशःकर्ण हुए। उनसे प्रतापादित्य हुए। उनसे यशश्चन्द्र हुए।

श्लोक 8 - उनके मनोहरसिंह। उनके गोविन्दसिंह थे। उनसे रामचन्द्र। उनसे कर्ण। उनसे रत्नसेन।

श्लोक 9 - उनसे कमलनयन। उनका पुत्र राजा नरहरिदेव था। उनके पुत्र वीरसिंह हुए। उन्होंने सुपुत्र त्रिभुवनराय को उत्पन्न किया।

श्लोक 10 - उनका पृथ्वीराज। उनसे भारतीचन्द्र हुए। उनका पुत्र मदन सिंह था। उनसे उग्रसेन हुए।

श्लोक 11 - उनका पुत्र रामसाहि था। उनसे ताराचन्द्र हुए। उनसे उदयसिंह हुए। उनसे भानुमित्र हुए।

श्लोक 12 - उनका पुत्र भवानीदास। उनका पुत्र शिवसिंह था। उनके पुत्र का नाम हरिनारायण था। उनका पुत्र सबलसिंह था।

श्लोक 13 - उनका पुत्र राजसिंह था। उनसे दादीराय उत्पन्न हुए। उनसे गोरक्षदास। उन्होंने अर्जुनसिंह को जन्म दिया।

श्लोक 14 - उनका पुत्र संग्रामसाहि था। उनके शत्रु कपास के पुँज के समान थे। वह उनके लिए प्रलयकारी अग्नि के समान था। उनके प्रताप के प्रकाश के विश्व में व्याप्त होने के कारण दोपहर का सूर्य भी निस्तेज सा हो गया।

श्लोक 15 - जिसने पृथ्वी के चक्र को जीतकर, राजाओं के ऐसे बावन गढ़ों को जीतकर, उन गढ़ों को करद बना लिया जो वज्र के समान कठोर, पर्वत के समान मजबूत और दृढ़ चहारदीवारी वाले और जो सदैव पर्याप्त जल से पूर्ण रहने के कारण अक्षय थे।

श्लोक 16 - उन क्षितिपमणि के पुत्र दलपति नाम के पवित्र कीर्ति वाले राजा हुए, जिनकी कीर्ति को शेषनाग भी इतने ही मुखों से सदैव गाने की अभिलाषा करते हैं।

श्लोक 17 - जिनके चरणों की रजों को रजोगुण वाले लोगों ने भी सदैव ग्रहण किया। उन्होंने प्रजा का छलरहित पालन किया। उनके हाथ दान देने के जल के कारण सदैव गीले रहते थे। वे राजा दलपति हरिस्मरण परायण थे। जो उनके वश में आते थे उनको वे शरण देते थे।

श्लोक 18 - जो याचकों के लिए भाग्यसमृद्धि के समान थीं, पुण्यों की परम्परा ने जैसे स्वरूप धारण किया हो, जो वसुन्धरा की सौभाग्य सीमा जैसी थीं, ऐसी दुर्गावती उनकी पत्नी हुईं।

श्लोक 19 - पृथ्वी वलय (हाथ में पहिनने के कड़ा) को इन्द्र के समान शासित करने वाले, अपने पति (राजा दलपति) के अस्त हो जाने पर, दुर्गावती ने तीन वर्ष के तनय श्री वीरनारायण को राज्य के पद पर अभिषिक्त किया।

श्लोक 20 - उस दुर्गावती ने, जिसकी कीर्ति त्रिभुवन में विख्यात है समूची पृथ्वी को दूसरी ही बना डाली। जिसमें कि बहुत ऊँचे सोने के मन्दिरों के

कारण कान्तिमान बहुत से स्वर्ण पर्वत जैसे बन गए। जिस (पृथ्वी) में जहाँ-तहाँ फैले हुए अच्छे रत्नों के समुदाय के कारण असंख्य रत्नाकर (समुद्र) बने। मदोन्मत्त हाथियों के समूह के कारण अगणित ऐरावतों के समूह से हो गए।

श्लोक 21 - वे (दुर्गावती) अपने नित्यकर्म में करोड़ों घोड़े, हाथी, सुवर्ण का निरन्तर उत्सर्ग करती थीं। उन्होंने (रानी दुर्गावती) अपने ऊँचे यशों से कामधेनु की अशेष कीर्ति को निम्न कर डाला।

श्लोक 22 - वे युद्धों में स्वयं गज पर चढ़कर जाया करती थीं। वे बल प्रयोग करके बलवान शत्रुओं पर विजय पाया करती थीं। वे प्रजापालन में सदा सावधान थीं। (अतः) उन्होंने लोकपालों को विफल कर दिया।

श्लोक 23 - अनन्तकीर्ति वाले वीरनारायण नाम के राजा ने तरुणता प्राप्त की। उन्होंने अपने हाथों से (कर, टैक्स से,) राजाओं को ग्रहण किया और अपनी किरणों से (करों से) विश्व में तेज का विस्तार करके अन्धकार को समाप्त किया।

श्लोक 24 - समय के फेर से पृथ्वी में इन्द्र जैसे अर्जुनवत् राजा अकबर के द्वारा कर के लिए, बलवान आसफ खाँ भेजा गया।

श्लोक 25 - अपनी अक्षौहिणी सेना के कारण, भूतल को मुलायम बनाने वाले उस महाभट आसफखान के साथ जब युद्ध हुए तब दुर्गावती ने यद्यपि अपने भयंकर पराक्रम से उसकी सम्पूर्ण सेना को जीता।

श्लोक 26 - हाथी पर सवार और शत्रु के लाखों बाणों से क्षत-विक्षत हुई (दुर्गावती ने) अपने हाथ के खड्ग से अपना सिर तत्काल काट कर सूर्य मण्डल को भेदा। पुत्र (वीरनारायण) ने भी (सूर्य मण्डल को भेदा)।

श्लोक 27 - इसके बाद दलपति के अनुज चन्द्रसाहि अनाथ जनों के कारण तेज के निधि के समान, सकल कुल के लिए अखण्ड दीप जैसे, यश ही जिनका धन है (ऐसे चन्द्रसाहि) अभिषिक्त हुए।

श्लोक 28 - (इस श्लोक में शत्रुओं को वृक्ष और शत्रु-पत्नियों को त्वचा माना गया है।) वृक्ष अपने कण्टक रूप हाथों से नारी रूपी त्वचाओं के वस्त्राकर्षण और केश ग्रहण करते हैं। तब वे त्वचाएँ बड़ी निष्ठुरता के साथ ही उन वृक्षों के साथ रहा करती हैं। ठीक इसी प्रकार राजा की शत्रु कान्ताएँ अपने-अपने स्थावर (मन्द, कायर) पतियों से कलह करती रहती थीं।

श्लोक 29 - जैसे कामदेव को दहन करने वाले शिव जी से षण्मुख जन्मे थे उस राजा के एक अच्छी कीर्ति वाले पुत्र हुए जिनका नाम मधुकरसाहि था। वे भूलोक के बलशाली तेज के निधि जैसे थे। वे पृथ्वी तल के इन्द्र (राजा) हुए।

श्लोक 30 - उस धीरोद्दात्त मधुकरसाहि ने अपनी चारों दिशाओं में फैलने वाली गर्जना की धारा से अपने शत्रुओं को बाहर किया, कम्पित किया और ध्वस्त किया। उनका तेज उद्दाम था। उनके बाहुबल से की गई विजयों का जनगण द्वारा गंभीर उच्चारण हुआ करता था। उस विजय यश का प्रबलनाद था। वह नाद प्रलय काल के समग्र गंभीर और घने मेघों की ध्वनि को नीचा दिखा रहा है और आठों लोकपालों को स्पष्ट रूप से अभी भी लज्जित कर रहा है।

श्लोक 31 - इस राजा के पुत्र श्री प्रेमनारायण थे, जो साधुओं की अभिलाषाओं की सिद्धि के वैभव थे। वे समस्त क्षत्रियोचित तेज ही थे। कामदेव की मूर्तिमती शक्ति थे। कीर्ति के भवन थे। कुल की उन्नति थे। पुण्यों के सर्वस्व थे। ब्रह्मा की कुशलता थे। गुणों की निधि थे। दोषों के अपथ (मार्ग रहित) थे अर्थात् दोष रहित थे।

श्लोक 32 - राजा ने अपने नवीन और प्रौढ़ खड्ग की धारा से चारों दिशाओं के अशेष राजाओं के समूह को अवनमित किया। जो अवनमित नहीं हुए, उन्हें दलित किया। राजा की सेना सहस्र अत्यन्त उन्मत्त विन्ध्याचलवासी गजों की घन घटाओं से परिपूर्ण है। राजा के विपक्ष (शत्रु) अपनी सुन्दरियों से बिछुड़ गए और गिरि कन्दराओं में रहने लगे। अभी भी वे गिरि-कन्दरा छोड़ने को तैयार नहीं हैं। राजा के उदीयमान प्रताप के कारण प्रथम परिचय से ही वे (शत्रु) भाग गए और उन शत्रुओं की नींद हराम हो चुकी है।

श्लोक 33 - प्रौढ़ राजाओं को ही युद्ध क्षेत्र में बलपूर्वक बाँधना चाहिए, वैर को नहीं। हमेशा दानों से लोक में कीर्ति बढ़ानी चाहिए, गर्व नहीं। याचकों को हमेशा उनका अभिलषित जल्दी और हमेशा देना चाहिए। पीठ नहीं दिखाना चाहिए। राजाओं का यह धर्म है। इस विषय में प्रेमसाहि का चरित्र स्पष्ट प्रमाण है।

श्लोक 34 - उन प्रभु प्रेमसाहि से सज्जनों को सुख देने वाले और पूर्व प्रभाव हृदयेश्वर नामक पुत्र उत्पन्न हुए। जैसा कि एक वर्ष से दूसरा वर्ष उत्पन्न होता है और अनेक कला एवं तिथियों से परिपूर्ण होता है, सदैव प्रतिपदा से जिसका उदय प्रारम्भ होता है। राजा के संदर्भ जिसका तात्पर्य होगा कि हर पग से जिसका उदय प्रारम्भ होता है। दिन तथा रात्रि से बढ़ते-बढ़ते वह महीनों की महिमा को प्राप्त होता है। जिसमें शुक्ल और कृष्ण पक्षों का क्रम भी होता है। (इस छन्द में वर्ष के लिए ऐसे विशेषण चुनकर लिखे गए हैं जो दूसरे अर्थ में राजा के भी विशेषण होते हैं।)

श्लोक 35 - सम्पूर्ण जगत् का सदैव पालन करने वाला वह राजा अनाथों का अतिसंरक्षण करता था। मेघ समवर्षी होते हुए भी निम्नगत (भूमिगत प्रवाहों) को भी जल से अतिशय सिंचित करता है।

श्लोक 36 - जिसने ब्राह्मणों को ऐसे अनेक ग्राम, स्मृति के लिए ताम्रपट्ट विधिपूर्वक अर्पित किए जो सुन्दर बगीचों की परम्परा से घिरे हुए, अटारी और भवनों से उन्नत, सम्पन्न प्रजाओं से युक्त, निर्मल और कमलयुक्त तालाबों से जलपूर्ण, लम्बे चौड़े बहुत से गौशालाओं के कारण सुन्दर, हैं और जिनमें चारों ओर विशाल उर्वरा भूमि है।

श्लोक 37 - राजा ने अपने समूचे साम्राज्य का उद्धार किया एवं संगीत शास्त्र का उद्धार किया। अच्छे स्थान से स्वर, भेद, बोध कराने वाले सद्‌ग्राम एवं ताल से उचित, श्रुति, धर्म, राग इनसे रूचिर, उनके कण्ठ की तान में आश्रित, अच्छे मार्गों की जहाँ स्थिति है, जो चित्त हो हरण करने वाले हैं, जो किन्नरों को महत्सुलभ हैं, ऐसे संगीत शास्त्र का और साम्राज्य का उद्धार किया है। (इस छन्द में श्लेष है। जो विशेषण संगीत के उद्धार के लिए हैं, वे ही विशेषण राज्य के उद्धार के लिए हैं। विशेषण द्विअर्थी हैं।)

श्लोक 38 - राजा के दरबार में किसी होशियार कारीगर ने, चने का एक ऐसा दाना प्रस्तुत किया जिस दाने की भीत में पचास हाथियों के चित्र बनाये गए थे। उस पर से कवि कहता है कि राजा ने बचे हुए समस्त पृथ्वी एवं राजाओं को भी जैसे अपने हाथ में कर लिया। वश में आने वाले बड़े राजाओं की तुलना कवि ने चने के ऊपर बने पचास हाथियों से की है।

श्लोक 39 - राजा ने छोटे से छोटे अचल लक्ष्य पर निशाना मारा, तो कोई भी विस्मय नहीं। शत्रुओं के द्वारा फेंके गए आड़े-टेढ़े बाणों को भी इस राजा ने तत्काल स्थल-स्थल पर छिन्न-भिन्न किया। राजा जब चल लक्ष्य को छिन्न-भिन्न कर डालते हैं, तो अचल लक्ष्य में निशाना मार सकने में कौन-सा विस्मय?

श्लोक 40 - राजा ने शिकार खेलने के समय अपने पैरों से ही बड़े सिंहों के विकराल मस्तकों को भी कुचल डाला। अपने ऊपर जोर से आक्रमण करने वाले बलवान हाथी को भी बाण से तत्काल मार डाला। इसमें कोई आश्चर्य नहीं।

श्लोक 41 - इसके ऊपर इन्द्र की यह उक्ति है। हे जयशीलो! तुम लोग अनमने क्यों हो? हे देवो! क्या आपको यह ज्ञात नहीं है कि यह हृदय नरपति पृथ्वी पर अनेक ब्राह्मणों को भी शतक्रतु बना रहा है। भाव यह है कि मेरा शतक्रतु का पद राजा अनेक ब्राह्मणों को दे रहा है।

श्लोक 42 - उस राजा की रानी सुन्दरी देवी थी। जो सौभाग्य की सदन थी। पुण्यों की सम्पदा के समान थी और स्वरूप वाली थी।

श्लोक 43 - राज्य में जो दरिद्र और दुखी है, रानी उनका निदान करके उनका (कष्ट) निवारण करती हैं। रानी सदैव दान देती हैं, दान के जल से

युक्त उनका हाथ सदैव प्रस्तुत रहता है। घन की आभा वाले गज रानी को सदैव प्राप्त हैं। रानी के राज्य में घन, जल का दान करते हैं। रानी पृथ्वी में दानवों की शत्रु हैं।

श्लोक 44 - उत्तरोत्तर (चन्द्रमा आदि की) स्तुति को वन्ध्या बनाने वाले, मित अवकाश प्राप्त होते ही भुवन में घनता को प्राप्त होने वाले शरद् ऋतु के सैकड़ों चन्द्र द्वारा जो साध्य है, ऐसी दीप्ति को बढ़ाने वाला उस रानी का कोमल यश जगत में बहुत खिल उठा।

श्लोक 45 - रानी ने निरन्तर धर्म का पालन किया। उन्होंने बहुत से पूर्त्त कर्म किए, जिसमें भूरि दक्षिणा दी गई। बावड़ी, बाग, तालाब का निर्माण प्रमुख था।

श्लोक 46 - उस (सुन्दर रानी) ने विधिपूर्वक विष्णु, शम्भु, गणेश, दुर्गा और सूर्य का स्थापन करके देवालय बनवाया।

श्लोक 47 - जिस (रानी) ने कि शंकर, विष्णु इत्यादि देवों को भी संतुष्ट करके प्रतिष्ठित किया उस (रानी) की स्तुति के लिए कौन समर्थ हैं?

श्लोक 48 - उस (रानी सुन्दरी ने) नियुक्त ब्राह्मणों द्वारा उपहार, उत्सव और अमित धन से त्रिविक्रम (विष्णु) आदि मुख्य देवों की सदा अर्चना की।

श्लोक 49 - रानी (सुन्दरी) द्वारा राजा (हृदयेश) जीत लिया गया था। जैसे कि क्षमा के द्वारा शक्ति का प्रकर्ष जीत लिया जाता है और जैसे चन्द्रिका के द्वारा चन्द्र (जीत लिया जाता है)।

श्लोक 50 - जयगोविन्द नाम के विद्वान ने राजाओं के विषय में संक्षेप से यह वर्णन किया है। जयगोविन्द के पिता मण्डन कवि हैं। उनकी आज्ञा से जयगोविन्द ने रचना की। मण्डन कवि की कीर्ति अच्छी है। वे मीमांसा के प्रकाण्ड पंडित हैं, तर्कशास्त्र के विजेता है, छन्दों के अंगों को जानते हैं और प्रवचन में पटु हैं।

श्लोक 51 - यह देवालय सिंहसाहि, दयाराम, भागीरथ इन चतुर कारीगरों द्वारा निर्मित हुआ।

श्लोक 52 - वेद, नेत्र, हय और चन्द्र के वर्ष (4, 2, 7 और 1 अर्थात 1724) ज्येष्ठ माह के शुक्ल पक्ष की विष्णु तिथि (11) में सदाशिव ने लिखा और उपरोक्त कारीगरों द्वारा उत्कीर्ण किया गया।

परिशिष्ट नौ

रूपनाथ झा कृत 'गढ़ेशनृपवर्णनम्' का हिन्दी अनुवाद

इस संस्कृत काव्य के लेखक रूपनाथ ओझा थे और इसे श्री जी. वी. भावे ने नागपुर यूनिवर्सिटी जर्नल क्रमांक 6, 1940, पृष्ठ 181-201 में अनुवाद सहित प्रकाशित किया था। इसमें गढ़ा राज्य के अन्तिम शासक सुमेरशाह तक का वर्णन है। श्री भावे के अनुसार उन्हें इस कृति की दो पाण्डुलिपियाँ मण्डला में मिली थीं, जो लगभग एक जैसी थीं। रचनाकाल के सम्बन्ध में पाण्डुलिपि में कोई संकेत नहीं है। श्री भावे के अनुसार रूपनाथ झा के वर्तमान (1940 ई. में) वंशज बेचूलाल झा के अनुसार रूपनाथ से वे पाँचवीं पीढ़ी में हैं और गढ़ा राज्य के पतन के बाद मण्डला स्थिति मराठा सरदार मोराजी से रूपनाथ की भेंट हुई थी। मोराजी की मृत्यु 1796 ई. में हुई थी और गढ़ा राज्य के राजा सुमेरशाह, जिसका उल्लेख रूपनाथ ने किया है, की मृत्यु 1789 ई. में हुई थी। इस आधार पर श्री भावे गढ़ेशनृपवर्णनम् की रचना की संभावित तिथि 1789 और 1800 ई. के बीच रखते हैं। हिन्दी अनुवाद के लिए श्री भावे के अंग्रेजी अनुवाद को आधार माना गया है।

1. श्री गणेशायनमः! नागवंश के प्रसिद्ध यादोराय खानदेश के कच्छवाह राजपूत थे। उनको राम, लक्ष्मण, सीता और वायुसूनु (हनुमान) ने गढ़ा का राज्य दिया।
2. जिनके लिए कीर छोड़ा गया था। वे रेवा की तरफ से आए थे। वे अपनी पत्नी के साथ गढ़ा के शासक हो गए। उनकी पत्नी के पिता गढ़ा राज्य के पूर्व शासक थे और उन्होंने दहेज में अपने दामाद को अपना राज्य दिया था।
3. वे संवत् 215 में वैशाख शुक्ल पूर्णिमा को सिंहासन पर बैठे। उनके मंत्री सर्वे पाठक थे। उनके पुरोहित भौर के निवासी ठाकुर थे।
4. पाँच वर्ष राज्य करके, शत्रुओं से प्रजा की रक्षा करके, भोगों को भोग करके, पुण्य के कार्यों से सिंचित मार्ग से वे विष्णु लोक को प्राप्त हुए।
5. उनके पश्चात् गढ़ा में माधव राजा हुए। उन महात्मा ने आनन्दपूर्वक तैंतीस वर्ष राज्य किया। इसके बाद जगन्नाथ नाम के भूपाल हुए, जिन्होंने 25 वर्ष तक राज्य किया।

6. (उनके बाद) रघुनाथ ने 72 वर्षों तक राज्य किया। उसके बाद रुद्रमुखदेव नामक राजा ने 28 वर्ष तक भूतल पर राज्य किया। वे जन-मनोहर थे।
7. उनके बाद बिहारी सिंह ने इकतीस वर्ष राज्य किया। उनके बाद अमर सिंह देव ने तैंतीस वर्ष राज्य किया।
8. (फिर) महामति सूर्यभान ने उन्तीस वर्ष राज्य किया और उनके बाद महीपति वासुदेव ने अठारह वर्ष राज्य किया।
9. (तदुपरान्त) गोपालसाहि ने 42 वर्ष, भूपालसाहि ने साठ वर्ष और गोपीनाथ ने 37 वर्ष राज्य किया।
10. उसके पश्चात् महीपति रामचन्द्र ने तेरह वर्ष और सुर्तानसिंह ने पृथ्वी पर 29 वर्ष राज्य किया।
11. (उनके बाद) जगत् में हरिहर देव निश्चयतः सत्रह वर्ष राजा रहे। उसके पश्चात् कृष्णदेव 54 वर्षों तक राजा रहे।
12. (फिर) जगतसिंह ने 9 वर्ष और यशःकर्ण ने 36 वर्ष राज्य किया।
13. (फिर) प्रतापादित्य चौबीस वर्ष राजा रहे। (उनके बाद) यशःचन्द्र चौदह वर्ष राजा रहे।
14. (इसके बाद) सिंहमनोहर धरती पर 49 वर्ष राजा रहे। इसके बाद गोविन्दसिंह 35 वर्ष तक राजा थे।
15. उनके बाद रामचन्द्र नामक राजा 21 वर्ष राजा रहे। फिर कर्ण के समान कर्ण 16 वर्ष शासक रहे।
16. (फिर) रत्नसेन नाम के राजा ने 31 वर्ष राज्य किया। और उनके पश्चात कमलनयन चालीस शासक रहे।
17. (फिर) नरहरदेव 26 वर्ष राजा रहे (और उसके बाद) सात वर्ष तक वीरसिंह शासक रहे।
18. उनके बाद त्रि भुवनराय ने 38 वर्ष राजत्व का उपभोग किया। उनके बाद कीर्तिवान पृथ्वीराज 21 वर्ष राजा रहे।
19. पृथ्वी में भारतीचन्द्र ने 32 वर्ष तक राज्य किया। उनकी संतान मदनसिंह बीस वर्ष तक शासक रहे।
20. उनके बाद उग्रसेन नामक राजा हुए जिन्होंने छत्तीस वर्ष राज्य किया। इसके पश्चात् रामसाहि आए जिन्होंने तीन 30 वर्ष राज्य किया।
21. ताराचन्द्र ने 33 साल शासन किया और फिर उदय सिंह 15 वर्ष राजा रहे।
22. इसके पश्चात् भानमुमित्र राजा हुए जिन्होंने 16 वर्ष राज्य किया। उनके बाद भवानीदास 12 वर्ष राजा रहे।
23. (उनके बाद) शिव सिंह नाम के राजा ने 26 वर्ष राज्य किया। राजकोष से सम्पन्न हरिनारायण छह वर्ष तक राजा थे।

24. इसके बाद सबल सिंह आए जिन्होंने 39 वर्ष शासन किया। (उनके बाद) राजसिंह 41 वर्ष राजा रहे।
25. इसे बाद दादीराय आए जिनका राज्य 37 वर्षों में समाप्त हुआ। (उनके बाद) राजा गोरक्षदास राजा हुए जिन्होंने 46 वर्ष राज्य किया।
26. उनके बाद आएं राजा अर्जुन सिंह युद्ध क्षेत्र में अुर्जन सरीखे शूरवीर थे और 32 वर्ष तक राजा रहे। उन्होंने अपने प्रताप से अपने शत्रुओं का दमन किया।
27. उनके संग्रामसाहि नामक पुत्र हुए, जिन्होंने संग्रामों में राजचिन्ह प्राप्त किया। उनको भैरव से वर प्राप्त था और उन्होंने 50 वर्ष तक शासन का आनन्द लिया।
28. राजा (संग्रामसाहि) ने राजाओं से विजित भूमि पर पहाड़ों की तरह ऊँची चहारदीवारी और जलपूर्ण खाइयों वाले बावन प्रसिद्ध दुर्गों का निर्माण किया।
29. उनके बाद दलपतिसाहि ने 18 वर्ष राज्य किया। वे शत्रुओं के विजेता थे, विविध वैभवों से युक्त थे, यज्ञ कर्ता थे, दानी थे और अपने कुलकमल के लिए सूर्य थे। वे अपनी कीर्ति पर चन्द्रमा से बढ़कर थे।
30. वे सेना सहित स्वयंवर में गए जहाँ श्रेष्ठ राजागण आए थे। उन्होंने राजा के समूहो को बुरी तरह पराजित किया और कामनावती दुर्गावती का हरण किया।
31. उनके मात्र 3 वर्षीय पुत्र श्री वीरनारायण ने अपनी माता और बुद्धिमान मंत्रियों के साथ 15 वर्ष अच्छी प्रकार से राज्य किया।
32. इसके बाद उनके चाचा राजा चन्द्रसाहि बलवान ने 23 वर्ष राज्य किया। वे प्रतापी तथा बलशाली थे और पृथ्वी पर कीर्ति में चन्द्रमा के समान, प्रताप में सूर्य के समान थे।
33. (उनके बाद) मधुकरसाहि ने गढ़ा में राज्य प्राप्त किया। पाप के कारण उनकी देह मलिन थी। उन्होंने अट्ठाइस वर्ष राज्य किया। उन्होंने स्वर्ग में सुख मिलने की आशा से अपने शरीर को, सूखे पीपल के वृक्ष के कोटर में, आग लगवा कर जला दिया।
34. (इसके बाद) नृपति प्रेमसाहि हुए जो सचमुच में वैष्णव थे, विविध धार्मिक कृत्यों के कर्ता थे। उनके राज्य में प्रजा को कोई व्याधि नहीं थी।
35. वे चौरागढ़ में जाकर अपने कार्यों और विक्रम से सदैव पृथ्वी का संरक्षण करते रहे। उन्होंने यज्ञों से अपनी इच्छानुसार इन्द्र सहित देवताओं को संतुष्ट किया। उन्होंने सर्वदा आदरयुक्त दानों से, ब्राह्मणों के समूहों को सन्मान किया। उन्होंने अपनी इच्छानुसार 19 वर्ष राज्य किया।
36. उनके पुत्र हृदयेश रामनगर में बस गए। उनकी राजसभा इन्द्र सभा के समान थी और श्रेष्ठ पण्डितों से सुशोभित थी।

37. चना के एक खण्ड में बहुत होशियार कारीगरी द्वारा बावन हाथियों को लिखा हुआ देखकर जनता का समूह उनको श्री हरि के समान मानता था। वे विभिन्न विज्ञानों में कुशल थे, सभी कलाओं के विशेषज्ञ थे और सर्दव स्त्री समूह के मध्य क्रीड़ा करते थे। वे खिलाड़ी थे, आकर्षक देह वाले थे, सदैव कामदेव के समान दिखते थे और कामी थे।

38. पृथ्वी का 32 वर्षों तक पालन करके, बहुत से यज्ञ सम्पन्न करके दयालु राजा सुरधाम के काम के वश में होकर सुरलोक के लोगों को अधिक मानकर देवलोक चले गए।

39. उनके पुत्र छत्रसाहि ने विविध यज्ञ सम्पन्न किये। सात वर्ष तक पृथ्वी की परिरक्षा करके वे देवलोक को चले गए।

40. उनकी मृत्यु के बाद उनके पुत्र, केसरीसाहि राजा हुए। वे प्रकृति से सौम्य थे और महान थे। उन्होंने तीन वर्ष तक पृथ्वी का पालन किया। वे इन्द्र के समान थे और कला में धनी थे। उन्होंने स्वर्गसौख्य की कामना की।

41. उनके अन्त के बाद नरेन्द्रसाहि राजा हुए। वे इन्द्र के समान थे। जो राज्य उनके बालकपन के कारण चला गया था उसे उन्होंने बार-बार अपने वश में किया।

42. 25 साल तक पृथ्वी की अच्छी प्रकार से रक्षा करके, दो पुत्र उत्पन्न करके, यज्ञ सम्पन्न करके और विविध आनन्दों का उपभोग करके, वे, जो सूर्य की आभायुक्त थे, देवलोक चले गए।

43. उनकी मृत्यु के बाद महाराजशाह राजा हुए, जो बहुत क्रोधी थे और युद्ध करते रहने के बहुत प्रेमी थे। वे अपनी प्रजा की रक्षा में लगातार तत्पर रहे और घनुष के उपयोग में अर्जुन के समान थे।

44. उन्होंने सावधानीपूर्वक 12 साल तक पृथ्वी पर राज्य किया। वे युद्धभूमि में शत्रुओं का नाश करने वाले थे और जल्दी ही वे राम के धाम को चले गए।

45. उनके बाद राजा शिवराजशाह ने अपनी प्रजा का संरक्षण करके यश प्राप्त किया। उनके संरक्षण के कारण धरणीतल धन धान्य से सम्पन्न होकर स्वयं को धन्य अनुभव करता था।

46. धार्मिक विधि-विधानों के अनुसार श्रेष्ठता से पृथ्वी की सात साल तक रक्षा करके और धन, स्वर्ण, भूमि और गौएँ दान करके, और हरि का पापनाशक नाम स्मरण करके वे हरिलोक गए। उन्होंने 7 वर्षों तक राज्य किया।

47. इसके बाद दुर्जनशाह राजा हुए जिन्होंने लगातार संसार को प्रताड़ित किया और 6 माह शासन करके वे शिवलोक चले गए।

48. (उनके बाद) उनके चाचा राजा निजामशाह भूपति हुए। वे सभी कार्यों में कुशल थे और प्रजाप्रिय तथा पराक्रमी थे।

49. वे श्रेष्ठ, साहसी और निर्दोष, शिकार के शौकीन, यंत्रों के उपयोग में दक्ष, तलवार चलाने में नकुल के समान थे और उन्होंने 'साहि' के चिन्हों को सफलतापूर्वक धारण किया।
50. प्रयाण के समय उनके अनन्त मार्ग में अनगिनत हाथियों और घोड़ों के खुरों से धूल उड़ती थी और उनके प्रताप, मंत्रणा और दृढ़-निश्चय ने सूर्य की किरणों के जाल को अन्तर्धान कर दिया।
51. वे अपने सभी निर्णय बुद्धिमान ठाकुर और वाजपेयी कुल में जन्मे चतुर मंत्री से सदैव परामर्श से लिया करते थे। वे काल क़ी पहचान रखते थे और 26 साल राज्य करके (परलोक चले गए)
52. (उनके बाद) राजा नरहरिशाह ने पाँच साल राज्य किया। वे चालबाज मंत्रियों से सदैव मार्गदर्शन लेते थे और वे जल्दी ही राज्य से वंचित हो गए।
53. (इसके बाद) सुमेरशाह राजा हुए, जो क्षितिमण्डल का शासन तीन साल करके सिंहासन से वंचित हो गए। वे समुद्र में चले गए और फिर हरि लोक चले गए।
54. ये सभी गढा के शासक थे। ये श्लोक उनके शौर्य में सुविचारपूर्वक श्रीमान रूपनाथ द्वारा रचे गए।
55. इस प्रकार मैथिल रूपनाथ कृत गढ़ेशनृपवर्णनम् समाप्त हुआ। शुभमस्तु।

परिशिष्ट दस

गढ़ेशनृपवर्णनसंग्रहश्लोकाः का हिन्दी अनुवाद

(जी. वी. भावे, एनल्स ऑफ भण्डारकर ओरियण्टल रिसर्च इन्स्टीट्यूट, पूना, अट्ठाईस, 1947, पृ. 247-280.)

जी. वी. भावे के अनुसार 'गढ़ेशनृपवर्णनसंग्रहश्लोकाः' की रचना उन्नीसवीं सदी के पहले चतुर्थांश की हो सकती है। इसमें कुल 13 कवियों के श्लोक संकलित हैं, जो विभिन्न गोंड राजाओं के समकालीन थे। ये कवि हैं–दीक्षित (अनन्त दीक्षित) केशव दीक्षित, विट्ठल दीक्षित, लक्ष्मीप्रसाद, विष्णु दीक्षित, वैद्यनाथ दीक्षित, हरि दीक्षित, घनश्याम मिश्र, महेश ठाकुर, रूपनाथ, जयगोविन्द, नरहरि महापात्र, तारेश। इनमें से सात महाराष्ट्रियन ब्राह्मण, 3 मैथिल ब्राह्मण, एक जुझोतिया ब्राह्मण, एक उत्तरभारतीय खत्री था। तारेश के बारे में कुछ जानकारी नहीं है। दीक्षित वंश की वंशावली (अनन्त- केशव- विट्ठल- विष्णु- वैद्यनाथ- हरि- लक्ष्मीप्रसाद) और लक्ष्मीप्रसाद दीक्षित के काव्यग्रन्थ 'गजेन्द्रमोक्ष' के आधार पर सम्पादक जी. वी. भावे का निष्कर्ष है कि अनन्त दीक्षित दलपतिशाह का, विट्ठल दीक्षित और केशव दीक्षित दलपतिशाह, वीरनारायण चन्द्रशाह और मधुकरशाह के समकालीन थे। विष्णु दीक्षित प्रेमशाह के दरबार में था और उसका पुत्र वैद्यनाथ दीक्षित हृदयशाह के समय रामनगर में धर्मशास्त्र, काव्य और व्याकरण का अध्यापन करता था। वैद्यनाथ का पुत्र हरि दीक्षित महाराजशाह के समय था और रोज राजा महाराजशाह को पुराण सुनाया करता था। हरि दीक्षित के चार बेटों में से सबसे छोटा बेटा लक्ष्मीप्रसाद राजा निजामशाह के संरक्षण में पौराणिक था। लक्ष्मीप्रसाद ने ही गजेन्द्रमोक्ष काव्य की रचना की थी।

नरहरि महापात्र रानी दुर्गावती का समकालीन था और जैसा कि संबंधित अध्याय में बताया जा चुका है, उसने रानी के समय गढ़ा राज्य का भ्रमण किया था। जयगोविन्द कवि रामनगर शिलालेख का रचयिता था और इस प्रकार हृदयशाह का समकालीन था। इस संकलन में जयगोविन्द के 27 श्लोक हैं जिनमें से 26 श्लोक रामनगर शिलालेख में हैं।

रूपनाथ कवि के 17 श्लोक 'गढ़ेशनृपवर्णनसंग्रहश्लोकाः' में संकलित हैं और ये सभी श्लोक रूपनाथ की कृति 'गढ़ेशनृपवर्णनम्' से लिए गए हैं। रूपनाथ गढ़ा के

अन्तिम शासक सुमेरशाह का, जिसकी मृत्यु 1789 ई. में हुई थी, समकालीन था। इसी प्रकार वह मराठा सूबा मोराजी का, जिसकी मृत्यु 1796 ई. में हुई थी, भी समकालीन था। घनश्याम मिश्र शिवराम मिश्र का बेटा या भतीजा था। शिवराम मिश्र महेश ठाकुर के वंशज प्रेमनिधि ठाकुर का रिश्ते में भाई था। धनश्याम दीक्षित लक्ष्मीप्रसाद दीक्षित का शिष्य था। संवत 1815 यानी 1758 ई. में रचित गजेन्द्रमोक्ष के नौ सर्गों में से अन्तिम दो सर्गों की रचना घनश्याम मिश्र ने की थी। तारेश के समय के बारे में कोई निश्चित जानकारी नहीं है।

यह उल्लेखनीय है कि जयगोविन्द के जो 26 श्लोक रामनगर शिलालेख में हैं और रूपनाथ के जो 17 श्लोक गढ़ेशनृपवर्णनम् में हैं उनका अनुवाद यहाँ नहीं दिया जा रहा है क्योंकि इनका अनुवाद क्रमशः रामनगर शिलालेख के अनुवाद में (परिशिष्ट 8) और गढ़ेशनृपवर्णनम् के अनुवाद में (परिशिष्ट 9) दे दिया गया है।

सम्पादक के अनुसार गढ़ेशनृपवर्णनसंग्रहश्लोकाः में कुछ श्लोक गलत जगह रख दिए गए हैं। जैसे–

- श्लोक 28 और 29 दीक्षित के अन्तर्गत रखे गए है जबकि ये जयगोविन्द के रामनगर शिलालेख के श्लोक 27 और 28 हैं।
- श्लोक 35, 36 और 37 ठाकुर के अन्तर्गत रखे गए हैं जबकि ये जयगोविन्द के रामनगर शिलालेख के श्लोक 31, 32 और 33 हैं।
- श्लोक 42 को गजेन्द्रमोक्ष के अंतर्गत रखा गया है जबकि यह जयगोविन्द का रामनगर शिलालेख का श्लोक 34 है।
- संपादक के अनुसार गजेन्द्रमोक्ष के अन्तर्गत रखे गए क्रमांक 70 से 74 तक के श्लोक किसी अन्य कवि के हैं और इन्हें गजेन्द्रमोक्ष के अन्तर्गत रखना गलत है।

अनुवाद

दीक्षित-

- राजशिरोमणि राजाधिराज (संग्रामशाह) का पवित्र कीर्तियुक्त सुबुद्धि पुत्र दलपतिशाह राजा हुआ। उसकी कीर्ति का गान चिरकाल तक गाया जाता रहेगा।।1।।
- राजकुमार दलपति ने जब एक ब्राह्मण के मुख से चन्देल पुत्री दुर्गावती के स्वयंवर और उसका अपने प्रति प्रेमाकर्षण का समाचार सुना तो अपने पिता की आज्ञा लेकर सज्जित सेना के साथ पूर्णिमा के दिन अपने समस्त अवरोधों को दूर करके अतीव सुन्दरी श्री सम्पन्न दुर्गावती का हरण कर ले आया।।2।।

- तेरह महीने वाले वर्ष में दलपतिशाह गढ़ा राज्य का स्वामी बना। राजा दलपति ने सिंह दुर्ग में स्थित होकर उमर खान और नबाव रूहिल्ला के आक्रमण का अपने धीर गंभीर बुद्धिमान सचिव आधार सिंह कायस्थ के सहयोग से सामना किया।।3।।

जयगोविन्द-

- श्लोक 4 (रामनगर शिलालेख श्लोक क्रमांक 17)

दीक्षित-

- आजानुबाहु हृष्ट-पुष्ट शरीर वाले राजा दलपति शाह अपने राहु सदृश शत्रुओं के लिए वक्र चन्द्रमा की तरह अग्रहणीय, और अपने प्रतिद्वंद्वी सैनिकों को उड़ा देने की क्षमता रखने वाले वायु के समान पराक्रमी थे। उनकी शेषनाग के फन की तरह फुफकारती तलवार सागर, द्वीप सहित पृथ्वी की रक्षा करने में समर्थ थी।।5।।
- राजा दलपति शाह के राज्य में कोई भी याचक नहीं रहा था। राज्य का प्रत्येक घर श्री पूर्ण और विद्या-विलास का केन्द्र था। वह अपने कुल रूपी कमल को विकसित करने वाला सूर्य और अपने शत्रुओं को जला डालने वाला दावानल था। परमसौन्दर्य की धनी रानी दुर्गावती का स्वामी वह राजा स्वयं कामदेव के समान रूपवान था।।6।।
- पृथ्वी पर ही देवराज इन्द्र की तरह सुख भोगने का सामर्थ्य रखने वाला वह सूर्य के समान पराक्रमी राजा अल्पकाल में ही वसुधा मन्थन कर स्वर्ग के भोगों को भोगते हुए भक्तिपूर्वक रेवा के जल में तर्पण कर, अपने गुरु और अन्य ब्राह्मणों को गौ, गज, सुवर्ण एवं सुन्दर रत्न दान करता था।।7।।
- बावन दुर्गों के स्वामी की उस राजा की त्रिस्तरीय सेना में एक हजार तीव्र गति से दौड़ने वाले घोड़े और श्रेष्ठ घुड़सवार, उनके पीछे सौ हाथी और एक लाख सशस्त्र सैनिक सदा युद्ध के लिए तत्पर रहा करते थे। उसकी प्रजा अपने धर्म का पालन करती हुई सुखी और निरामय रहती थी।।8।।

जयगोविन्द-

- श्लोक 9 से 12 (रामनगर शिलालेख के श्लोक क्रमांक 18 से 21)

नरहरमहापात्र-

- तुम कौन हो? मै कलि की पौत्री और पाप की पुत्री विपत्ति हूँ। पर तुम रो क्यों रही हो? अपने भाई के महान कष्ट के कारण। तुम्हारा भाई कौन है? द्रारिद्रय नाम का मेरा भाई है। उसे किसने कष्ट दिया? रानी दुर्गावती ने। उसके क्रोध से भयभीत होकर हम उसके शत्रुओं के घरों में शरण लिए हुए हैं।।13।।

केशव-

- वह वीर शिरोमणि राजा दलपति शाह की लक्ष्मी समान रानी है, जिसकी स्तुति चारों दिशाओं में श्रेष्ठ राजाओं और उत्तम ब्राह्मणों द्वारा की जाती है। सत्य के प्रति आसक्त मन वाली, चन्द्रमा की तरह पवित्र कीर्ति युक्त, कर्ण के समान दानी, दुर्गा की अवतार वह रानी दुर्गावती अपने असंख्य प्रबल शत्रुओं का मान हरण कर लेती थी।।14।।
- जिसके नाम की कीर्ति रूपी लता स्वर्ग, पृथ्वी और पाताल तीनों लोकों में अबाध गति से त्रिपथगा गंगा की तरह बढ़ने लगी। दुर्गा की अवतार वह रानी दुर्गावती अपने असंख्य प्रबल शत्रुओं का मान हरण करने वाली थी।।15।।
- सर्वत्र उपजाऊ, भूमि, मध्य भाग में बहती पवित्र नदी नर्मदा और विदुषी रानी दुर्गावती के कारण गढ़ा राज्य विशेष रूप से जाना जाता है।।16।।

जयगोविन्द-

- श्लोक 17 और 18 (रामनगर शिलालेख श्लोक क्रमांक 22 और 23)

तारेश-

- पूर्व काल में अर्जुन दास के पुत्र संग्राम शाह के पुरोहित रहे सर्वे पाठक का प्रपौत्र का अमावस्या की तिथि में गढ़ा आगमन हुआ।।19।।
- दलपति शाह के पुत्र के द्वारा सर्वे पाठक के प्रपौत्र माधव ने अपने अनुज के साथ लघु वाजपेय यज्ञ सम्पन्न कराया। उसे सचिव का पद देकर अकबर के युद्धों को जीतने वाला वह मृत्यु को प्राप्त कर शिवलोक चला गया।।20।।

जयगोविन्द-

- श्लोक 21 से 23 (रामनगर शिलालेख क्रमांक 24 से 26)

दीक्षित-

- श्री वीरनारायण सिंहदेव ने कुल 22 वर्ष राज्य किया। दिल्ली नरेश की सेना को कई बार परास्त करके छलयुक्त युद्ध में विष्णुधाम को प्राप्त हुआ।।24।।
- दिल्ली के आदेश का आदर करने वाले श्री सूर्य सिंह नामक महान बलवान योद्धा ने तीन वर्ष तक राज्य का समुचित परिपालन कर रणक्षेत्र में अपमृत्यु को अंगीकार किया।।25।।
- राजा अकबर के द्वारा राज्य पर आक्रमण अवश्यंभावी जानकार राजा चन्द्रशाह ने अपने देव दुर्ग के आकर सचिवों से मंत्रणा की और दान नीति का परिपालन कर भवन पति की उग्र शक्ति को जीता।।26।।
- राजा चन्द्रशाह ने कुरवाई, चौकीगढ़, रायसेन, भोपाल, भौरास, गुनौर, दारी, मकड़ाई, कालोपवन, और राहतगढ़ के दस किले अकबर को भेंट करके अपने राज्य को बचाया।।27।।

जयगोविन्द-

- श्लोक 28 और 29 (रामनगर शिलालेख क्रमांक 27 और 28)

विट्ठल दीक्षित-

- गढ़ा राज्य के महाराज चन्द्रशाह 19 वर्ष तक गढ़ा में समस्त सुखों का उपयोग करते हुए शत्रुओं से भयहीन होकर भीम के समान शक्तिशाली होते हुए भी अपने ही मदन महल में तलवार से मृत्यु को प्राप्त कर विष्णु लोक चले गए।।30।।

जयगोविन्द-

- श्लोक 31 और 32 (रामनगर शिलालेख श्लोक क्रमांक 29 और 30)
- अपने पिता की हत्या करके राजा बने गढ़ा नरेश मधुकर शाह ने अपने इस जघन्य पाप के पश्चाताप से पीड़ित होकर प्रायश्चित्त करते हुए अपनी देह को अग्नि में जला डाला।।33।।

ठक्कुर-

- गढ़ा नरेश मधुकर शाह ने अपने जन्म दिवस के उपलक्ष्य में अपने आचार्य चूड़ामणि को गुरु दक्षिणा के रूप में अपने राज्य का पवयी नामक ग्राम दान में दिया। और अन्त में राज्य छोड़कर काशी चला गया।।34।।

जयगोविन्द-

- श्लोक 35 से 37 (रामनगर शिलालेख श्लोक क्रमांक 31 से 33)

रूपनाथ-

- श्लोक 38 और 39 (गढ़ेशनृपवर्णनम् श्लोक क्रमांक 34 और 35)

गजेन्द्रमोक्ष-

- अपने कुल में उत्पन्न गढ़ा नरेशों में सर्वश्रेष्ठ राजा प्रेमशाह ने दीर्घकाल तक अपने राज्य की रक्षा करने का कर्त्तव्य अन्तिम सांस तक निभाया। महा संग्राम में अपने शत्रुओं के दाँत खट्टे कर देने वाले इस राजा ने अपनी तलवार से सिर काटकर विष्णुलोक जाते हुए भी जीते जी किसी अन्य को गढ़ा का स्वामी नहीं बनने दिया।। 40।।
- राजा प्रेमशाह के हृदय में संतोषपूर्वक राजकीय भोग प्राप्त करते हुए भी भगवान विष्णु के चरणकमलों में स्थिर भक्ति विद्यमान थी। स्वर्ग के सुख की इच्छा लिए इस पुण्यवान ने संग्राम भूमि में अकबर के छदम् बल के सामने अपनी देह त्याग दी।। 41।।

जयगोविन्द-

- श्लोक 42 (रामनगर शिलालेख श्लोक क्रमांक 34)

गजेन्द्रमोक्ष-

- राजा हृदयेश के राज्य में सरल और स्वच्छ मुख मंडल वाला, राजनीति का ज्ञाता राजा का परम प्रिय एक ब्राह्मण भागवत राव राज्य का मुख्य अधिकारी बना।। 43।।
- राज्य को अपने हाथ से निकलता जानकर राजा दिल्ली नरेश से निराश होकर अपने 52 दुर्गों में स्थित शत्रुओं की एक साथ हत्या कर देने के बाद भी अपने राज्य की भूमि देखते-देखते स्वयं से उसी प्रकार दूर हो गई जैसे दशरथ पुत्र राम से शत्रुओं को मारकर अपने पास आई पृथ्वी सुता सीता दूर हो गई थी।। 44।।
- अपनी अक्षौहिणी सेना के साथ अधर्म बुद्धि वाले जुझार सिंह बुन्देला ने विस्तारवादी नीति के तहत गढ़ा राज्य को अपने अधिकार में करने के लिए आक्रमण किया किन्तु संग्राम में अपने आप कर्मों के परिणामस्वरूप दो-पाँच सैनिकों के साथ अकाल मृत्यु को प्राप्त हुआ।। 45।।

विष्णु दीक्षित-

- जिस प्रकार भास्कर की तीव्र प्रचण्ड रश्मियों से उत्पन्न ताप में पृथ्वी का समस्त घास फूस सूख जाता है, उसी प्रकार राजा हृदयशाह की क्रोधाग्नि से शत्रु की समस्त सेना का नाश हो जाता था। जिस प्रकार उष्णता जलयुक्त मेघों के अनवरत बरसने से शान्त होती है उसी प्रकार हृदयशाह की क्रोधाग्नि उन रमणियों की आँखों से बहती अश्रुधारा से शान्त हो जाती थी, जो भय से गिरिकन्दराओं में शरण ले लेती थी।। 46।।

गजेन्द्रमोक्ष-

- उसका पुत्र पृथ्वी का इन्द्र राजा, हृदयशाह अपने राज्य के समस्त विधाओं में प्रवीण विद्ववानों, कवियों को अपनी बुद्धि और संगीत कला से आनन्दित करते हुए अपने नगर को इन्द्रपुरी की तरह नवीनता प्रदान कर विद्वान ब्राह्मणों द्वारा यज्ञादिक धार्मिक अनुष्ठान आदि सम्पन्न करता था।। 47।।

विष्णु दीक्षित-

- इन्द्र, चन्द्र, सूर्य, कुबेर, धर्मराज, वायु अग्नि, वरूण आदि देवताओं के जिन विशिष्ट गुणों की गणना गुणजों द्वारा की गई है, वे समस्त सद्गुण इस धरती पर नागवंशी गढ़ा नरेश, हृदयशाह में विद्यमान हैं, जिनका वर्णन कविगण करते नहीं अघाते।। 48।।

वैद्यनाथ दीक्षित-

- राजा हृदयशाह की असहनीय क्रोधाग्नि-पूर्ण निश्वास से संतप्त होकर, मार्गों में केश बिखेरे, पग-पग पर बन्धनों से नियंत्रित, शत्रुओं के आँसुओं के रूप में निकलती हुई वह पीड़ा रात-दिन भयभीत होकर रोती हुई इधर-उधर भटकती थी।। 49।।

जयगोविन्द-

- श्लोक 50 से 54 (रामनगर शिलालेख श्लोक क्रमांक 35 से 39)
- जिसके ऊपर यह इन्द्र की उक्ति–हे इन्द्र! बोलो तुम उदास क्यों हो? देव श्रेष्ठ। यह नया क्या है? जानते हो। क्योंकि यह हृदय नरपति ब्राह्मणों को पृथ्वी पर अनेक इन्द्र बना देता है।। 55।।

घनश्याम मिश्र -

- हृदय राजमणि के विजय के लिए प्रस्थान करने पर तुम्हारे द्वारा जो लुटेरे भट हैं उनके द्वारा उत्तर पर छीन लिए गए हैं ऐसी तुम्हारी दुश्मनों की स्त्रियों के द्वारा दृग छटा का विस्तार किया गया अर्थात उन्होंने दृष्टि डाली इससे ऐसा मालूम पड़ा मानो यह कपूर का ढेर है, चन्द्रमणियाँ हैं या मोतियों की श्रेणियाँ हैं ऐसी उनकी जब तक बुद्धि हुई तब तक वे गुफाओं में भाग गई।।56।।

वैद्यनाथ -

- इन्द्र के मंदिर के समान श्रेष्ठ महल में संस्थित स्वर्ण से उदारयुक्त विप्रगणों को सदा पूजते हुए और अनेक प्रकार की फैली क्रीड़ाओं को जानने वाले, कलाओं में कुशल, रमणीय स्त्रियों के मध्य में स्थित क्रीड़ा करते हुए सुन्दर मूर्ति वाले इसको कामदेव के समान सुंदर कामुक एवं पृथ्वी का शेर (अथवा इन्द्र) माना।।57।।

रूपनाथ -

- श्लोक 58 (गढ़ेशनृपवर्णनम् श्लोक क्रमांक 40)

जय गोविन्द -

- श्लोक 59 से 66 (रामनगर शिलालेख श्लोक क्रमांक 42 से 49)

विष्णु दीक्षित -

- सिन्धु पर्यन्त पृथ्वी को जीतने वाला, तेजों से सूर्य उसका श्री छत्रसाहि नामक पुत्र उत्पन्न हुआ जिसकी दृष्टि कल्पवृक्ष की तरह भी अर्थात् वह सभी कामनाओं को पूर्ण करने वाला था।।67।।
- भय होने पर देवताओं के द्वारा छिपकर सोया हुआ भी जगाया जाता है तो फिर जागते हुए भी कैसे शान्ति को प्राप्त करेगा। इसलिए जिसने शत्रु को मार डाला है ऐसे छत्रपति के हृदय में भी केशव ने लक्ष्मी के साथ आचरण किया।।68।।

गजेन्द्रमोक्ष -

- नीति आदि शास्त्र के व्यसन से उत्पन्न होने वाला, शूरता से उत्कृष्ट शरीर वाला, दुश्मन रूपी तृणों को काटने वाला, क्षय रहित कल्पवृक्ष के समान,

क्षत्रियों के छत्र पर हृदय नरपति के पुत्र छत्रसाही ने ब्राह्मणों के द्वारा बताई हुई नीति से अत्यधिक पुण्य करके अपनी आयु को बढ़ाया।। 69।।

- हृदय को सुख देने वाला, घुर्धरी, ग्राम का रहने वाला राजा भूमि पर याचकों के लिए कल्पवृक्ष के समान हुआ। उस महात्मा राजा ने मुनि के समान रहते हुए राज्य भोगा और फिर भगवान के दोनों चरणों का भक्त होकर विष्णुलोक को गया।। 70।।
- उसका केशरीश नामक पुत्र पृथ्वी का इन्द्र हुआ अर्थात् पृथ्वीपति हुआ। जिसके यश से दशों दिशाएँ भर गईं।। 71।।
- निश्शंक दान करने के कारण वे प्रमाण की परवाह न करके कई गुना अपने इष्टापूर्तों में बाँट दिया करते थे। छत्रेश के पुत्र जगत के शासक केशरी सिंह नामक उस सम्राट के राज्याभिषेक विधि से एक उदाहरण प्रस्तुत किया जा रहा है।। 72।।
- 1741 वर्ष में फाल्गुन मास के शुक्ल पक्ष में एकादशी के दिन शुक्रवार शुभ लग्न में सम्पूर्ण पृथ्वी का स्वामी केशरी राजा अभिषिक्त हुआ।। 73।।
- उर्वरा भूमि से भरे हुए अच्छे ग्राम, घोड़े, हाथी, स्वर्ण अच्छे रतन, आभूषण, धान्य का समूह, दासियाँ, स्त्रियाँ, घर, गायें, स्वर्ण जड़ित वस्त्र, पलंग, पात्र आदि जिसने जो-जो चाहा केशरीसाहि भूपति ने दिया।। 74।।

दीक्षिताशिष -

- धर्म विधि में वृद्धि त्रिभुवन में यश, भवानी के चरणों में प्रीति, दोनों में दया और दान, शरीर में आरोग्यता और सब पर प्रभुत्व, सद्बुद्धि में प्रेम, पुरुष की आयु में अनन्तता भगवान गणेश श्रीमान केशरी सिंह भूपतिमणि को देने।। 75।।
- राज सूह जिसकी आज्ञा के पात्र हैं, जिसकी कीर्तिस चन्द्रिका के समान हैं, जिसका क्रोध कल्पान्त अग्नि है, जिसकी दृष्टि का प्रसाद कल्पवृक्ष का वन हैं, समुद्र जिसका अभिप्राय है, भूजवल से जीती हुई रत्नगर्भा पृथ्वी ही जिसका कोश है, सूर्य जिसका प्रताप है ऐसे उस राजा के समान कौन हैं?।। 76।।

गजेन्द्रमोक्ष -

- कान्ति से काम के समान होते हुए भी अनुपम मृदुता से काम्यमान उपमा वाला, दुष्ट हाथियों के विमर्द में तेज नखवाला, प्रताप से केशरी के समान जिसने लोक में देवदेवों में अभिलषित अधिक ऐश्वर्य दिखाया ऐसा छत्रपति का पुत्र राजाओं का मुकुटमणि केशरी राजा था।। 77।।

रूपनाथ -

- श्लोक 78 (गढ़ेश. श्लोक क्रमांक 40)
- उसका (केशरीशाह) पुत्र सप्तवर्षीय राजा नरेन्द्र शाह ने अपने वंशानुगत शत्रुओं की वैराग्नि को प्रलय मेघ बनकर शान्त कर दिया। दिल्ली नरेश की अनुशासनहीन सेना से अपने राज्य की रक्षा करते हुए इस राजा ने आस-पास के सभी राजाओं को सेना सहित अपने अधीन कर लिया था।।79।।
- श्लोक 80 और 81 (गढ़ेश. श्लोक क्रमांक 41 और 42)

गजेन्द्र मोक्ष -

- सीमा पर्यन्त भूमि का राजा महाराज साही नरेन्द्र साही का पुत्र हुआ जो धनुष में अर्जुन के समान था, पिता के हित में लांजी दुर्ग को प्राप्त हुआ और अपने शत्रु को प्राप्त देखकर और अपनी ही सेना को उसके सामने भेजकर अन्य मार्ग में दौड़ता हुआ अकेले ही बाणों से अपना नाम सुनाते हुए सामने शत्रुबल को मार डाला।।82।।

हरिदीक्षित -

- तुम राजश्री के युवराज राज हो, महाकाली के कटाक्षोदय से तुम्हारे सामने आए हुए शत्रुओं को अर्जुन के समान मारते हुए तुम शस्त्र में कुशल हो, दान में कर्ण के समान हो, राजाओं के मद को दमन करने वाले हों, राम के समान पिता के भक्त हो, रामाओं के बगीचे में विहार करने वाले राम के सहज (भाई) हो ऐसे तुम्हारा चन्द्रमा के समान यश हो।।83।।

गजेन्द्रमोक्ष -

- फिर महाराज साही नाम के राजा हुए जो शस्त्रास्त्र में प्रवीण थे, आजानबाहु राम के समान तेजस्वी थे। जिनके राज्य में प्रत्येक घर में पृथ्वी लक्ष्मी का पूर्ण निवास था। चातुर्वर्ण्य प्रजा के अनुरंजन करने से साथ नाम वाले राजा महत्त्व के कारण जगत में सबके द्वारा पूज्य हुए।।84।।
- जो शूरवीर था, सूर्य के समान प्रतापी था, सेनापतियों को दया करते हुए दिल्लीपति के द्वारा दी हुई भी अन्य दण्ड के नाम से धन को अंगीकार न करते हुए, भटरूपी पशुओं को युद्ध यज्ञ करके दक्षिणा में पुण्य भूमि में अपने प्राण को दे दिया।।85।।

- (राजा महाराजशाह) का शासन स्वर्ग के राजा इन्द्र की तरह था। स्वर्ण, मणि, और गौओं के दानदाता के रूप में उनका कोई सानी नहीं था। सौन्दर्य में वह अश्वनी कुमारों सा और शत्रुओं का तेज हनन करने में यमराज की तरह था। यदि वह राजा असमय विष्णु लोक न चला गया होता, तो पृथ्वी को ही स्वर्ग बना देता।। 86।।

रूपनाथ -

- श्लोक 87 और 88 (गढ़ेश. श्लोक क्रमांक 43 और 44)

गजेन्द्रमोक्ष -

- अनेक प्रकार के दान के प्रदान से उज्झित धरणी वाला अर्थात् जिसने धरणी के मल को छोड़ दिया हो, और भोग करने वाला ईश्वर को प्राप्त करके शिव के समान शिवराज नाम का धर्म-कर्म करने वाला वह राजाओं के द्वारा पूजित राजा हुआ। उस समय पृथ्वी में दो प्रकार की खेती होती थी जोते हुए और बिना जाते हुए। उस समय बिना जोते हुए भी भूमि अनाज पैदा कर रही थी। और जिसने सब तरह से प्रजाओं के द्वारा बहुत सुख उत्पन्न किए थे।। 89।।
- पृथ्वी का साक्षात इन्द्र है जो उसने चतुरंगिणी सेनारूपी मेघ के समूह को एक राजधानी से दुश्मन के दुर्ग में सहज गमन से (अर्थात् जिसमें सरलतापूर्वक जाया जा सकता था ऐसे उसको) जीत करके और अपने नगरपति को स्थापित करके इस प्रकार लोक में अपने प्रताप की अधिक महिमा को प्रकट किया।। 90।।
- जम्बूद्वीप की धरती गढ़ा के भाग्य रूपी समुद्र से अमृत रूपी महाराज शिवराज शाह उत्पन्न हुए जिनकी कृपा दृष्टि से अभिसिंचित माहिष्मती नगरी (मण्डला) अमरावती की भाँति शोभित हो रही है। राजा शिवराज शाह सर्व मंनोरथ पूर्ण करने वाले मानो कल्प वृक्ष ही थे।। 91।।

रूपनाथ -

- श्लोक 92 से 94 (गढ़ेश. श्लोक क्रमांक 45 से 47)

दीक्षित -

- शत्रुओं के नगरों को आग के ढेर में बदल देने वाले श्रीमान वीर निजाम सिंह के प्रताप का वर्णन करते हुए सरस्वती भी संकोच का अनुभव करती है।। 95।।

- जो प्रसार के गुणों से तक चिन्तामणि हैं, जो धरती के कल्पवृक्ष हैं, जो जड़ता से रहित नृसिंह हैं, जो बिना पशुता के भी कामधेनु हैं, जिनके ज्ञान और अध्ययन का कोई एक व्यक्ति वर्णन नहीं कर सकता, ऐसे, श्रेष्ठ रत्नों से भी अधिक तेजस्वी निजाम महाराज आपकी जय।।96।।
- उस राजा के निर्मल हरिपद को प्राप्त हो जाने पर दुर्जनों के समान आचरण वाला राजा जो पृथ्वी का दुर्योग रूप था, शासक हुआ। (तदनन्तर) पूर्ण राजयोग को जिसने रमण कराया, वही राजाओं का अधिराज महाराजसाहि का पुत्र पृथ्वी का भाग्य, पृथु के समान शिवराज का छोटा भाई, राजाओं का राजा निजामसाहि राजा हुआ।।97।।
- अपने पितामह के शासनकाल में काली घन घटा के समान शत्रु सेना के घेर लेने सपर जिन्होंने प्रसन्नतापूर्वक तीन वर्ष का होने पर भी युद्धस्थल पर पहुँचकर उसे वश में किया और बड़े भाईयों की उपस्थिति में ही अपना सर्वोत्कृष्ट तप प्रदर्शित कर श्रेष्ठ भाई के समान सबकी सदाशयता पाई।।98।।
- यह राजा अभिमान रूपी समुद्र में संग्राम रूपी मंथन से उत्पन्न मृत्यु रूपी हलाहल पान करके विष्णु लोक में गया जहाँ चाचा और अग्रज के साथ पिता श्री पहुँच चुके थे। किन्तु यह विशिष्ट राजा अपने सत् कर्मों के बाल से राज्य के उद्धार की इच्छा लिए अपने गुणों के रूप में शत्रुओं को भी सम्मोहित करते हुए आज भी विद्यमान है।।99।।
- अपने स्वामी का नाश चाहते हुए उसके साथ विश्वासघात करने वाले और अपनी सेना के घमण्ड से चूर उस विश्वास घाती की बन्धु सहित हत्या करके अपने पिता की हत्या का बदला लिया।।100।।
- सम्राट श्री निजाम शाह रमणियों के लिए कामदेव, शरणागत राजाओं के लिए आरामदायक विश्राम गृह, शत्रुओं के लिए काल और सभी के मनोरथों को पूर्ण करने वाले, हिमालय की तरह स्थिर, राजाओं में शिरोमणि, समस्त सद्‌गुणों के धनी, जनता का हित करने वाले साक्षात् धर्म स्वरूप ही थे।।101।।
- प्रति व्यक्ति घर-घर से दिल्ली द्वारा लिए जाने वाले दण्डधन को अपनी बुद्धि से बन्दकर अपने सत्कार्यों द्वारा राज्य की समस्याओं का उचित समाधान करने वाला यह राजा अपनी प्रजा को पुत्रवत् स्नेह करता था। इसके राज्य में यह रत्नगर्भा पृथ्वी सुख शान्ति से परिपूर्ण थी।।102।।
- जिस प्रकार कंकणों से समुद्र को मथा नहीं जा सकता। उसी प्रकार विजय के यश से इस राजा के गाम्भीर्य को समाप्त नहीं किया जा सकता। क्षमा के मामले में उसने पर्वत राज को भी अयोग्य कर दिया था। उसकी उदारता को समझने के लिए कल्पना का कल्पवृक्ष भी अपने को असमर्थ पाता है।

जिसके वचनों से ही यक्ष और नाग भी डर जाते हों उसकी वीरता का वर्णन मैं कैसे कर सकता हूँ।।103।।

- जिस प्रकार सूर्य के असह्य ताप को मित्रवत् अपने हृदय में समाये, जल में लीन कमल अपने को और अधिक विकसित कर लेता है, उसी प्रकार इस राजा ने भी अपने शत्रुओ के प्रताप को मित्रवत अपने हृदय में सहते हुए अपने को विकसित किया।।104।।
- श्रीमन्त राजा निजाम शाह के पुण्य प्रताप के उदय होने से माहिष्मती नगरी पृथ्वी की अमरावती की तरह धनधान्य से पूर्ण और सुख प्रदान करने वाली थी। उसके नागरिक महान आनन्द सागर में निमग्न रहते थे। और वहाँ कभी भी, अरूचिकर विलाप सुनाई नहीं देता था।।105।।
- इसकी मृगयाक्रीड़ा की कीर्ति सुनकर आशक्त चन्द्रमा देखना तो चाहता है किन्तु अपने अंक में मृग धारण करने से मृगांक नाम से प्रसिद्ध होने के कारण भयभीत होकर वह द्युतिमान चन्द्रमा छुपते-छुपाते घटते-बढ़ते उगता और डूबता है।।106।।
- इस प्रतापी राजा ने अपने ही राज्य में रहने वाले दुष्कर्मी, अधर्मी और ऐश्वर्य मत्त दुष्ट अजीत सिंह को पशुवध की रीति से मार डाला। जो शत्रु सेना की मदद लेकर अपने ही राज्य बाँटकर दूसरा राजा बनना चाहता था।।107।।
- जिसके अक्षय प्रताप की कीर्ति सुनकर अनिष्ट चाहने वाले दुष्ट से दुष्ट व्यक्ति के मन से एक क्षण में दुष्टता भाग जाती हो। वह जब घोड़े पर सवार होकर सेना के साथ खड़ा होता होगा तो दुन्दुभी की आवाज सुनकर कौन शत्रु टिक पावेगा।।108।।
- राजा में देवांशत्व और शक्ति परीक्षा के निमित्त पृथ्वी लोक की अवहेलना के लिए देवताओं द्वारा सिंह और हाथी भेजे गए। तब राजा ने चिंघाड़ते और दौड़ते हुए गजराज पर सवार होकर सिंह को मार डाला। मरे हुए सिंह का व्याघ्र चर्म आज भी प्रमाण रूप में विद्यमान है।।109।।
- इसके राज्य में व्याघ्र आदि हिंसक पशु और दुष्टजन जंगल से बाहर नहीं निकलते थे। क्योंकि उसे इनका शिकार एक प्रिय खेल था। उसने जमीन, पानी और हवा में चलने वाले ऐसे असंख्य हिंसक प्राणियों की हत्या करके नगरों को सुरक्षित कर दिया था।।110।।
- उसके अश्वों के रूप और उनकी तीव्रगति की चर्चा दूर-दूर तक थी। उनकी गति देखकर पक्षीराज गरूड़ भी अपनी गति भूल जाते थे और वायु से भी तीव्रगति मन को रोककर प्रभु के चरणों में विश्राम करते थे।।111।।
- धर्म की व्यापकता को समझने वालों में श्रेष्ठ उस राजा की रण कौशलता को देखकर ऐरावत आदि आठों दिकपाल भयभीत होकर छुप गए तब इन्द्र

अपने प्रिय हाथी ऐरावत को न पाकर उसे खोजने बादल पर आरोहित होकर सुवृष्टि कर रहा है।। 112।।

- यह राजा भगवान विष्णु, सूर्य, शिव और गणेश की अनवरत सेवा करते हुए माहिष्मती के स्वामी कार्त्तवीर्य की भक्ति शुद्ध मन से श्रद्धायुक्त नित्य करने लगा, जिससे पूर्व के माहिष्मती नरेशों का प्रताप प्रकट हो सके।। 113।।
- यहाँ की भूमि में उत्पन्न महान पुण्यात्मा व्यास के द्वारा रेवा को संतुष्ट करके उसकी धारा को धनुष के आकार में तीन भागों में बाँट दिया था, उसे इस राजा ने चौथे भाग को अपने किले के समीप लाकर धनुष की डोरी की तरह बनाकर बीच में तीर की तरह मार्ग का निर्माण कर मण्डला को और सुन्दरता प्रदान की।। 114।।
- इस राजा ने अपनी राजधानी की शोभा बढ़ाने के लिए अनेक ऊँचे सुन्दर राजप्रसाद बनवाये जिनकी कारीगरी विश्वकर्मा का भी अभिमान चूरकर देने वाली थी। उनमें से एक आदर्श महल में मणि खचित सिंहासन युक्त सुन्दर सभागार का निर्माण कराया जो इन्द्र के सभागार को भी फीका करने वाला था।। 115।।
- जैसे देव भिषज अश्वनी कुमारों का सदा युवा और सुन्दर रहने की बात सत्य है वैसे ही राजा निजाम शाह भी प्रकृति प्रदत्त शारीरिक अवयवों से हमेशा युवा ही रहे। जिस प्रकार युवा स्त्रियों के समस्त अंग रंगहीन होने पर भी सुन्दर लगते हैं, उसी प्रकार निजामशाह भी श्याम वर्ण होते हुए भी जगत् को आनन्द देने वाले कृष्ण के ही समान थे।। 116।।
- चारों ओर से आती हुई हिमकारों से चन्द्रमा जिसकी सेवा करता है और प्रातः काल स्वयं छत्ररूप में रहता है तथा शाम को उसकी आज्ञा से नौकर की तरह वह गृहिणी की आज्ञा से रात्रि में विश्राम करते हुए वह पुनः ऐसा करता है तो उसके यश का वर्णन कौन कर सकता है।। 117।।
- जिसकी अनन्त्र अनुकम्पा जगत के उदय को करने वाली है, जिसके कर्म प्रजा को पालन करने वाले हैं और जिसके अधीन लक्ष्मी के सत्कटाक्ष से महान राज्य की सम्पत्ति प्राप्त होती है, जिसके अंश के अंश से पृथ्वीश्वर का शरीर उदित होता है ऐसा वह श्रीश अन्वय (पुत्र पौत्रों) को बढाता हुआ उस चिरंजीवी राजा की रक्षा करें।। 118।।
- भाद्रपद की शुक्लपक्ष की त्रयोदशी तिथि गुरुवार को राजसमूह से सेवित, राजचन्द्र से भूषित अनेक शस्त्र-शास्त्र को जानने वाला ऐसा निजामसाही गढ़ाधर का स्वामी हुआ।। 119।।
- सहस्त्रबाहु को सेवक, शत्रुओं का नाश करने वाला, ब्राह्मणों की पूजा करने वाला (हरात्मजा ?) चरणकमल का भौंरा, अजातशत्रु नाम का जो राजा सूर्य

के समान ताप वाला, चन्द्रमा के समान दिशाओं में जिसकी कीर्ति फैली हुई थी ऐसे उसने 27 वर्ष तक इच्छित राज्य किया।। 120।।

- महाराजधिराज और इन्द्र के भोगों को भोगने वाला, वैकुंठवास से उत्पन्न अपूर्व सुख की इच्छा करता हुआ ब्राह्मणों को बार-बार संतोष करके निजामसाहीदेव के समान वैकुंठलोक को गया।। 121।।

रूपनाथ -

- श्लोक 122 से 126 (गढ़ेश. श्लोक क्रमांक 48 से 52)

गढ़ेशनृपवर्णनसंग्रहश्लोकाः सम्पूर्ण

परिशिष्ट ग्यारह

रानी दुर्गावती की तथाकथित जन्मकुण्डली

कुछ साल पहले रानी दुर्गावती की जन्मतिथि और उनके परिवार के संदर्भ में डॉ. कल्पना जायसवाल (रानी दुर्गावती विश्वविद्यालय, जबलपुर में प्रस्तुत शोध प्रबन्ध) ने कुछ नई जानकारी देने का प्रयास किया है। उन्होंने महोबा से प्राप्त एक संस्कृत ताम्रपत्र का उल्लेख किया है, जिसमें रानी की जन्मकुण्डली दी गई है। तेरह पंक्तियों के आलेख के साथ ही इसमें रानी के जन्म का राशि चक्र भी दिया गया है।

महोबा ताम्र पत्र का पाठ

पंक्ति 1 ।। (का) लंजरे नीलक (ण्) ठम् महादेव ग (णपत्यम् नम्स।।
पंक्ति 2 ।। तुते विश्वोदगते कारणमीश्वरगवातरगे नमो विघ्न बिना।।
पंक्ति 3 ।। (श) य वंशोविस्तारताम् यातु कीर्जियातु दिगन्त्तरे आर्यु विपुल।।
पंक्ति 4 ।। ताम् यातुयरयैषा जन्माडः गचक्रम जननी जन्म सौख्यानाम।।
पंक्ति 5 ।। श्वस्ति सिरीमद्भूपतिशालिवाहिनीय 1446 याम्मायने वर्षतु।।
पंक्ति 6 ।। आश्विन सुदी अष्टमी दिनमानम् 15.49 सिरीगन्नृपतिलोक।।
पंक्ति 7 ।। पाल कीरतसिंह जू देवराज्यातीत स्वधर्म भार्यया राज्ञः कमलवती।।
पंक्ति 8 ।। देव्या माय कालभैरवप्रसादात् पवित्र कालंजरे स्थानेराजकन्या।।
पंक्ति 9 ।। जीजनत अस्यागवराश्युपरि दुर्गावती इतिनाम प्रसिद्धम।।
पंक्ति 10 ।। दात्रीशूरामूदूरक्त्री धनुरवेद विशारदा महायोद्धृीजनप्रिया।।
पंक्ति 11 ।। साहिसिनी वैध्वय विपदाभोग्त्री पितृस्नेह वंचिता विशेष।।
पंक्ति 12 ।। योगा उमा गौरी शिवा दुर्गा भद्रा भगवती कुलदेवी।।
पंक्ति 13 ।। चामुण्डा रक्षनतु राजकनया सर्वदा।।

इस जन्म कुण्डली के अनुसार -

1. रानी दुर्गावती कालिंजर में पैदा हुई थीं।

2. उनके पिता का नाम कीरतसिंह और माता का नाम कमलावती था।
3. ज़नकी जन्मतिथि 1446 शक संवत आश्विन सुदी अष्टमी तदनुसार 5 अक्टूबर, 1524 है।
4. भविष्य फल बताते हुए कहा गया है कि उन्हें पिता के स्नेह से वंचित होना पड़ेगा और वैधव्य भोगना पड़ेगा।

इस जन्म कुण्डली का परीक्षण डॉ. महेशचन्द्र चौबे ने अपनी पुस्तक "जबलपुर अतीत दर्शन" (1994) में किया है और उनका निष्कर्ष है कि इसमें कुछ विसंगतियाँ हैं जिनसे पता चलता है कि यह उनकी मृत्यु के बाद बनाई गई होगी। जिन कारणों से वे इस कुण्डली को अशुद्ध मानते हैं, वे इस प्रकार हैं–

1. चन्द्रमा और सूर्य में 90 डिग्री का अन्तर होना चाहिए और इस प्रकार चन्द्रमा को दसवें घर में होना चाहिए न कि उसके समीप।
2. यदि अष्टमी उनकी जन्मतिथि है तो नक्षत्र और राशि मकर होना चाहिए और इस कारण जातक का नाम ज या ख से आरम्भ होना चाहिए न कि द से, जैसा कि दुर्गा में हुआ है।
3. यदि दुर्गा नाम लेते हैं तो राशि मीन होना चाहिए और नक्षत्र उत्तरा भाद्रपद होगा जोकि पूर्णिमा के आस-पास पड़ता है न कि अष्टमी को।
4. ताम्रपत्र के राशि चक्र में राशि तुला है जो तृतीया या चतुर्थी को पड़ती है न कि अष्टमी को।
5. कोई भी ज्योतिषी भावी अनिष्टकारी प्रसंगों का उल्लेख नहीं करता, जैसा कि इस कुण्डली में किया गया है।

दुर्गावती की जन्म कुण्डली के बारे में डॉ. चौबे के उपर्युक्त निष्कर्ष एकदम ठीक है। जहाँ तक कुण्डली में दिए गए उनके जन्म स्थान और माता-पिता का प्रश्न है, हम पहले ही कह चुके हैं कि अबुल फज़्ल के समकालीन और प्रामाणिक साक्ष्य के आधार पर यह मानना ही ठीक है कि रानी के पिता का नाम सालिवाहन था जो कि महोबा का राजा था। ऐसी सूरत में रानी का जन्म स्थान कालिंजर न मानकर महोबा ही मानना ठीक होगा। रानी की माँ का नाम कमलावती था या कुछ और, इसके बारे में कुछ कहना कठिन है। हाँ, जन्मतिथि 1524 ई. मानी जा सकती है क्योंकि वह अन्य विवरणों से मेल खाती हैं।

ग्रंथसूची

(अ) समकालीन ग्रंथ

संस्कृत -

ओझा, रूपनाथ : गढ़ेशनृपवर्णनम्, सं. जी. व्ही. भावे, नागपुर यूनिवर्सिटी जर्नल, क्रमांक 6, 1940, पृष्ठ 181-201.

दीक्षित, लक्ष्मीप्रसाद : गजेन्द्रमोक्ष, ज. ए. सो. बं. उन्नीस, क्रमांक 2, 1953, पृष्ठ 142-43.

ठाकुर, दामोदर : संग्रामसाहीयविवेकदीपिका।

ठाकुर, महेश : सर्वदेशवृतांतसंग्रह, सं. सुभद्र झा, पटना विश्व-विद्यालय, 1884 शकाब्द।

भट्टाचार्य, पद्मनाभ : दुर्गावती विलास या समयावलोक, (एशियाटिक सोसायटी कलकत्ता पाण्डुलिपि). वीरभानुदयकाव्यम् (सं. लेले और उपाध्याय, 1930)।

संग्रामशाह : रसरत्नमाला, ज. ए. सो. बं. उन्नीस, क्रमांक 2, 1953, पृष्ठ 137-139.

हृदयशाह : हृदयकौतुक, (बीकानेर पाण्डुलिपि)।
हृदयप्रकाश, (बीकानेर पाण्डुलिपि)।
श्री रमेशदत्त पाठक के पास की एक पारिवारिक पाण्डुलिपि सं. 1840 संवत् 1890 आदि।

हिन्दी -

चतुर्भुजदास : द्वादशयश।

जायसी, मलिक मुहम्मद : पद्मावत, व्याख्याकार, वासुदेवशरण अग्रवाल, सं. 2018 (द्वितीय संस्करण)।

दामोदरदास : श्री सेवकवाणी।

पारीख, द्वारकादास (सं.) चौरासी वैष्णवननी वार्ता, गुजराती संस्करण, सं. 2017 तीसरा संस्करण।

भगवत मुदित : रसिक अनन्यमाल, सं. पुरोहित, ललिता प्रसाद

रामदासजी (सं.) : दो सौ बावन वैष्णवों की वार्ता, वेंकटेश्वर प्रेस, कल्याण, बम्बई, संवत् 1988.

लालदास : लालदास बीतक, (प्रणाली धाम, पन्ना पाण्डुलिपि)।

वाजपेयी, बीर : प्रेम दीपिका, 1898 (यूनियन प्रेस कम्पनी लि. जबलपुर)।

सुदामाचरित्र, 1833, मुंशी नवलकिशोर प्रेषक, लखनऊ।

बृजभूषण : बृजभूषण बीतक, (वृत्तांत मुक्तावली) प्रणामी धाम, पन्ना।

हंसराज : हंसराज बीतक, प्रणामी धाम पन्ना पाण्डुलिपि।

मराठी -

काले, यादव माधव (सं.) : पूना रेसिडैन्सी करस्पान्डेन्स, जिल्द 5.

खरे (सं.) : ऐतिहासिक लेख संग्रह।

गुप्ते, काशीराव राजेश्वर : नागपुरकर भोंसल्याची बखर, (सं. यादव माधव काले)।

जोशी, पी. एम. (सं.) : सेलेक्शंस फ्राम पेशवा दफ्तर, न्यू सीरीज़, एक.

पारसनीस (सं.) : इतिहास संग्रह।

राजवाड़े (सं.) : मराठ्यांचा इतिहासांची साधनें, पत्रें, यादी वगेरे, 1909.

शेजवलकर (सं.) : नागपुर अफेयर्स, जिल्द, 1, (1954) और जिल्द 2, (1959)।

सरकार, जदुनाथ (सं.) : सलेक्शंस फ्राम पेशवा, दफ्तर, 1931.

सरदेसाई, काले, वाकसकर (सं.) : ऐतिहासिक पत्रें, यादी वगैरे लेख।

सरदेसाई, कुलकर्णी, काले (सं.) : ऐतिहासिक पत्र व्यवहार, (1690-1867), 1933

फारसी -

अहमद, निजामुद्दीन : तबकात-ए-अकबरी, अनु. डे, बिब्लि इण्डि. 1939, जिल्द 3, भाग 2.

अबुल फज़्ल : अकबरनामा, अनु. एच. बेवरिज, जिल्द 2.

अबुल फज़्ल : आइन-ए-अकबरी, अनु ब्लाकमेन और जैरेट, रा., सो. बं., 1927.
द्वितीय संस्करण, रा. ए. सो. बं., 1949 भी।

इलियट और डाउसन : हिस्ट्री ऑफ इण्डिया एज टोल्ड बाई इट्स ओन हिस्टोरियन्स - 8 जिल्दें, 1964.

जहाँगीर : जहाँगीरनामा, अनु. बृजरत्नदास, सं. 2014.
तुजुक-ए-जहाँगीरी, अनु. रोजर्स और बेवरिज, जिल्द द्वितीय, 1914 भी।

फरिश्ता, हिन्दू बेग : तारीख-ए-फरिश्ता, अनु. ब्रिग्स।

बदायूंनी, अब्दुल कादिर : मुन्तखब-उत-तवारीख, अनु. लो, द्वितीय जिल्द, कलकत्ता, 1884.

बाबर (बाबरनामा) : मेम्वायर्स ऑफ बाबर, जिल्द 2, 1922.

मुस्तैद खान, मुहम्मद साकी : मासिर-ए-आलमगीरी, अनु. सरकार, जदुनाथ बिब्लि. इण्डि. 1947.

लाहौरी, अब्दुल हमीद : बादशाहनामा, बिब्लि. इण्डि., 1867.

शाहनवाज खान : मासिर-उल-उमरा, बिब्लि, इण्डि. जिल्द 1 (1941), जिल्द 2 (1952)।

सरहिन्दी, यह्या बिन अहमद : तारीख-ए-मुबारकशाही, अनु. के. के. बसु, 1937.

अंग्रेजी -

जैन्किन्स, रिचार्ड : रिपोर्ट ऑन दि टेरिटरीज ऑफ दि राजा ऑफ नागपुर, 1901.

नोर, वान काउन्ट : एम्परर अकबर, अनु. श्रीमती बैबरिज, 1890.

फारेस्ट, जी. डब्ल्यू. (सं.) : सलेक्शंस फ्राम दि स्टेट पेपर्स ऑफ दि गवर्नर्स जनरल ऑफ इण्डिया, जिल्द 2 (वारेन हैस्टिंग्ज), 1910.

मोस्टिन : दि थर्ड इग्लिश एम्बेसी टू पूना।

रेनेल, जेम्स : मेम्वायर ऑफ ए मेप ऑफ हिन्दुस्तान, द्वितीय संस्करण, 1791.

लेयट, डी : दि एम्पायर ऑफ दि ग्रेट मुगल, अनु. जे. एस. होयलैंड, 1928.

सिन्हा, एच. एन. (सं.) : सलेक्शंस फ्राम दि नागपुर रेसिडेंसी रिकार्डस्, जिल्द 4, 1954.

सेन, एस. एन. (संपा.) : इण्डियन ट्रेवल्स ऑफ थेवनाट एण्ड करेरी, 1949.(आ) आधुनिक ग्रंथ।

हिन्दी -

अग्निहोत्री, गुरु रामप्यारे : रीवा राज्य का इतिहास, 1922.

अली, कासिम : मकड़ाई महातम, 1928.

अग्रवाल, रामभरोस : गढ़ा-मण्डला के गोंड राजा, 1961.

कुमार, प्रमिला : मध्यप्रदेश एक भौगोलिक अध्ययन, 1999

गर्ग, लक्ष्मीनारायण : हमारे संगीतरत्न (प्रथम भाग), 1957.

गुप्त, दीनदयाल : अष्टछाप और वल्लभ सम्प्रदाय।

गुप्त, भगवानदास : महाराज छत्रसाल बुन्देला, 1958.

गुलाब, शेख : गोंड।

गोस्वामी, मूलचंदलालजी : दृढ़ रसिक अनन्य वैष्णव धर्म।

गोस्वामी, ललिताचरण : श्री हितहरिवंश गोस्वामी - सम्प्रदाय और साहित्य, सं. 2014.

जैन, बालचन्द्र : उत्कीर्ण लेख, 1961.

टण्डन, डॉ. हरिहरनाथ : वार्ता साहित्य, 1960.

तिवारी, उदयनारायण (सं.) : वीरकाव्य, सं. 2012.

तिवारी, गोरेलाल : बुन्देलखण्ड का संक्षिप्त इतिहास, सं. 1990.

तोमर, टीकमसिंह : हिन्दी वीरकाव्य, 1954.

दास, श्यामसुन्दर : हस्तलिखित हिन्दी पुस्तकों की खोज की त्रैवार्षिक रिपोर्ट (काशी ना. प्र. सभा)।

दास, श्यामसुन्दर : हस्तलिखित हिन्दी पुस्तकों का संक्षिप्त विवरण (काशी नागरी प्रचा. सभा)।

नगर निगम, जबलपुर : रानी दुर्गावती, 1965.

पाठक, गणेशदत्त : गढ़ा-मण्डला का पुरातन इतिहास, 1905.

पाण्डेय, अयोध्याप्रसाद : चन्देलकालीन बुन्देलखण्ड का इतिहास, सं. 1890.

बाली, सूर्यकान्त, : भट्टोजी दीक्षित, दिल्ली 1976.

महाराजसिंह, रायबहादुर ठाकुर : इतिहास बुन्देलखण्ड, 1896.

मिराशी, वा. वि. : कलचुरि नरेश और उनका काल।

मिश्र, सुरेश (सं.) : युगयुगीन मध्यप्रदेश, 1998.

मिश्र, सुरेश : गढ़ा के गोंड राज्य का उत्थान और पतन, 1986.

मिश्र, केशवचन्द्र : चन्देल और उनका राजत्वकाल, सं. 2011.

मिश्र, विश्वनाथ प्रसाद (सं.) : पद्माकर पंचामृत, सं. 1992.

मिश्र, विश्वनाथ प्रसाद (सं.) : खोज में उपलब्ध हस्तलिखित हिन्दी ग्रंथों का अठारहवाँ त्रैवार्षिक विवरण सन्, 1941-42, प्रथम भाग।

लाल, किशोरीशरण : खल्जी वंश का इतिहास, 1964.

शर्मा, भगवतशरण : भारतीय संगीत का इतिहास।

शुक्ल, प्रयागदत्त : मध्यप्रदेश का इतिहास और नागपुर के भोंसले, 1930.

शास्त्री, मिश्रीलाल : महाप्रभु प्राणनाथ 1970, पन्ना।

सरदेसाई, गो. सं. : मराठों का नवीन इतिहास, भाग 2, 1961.

स्नातक, विजयेन्द्र : राधावल्लभ सम्प्रदाय,सिद्धांत और साहित्य, सं. 2014.

हीरालाल : दमोह दीपक,
जबलपुर, ज्योति।
मण्डला, मयूख, 1928.
सागर सरोज।
मध्यप्रदेश का इतिहास, सं. 1996.
मिथला दर्पण।
प्रयागदत्त शुक्ल (सम्पादक)।
रविशंकर शुक्ल अभिनंदन ग्रंथ. 1955.

मराठी -

काले, यादव माधव : गोंड लोकांचा इतिहास, वह्यडचा इतिहास, 1924. नागपुर, प्रांताचा इतिहास, 1934.

देशपाण्डे, वाई के. और लांडगे, डी. जी. : विदर्भातील ऐतिहासिक लेख संग्रह, खण्ड पहला, 1959.

मिराशी, वा. वि. : संशोधन मुक्तावलि, भाग 3, 4, 1958.

पंजाबी -

भाई संतोखसिंह : सूरजप्रकाश (टीका) भाई लद्धासिंह करतार सिंह, बाजार माई सेवा, अमृतसर द्वारा प्रकाशित।

अंग्रेजी -

अली, अतहर : दि मुगल नोबिलिटी अंडर औरंगजेब, 1966.

ऑफ्रेश्त, थियोडोर : केटलागस केटलागरम, 1929.

एलन और रेप्सन : केटलाग ऑफ दि क्वाइन्स इन दि इण्डियन म्यूजियम, कलकत्ता, भाग 4 (नेटिव्ह स्टेट्स) 1928.

एल्विन, ब्रिजेट (सं.) : लिविंग ट्रेडीशन्स : स्टडीज़ इन द एथ्नोआर्किलाजी ऑफ साउथ एशिया, 1995.

एलविन, वेरियर और हिवाले : फोक सांग्स ऑफ महाकौशल, 1945.

एलविन, वेरियर : फोक टेल्स ऑफ महाकौशल, 1945.

एहरनफल्स, यू. आर. : मेट्रीलाइनल फेमिली बैकग्राउण्ड इन साउथ इण्डिया, मद्रास यूनिवर्सिटी जर्नल, 1. 2. 1952.

करमबेलकर : केटलाग ऑफ संस्कृत मेन्युस्क्रिप्ट्स इन दि नागपुर यूनिवर्सिटी लायब्रेरी।

कर्वे इरावती : किनशिप आरगनाइजेशन इन इण्डिया, 1953.

कानूनगो, कालिकारंजन : शेरशाह एण्ड हिज टाइम्स, 1965.

काल्डवेल, राबर्ट : ए कम्परेटिव्ह ग्रामर ऑफ दि ड्रविडियन आर. साउथ इण्डियन फेमिली ऑफ लेंग्वेजेज, 1961.

कुल्के, एश्चमेन और त्रिपाठी (सं.) : द कल्ट ऑफ जगन्नाथ एण्ड द रीजनल ट्रेडीशन ऑफ ओरिसा, 1986.

कुल्के, एच. : स्टेट इन इण्डिया, 1000-1700, 1997.

कोलब्रुक : लाइफ ऑफ कोलब्रुक।

कोसाम्बी, डी. डी. : एन इन्ट्रोडक्शन टु द स्टडी ऑफ इण्डियन हिस्ट्री स्टग्रियर्सन दि मारिया गोंड्स ऑफ बस्तर, 1938.

गुप्ता, आर. सी. : बाजीराव सेकेण्ड एण्ड दि ईस्ट इण्डिया कम्पनी, 1964.

गुहा, बी. एस. : रेशियल एलीमेन्ट्स इन इण्डियन पापुलेशन, 1944.

चट्टोपाध्याय, बी. डी. : द मेकिंग ऑफ अर्ली मेडीवल इण्डिया।

चेटरटन : दि स्टोरी ऑफ गोंडवाना, 1916.

ट्राटमेन. टी. आर. : द्रवीडियन किनशिप, 1995.

टेम्पल, रिचार्ड : हिस्लाप पेपर्स रिलेटिंग टू दि एबारिजिनल ट्राइब्स ऑफ दि सेन्ट्रल प्राव्हिंसेज, 1866.

दिवाकर, आर. आर. (सं.) : बिहार थ्रू दि एजेज, 1959.

नटेश अय्यर, व्ही. : ए हिस्टारिकल स्केच ऑफ सी. बी. एण्ड बरार, 1914.

डिस्क्रिटिव्ह लिस्ट ऑफ एग्जिबिट्स इन दि आर्किलॉजिकल सेक्शन ऑफ दि नागपुर म्यूजियम, 1914.

पागड़ी, एस. आर. : एमन्ग दि गोंड्स ऑफ आदिलाबाद, 1952.

पाण्डे, अवधबिहारी : दि फर्स्ट अफगान एम्पायर इन इण्डिया, 1956.

पावेल, बैडेन : द लेंड सिस्टम्स ऑफ ब्रिटिश इण्डिया, जिल्द दो, 1892.

फुश, स्टीफेन : दि गोंड एण्ड भूमियाज ऑफ ईस्टर्न मण्डला, 1968.

फोरसीथ, जे. : दि हाइलेंड्स ऑफ सेंट्रल इण्डिया, 1889.

बनर्जी, अनिलचन्द्र : पेशवा माधवराव प्रथम, 1943.

बनर्जी आर. डी. : हिस्ट्री ऑफ उड़ीसा, भाग 1, 2, 1931.

ब्लेकर : मेमायर्स ऑफ दि आपरेशन ऑफ दि ब्रिटिश आर्मी ड्यूरिंग मराठा वार ऑफ, 1817, 18 एण्ड 1819 (1921)।

बिनियन, लारेंस	: अकबर, 1932.
बीक्स	: इलियट्स मेमायर्स, जिल्द 1.
ब्रेट, ई. ए. डी.,	: छत्तीसगढ़ यूडेटरी स्टेट्स, द्वितीय संस्करण, 1988.
बोस, एन. एस.	: हिस्ट्री ऑफ दि चन्देलॉज, 1956.
भातखाण्डे, व्ही. एन.	: ए कम्परेटिव्ह स्टडी ऑफ सम ऑफ दि लीडिंग म्यूजिक सिस्टम्स ऑफ दि फिफ्टीन्थ, सिक्स्टीन्थ, सेवन्टींथ एण्ड एटीन्थ सेंचुरीज़
मजूमदार, डी. एन.	: रेसेज एण्ड कल्चर्स ऑफ इण्डिया, 1958.
मीनाक्षी, सी.	: एडमिनिस्ट्रेशन एण्ड सोशल लाइफ अण्डर द पल्लवाज़ (मद्रास विशविद्यालय का अप्रकाशित शोधप्रबंध, पृ. 162)।
रघुबीर सिंह, डॉ.	: मालवा इन ट्रांजीशन, 1936.
रसेल और हीरालाल	: ट्राइब्स एण्ड कास्ट्स ऑफ दि सेंट्रल प्राव्हिन्सेज ऑफ इण्डिया, भाग 1-4.
रिजले एच. एच.	: दि पीपुल ऑफ इण्डिया, 1915.
रेउ	: बाम्बे म्यूजियम केटलाग ऑफ पर्शियन मेन्युस्क्रिप्ट्स।
लायड, एल. डब्ल्यू.	: दि कान्टिनेन्ट ऑफ एशिया, 1933.
वर्मा, शान्तिप्रसाद ए.	: स्टडी इन मराठी डिप्लोमेसी, 1956.
लाल. के. एस.	: द ट्वाइलाइट ऑफ द सल्तनत, 1962.
विल्स, सी. यू.	: दि राजगोंड महाराजाज़ ऑफ दि सतपुड़ा हिल्स, 1923. ब्रिटिश रिलेशंस विथ दि नागपुर स्टेट।
वेलनकर, पी. जी.	: दि गोंड किंगडम ऑफ देवगढ़-इट्स राइज एण्ड फाल, (नागपुर वि. वि. शोध प्रबंध)।
शरण, परमात्मा	: प्राव्हिन्शियल गवर्नमेंट ऑफ दि मुगल्स, 1941.
शर्मा, आर.एस. व श्रीमाली के. एम.	: काम्प्रीहेन्सिव हिस्ट्री ऑफ इण्डिया, जिल्द।
शर्मा, आर. एस. (संपा.):	: हिस्टारिकल प्रोबिंग्ज़ इन मेमोरी ऑफ डी. डी. कोसाम्बी, 1974.
सतीशचन्द्र	: पार्टीज एण्ड पालिटिक्स इन दि मुगल कोर्ट, 1959.
सक्सेना, बनारसी प्रसाद	: हिस्ट्री ऑफ शाहजहाँ ऑफ देहली, 1932.
सिंग, इन्द्रजीत	: गोंडवाना एण्ड दि गोंड्स, 1944.

सरकार, जदुनाथ : दि इण्डिया ऑफ औरंगजेब, 1901.
हिस्ट्री ऑफ औरंगजेब, जिल्द 4, 5, 1924.

स्केच ऑफ दि हिस्ट्री ऑफ : स्केच ऑफ दि भोंसले फेमिली टेकन फ्राम एन ओल्ड फीमेल डोमेस्टिक ऑफ दि पैलेस डुवेजर विथ एन एकाउंट ऑफ हिज एडमिनिस्ट्रेशन, 1811 (नागपुर, 1920)।

स्मिथ, विन्सेन्ट : अकबर दि ग्रेट मुगल, 1958.
केटलाग ऑफ क्वाइन्स इन इण्डियन म्यूजियम, केलकटा, 1606.

स्लीमेन : रेम्बल्स एण्ड रिकलेक्शंस ऑफ एन इण्डियन आफिशियल, 1844.

सील, जोगेन्द्रनाथ : हिस्ट्री ऑफ दि सी. पी. एण्ड बरार, 1917.

सुन्दर, नन्दिनी : सबाल्टर्न एण्ड सावरेन्सः एन एन्थ्रापालाजिकल हिस्ट्री ऑफ बस्तर, 1999.

हट्टन, जे. एच. : सेन्सस ऑफ इण्डिया, 1931.

हंटर, स्टर्लिंग, बीक्स और साहू : हिस्ट्री ऑफ उड़ीसा, भाग, 1, 2, 1956.

हबीब और निजामी (संपा.) : दिल्ली सल्तनत, 1982.

हबीब, इरफान : दि एग्रेरियन सिस्टम ऑफ मुगल इण्डिया, 1963.

हसन, आगा मेहदी : तुगलक डायनेस्टी, 1963.

हीरालाल, : डिस्क्रिप्टिव लिस्ट ऑफ इन्स्क्रिप्शंस इन दि सी. पी. एण्ड बरार, 1916.

हुसैन यूसुफ : द फर्स्ट निजाम, 1963.

हेमेन्डार्फ, सी. एफ. : दि राजगोंड्स ऑफ आदिलाबाद, 1948.

हेमेन्डार्फ, सी. एफ. : गोंड्स ऑफ आन्ध्रप्रदेश, 1979.

हेग, वूल्जले : केम्ब्रिज हिस्ट्री ऑफ इण्डिया, जिल्द तीन, 1958.

होडीवाला, एस. एच. : स्टडीज इन इण्डो-मुस्लिम हिस्ट्री, 1936.
इन्साइक्लोपीडिया ऑफ इस्लाम।
इन्साइक्लोपीडिया ब्रिटेनिका।
सर्वे ऑफ इण्डिया के मानचित्र।

नगेन्द्रनाथ बसु (संपादक) : हिन्दी विश्वकोष।

पत्रिकाएँ (जर्नल)

आर्किलॉजिकल सर्वे रिपोर्ट्स
इण्डियन एण्टिक्वरी
एपिग्राफिया इण्डिका
एन्युअल रिपोर्ट ऑफ दि आर्किलॉजिकल सर्वे ऑफ इण्डिया
एशियाटिक रिसर्चेज : ट्रांजेक्शंस ऑफ दी सोसायटी
जर्नल ऑफ दि अमेरिकन ओरियन्टल सोसायटी
जर्नल ऑफ दि एशियाटिक सोसायटी ऑफ बैंगाल
जर्नल ऑफ दि गंगानाथ झा रिसर्च इन्स्टीट्यूट
जर्नल ऑफ दि न्यूमिस्मेटिक रिसर्च इन्स्टीट्यूट
जर्नल ऑफ दि भण्डारकार ओरियन्टल रिसर्च इन्स्टीट्यूट
जर्नल ऑफ दि मध्यप्रदेश इतिहास परिषद्
जर्नल ऑफ दि रायल एशियाटिक सोसायटी ऑफ बंगाल
जर्नल ऑफ दि रायल एशियाटिक सोसायटी ऑफ बैंगाल (न्यू सिरीज)
ट्रांजेक्शंस ऑफ एडिनबर्ग जिऑलाजिकल सर्वे
डिपार्टमेन्ट ऑफ आर्किलॉजी : एन्युअल रिपोर्ट आन इण्डियन एपिग्राफी
नागपुर यूनिवर्सिटी जर्नल
न्यूमिस्मेटिक क्रानिकल, पटना
प्रोसीडिंग्ज एण्ड ट्रांजेक्शंस ऑफ आल इण्डिया ओरियन्टल कांफ्रेंस
प्रोसीडिंग्ज ऑफ इण्डियन हिस्ट्री कांग्रेस
बुलेटिन ऑफ दि नागपुर म्यूजियम
भारत इतिहास संशोधक मण्डल, पुणे, त्रैमासिक
मेमाएर्स ऑफ दि आर्किलॉजिकल सर्वे ऑफ इण्डिया
विदर्भ ऐतिहासिक संशोधन मण्डल वार्षिक, नागपुर
स्टडीज़ इन प्लेस नेम्स
हितकारिणी (जबलपुर)
ज्ञानोदय
नवजीवन, लखनऊ
जनभारती, कलकत्ता

गैजेटियर तथा रिपोर्ट्स -

इम्पीरियल गैजेटियर ऑफ इण्डिया, 1908

इम्पीरियल गैजेटियर ऑफ इण्डिया (प्राव्हिन्शियल सिरीज), 1908

गैजेटियर ऑफ दि सेन्ट्रल प्राव्हिन्सेज ऑफ इण्डिया, ग्राप्ट, 1870

डिस्ट्रिक्ट गैजेटियर्स - छिंदवाड़ा, जबलपुर, दमोह, दुर्ग, नरसिंहपुर, नागपुर, बालाघाट, बिलासपुर, भण्डारा, मण्डला, रायपुर, सागर, सिवनी, होशंगाबाद, रायसेन, भोपाल, विदिशा, पन्ना

सेन्ट्रल इण्डिया स्टेट गैजेटियर सीरीज, भोपाल

स्टेट गैजेटियर, रीवा स्टेट गैजेटियर

सेन्ट्रल प्राव्हिन्सेज गैजेटियर्स - छत्तीसगढ़ फ्यूडेटरी स्टेट्स 1909.

सेटलमेन्ट रिपोर्ट्स - मण्डला, नागपुर

सेन्सस रिपोर्ट्स

❑ ❑ ❑

मानचित्र

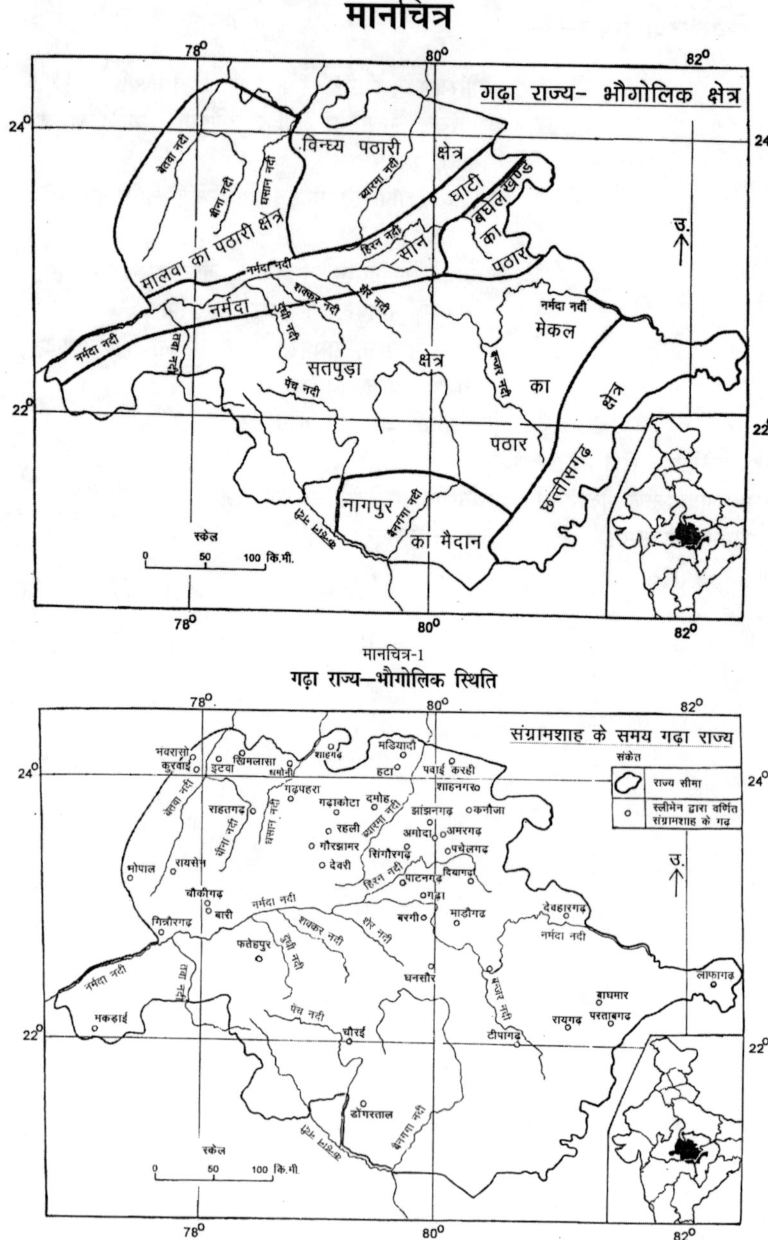

मानचित्र-1

गढ़ा राज्य—भौगोलिक स्थिति

मानचित्र-2

संग्रामशाह के समय गढ़ा राज्य

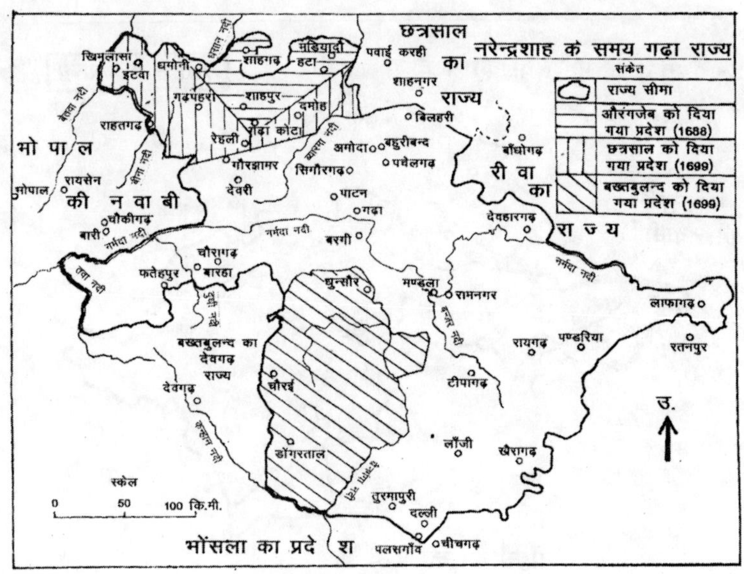

मानचित्र-3

नरेन्द्रशाह के समय गढ़ा राज्य

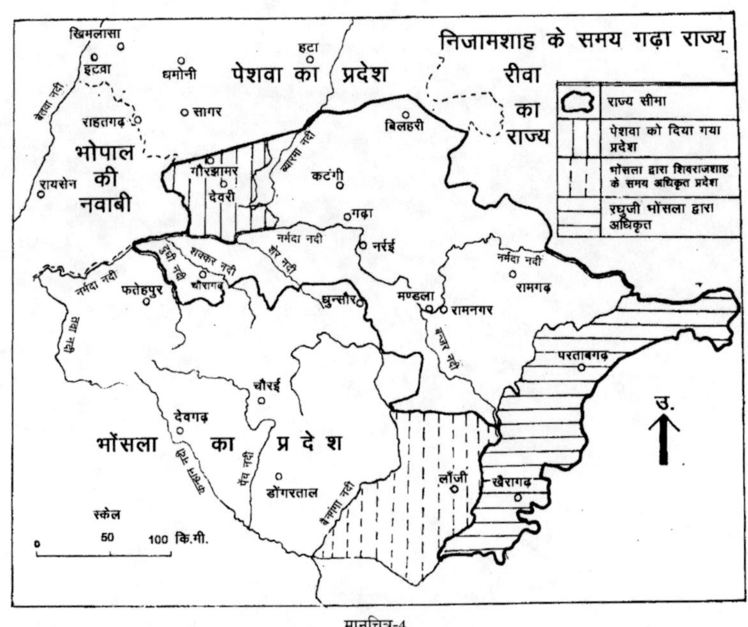

मानचित्र-4

निजामशाह के समय गढ़ा राज्य

मानचित्र-5

1780 में गढ़ा राज्य

चौरागढ़ के किले का एक भवन

मदनमहल, जबलपुर

रानी दुर्गावती की समाधि

मण्डला किले का दक्षिणी बुर्ज

सिंगोरगढ़ का किला

हस्तिशाला, जबलपुर

मोतीमहल, रामनगर (भीतरी दृश्य)

मन्दिर रामनगर

भागवतराय का महल, रामनगर

बेगम महल, रामनगर

दल बादल महल, रामनगर

सतखण्डा महल, मण्डला किला